南开大学图书馆藏国家珍贵古籍图录

南开大学图书馆◎编

南開大學出版社

图书在版编目(CIP)数据

南开大学图书馆藏国家珍贵古籍图录 / 南开大学图书馆编. —天津：南开大学出版社，2015.10
ISBN 978-7-310-04949-3

Ⅰ. ①南… Ⅱ. ①南… Ⅲ. ①古籍—图书目录—中国
Ⅳ. ①Z838

中国版本图书馆 CIP 数据核字(2015)第 220561 号

南开大学出版社出版发行
出版人：孙克强
地址：天津市南开区卫津路 94 号　邮政编码：300071
营销部电话：(022)23508339　23500755
营销部传真：(022)23508542　邮购部电话：(022)23502200
*
天津市蓟县宏图印务有限公司印刷
全国各地新华书店经销
*
2015 年 10 月第 1 版　2015 年 10 月第 1 次印刷
285×210 毫米　16 开本　18.75 印张　438 千字
定价：398.00 元

如遇图书印装质量问题，请与本社营销部联系调换，电话：(022)23507125

《南开大学图书馆藏国家珍贵古籍目录》
编委会

主　　编　张　毅

副 主 编　元　青　穆祥望

执行主编　张伯山

文字撰写　江晓敏　施　薇　惠清楼　林红状
　　　　　张伯山　李　昕

书影扫描　张伯山

前言

线装古籍是中国古代文化遗产的重要组成部分，在文物学、版本学和文献学方面均具有无可替代的重要价值。因而，此类书籍向来为南开大学图书馆馆藏的最重要内容。经过几代人多年的苦心收集，南开大学图书馆馆藏线装古籍达到2万余种近30万册，在天津地区高校图书馆中堪称翘楚。这些线装古籍不仅要籍咸备，且不乏精刻名抄，汇萃了大江南北诸多近代藏书楼及藏书家的珍稀藏品，如宁波天一阁、山东海源阁、丁氏八千卷楼、朱氏结一庐、徐氏积学斋、天津研理楼等大家散出故物，以及清代到民国间朱彝尊、吴翌凤、何绍基、莫友芝、潘祖荫、吴重熹、缪荃孙、端方、罗振玉、丁福保、叶德辉、傅增湘、潘景郑、郑振铎、秦更年等诸多知名藏书家的旧籍。除此之外，南开大学图书馆还收到过周叔弢、颜惠庆、徐鹤桥、谢国桢、杨石先、郑天挺等诸多著名学者、藏书家、社会名流贤达所赠私藏古籍线装书。因此，南开大学图书馆馆藏古籍无论在数量上还是质量上，均可谓上乘，无疑具有较高的收藏价值和学术价值。在这些馆藏古籍中，包含了善本古籍约2000种近3万册，其中有宋元刻本24部，明刻本640余部，清初精刻本900余部，明清抄本近300部，手稿本70余部，写本及韩、日刻本40余部。而这些善本古籍中，不乏稀世罕传珍品。馆藏普通线装古籍则经、史、子、集各类咸备，丛书数量不菲，其中尤以地方志与清人诗文集的品种和数量为最丰，家谱族谱数量亦不俗，成为研究中国古代地方社会、文化、历史、经济等方面的重要文献。

随着社会的发展进步，作为中华文化瑰宝重要组成部分的线装古籍日益受到各界的重视，加强对古籍文献的保护也被提到重要议事日程上来。2007年，国务院办公厅发布《关于进一步加强古籍保护工作的意见》(国办发〔2007〕6号)，提出在“十一五”期间大力实施“中华古籍保护计划”，建立《国家珍贵古籍名录》则是该计划的重要组成部分。其目的是实现国家对古籍的分级管理和保护，建立完备的珍贵古籍档案，确保珍贵古籍的安全，推动古籍保护工作，提高公民的古籍保护意识，促进国际文化交流与合作。该名录由文化部拟定，报国务院批准后公布。迄今为止，已先后公布了四批《国家珍贵古籍名录》，每部入选古籍都由国家文化部颁发证书以标示其重要的国家级文化典籍和我国珍贵文化遗产身份。

鉴于南开大学图书馆馆藏古籍之珍贵与上乘质量，每一批次《国家珍贵古籍名录》均有入选，前后达34部。其中第一批入选1部，第二批入选9部，第三批入选18部，第四批入选6部。这34部古籍在内容上涉及经史子集全部类目；在版本上既有官刻本，又有民间刻本，还有很多稀有的手写稿抄本，且不乏存世绝无仅有的独家馆藏孤本；在成书年代上更是纵跨宋元明清，承载着厚重的历史积淀。此外，这34部国家珍贵古籍绝大部分都曾经过名家收藏，因而书中名家题记、序跋、批注、点校笔迹以及藏书印鉴可谓琳琅满目，使得这些入选古籍显得更加弥足珍贵。

为了使更多的人了解南开大学图书馆馆藏，揭示本馆珍贵文献的特点，也为了使大家从一个侧面了解我国古籍保护情况以及优秀的传统文化，特意编辑了这部《南开大学图书馆藏国家珍贵古籍图录》。对于它的问世，南开大学图书馆领导给予了极高的重视，古籍部的同仁也做了很大努力，出版社的领导和老师更是给予了巨大的鼓励和支持。由于水平和经验所限，编辑过程中难免出现各种舛误，敬请各位专家学者以及广大读者多多批评指教，以帮助我们今后不断进步和提高。

南开大学图书馆

2015年4月

目录

第一批《国家珍贵古籍名录》

（几选 1 部）

《丽泽论说集录十卷》

提　要

该书辑订者吕祖俭（1141—1198），字子约，号大愚，南宋理学家与哲学家，浙东学术流派的主要代表之一，人称“理学传家”之杰出典范，吕祖谦之弟。荫补将仕郎，历任监仓、法曹、田籍令、农司簿、通判、太府丞等职，后遇冤讼遭贬。协助其兄吕祖谦开办丽泽书院，并继任主讲，一生以“读书穷理”为务，著有《大愚集》。吕祖谦（1137—1181），字伯恭，南宋著名的思想家、史学家、文学家、教育家，历任庙监、县尉、宗学教授、太学博士、州学教授、秘书郎、国史院编修官、实录院检讨官等，在讲学授业和撰著学术著作上硕果累累，与朱熹、张栻并称为“东南三贤”，是浙东金华学派的最主要代表人物，留有《东莱博议》《徽宗皇帝实录二百卷》《宋文鉴一百五十卷》《吕氏家塾读诗记三十二卷》《东莱集四十卷》等众多著作。《丽泽论说集录十卷》乃吕祖俭辑录订正吕祖谦门人传抄其师讲学探讨中的言语论述之书，由祖俭之子吕乔年最后总成。内容为吕祖谦针对有关儒学经典著作而阐发的看法、观点和讲解以及对门人所说的一些格言警句，是研究吕祖谦儒学思想的重要材料。

南开大学图书馆所藏《丽泽论说集录十卷》系吕乔年所刻印，元明时期经后人递修，曾为多位知名藏家收藏，卷端分别钤有“马玉堂印”白文方印、“笏斋藏本”朱文方印、“伯羲得来”朱文方印、“君耆”朱文方印、“臣振玉”白文方印、“宸翰楼”白文椭圆印，卷第三和卷第七首页均钤有“马玉堂印”白文方印、“笏斋藏本”朱文方印、“君耆”朱文方印，卷末钤有“上虞罗氏大云书库藏书记”条印以及疑似花押印的“许[押]”印章一方。书衣题签“丽泽论说集录宋椠本 成化补修”系罗振玉手书，并钤有“罗振玉印”白文方印和“罗叔言”白文方印。目录后附有吕乔年所作题记一篇，但印版及字体与原版有异，应为后世补刻。题记曰：“伯父太史说经，唯读诗记为成书，后再刊定。迄于公刘之首章，尚书自秦誓上至洛诰，口授为讲义。其他则皆讲说所及而门人记录之者也。伯父无恙时固尝以其多舛戒勿传习，而终不能止。伯父没，流散益广，无所是正，然其大意奥指盖犹赖是以存，而此编则先君子尝所裒辑，不可以不传也。故今仍据旧录，颇附益次比之，不敢辄有删改。若夫听者之浅深，记者之工拙，则览者当自得之。乔年谨记。”卷末另有明代耿裕所撰之后记，大致讲述了明代对该书进行补刻续修的过程，“国学旧有东莱集，版岁久阙失，晦蚀亦多，不复可模印矣。祭酒邢君逊之、陈君辑熙，司业张君振烈，先后皆尝补刻，然仅三之一耳。予承乏来贰监事，乃复捐俸为之以版。计一百有奇，纸幅倍之。于是是书遂复完具嘉，与四方学者共之。成化壬辰冬十一月望日钜鹿耿裕识"，并复制有"好问"方印。书中宋刻版部分均为白口，补刻部分则黑、白口均有，大部分版心有字数。宋刻原版部分大多标有刻工姓名，其中可以清晰辨识的有陈靖、丁亮、丁明、韩公辅、李彬、李思贤、李思义、李信、李巖、刘昭、吕拱、罗荣、罗裕、史永、宋琚、吴春、吴志、杨先、姚彦、张彦忠、张仲辰、张世贤、赵中、周才、周份、周文等，与李国庆先生在"宋版刻工表"一文中所录姓名基本一致，补刻部分可偶见版心标有刻工朱宽之姓名者。

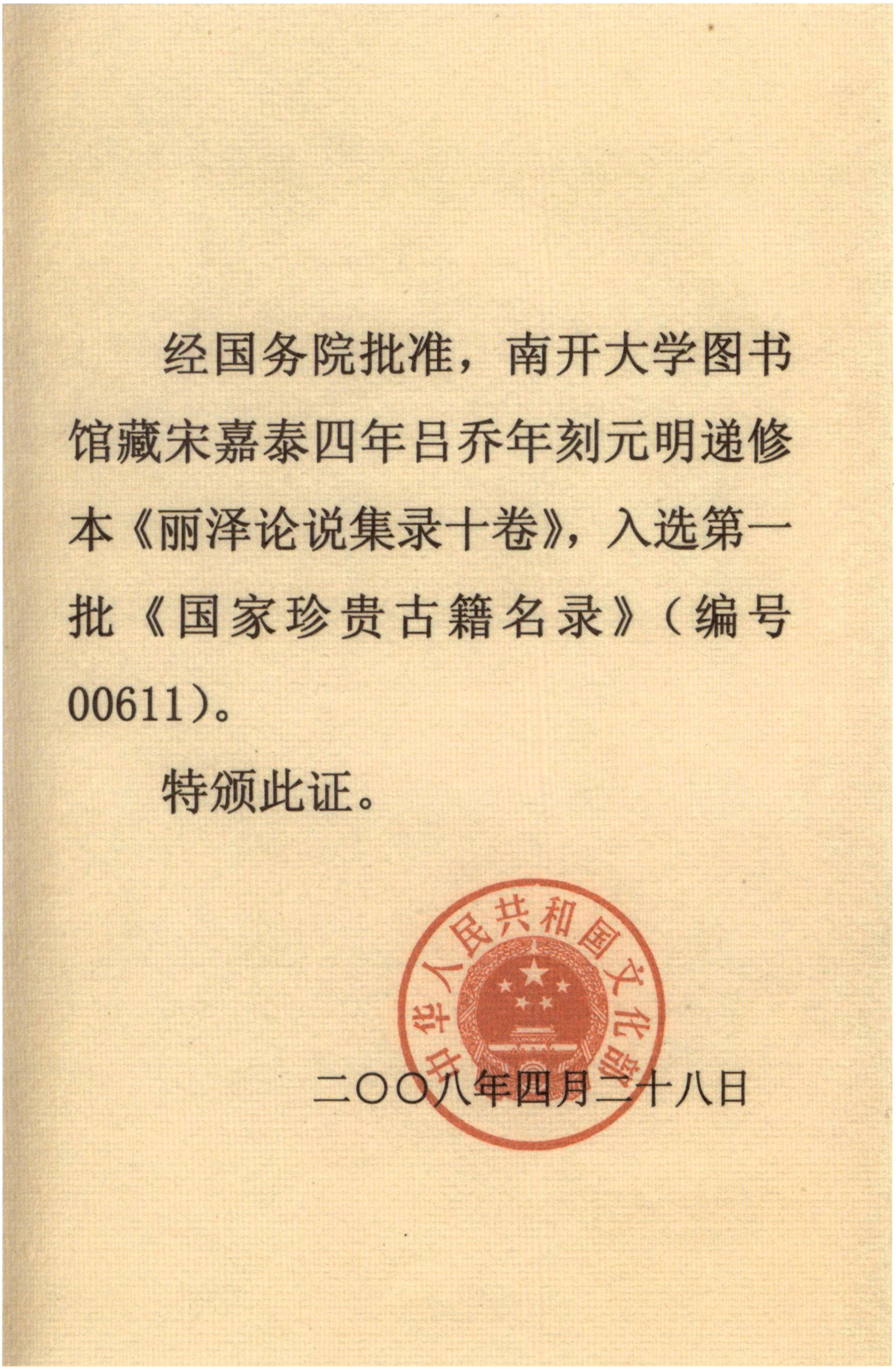

经国务院批准，南开大学图书馆藏宋嘉泰四年吕乔年刻元明递修本《丽泽论说集录十卷》，入选第一批《国家珍贵古籍名录》（编号00611）。

特颁此证。

中华人民共和国文化部

二〇〇八年四月二十八日

图 001 《丽泽论说集录十卷》入选《国家珍贵古籍名录》证书

《丽泽论说集录十卷》
(宋)吕祖俭辑
宋嘉泰四年(1204年)吕乔年刻元明递修本
半页十行二十字,白口,四周单边
开本27.0cm×18.0cm,版框17cm×12.2cm
1函5册
入选第一批《国家珍贵古籍名录》,编号00611
《国家珍贵古籍名录》证书颁发时间:2008年4月
南开大学图书馆索书号:善121.207/451

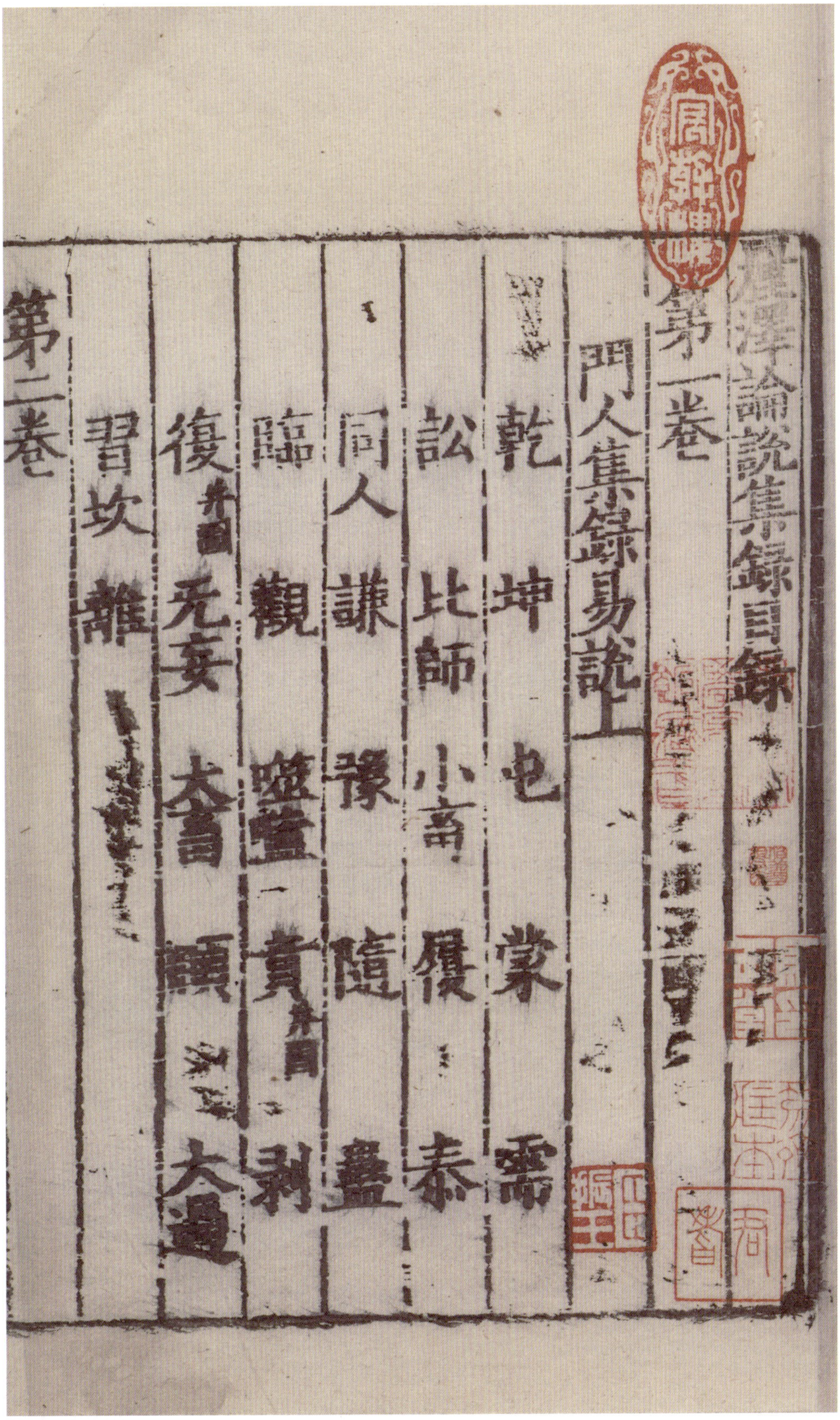
麗澤論說集錄目錄

第一卷

門人集錄易說上

乾 坤 屯 蒙 需

訟 比 師 小畜 履 泰

同人 謙 豫 隨 蠱

臨 觀 噬嗑 賁并圖 剝

復并圖 无妄 大畜 頤 大過

習坎 離

第二卷

图 002 《丽泽论说集录十卷》书影之一

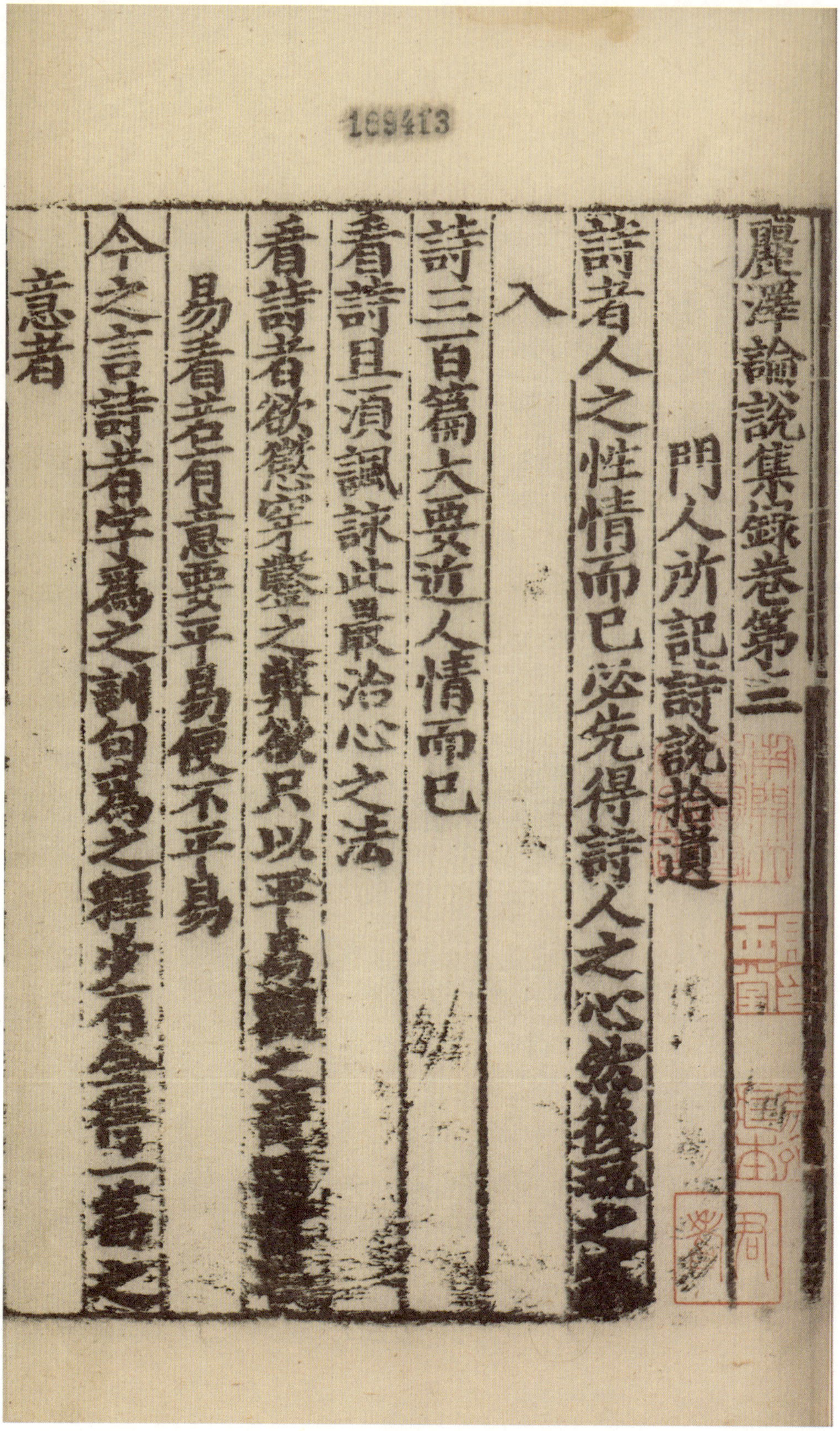
189413
麗澤論說集錄卷第三
門人所記詩說拾遺
詩者人之性情而已必先得詩人之心然後玩之[illegible]
入
詩三百篇大要近人情而已
看詩且須諷詠此最治心之法
看詩者欲懲窒之辨欲只以平易觀之[illegible]
易看若有意要平易便不平易
今之言詩者字爲之訓句爲之釋多有全書一篇之
意者

图 003 《丽泽论说集录十卷》书影之二

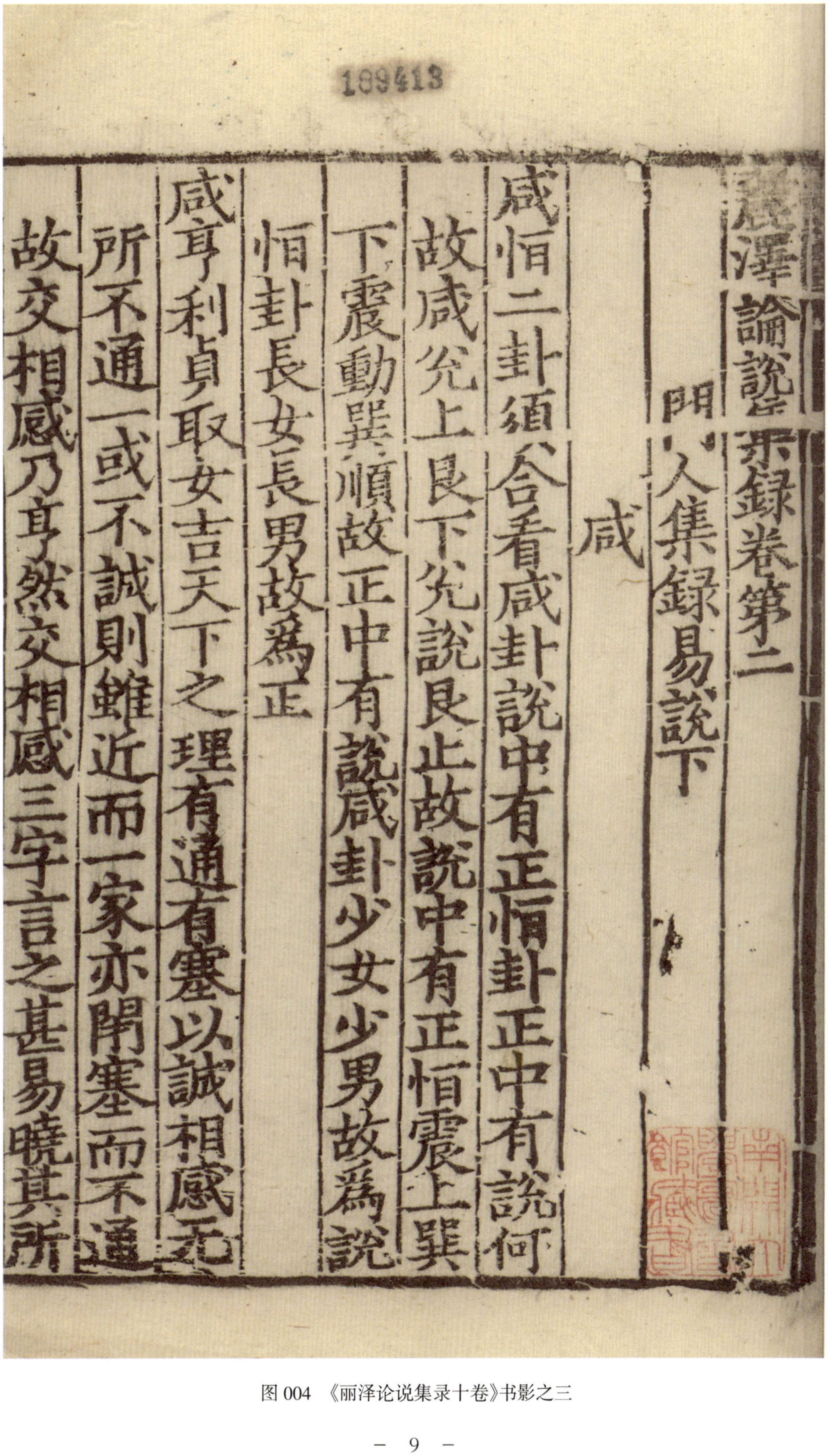
麗澤論說集録卷第二
門人集録易說下
咸
咸恒二卦須合看咸卦說中有正恒卦正中有說何
故咸兊上艮下兊說艮止故說中有正恒震上巽
下震動巽順故正中有說咸卦少女少男故爲說
恒卦長女長男故爲正
咸亨利貞取女吉天下之理有通有塞以誠相感无
所不通一或不誠則雖近而一家亦閉塞而不通
故交相感乃亨然交相感三字言之甚易曉其所

图 004 《丽泽论说集录十卷》书影之三

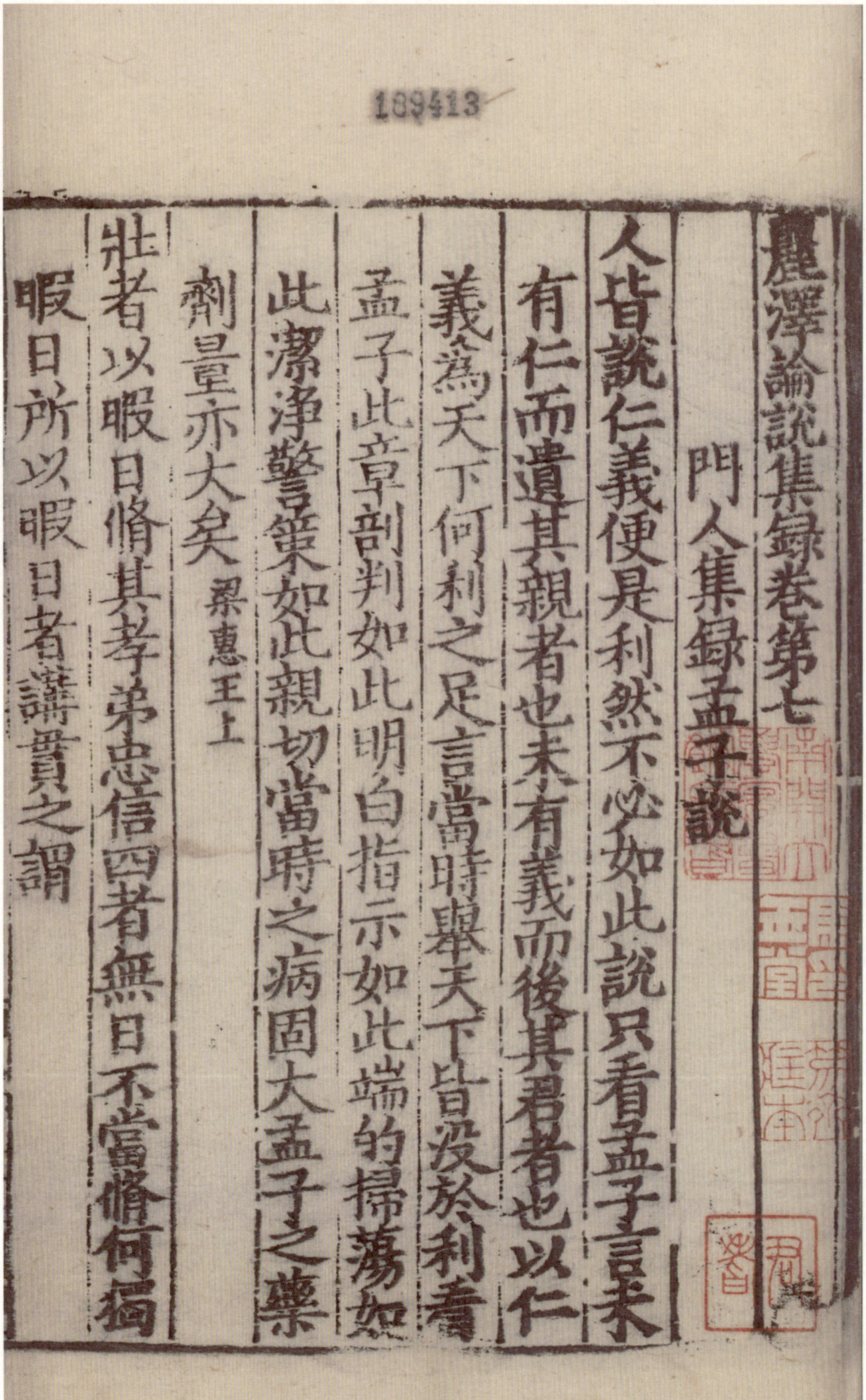

麗澤論說集録卷第七

門人集録孟子說

人皆說仁義便是利然不必如此說只看孟子言未有仁而遺其親者也未有義而後其君者也以仁義為天下何利之足言當時舉天下皆没於利看孟子此章剖判如此明白指示如此端的掃蕩如此潔淨警策如此親切當時之病固大孟子之藥劑量亦大矣 梁惠王上

壯者以暇日脩其孝弟忠信四者無日不當脩何獨暇日所以暇日者講貫之謂

图 005 《丽泽论说集录十卷》书影之四

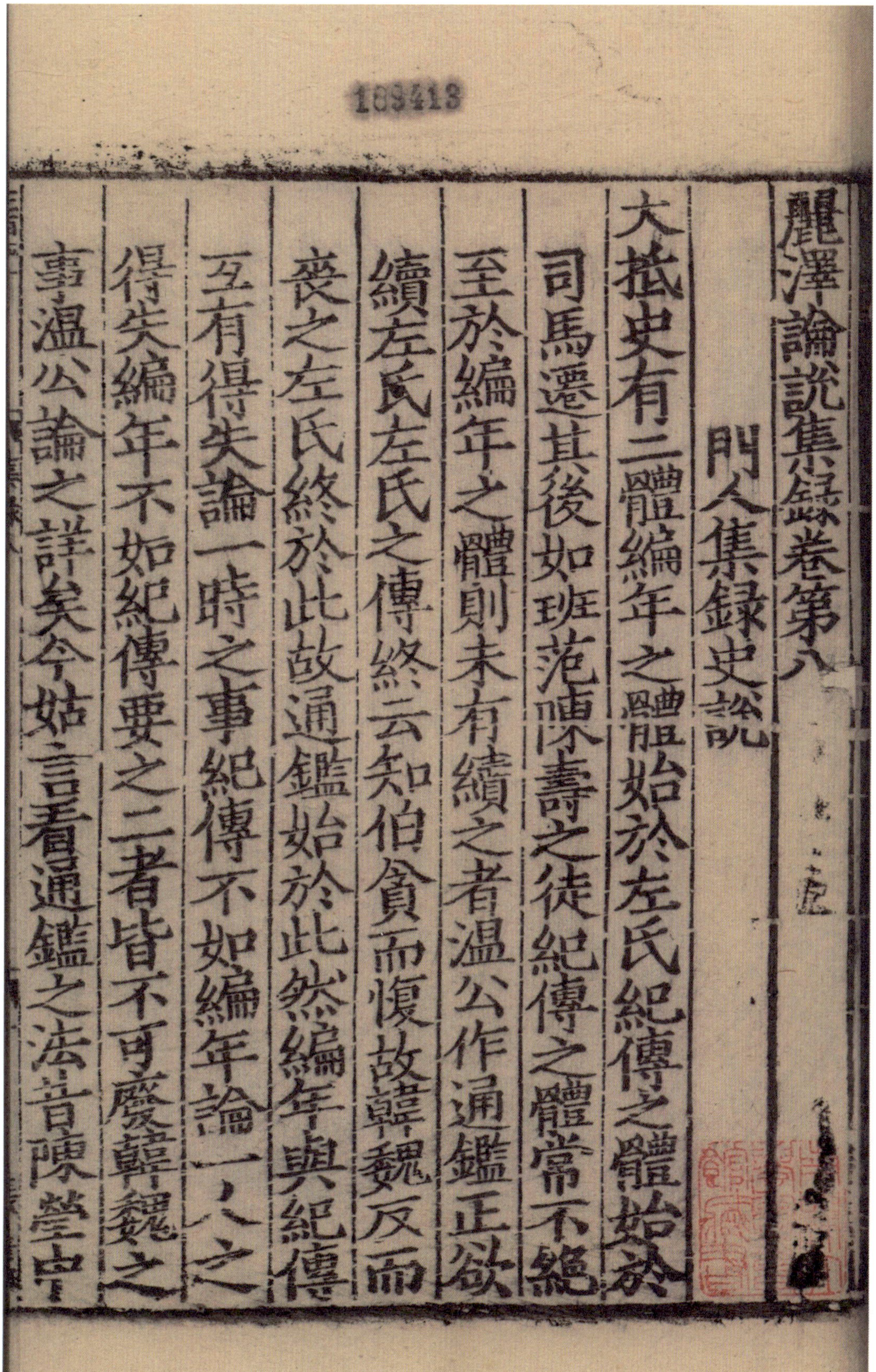
麗澤論說集録卷第八
門人集録史說
大抵史有二體編年之體始於左氏紀傳之體始於
司馬遷其後如班范陳壽之徒紀傳之體常不絕
至於編年之體則未有續之者温公作通鑑正欲
續左氏左氏之傳終云知伯貪而愎故韓魏反而
喪之左氏終於此故通鑑始於此然編年與紀傳
互有得失論一時之事紀傳不如編年論一人之
得失編年不如紀傳要之二者皆不可廢韓魏之
事温公論之詳矣今姑言看通鑑之法昔陳瑩中

图 006 《丽泽论说集录十卷》书影之五

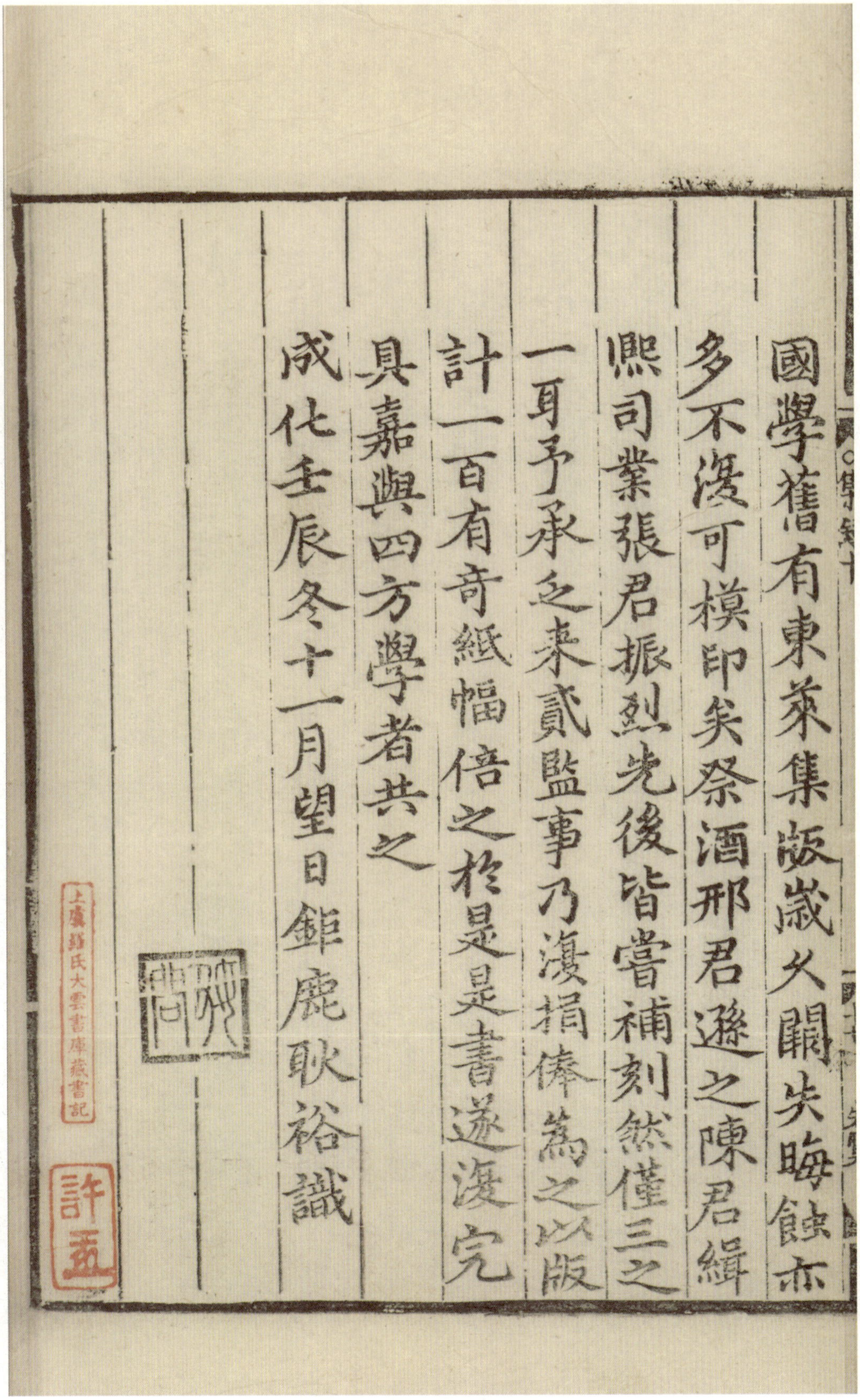

國學舊有東萊集版歲久闕失晦蝕亦
多不復可模印矣祭酒邢君遜之陳君緝
熙司業張君振烈先後皆嘗補刻然僅三之
一耳予承乏來貳監事乃復捐俸爲之以版
計一百有奇紙幅倍之於是是書遂復完
具嘉與四方學者共之
成化壬辰冬十一月望日鉅鹿耿裕識

图 007 《丽泽论说集录十卷》书影之六

第二批《国家珍贵古籍名录》

（入选9部）

《渚宫旧事五卷》

提　要

撰者余知古(生卒及梓里不详),唐文宗时人,登进士第,曾任将仕郎守太子校书。所著《渚宫旧事》为杂记,一名《渚宫故事》,因内容所记皆为古代荆、楚地区之事,故以春秋时楚别宫渚宫为书名。原为十卷本,起自周朝,止于唐末,然在宋代已罕有完本。据《中国善本书总目》著录,各家所藏本皆止于晋代,缺后五卷。南开大学图书馆所藏为明晋藩旧抄本,曾经清初天一阁范承谟、结一庐朱氏、独山莫氏及近代汉阳叶氏等递藏,诚为秘籍。卷端钤有"晋府图书"朱文方印、"范承谟印"朱文篆方印、"莫棠字楚生印"朱文长方印、"范承烈印"白文方印、"仁龢朱澂"白文方印、"子清"朱文方印、"徐元梦印"白文方印、"谦牧堂藏书记"白文方印、"陈浩之印"白文方印、"梅会里朱氏潜采堂藏书"朱文长方印、"汉阳叶名沣润臣甫印"白文方印、"更年审定"白文方印、"结一庐藏书印"朱文方印、"独山莫氏铜井文房藏书印"朱文长方印。卷第五之后有"渚宫旧事补",卷末钤有"秦更年印"白文方印、"秦曼青"白文方印、"谦牧堂书画记"朱文方印、"子清校藏秘籍"朱文方印等。书内各页夹有墨笔(偶有朱笔)批注签条共九纸,或为朱澂手迹。据另一清初抄本上的藏家秦更年跋文,该书在清嘉庆年间孙星衍刊入《平津馆丛书》之前,向无刻本流传,各家著录率皆抄帙。孙刻之底本与清抄本大致相近,而明晋藩旧抄本"其佳处则胜于他本远甚"。

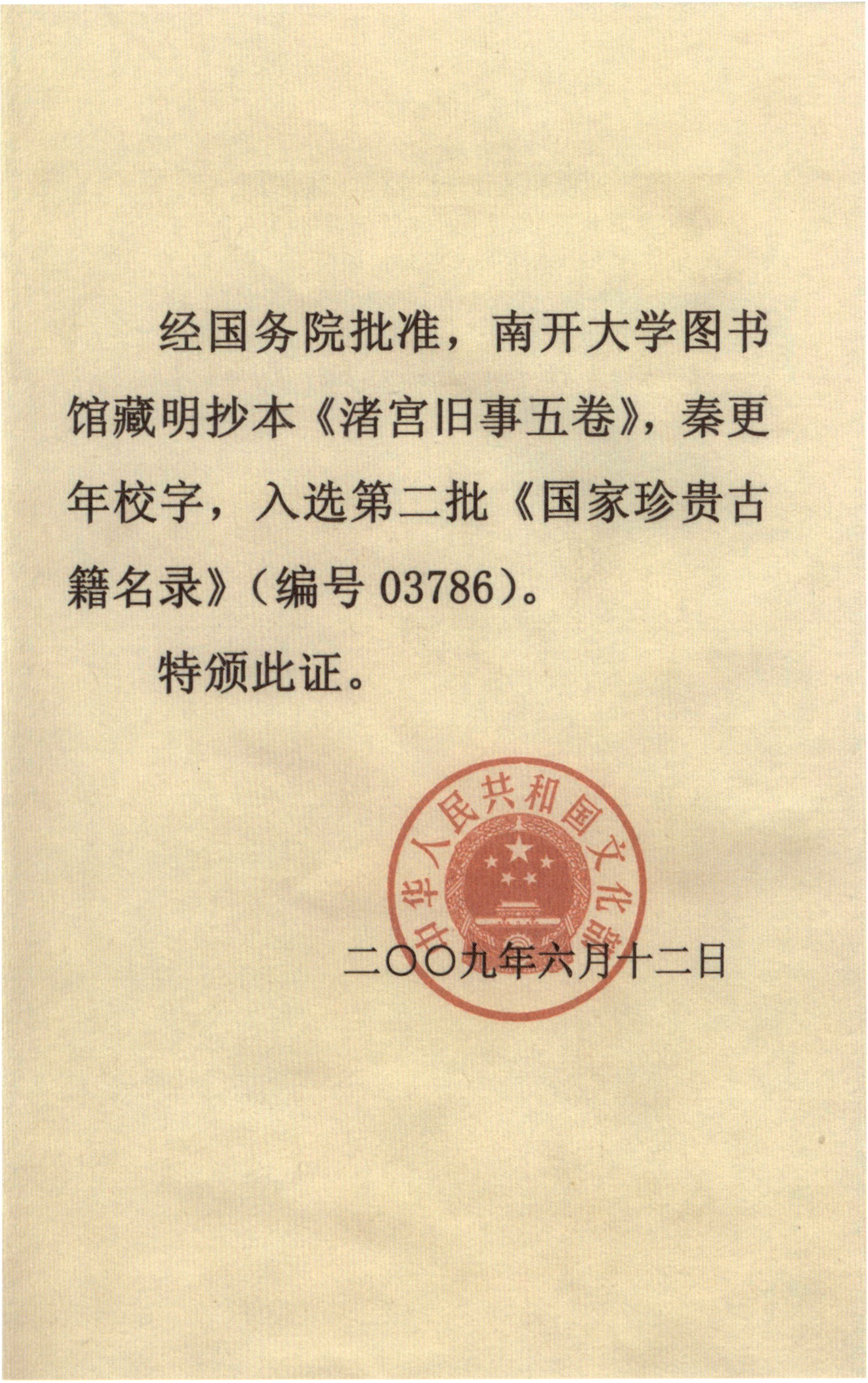

经国务院批准，南开大学图书馆藏明抄本《渚宫旧事五卷》，秦更年校字，入选第二批《国家珍贵古籍名录》（编号03786）。

特颁此证。

中华人民共和国文化部

二〇〇九年六月十二日

图008 《渚宫旧事五卷》入选《国家珍贵古籍名录》证书

《渚宫旧事五卷》
（唐）余知古撰
明抄本，秦更年校字（年月不详）
半页十二行二十四字，双行小字四十八字
开本 17cm×25.5cm，版框无
1 函 1 册
入选第二批《国家珍贵古籍名录》，编号 03786
《国家珍贵古籍名录》证书颁发时间：2009 年 6 月
南开大学图书馆索书号：善 610.4/988-1

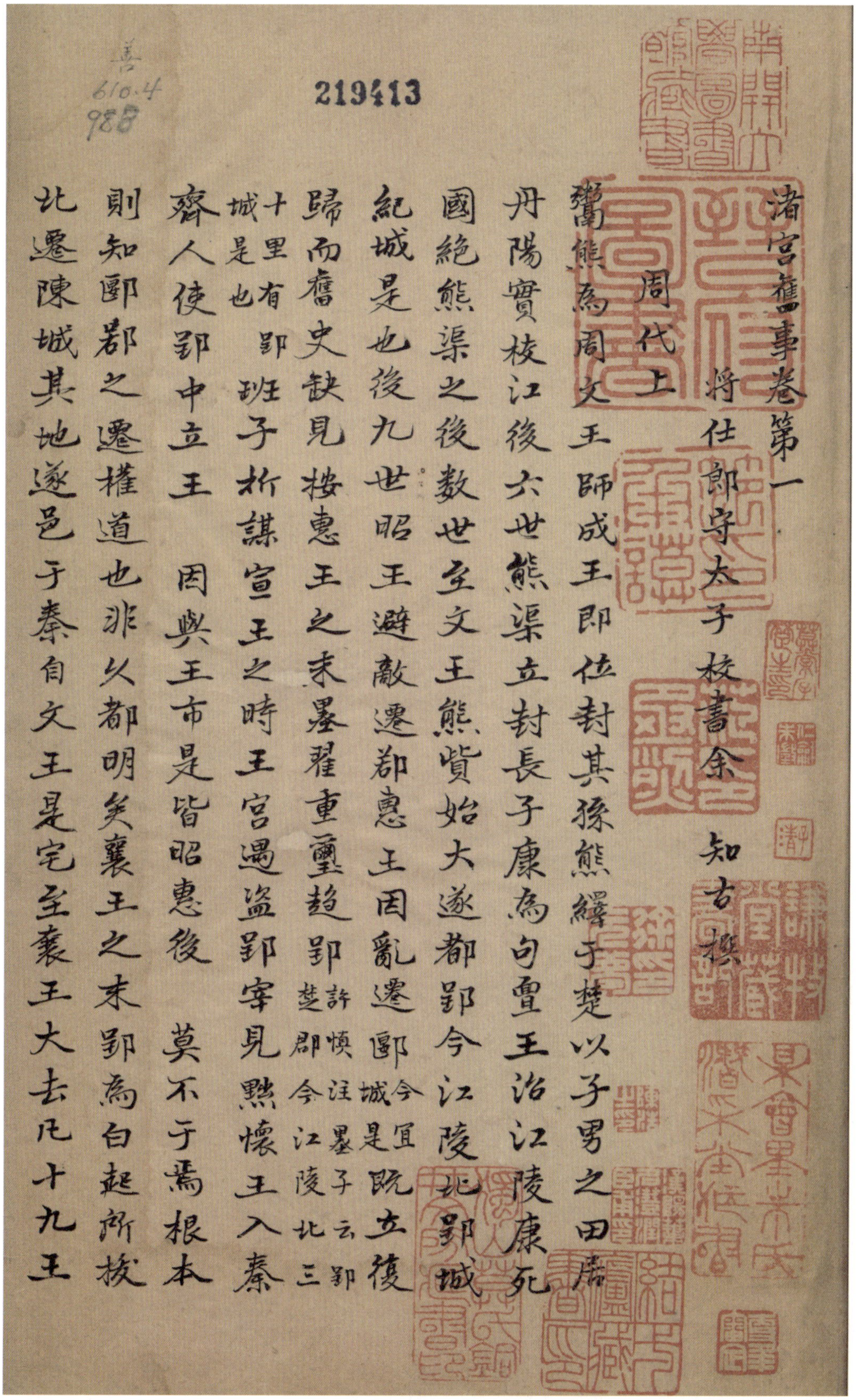

渚宮舊事卷第一　　將仕郎守太子校書余　知古撰

周代上

鬻熊為周文王師成王即位封其孫熊繹于楚以子男之田居丹陽實枝江後六世熊渠立封長子康為句亶王治江陵康死國絕熊渠之後數世至文王熊貲始大遂都郢今江陵北郢城紀城是也後九世昭王避敵遷鄀惠王因亂遷鄢今宜城是既立復歸而舊史缺見按惠王之末墨翟重繭趍郢許慎注墨子云郢楚郡今江陵北三十里有郢城是也班子析謀宣王之時王宮遇盜郢宰見黜懷王入秦齊人使郢中立王　因與王市是皆昭惠後　莫不于焉根本則知鄢鄀之遷權道也非以都明矣襄王之末郢為白起所拔北遷陳城其地遂邑于秦自文王是宅至襄王大去凡十九王

图 009 《渚宫旧事五卷》书影之一

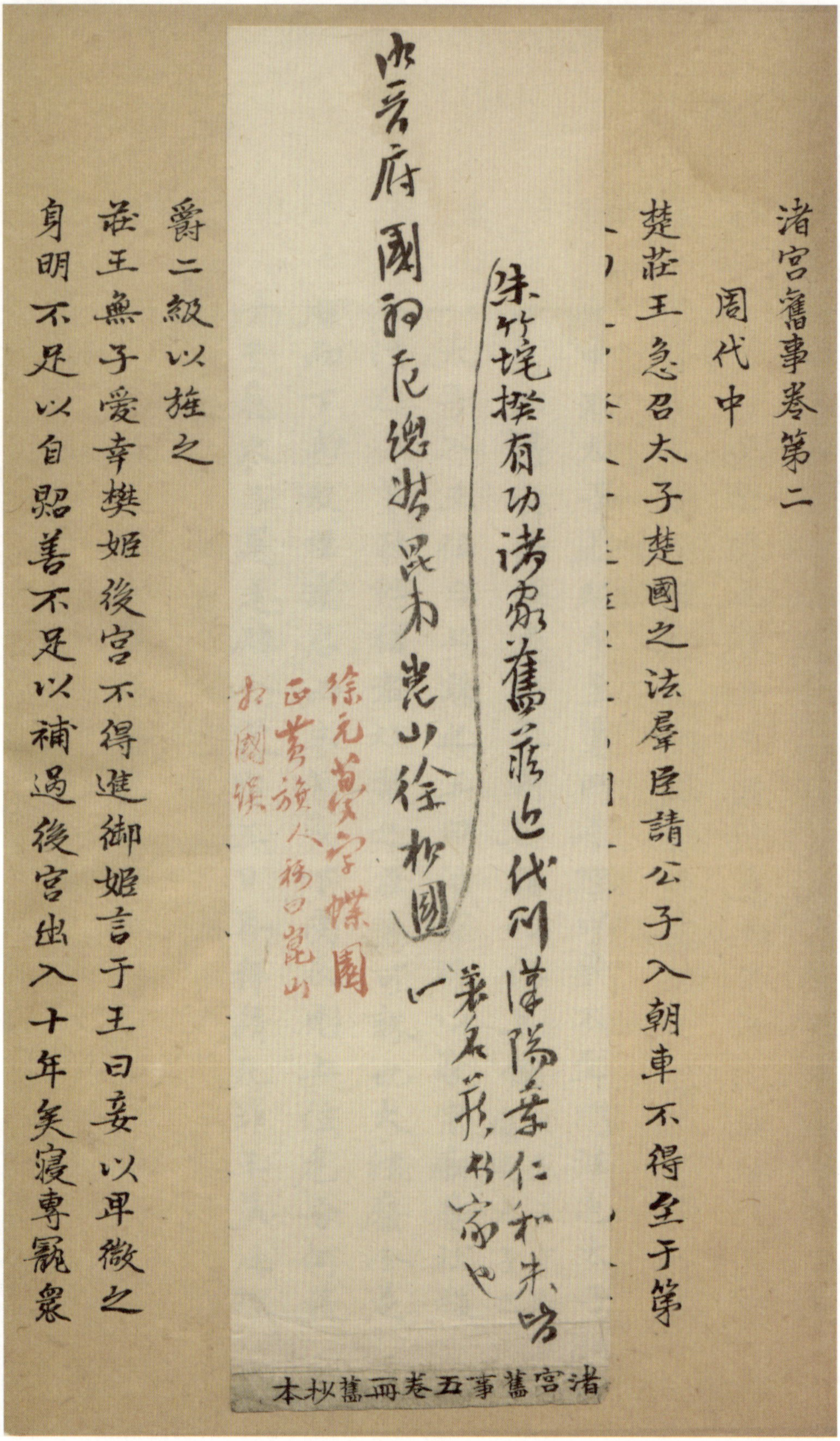
渚宮舊事卷第二
周代中
楚莊王急召太子楚國之法羣臣請公子入朝車不得至于第
徐元夢字蝶園 正黄旗人稱曰崑山相國誤
渚宮舊事五卷兩舊抄本
爵二級以旌之
莊王無子愛幸樊姬後宮不得進御姬言于王曰妾以卑微之
身明不足以自照善不足以補過後宮出入十年矣寢專寵衆

图 010 《渚宫旧事五卷》书影之二

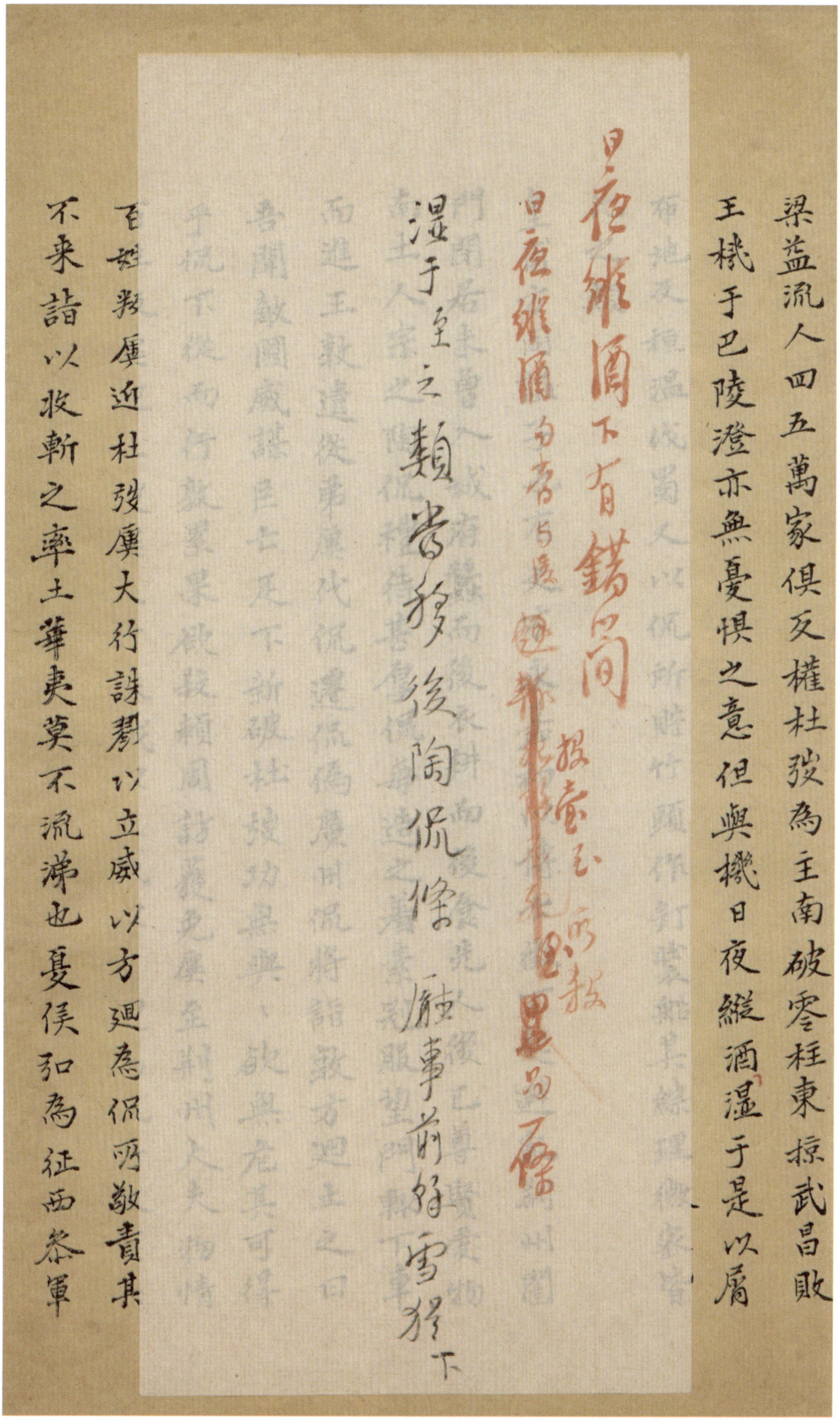
梁益流人四五萬家俱反權杜弢為主南破零桂東掠武昌敗
王機于巴陵澄亦無憂懼之意但與機日夜縱酒湿于是以屑

日夜縱酒下有錯簡

百姓數屢逆杜弢廣大行誅戮以立威以方迴為侃所敬責其
不來詣以收斬之率土華夷莫不流涕也夏侯弘為征西參軍

图 011 《渚宫旧事五卷》书影之三

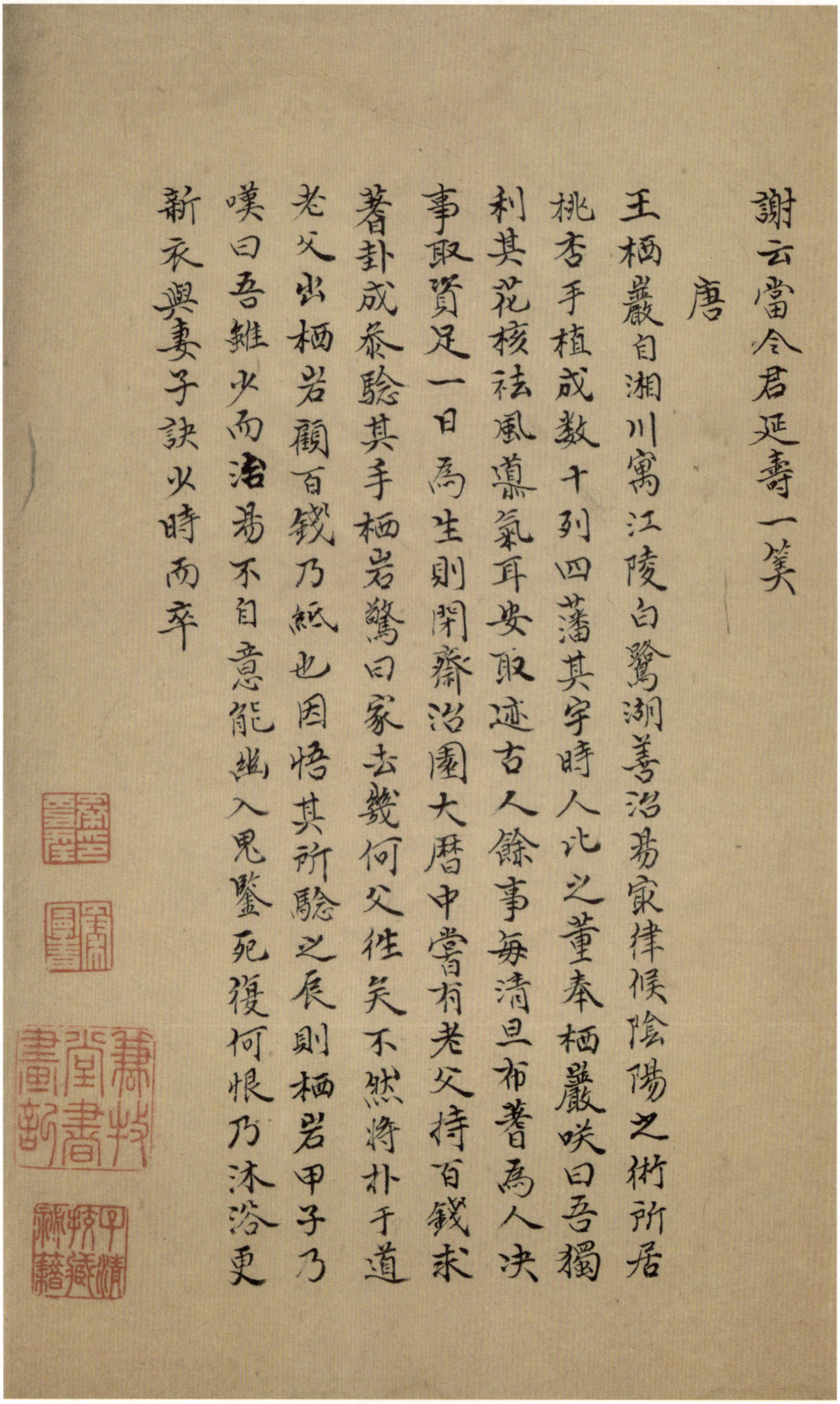

謝云當今君延壽一筭

唐

王栖巖自湘川寓江陵白鷺湖善治易宗律候陰陽之術所居桃杏手植成數十列四藩其宇時人比之董奉栖巖咲曰吾獨利其花核祛風導氣耳安取迹古人餘事每清旦布蓍爲人決事取資足一日爲生則閉齋治園大曆中嘗有老父持百錢求蓍卦成彖驗其手栖岩驚曰家去幾何父往矣不然將仆于道老父出栖岩顧百錢乃紙也因悟其所驗之辰則栖岩甲子乃嘆曰吾雖少而治易不自意能幽入鬼鑒死復何恨乃沐浴更新衣與妻子訣少時而卒

图 012 《渚宫旧事五卷》书影之四

《疑年录不分卷》

提　要

撰者钱大昕（1728—1804），字晓征，又字辛楣，号竹汀。清乾隆进士，累官至少詹士。历主钟山、紫阳等书院，系清中期著名的历史学者，著有《廿二史考异》《潜研堂诗文集》等。南开大学图书馆所藏《疑年录不分卷》系钱氏手稿，收录自汉代郑玄至清代邵晋涵计三百余位经史学者、诗词名家及书画名人等各类历史人物的生卒年等内容。旧为归安姚氏咫进斋所藏，书前藏书印琳琅满目，洵可宝贵。卷前护页墨笔题“钱竹汀先生疑年录原稿本 五砚楼旧藏”，卷端钤有“文渊阁检阅许玉瑑印”白文方印、“十四字斋”朱文长方印、“缪超群”朱文方印、“咫進斋”朱文方印、“賡”朱文方印、“易风”朱文方印、“五研楼图书印”朱文长方印、“咫进斋传书”白文方印、“归安姚绳武藏书”白文方印、“缪超群”白文长方印、“耜盦寓目”白文方印、“浒篨草堂”白文方印、“鹤巢”朱文方印、“玉瑑”白文方印、“光福许氏珍藏”白文长方印、“且吃茶轩”白文方印、“庞际雲省山甫之印章”白文方印、“岱”朱文椭圆印、“超群”白文方印、“泰山”朱文方印、“清真”白文方印、“玉瑑校讀”朱文方印、“缪太山”朱文方印、“石契斋”朱文长方印、“野竹盦”白文方印等，卷内多页分别钤有“岱”朱文椭圆印、“泰山”朱文方印、“清真”白文方印、“缪太山”朱文方印、“光福许氏藏书之印”白文长方印、“延年乐石寮客”白文方印、“餐英滋惠之子”朱文方印、“咫進斋”朱文方印、“经德堂”白文方印，卷末及卷后护页钤有“忍負芳年”朱文方印、“岱”朱文椭圆印、“光福许氏藏书之印”白文长方印、“泰山”朱文方印、“缪太山”朱文方印、“炳辰”白文方印、“文渊阁检阅许玉瑑印”白文方印等。

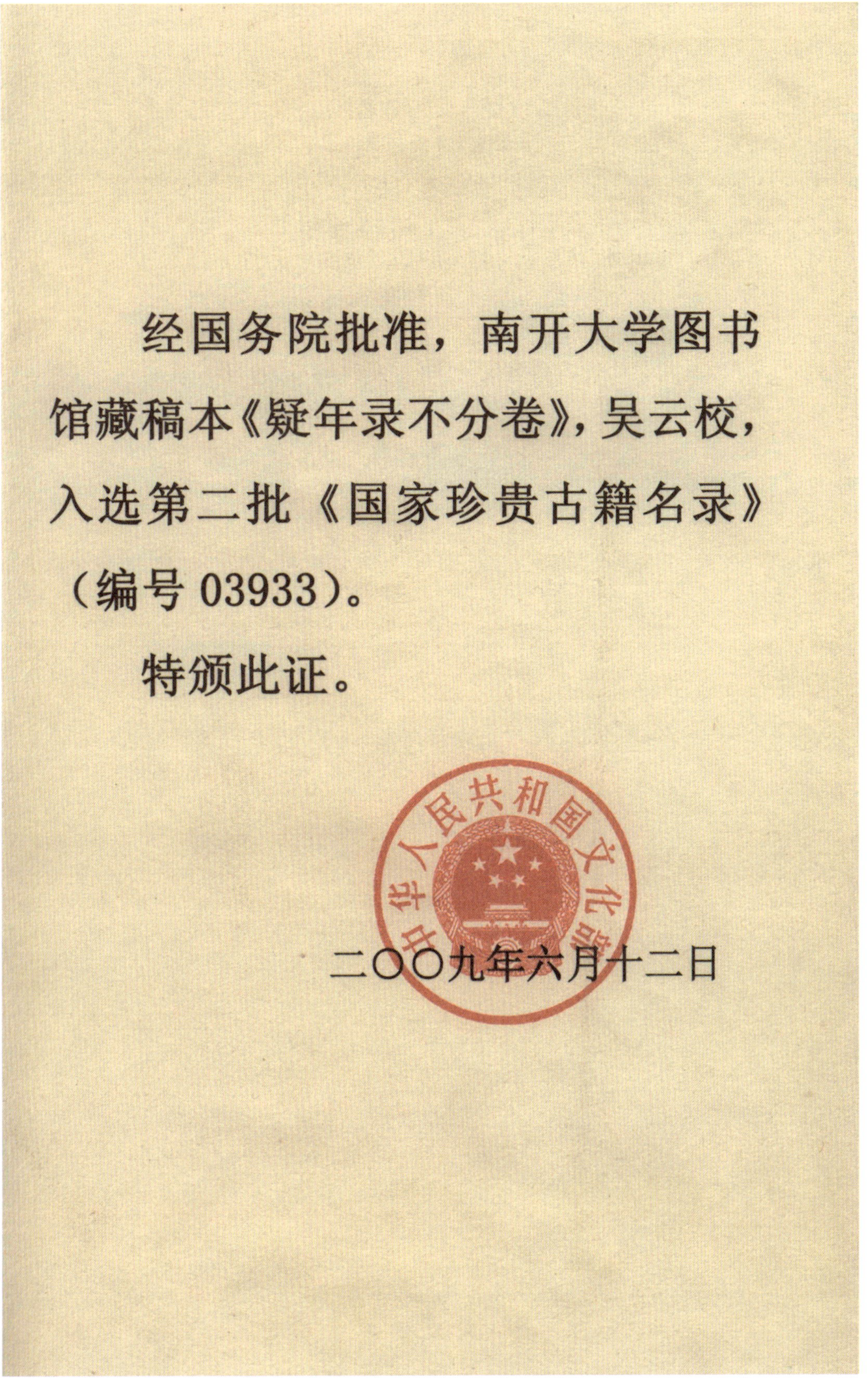

经国务院批准，南开大学图书馆藏稿本《疑年录不分卷》，吴云校，入选第二批《国家珍贵古籍名录》（编号03933）。

特颁此证。

中华人民共和国文化部

二〇〇九年六月十二日

图013　《疑年录不分卷》入选《国家珍贵古籍名录》证书

《疑年录不分卷》
(清)钱大昕撰
清稿本,吴云校(年月不详)
半页十行二十字,双行小字四十字
开本 15.5cm × 25cm,版框 15.5cm × 25cm
1 函 1 册
入选第二批《国家珍贵古籍名录》,编号 03933
《国家珍贵古籍名录》证书颁发时间:2009 年 6 月

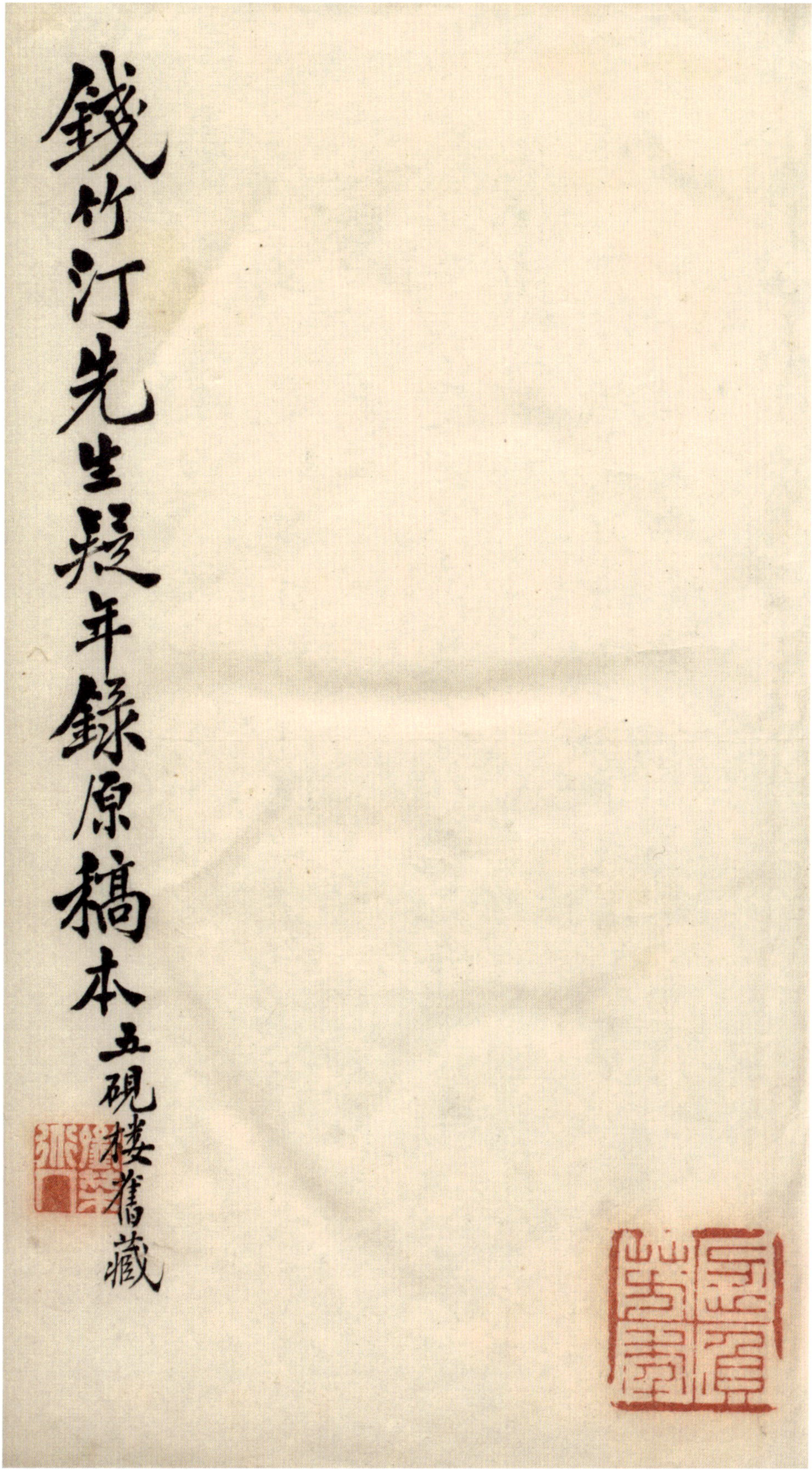
錢竹汀先生疑年錄原稿本
五硯樓舊藏

图 014 《疑年录不分卷》书影之一

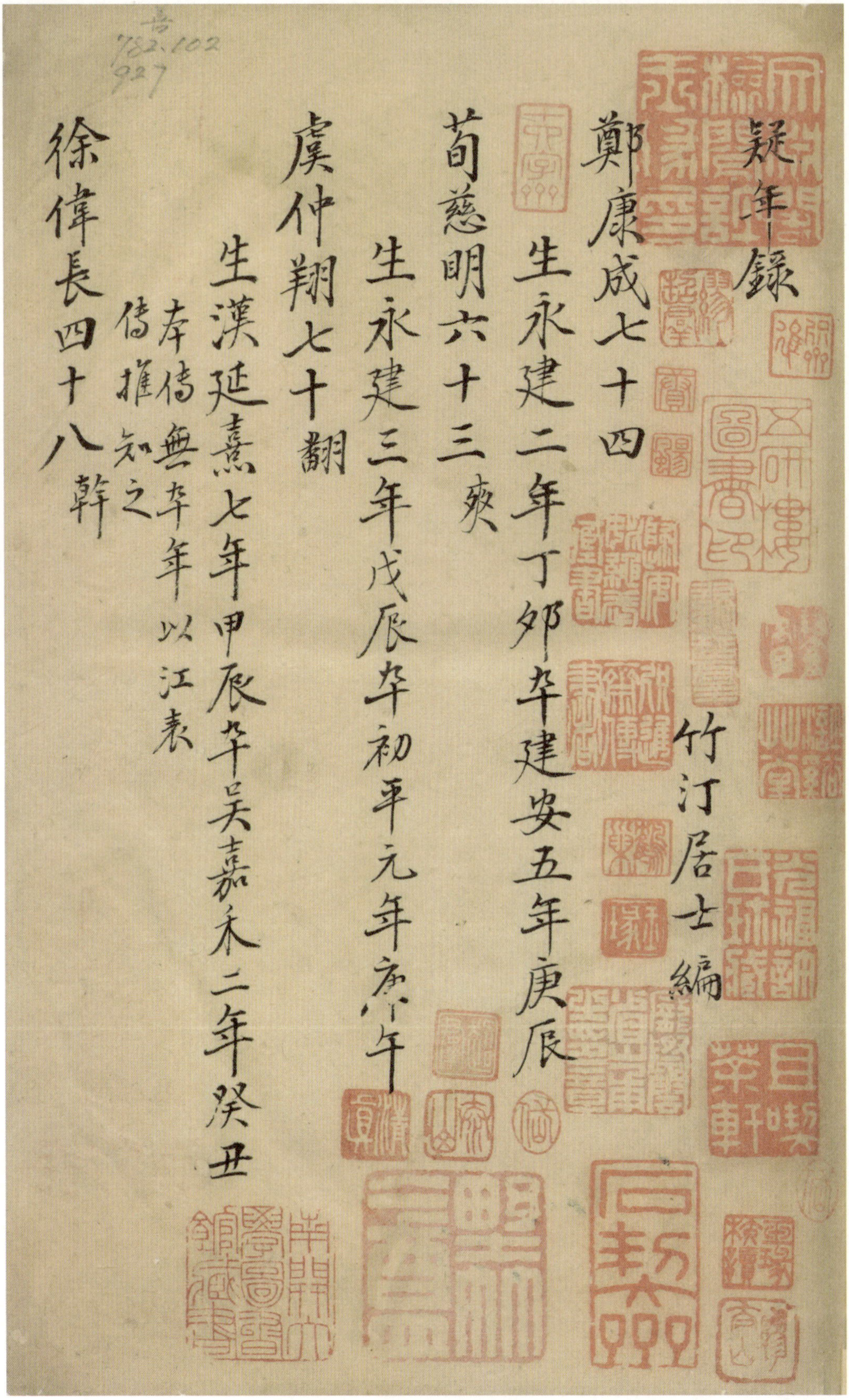

疑年録

竹汀居士編

鄭康成七十四

生永建二年丁卯卒建安五年庚辰

荀慈明六十三 爽

生永建三年戊辰卒初平元年庚午

虞仲翔七十 翻

生漢延熹七年甲辰卒吳嘉禾二年癸丑

本傳無卒年以江表傳推知之

徐偉長四十八 幹

图 015 《疑年录不分卷》书影之二

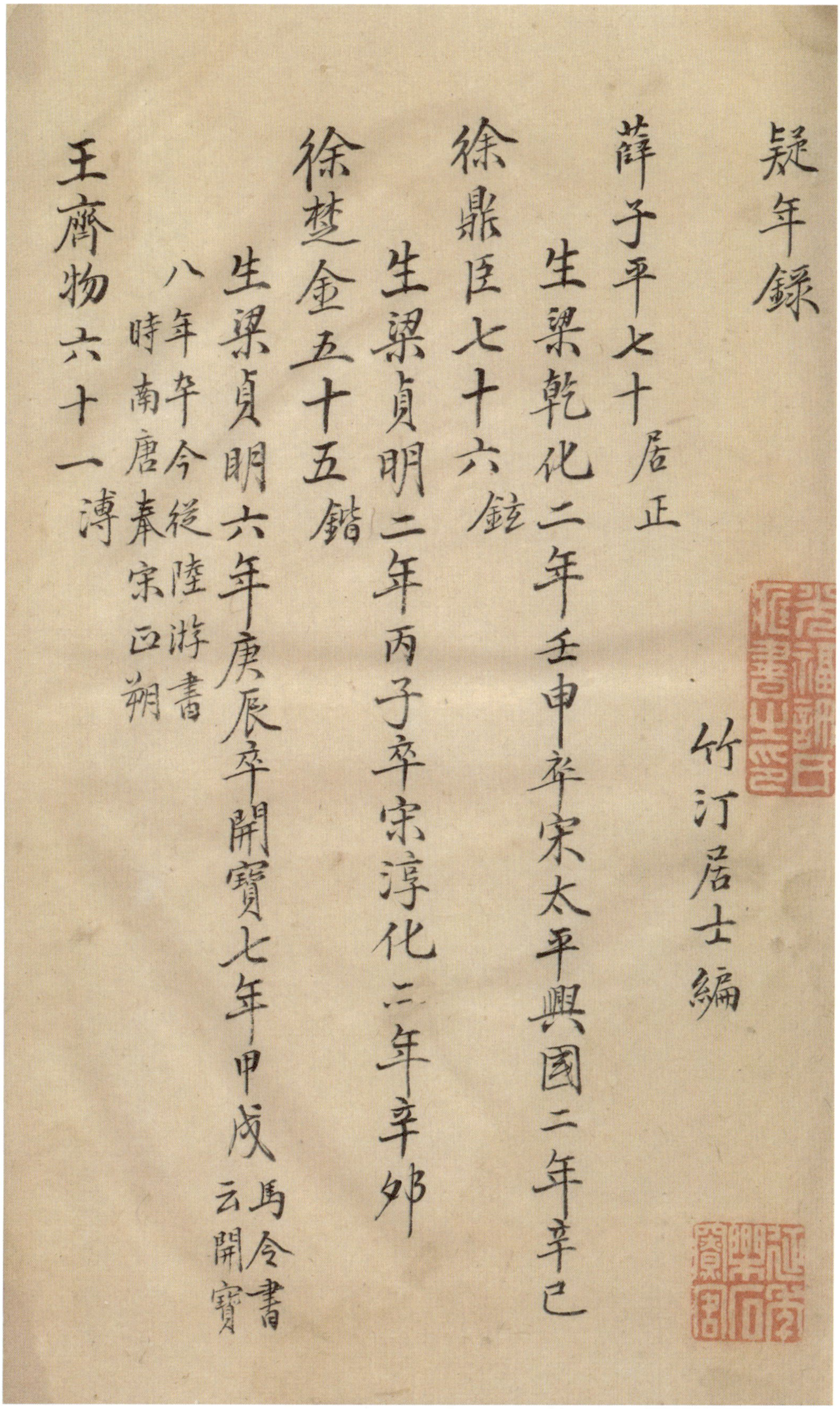

疑年錄

竹汀居士編

薛子平七十 居正

生梁乾化二年壬申卒宋太平興國二年辛巳

徐鼎臣七十六 鉉

生梁貞明二年丙子卒宋淳化二年辛卯

徐楚金五十五 鍇

生梁貞明六年庚辰卒開寶七年甲戌 馬令書云開寶八年卒今從陸游書時南唐奉宋正朔

王齊物六十一 溥

图 016 《疑年录不分卷》书影之三

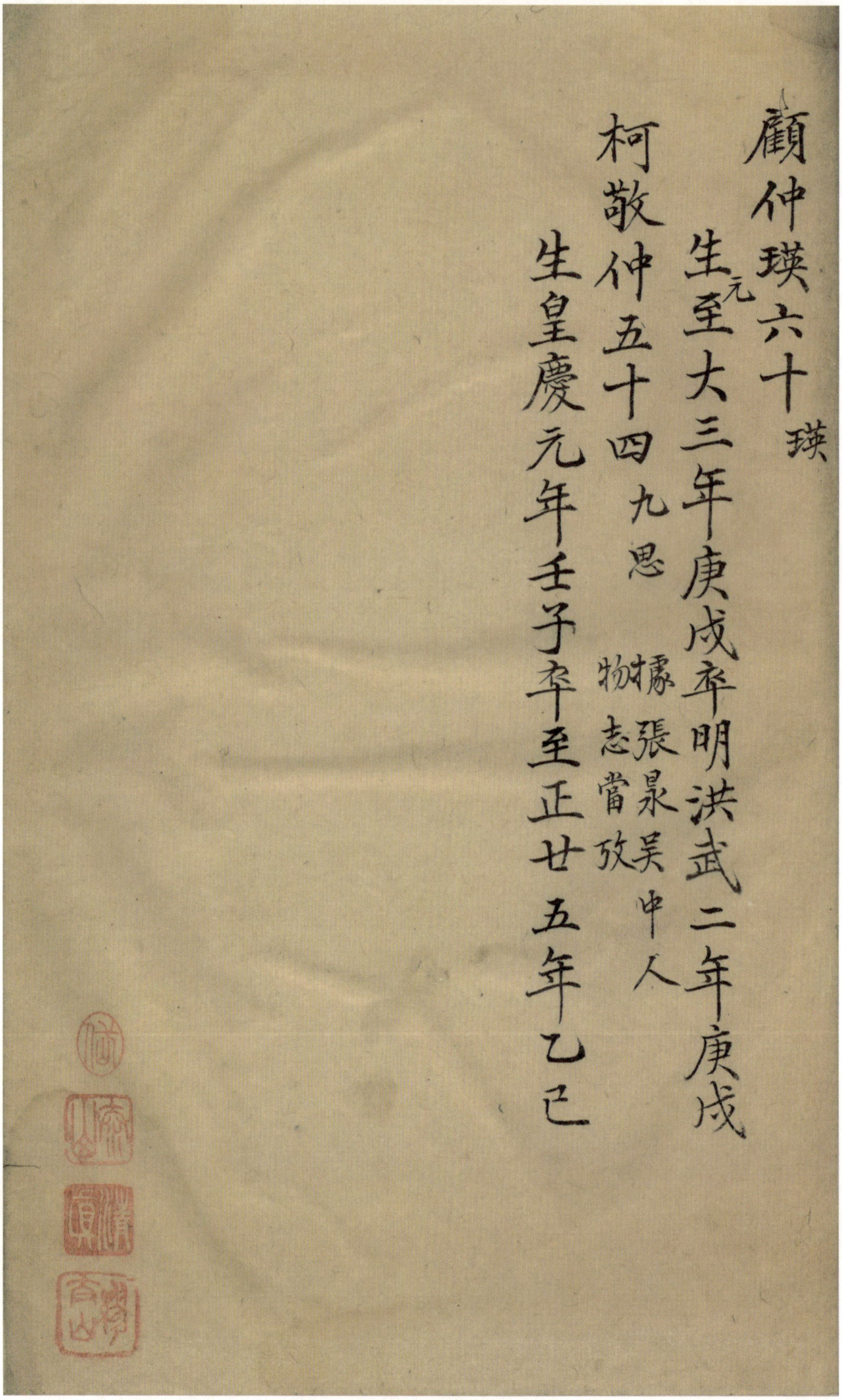

顧仲瑛六十 瑛
生元至大三年庚戌卒明洪武二年庚戌
柯敬仲五十四（九思　據張昶吳中人物志嘗攷）
生皇慶元年壬子卒至正廿五年乙巳

图 017 《疑年录不分卷》书影之四

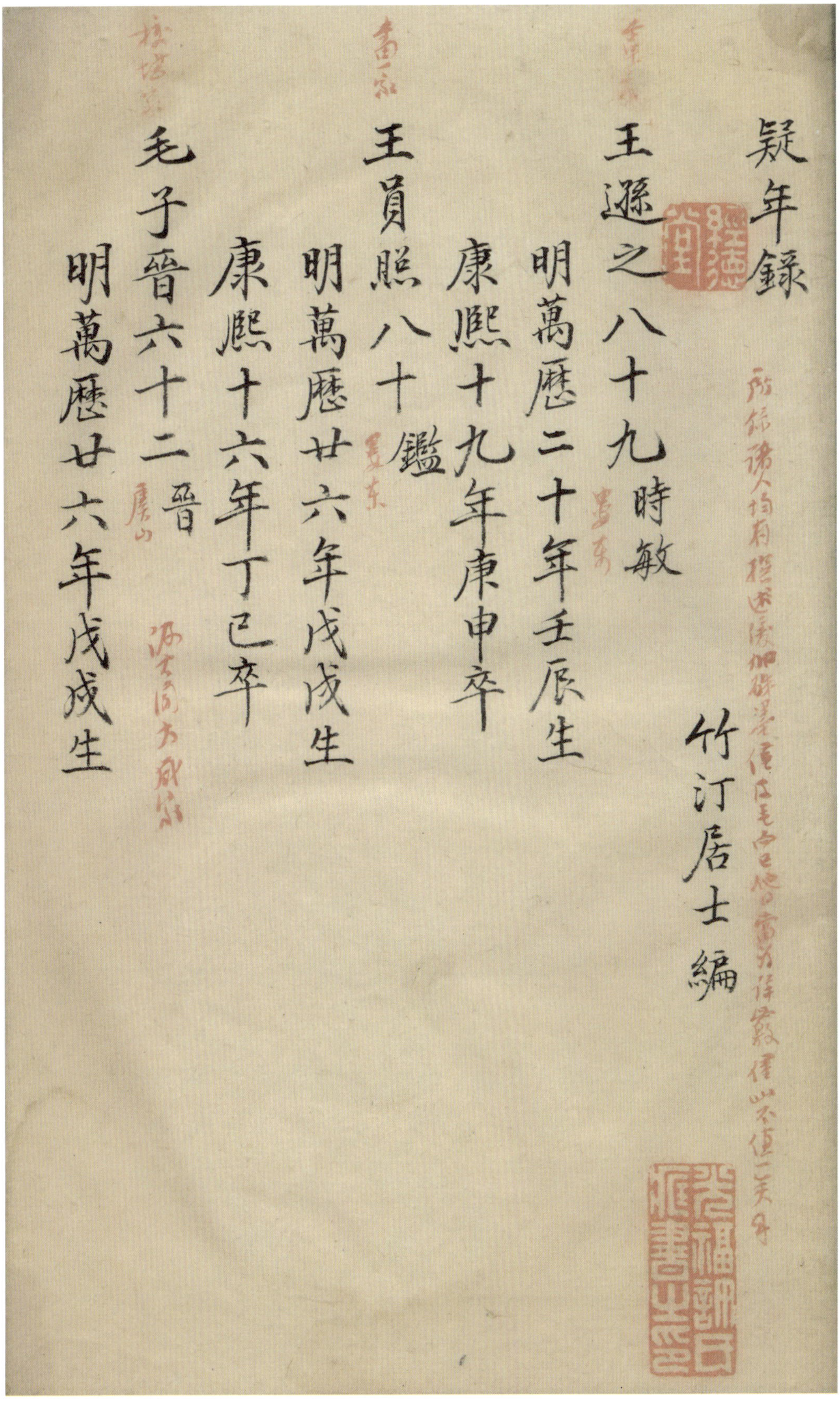
疑年錄

竹汀居士編

王遜之八十九 時敏
明萬歷二十年壬辰生
康熙十九年庚申卒

王員照八十 鑑
明萬歷廿六年戊戌生
康熙十六年丁巳卒

毛子晉六十二 晉
明萬歷廿六年戊戌生

图 018 《疑年录不分卷》书影之五

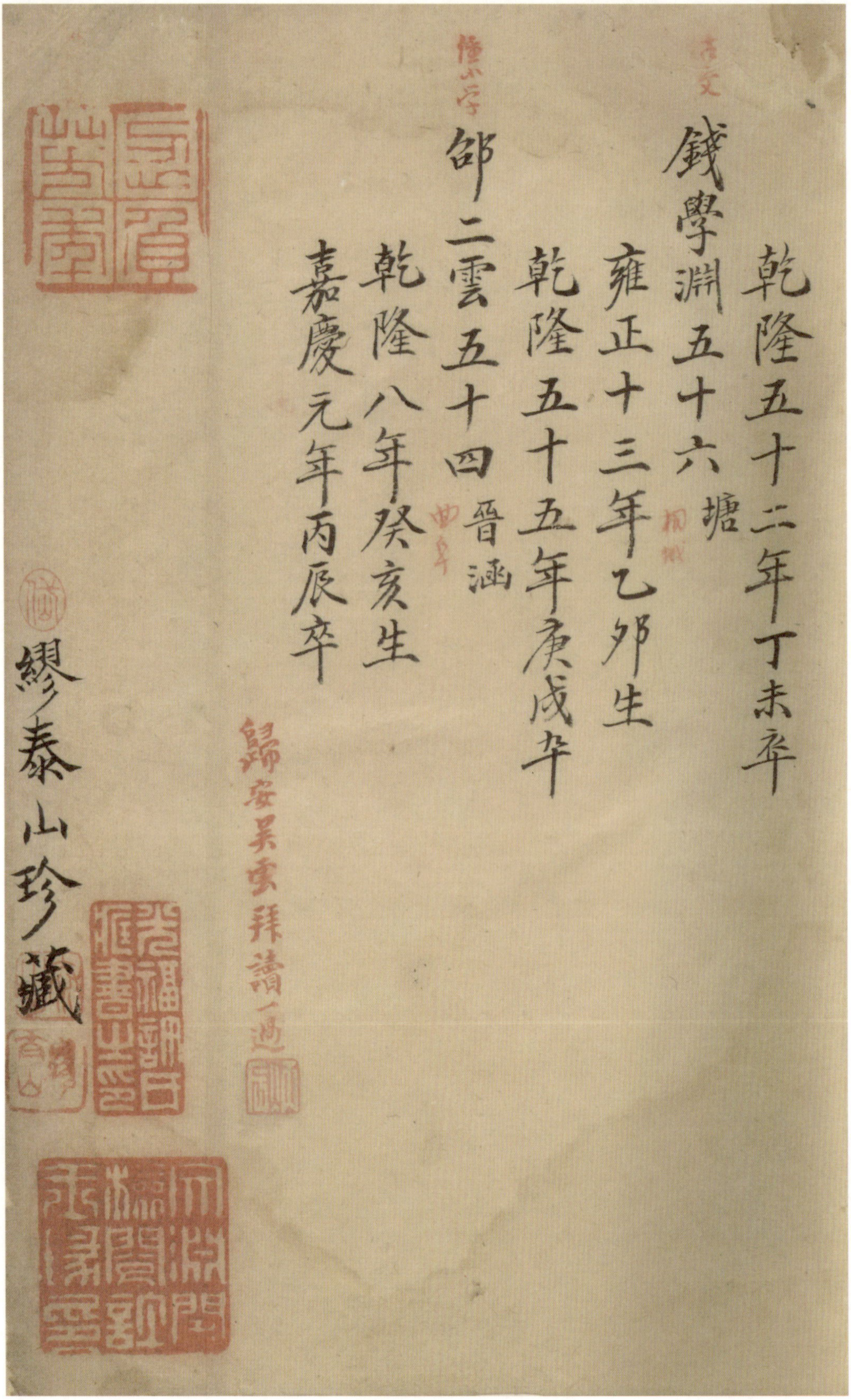
乾隆五十二年丁未卒

錢學淵五十六 塘

雍正十三年乙卯生

乾隆五十五年庚戌卒

邵二雲五十四 晉涵

乾隆八年癸亥生

嘉慶元年丙辰卒

歸安吳雲拜讀一過

繆泰山珍藏

图 019 《疑年录不分卷》书影之六

《吴中先贤品节不分卷》

提　要

辑者褚亨奭生卒与仕履不详。该书卷端题“吴门后学褚亨奭似召氏辑”，而据卷前秦更年题识，唯《苏州府志·艺文四》于祝允明和赵用贤之间著录有“褚亨奭《吴中先贤品节》”，可推知褚氏应为明代人。全书内容大体记自明初至天启年间吴县人物，史料价值丰富，但有清一代官私书目对该书均无著录。本馆藏本当为名贤手抄墨迹，曾经清揆叙收藏，再递及叶名沣父子收藏。潘功甫曾从叶家借观，最后归秦氏插架。卷前有秦更年1927年所撰题识曰“吴中名贤品节一册不分卷。题吴门后学褚亨奭似召氏辑，凡分德望、勋业、经济、刚直、清节、理学、孝廉、文学、风雅、勇退、家世、狂简、隐逸、艺术、女流、方外等十六类共六十八传，大较自明初至天启间止。文中间有改订，亦有传具而讃阙者。卷首有亨奭似召两小印，盖犹褚氏手稿格纸中缝有破砚斋三字。殆褚氏斋名，与有清一代官私书目均无著录。考之苏州府志艺文四云：褚亨奭吴中先贤品节（字公召。按：公乃似之讹），次于祝允明苏材小纂后，赵用贤三吴文献志前，则褚固明代人也，惟府志人物门无褚传，故不能悉其仕履之详俟。更博考卷前有谦牧堂藏书记白文印，卷后有谦牧堂书画记朱文印，盖曾经揆叙收藏，又有志诜私印、汉阳叶名沣润臣甫印、宝云斋三白文印，则由揆而归叶东卿父子矣。又有潘功甫借观朱文印。功甫名曾沂，吴县人，道咸间曾观（官）京师，似借观自叶氏也。名贤手迹藏印累累，信为密笈。爰为考其崖略记诸福叶并付工重装之。时丁卯秋八月也。更年”，并钤“秦更年”白文方印，是为珍贵。卷前卷后可见藏印多枚，卷前护页上钤“亨奭之印”白文方印和“西畴隐人”白文长方印，目录首页钤有“曾在秦婴闇处”朱文长方印、“志诜私印”白文方印，“谦牧堂藏书记”白文方印和“似召”朱文圆印。卷端钤有“秦更年印”白文方印、“秦曼青”白文方印、“汉阳叶名沣润臣甫印”白文方印、“亨奭”白文长方印。在“分外”末页钤有“宝云斋”白文方印。卷末钤有“潘功甫借观”朱文椭圆印、“谦牧堂书画记”朱文方印和“婴闇秦氏藏书”朱文方印。手稿格纸中缝刻印有“破砚斋”三字。

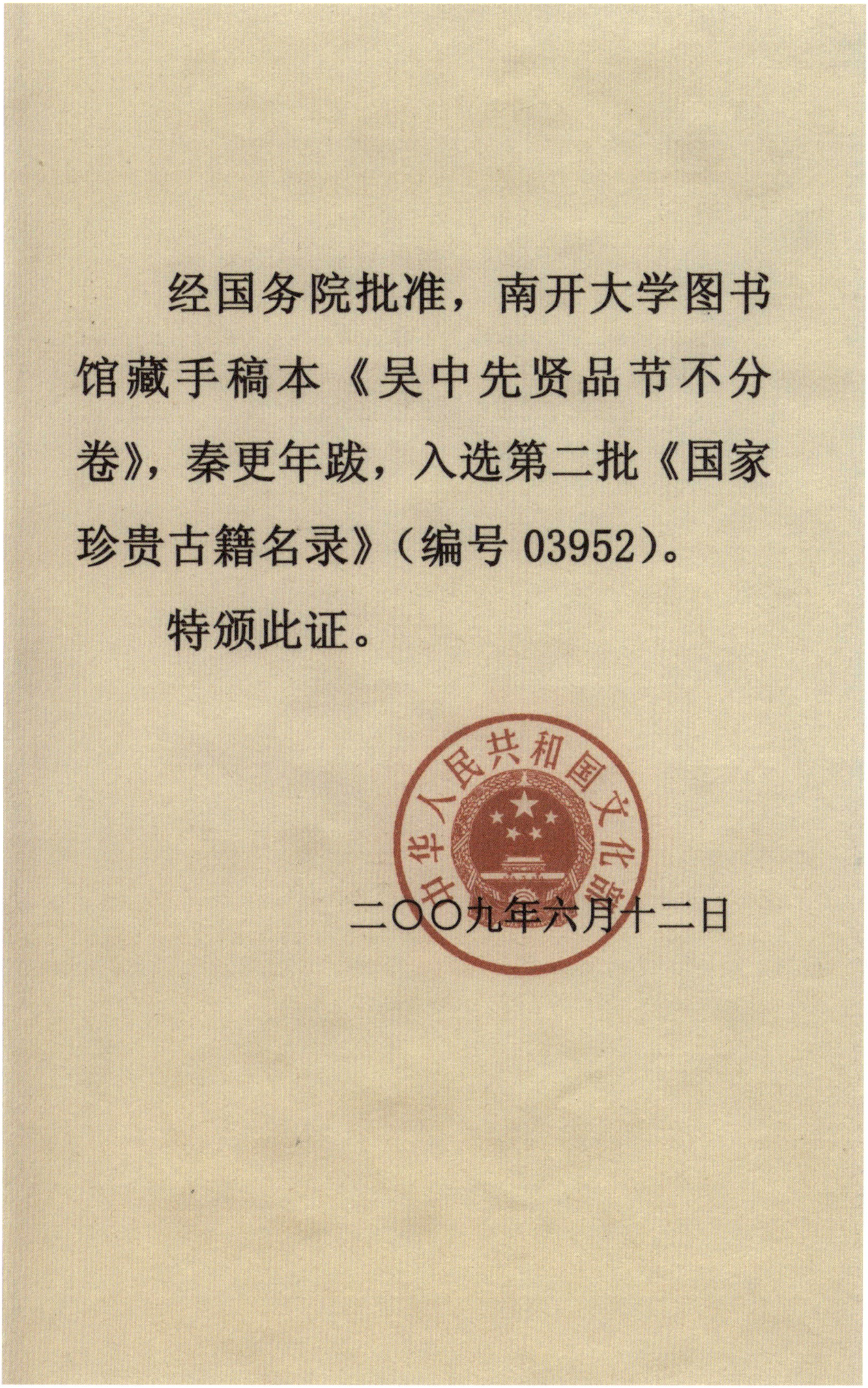

经国务院批准，南开大学图书馆藏手稿本《吴中先贤品节不分卷》，秦更年跋，入选第二批《国家珍贵古籍名录》（编号 03952）。

特颁此证。

二〇〇九年六月十二日

图 020 《吴中先贤品节不分卷》入选《国家珍贵古籍名录》证书

《吴中先贤品节不分卷》
(明)褚亨奭辑
手稿本,1927年秦更年跋
半页十行二十三字
开本 14.5cm×25cm,版框 11.5cm×21.5cm
1函1册
入选第二批《国家珍贵古籍名录》,编号 03952
《国家珍贵古籍名录》证书颁发时间:2009年6月
南开大学图书馆索书号:善 782.16/680

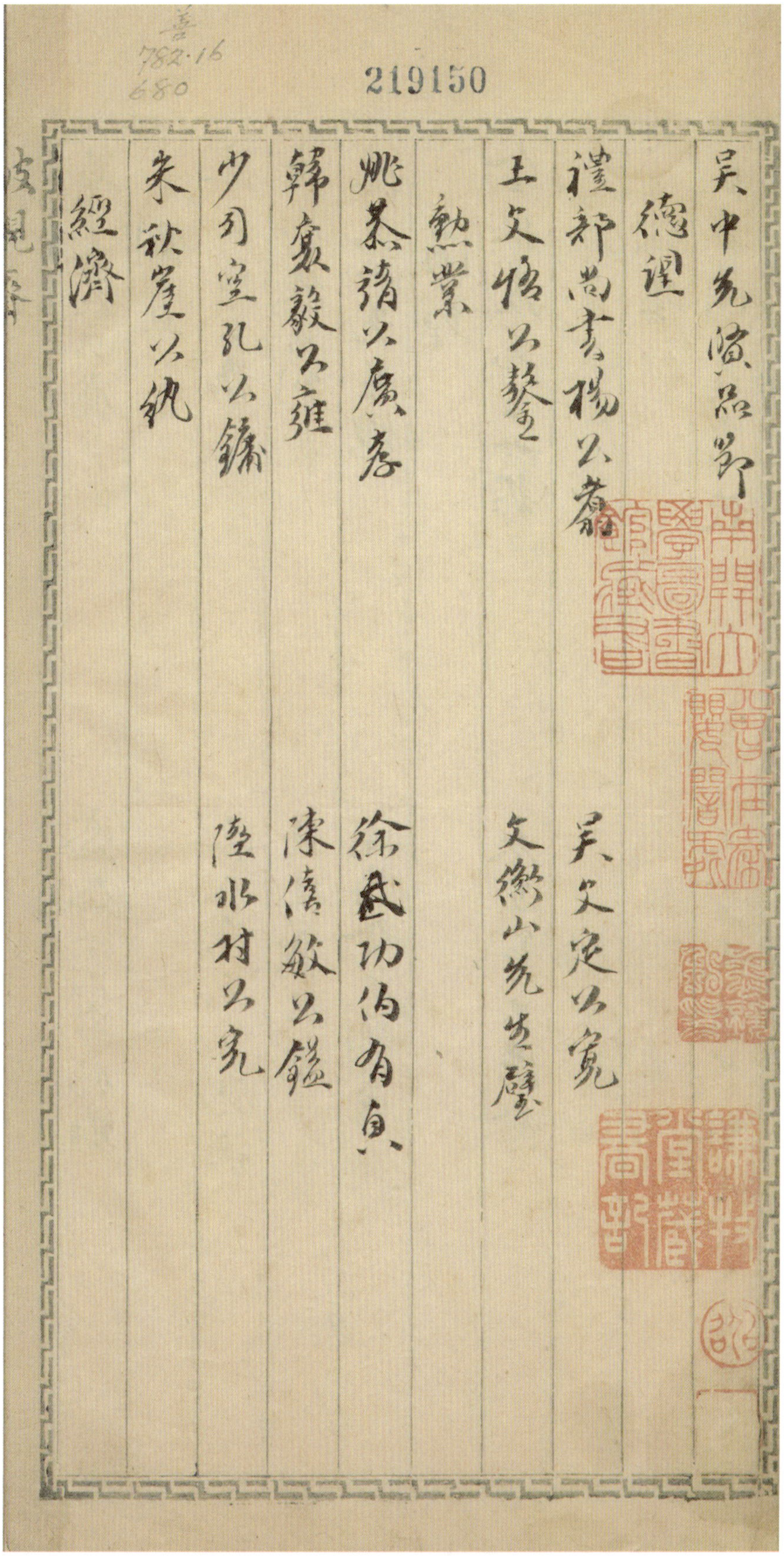

图 021 《吴中先贤品节不分卷》书影之一

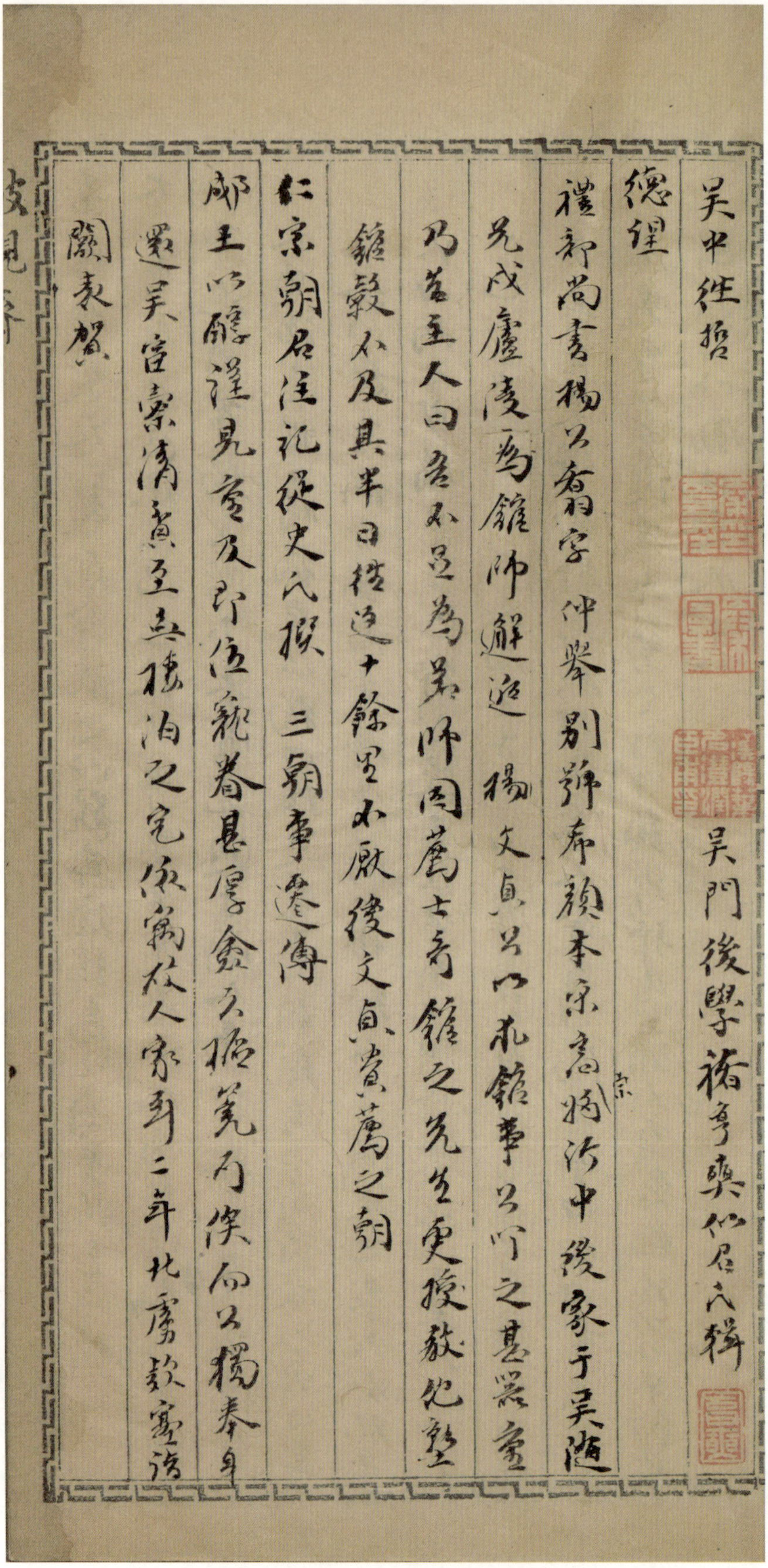
吳中往哲　吳門後學褚亨奭仲居氏輯

德望

禮部尚書楊公翥字仲舉別號布顏本京[宗]高將沂中後家于吳隨

兄戍廬陵為館師邂逅楊文貞公以札館事公門之甚器重

乃篤至人曰吾不足為若師因薦士奇館之先生更授教紀塾

館穀不及其半日括過十餘里不厭後文貞貴薦之朝

仁宗朝居注記從史氏擬　三朝事蹟傳

郕王以醇謹見重及即位親眷甚厚僉云搢笏可傑而公獨奉身

還吳宦橐清貧至無樓泊之宅依寓於人家歲二年北虜款塞詔

闕表賀

图 022　《吴中先贤品节不分卷》书影之二

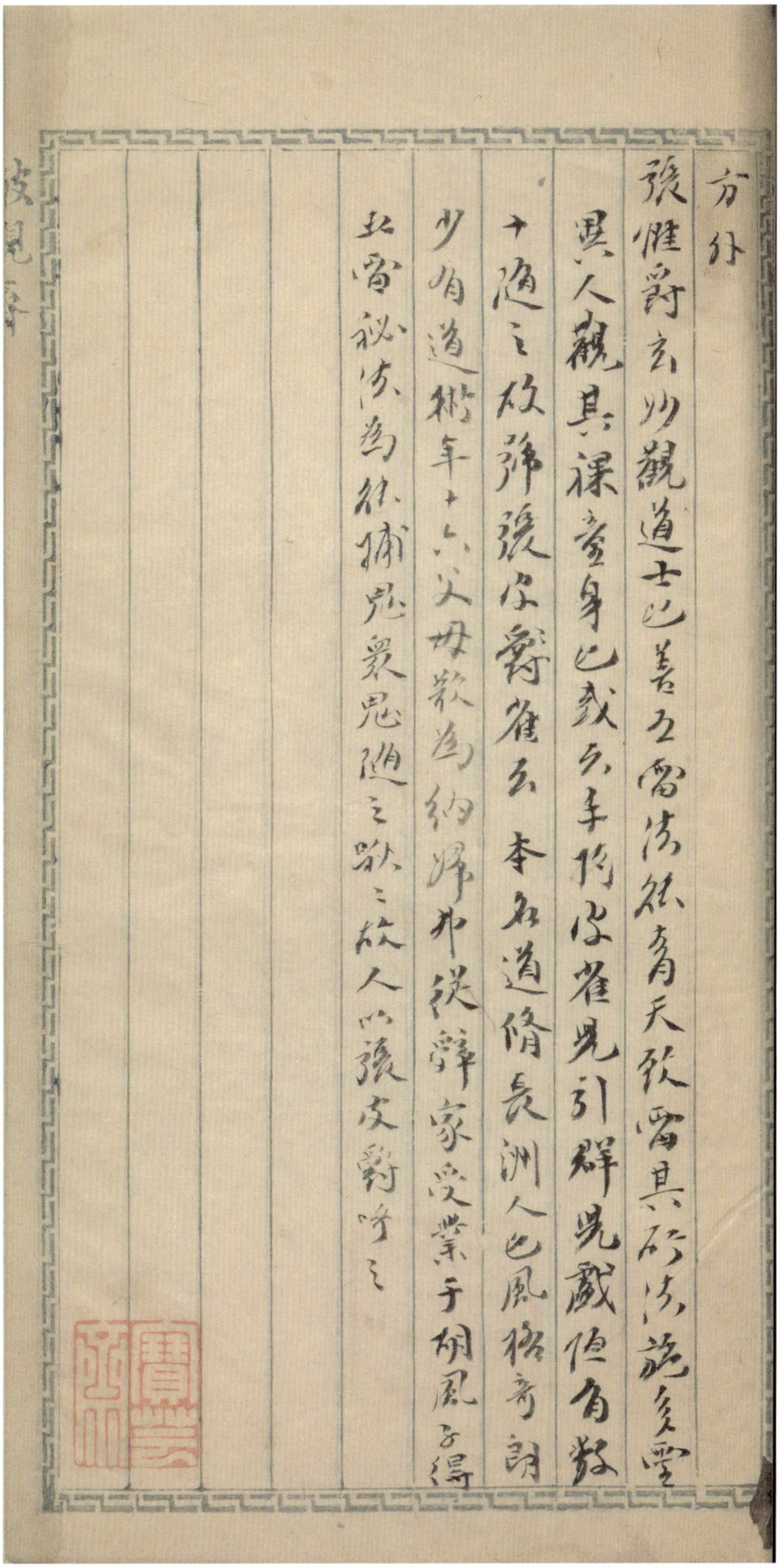

方外

張雅爵云少觀道士也善五雷法能肩天致雷其所治施多靈異人觀其裸童身已戴六手指以雀見引群見戲但有數十隨之故稱張雀爵云　本名道脩長洲人也風格奇朗少有道術年十六父母欲為納婦辭從韓家受業于胡風子得五雷秘法為能捕鬼衆鬼隨之歎之故人以張雀爵呼之

图 023 《吴中先贤品节不分卷》书影之三

图 024 《吴中先贤品节不分卷》书影之四

《枸山使蜀日记一卷》

提　要

撰者积善(生卒不详),字粹斋,又字宗韩、枸山,氏胡。汉军镶白旗人,清乾隆九年(1744年)举人,乾隆十年(1745)进士,改庶吉士,授编修,历任中书、御史等职。积善除典试四川外,还作过粤西考官,然不闻有何著述。南开大学图书馆所藏《枸山使蜀日记一卷》为清何绍基抄本,书前原藏者秦更年书前题识中说,该书"旧无书题,无署名,卷首云'壬午乡试,善奉命偕丁公典蜀试'。考法式善《清秘述闻》'乾隆壬午科乡试,四川考官编修积善字宗韩,汉军镶白旗人,乙丑进士'。据此知为积善所著也。"该日记记事起自乾隆二十七年闰五月,迄十一月初二。详载经行道里及往代遗迹,叙述雅洁,不涉琐事。本馆藏本为何绍基手书,秦氏题记云,何绍基"书法遒厚精古,为近代大家。此册小楷书纵逸多姿,点画必尽其势,与作大字无殊",故该书颇具有艺术价值。卷前有秦更年题识二则,钤"秦更年"白文方印和"曼青"朱文方印,另贴有墨笔题记签条二纸。卷端钤有"秦更年印"白文方印和"秦曼青"白文方印,卷内贴有墨笔批注签条一纸。卷末钤有"城南草堂鉴藏图书记"朱文方印。

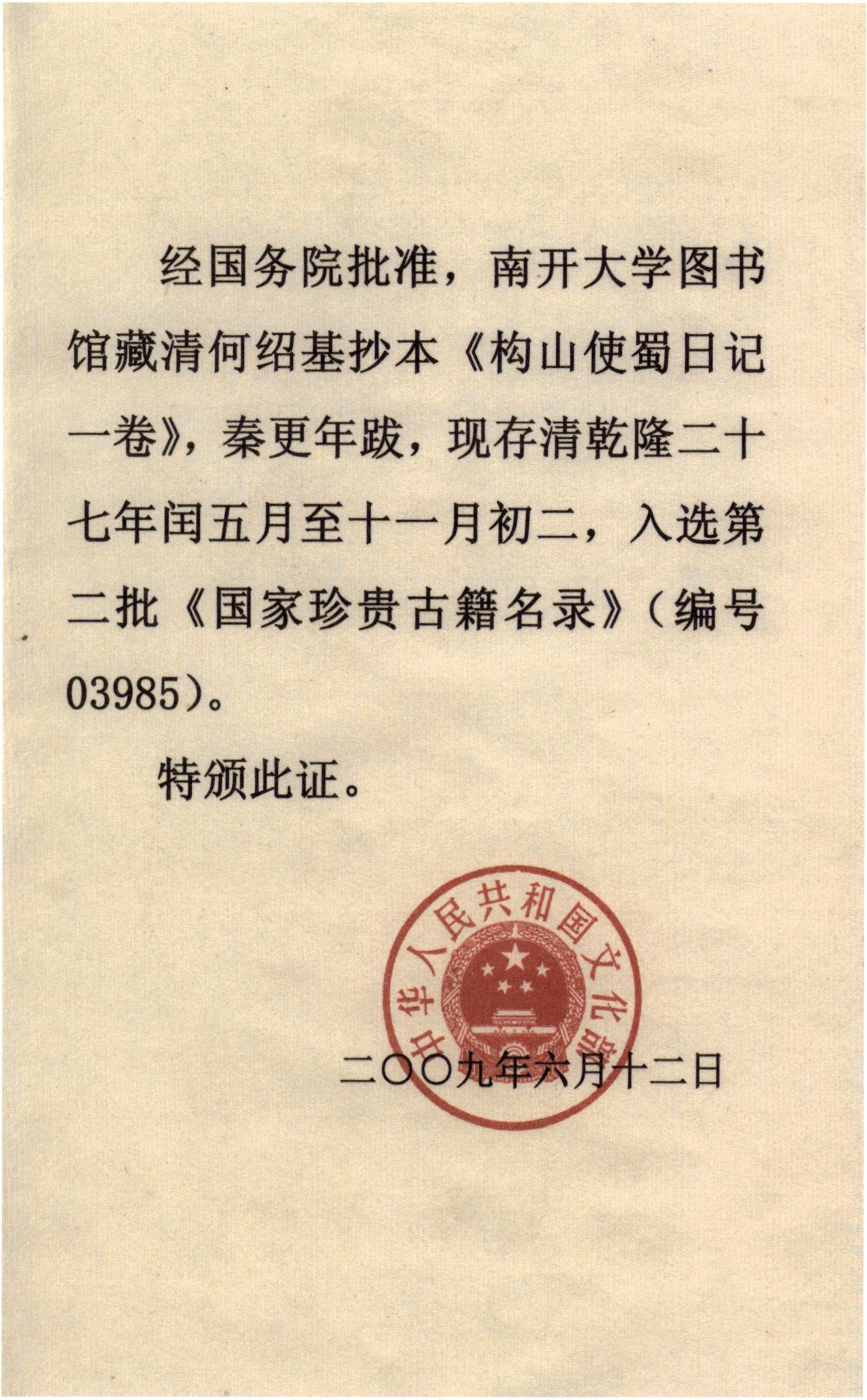

经国务院批准，南开大学图书馆藏清何绍基抄本《构山使蜀日记一卷》，秦更年跋，现存清乾隆二十七年闰五月至十一月初二，入选第二批《国家珍贵古籍名录》（编号03985）。

特颁此证。

中华人民共和国文化部

二〇〇九年六月十二日

图 025 《构山使蜀日记一卷》入选《国家珍贵古籍名录》证书

《构山使蜀日记一卷》
(清)积善撰
清何绍基抄本,1927 年、1929 年秦更年跋
半页十二行二十五字,双行小字五十字,白口,边栏四周双边
开本 21cm×28.5cm,版框 17cm×21cm
1 函 1 册
入选第二批《国家珍贵古籍名录》,编号 03985
《国家珍贵古籍名录》证书颁发时间:2009 年 6 月
南开大学图书馆索书号:善 782.874/782

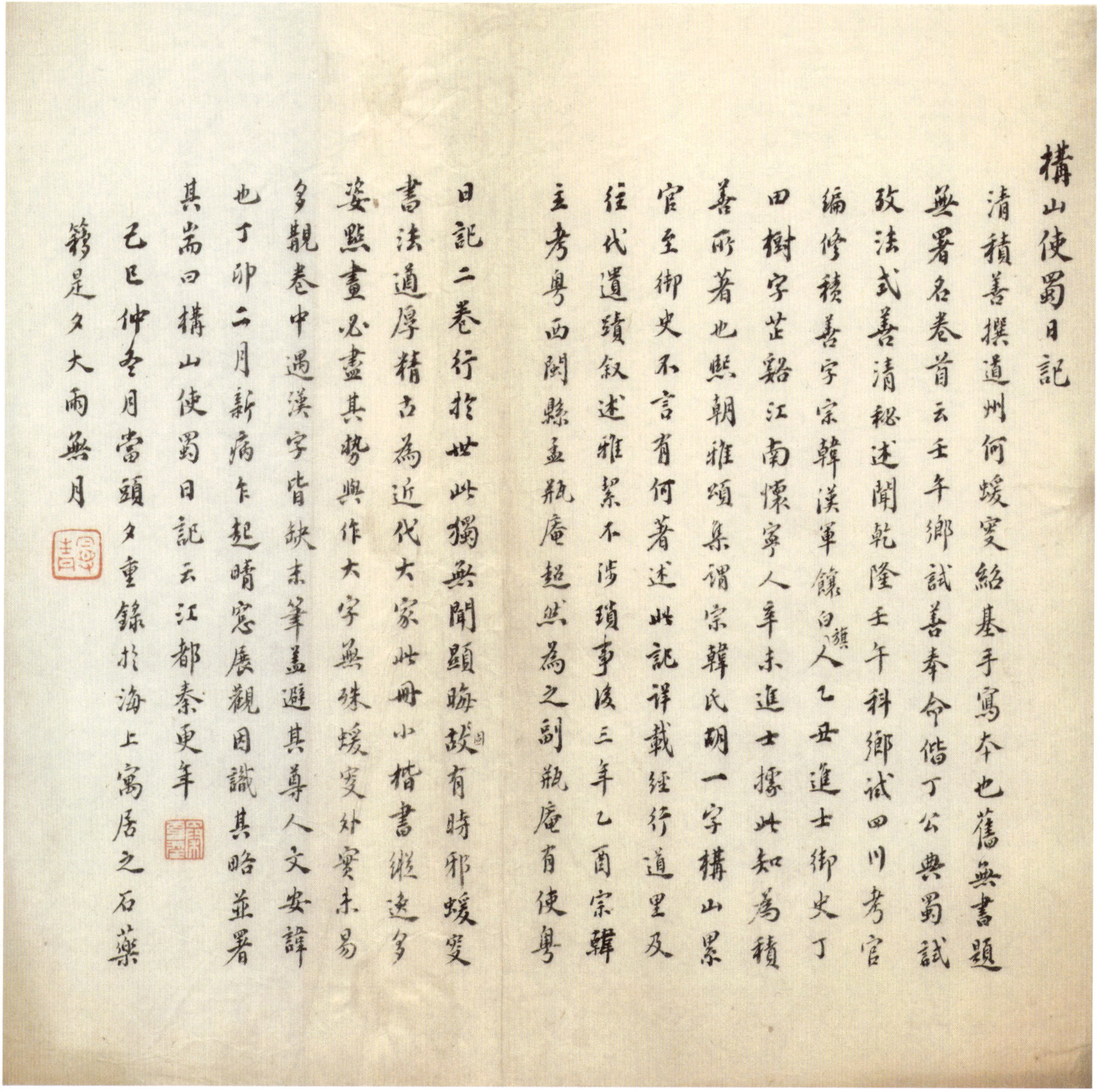

構山使蜀日記

清積善撰道州何蝯叟紹基手寫本也舊無書題
無署名卷首云壬午鄉試善奉命偕丁公典蜀試
孜法式善清秘述聞乾隆壬午科鄉試四川考官
編修積善字宗韓漢軍鑲白旗人乙丑進士御史丁
田樹字芷谿江南懷寧人辛未進士據此知為積
善所著也熙朝雅頌集謂宗韓氏胡一字構山累
官至御史不言有何著述此記詳載經行道里及
往代遺蹟叙述雅絜不涉瑣事後三年乙酉宗韓
主考粵西闈縣孟瓶庵超然為之副瓶庵有使粵
日記二卷行於世此獨無聞顯晦故有時邪蝯叟
書法道厚精古為近代大家此冊小楷書縱逸多
姿然畫必盡其勢與作大字無殊蝯叟外實未易
多覯卷中遇漢字皆缺末筆蓋避其尊人文安諱
也丁卯二月新病乍起晴窗展觀因識其略並署
其端曰構山使蜀日記云江都秦更年
乙巳仲冬月當頭夕重錄於海上寓居之石藥
簃是夕大雨無月

图 026 《构山使蜀日记一卷》书影之一

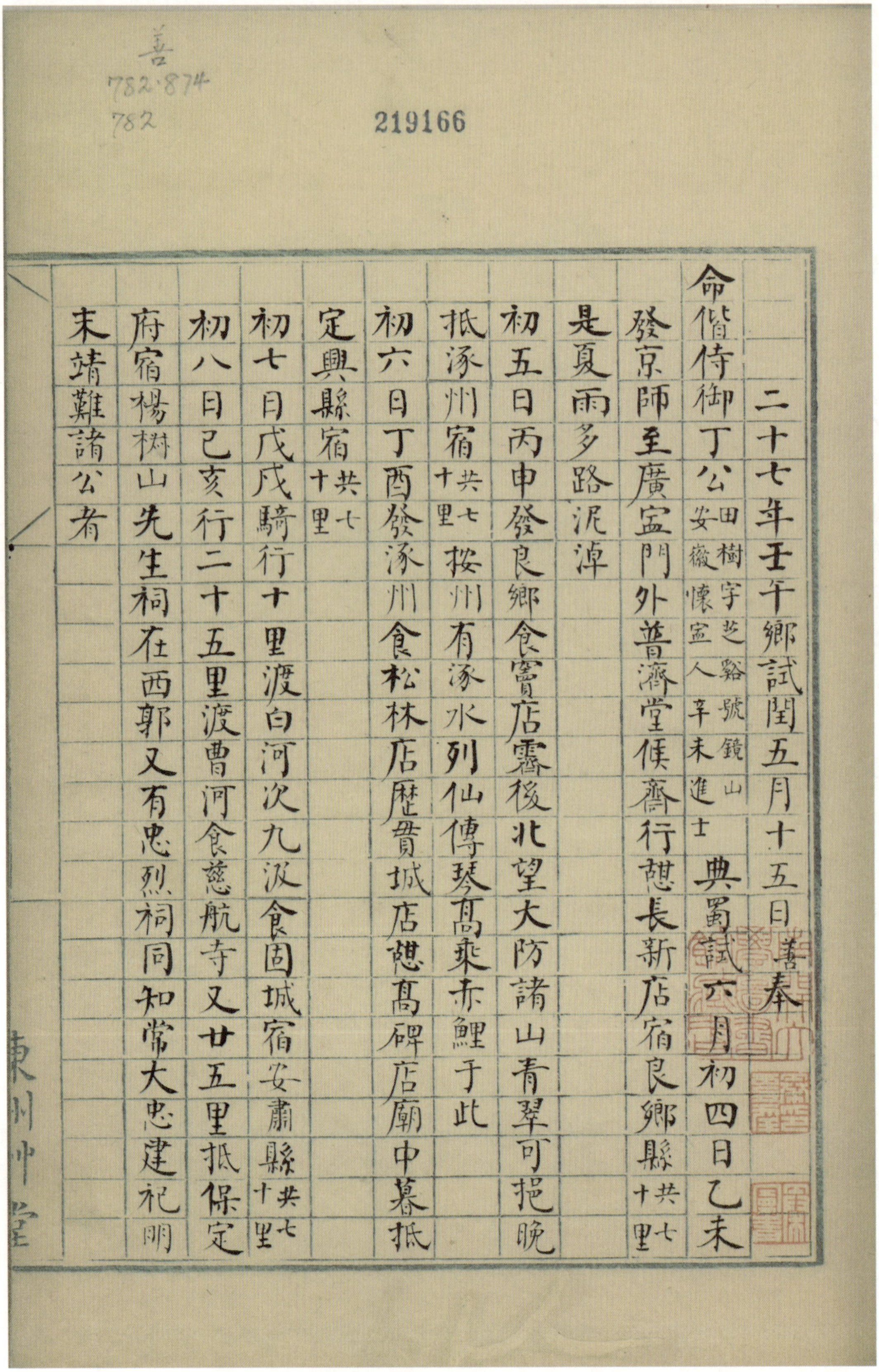

二十七年壬午鄉試閏五月十五日奉

命偕侍御丁公田樹字芝谿號鏡山安徽懷寧人辛未進士典蜀試六月初四日乙未

發京師至廣寧門外普濟堂候齊行憩長新店宿良鄉縣共七十里

是夏雨多路泥淖

初五日丙申發良鄉食竇店霽後北望大防諸山青翠可挹晚

抵涿州宿共七十里按州有涿水列仙傳琴高乘赤鯉于此

初六日丁酉發涿州食松林店歷貫城店憩高碑店廟中暮抵

定興縣宿共七十里

初七日戊戌騎行十里渡白河次九汲食固城宿安肅縣共七十里

初八日己亥行二十五里渡曹河食慈航寺又廿五里抵保定

府宿楊椒山先生祠在西郭又有忠烈祠同知常大忠建祀明

末靖難諸公者

東州艸堂

图 027 《构山使蜀日记一卷》书影之二

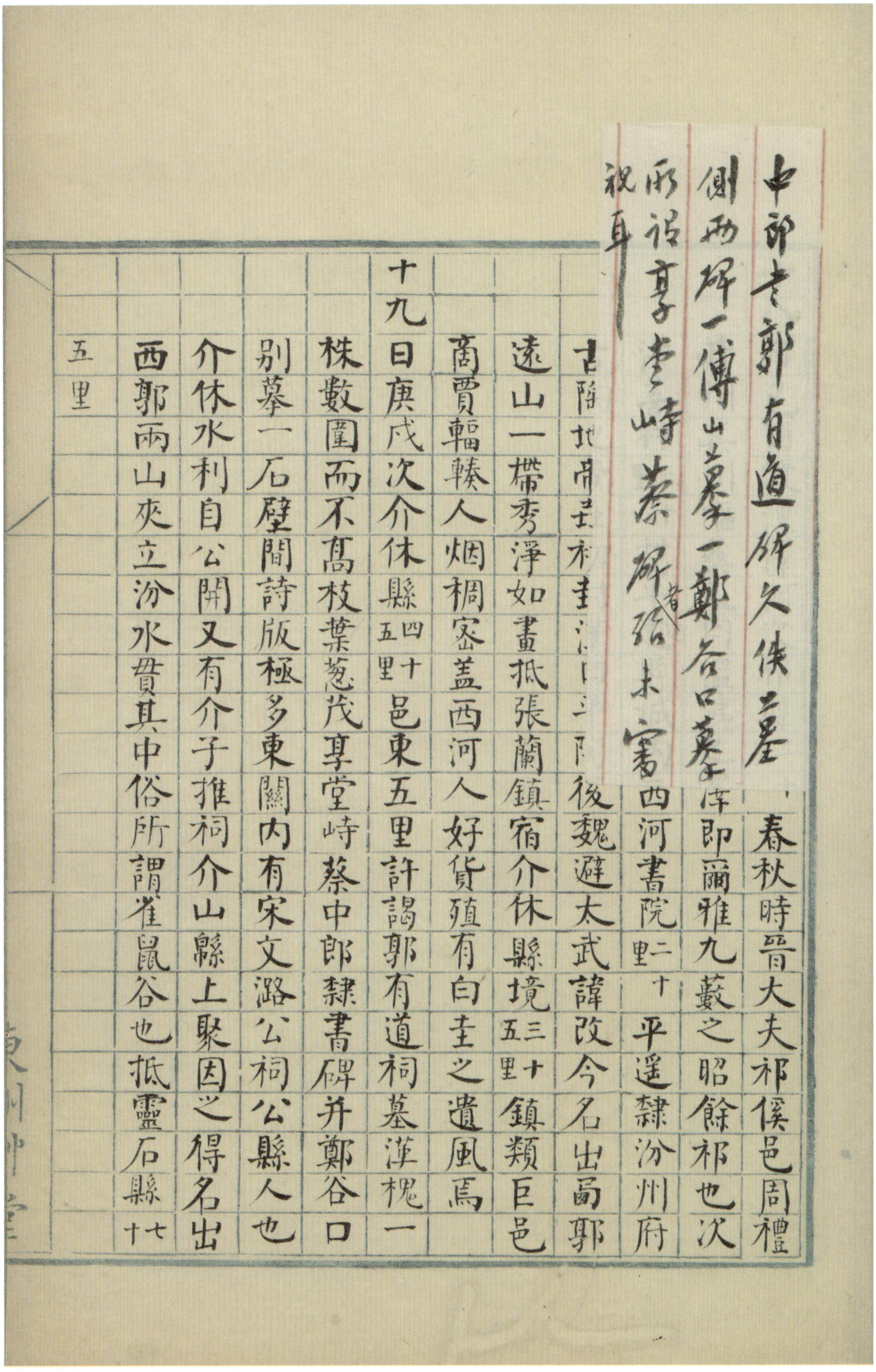

中郎有道碑久佚，墓
側兩碑一傅山摹一鄭谷口摹
所記享堂山峙蔡碑者殆未審
視耳

，春秋時晉大夫祁傒邑周禮
序即爾雅九藪之昭餘祁也次
西河書院二十里平遥隸汾州府
古陶地[illegible]後魏避太武諱改今名出南郭
遠山一帶秀淨如畫抵張蘭鎮宿介休縣境三十五里鎮類巨邑
商賈輻輳人烟稠密蓋西河人好貨殖有白圭之遺風焉
十九日庚戌次介休縣四十五里邑東五里許謁郭有道祠墓漢槐一
株數圍而不高枝葉蔥茂享堂峙蔡中郎隸書碑并鄭谷口
別摹一石壁間詩版極多東關内有宋文潞公祠公縣人也
介休水利自公開又有介子推祠介山縣上聚因之得名出
西郭兩山夾立汾水貫其中俗所謂雀鼠谷也抵靈石縣十七
五里

图 028 《构山使蜀日记一卷》书影之三

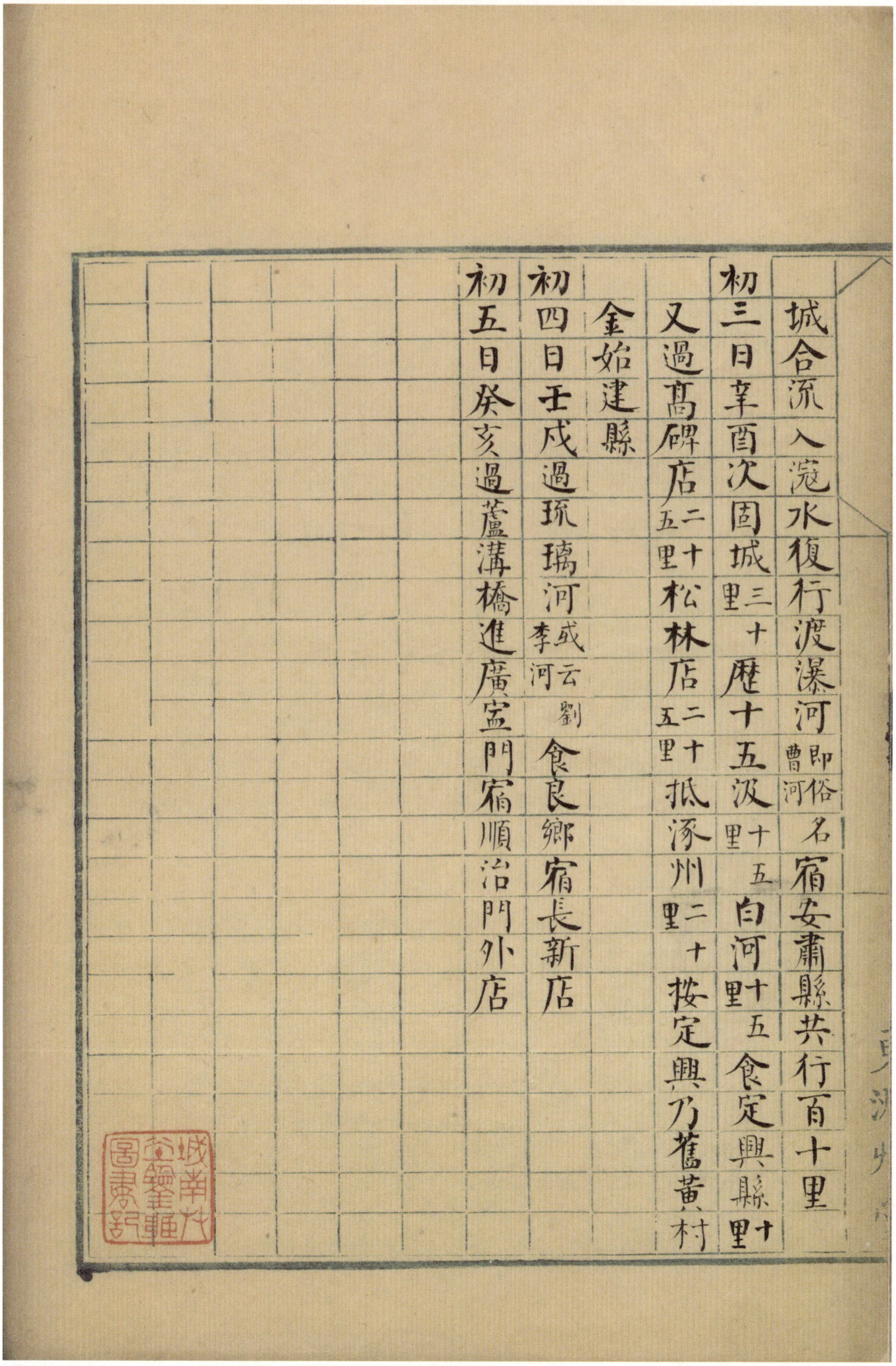

城合流入滱水復行渡濕河即俗名曹河宿安肅縣共行百十里

初三日辛酉次固城三十里歷十五汲十五里白河十五里食定興縣十里

又過高碑店二十五里松林店二十五里抵涿州二十里按定興乃舊黃村

金始建縣

初四日壬戌過琉璃河或云劉李河食良鄉宿長新店

初五日癸亥過蘆溝橋進廣寧門宿順治門外店

图 029 《构山使蜀日记一卷》书影之四

《天心复要不分卷》

提　要

撰者鲍泰，明代徽州人，生平仕履待考。该书内容为研注测时与历法之作，甚为罕见。据《中国古籍善本书目》著录，南开大学图书馆所藏该刻本或为国内仅有的一部明刻本。该书先后由清人曹寅、富察昌龄和近人莫棠、秦更年递藏，卷前序首页钤有“曾在秦婴闇处”朱文长方印、“长白敷槎氏堇斋昌龄图书印”朱文方印、“楝亭曹氏藏书”朱文长方印。“体则说”下半页刻印“弘治戊午年香溪书屋刊”字样。“目录”首页钤有“独山莫棠字曰楚生”朱文长方印、“长白敷槎氏堇斋昌龄图书印”朱文方印。“天心复要图欵”首页钤有“秦更年印”白文方印、“秦曼青”白文方印、“长白敷槎氏堇斋昌龄图书印”朱文方印和“楝亭曹氏藏书”朱文长方印，“天心复要节候序类”首页钤有“独山莫棠字曰楚生”朱文长方印。全书卷末夹一小签条，上有无名氏墨笔题记：“末数行缺字乃书贾妄补，候值本校正。”

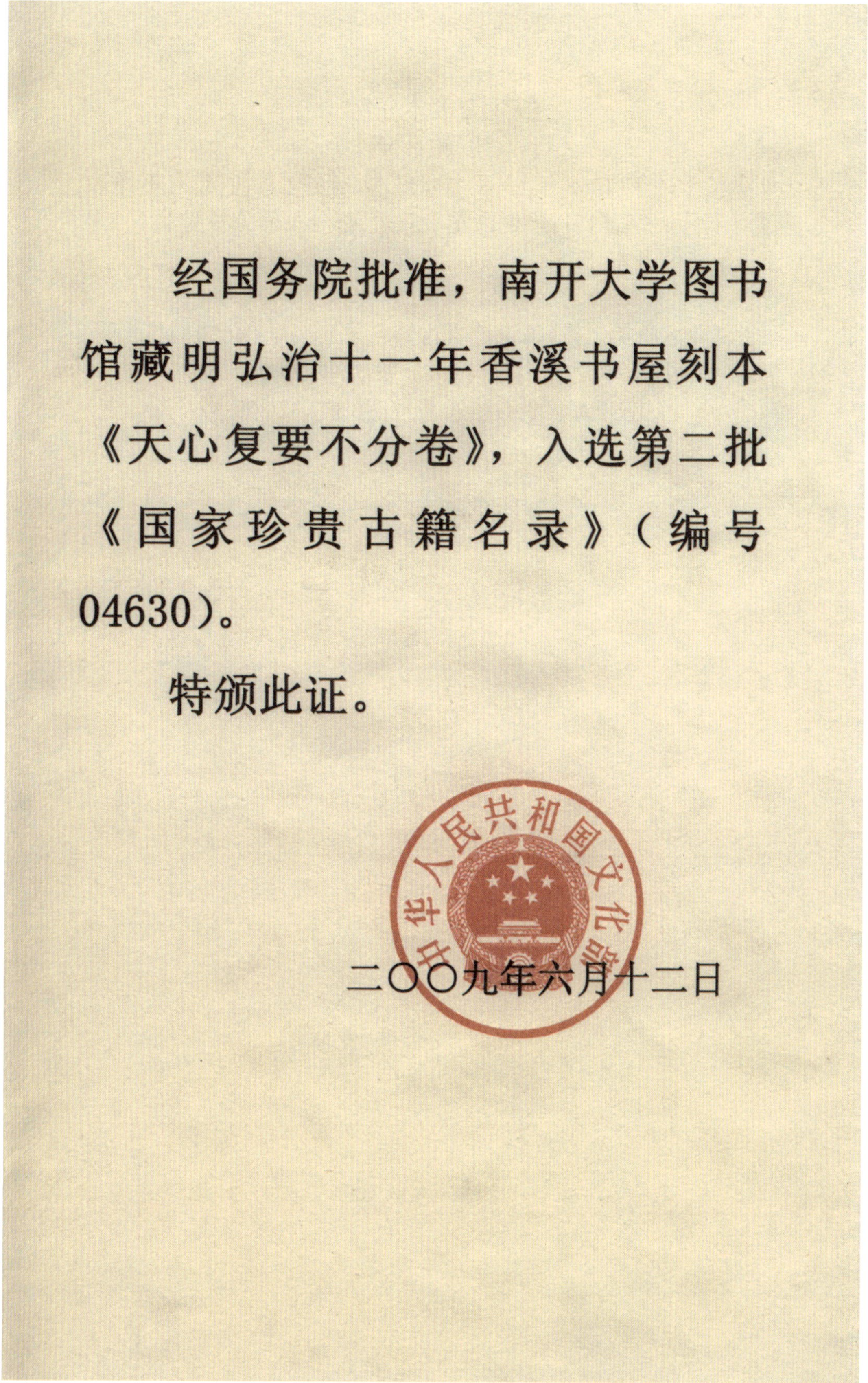

经国务院批准，南开大学图书馆藏明弘治十一年香溪书屋刻本《天心复要不分卷》，入选第二批《国家珍贵古籍名录》（编号04630）。

特颁此证。

中华人民共和国文化部

二〇〇九年六月十二日

图030 《天心复要不分卷》入选《国家珍贵古籍名录》证书

《天心复要不分卷》
(明)鲍泰撰
明弘治十一年(1498年)香溪书屋刻本,秦更年批注(年月不详)
半页十行十九字,白口,边栏为左右双边,部分页面分栏为上下二栏
开本 17.5cm×27cm,版框 14.5cm×20.5cm
1函3册
入选第二批《国家珍贵古籍名录》,编号04630
《国家珍贵古籍名录》证书颁发时间:2009年6月
南开大学图书馆索书号:善327.32/850

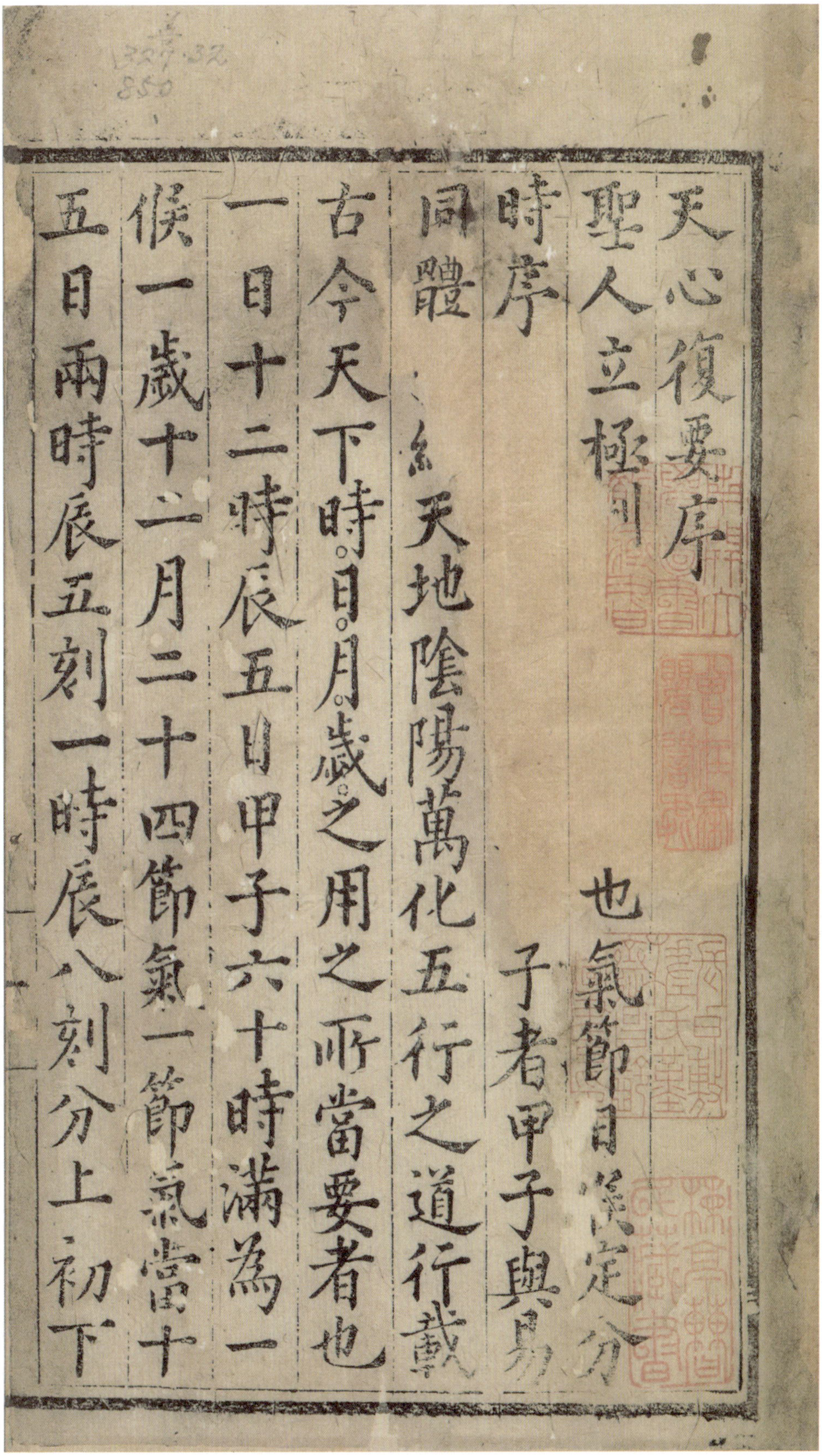
天心復要序
聖人立極 也氣節日從定分
時序 子者甲子與易
同體 紀天地陰陽萬化五行之道行載
古今天下時。日。月。歲。之用之所當要者也
一日十二時辰五日甲子六十時滿爲一
候一歲十二月二十四節氣一節氣當十
五日兩時辰五刻一時辰八刻分上初下

图 031 《天心复要不分卷》书影之一

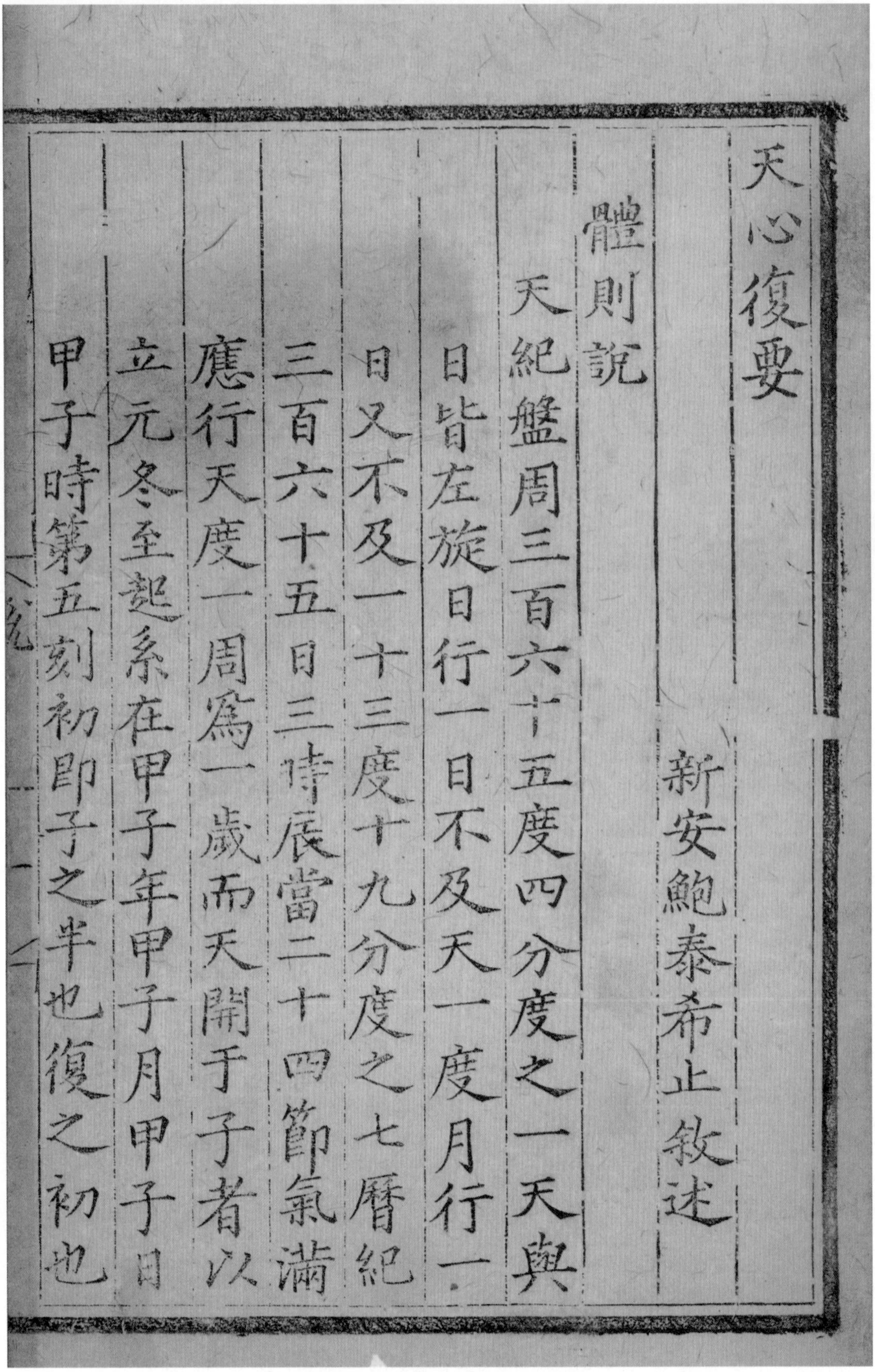
天心復要

新安鮑泰希止敍述

體則說

天紀盤周三百六十五度四分度之一天與日皆左旋日行一日不及天一度月行一日又不及一十三度十九分度之七曆紀三百六十五日三時辰當二十四節氣滿應行天度一周爲一歲而天開于子者以立元冬至起系在甲子年甲子月甲子日甲子時第五刻初即子之半也復之初也

图 032 《天心复要不分卷》书影之二

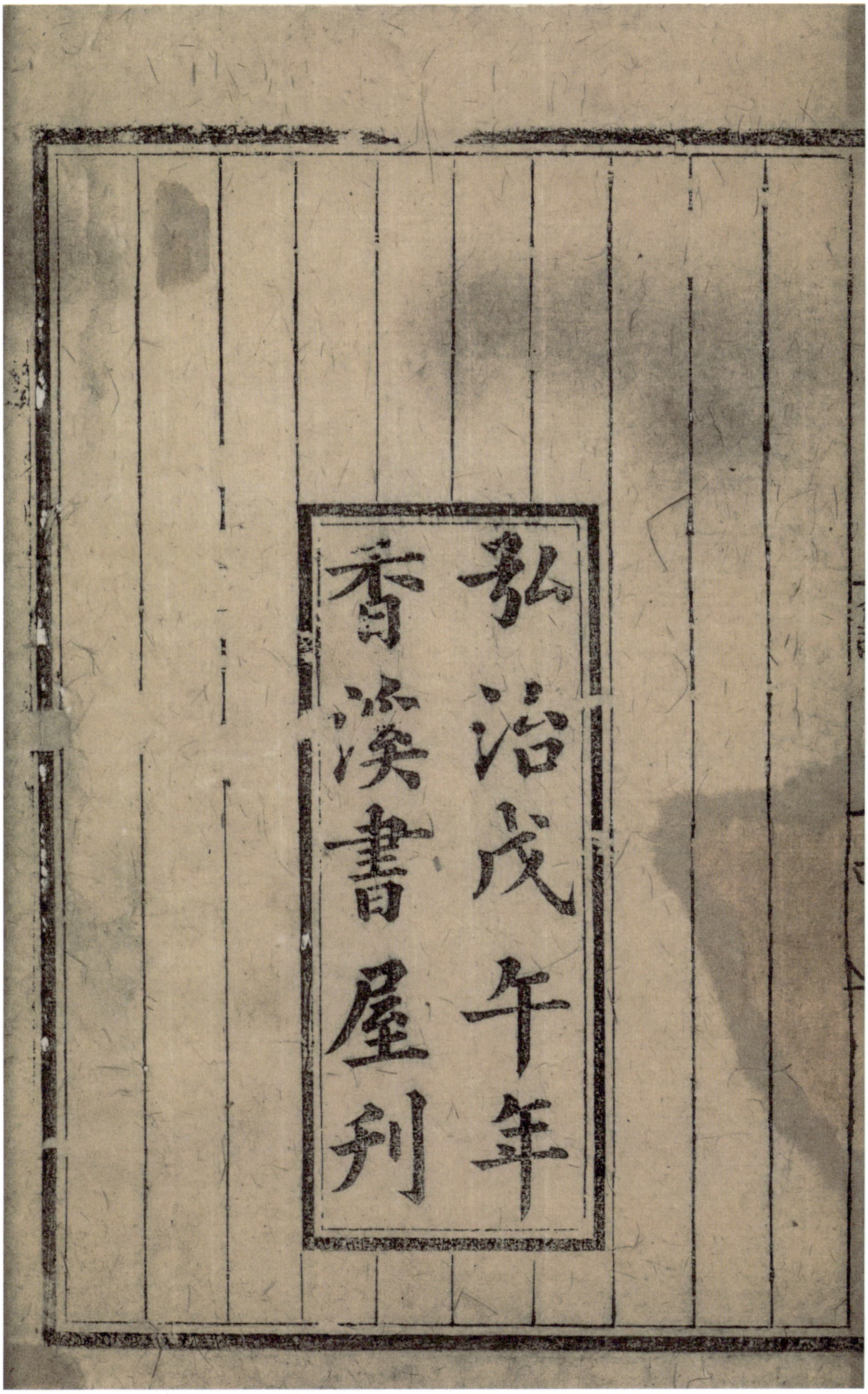

图 033 《天心复要不分卷》书影之三

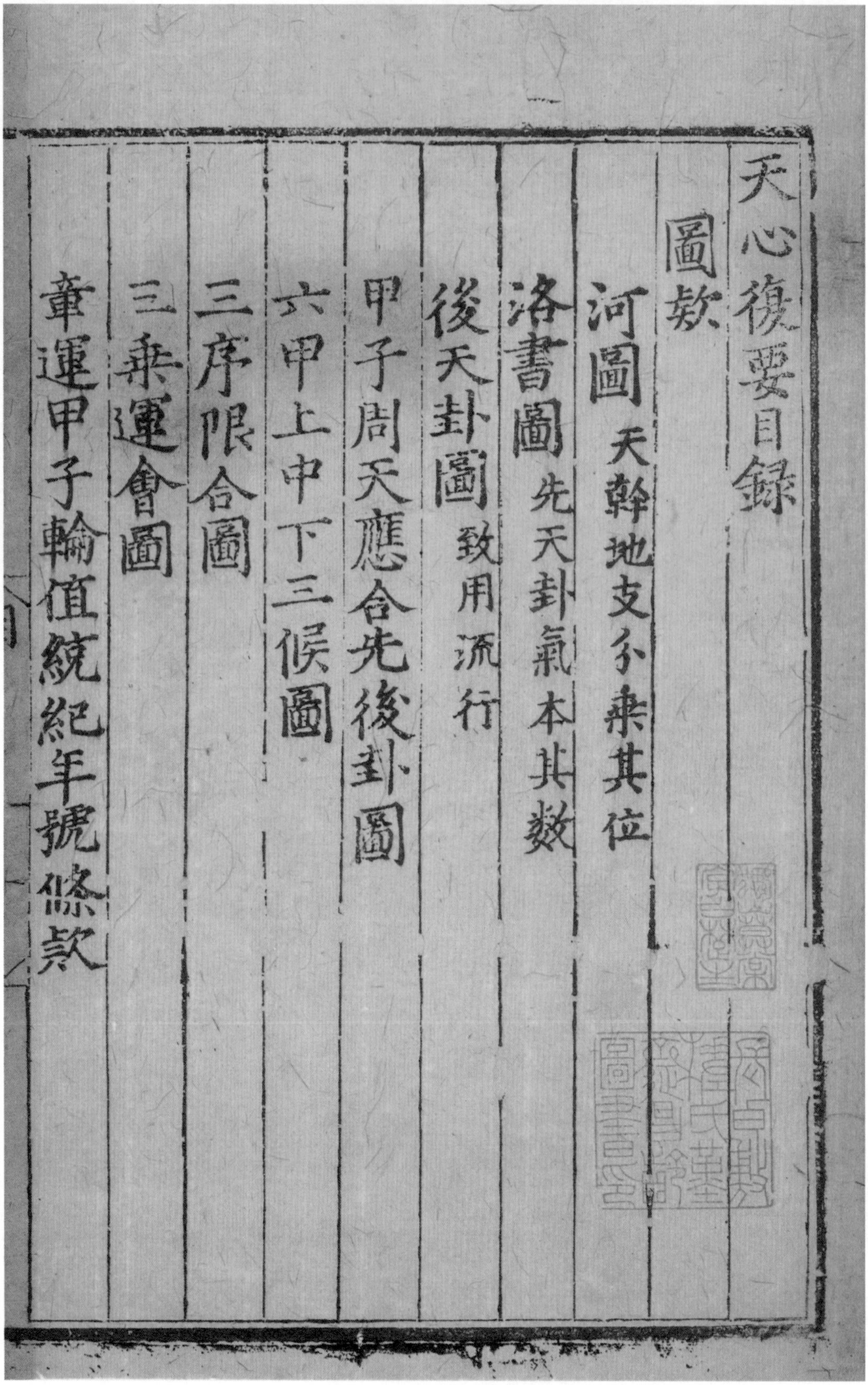
天心復要目録

圖欵

河圖 天幹地支分乗其位

洛書圖 先天卦氣本其數

後天卦圖 致用流行

甲子周天應合先後卦圖

六甲上中下三候圖

三序限合圖

三乗運會圖

章運甲子輪值統紀年號條款

图 034 《天心复要不分卷》书影之四

天心復要圖款

河圖

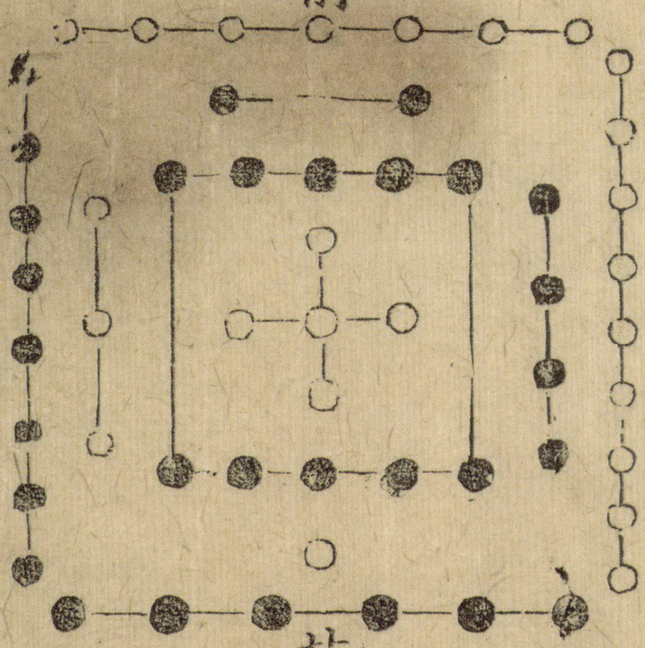

一六水合壬癸亥子
于北二七火合丙丁
巳午于南三八木合
甲乙寅卯于東四九
金合庚辛申酉于西
五十土合戊巳居中
以丑辰未戌土分寄
四方運化而生物也

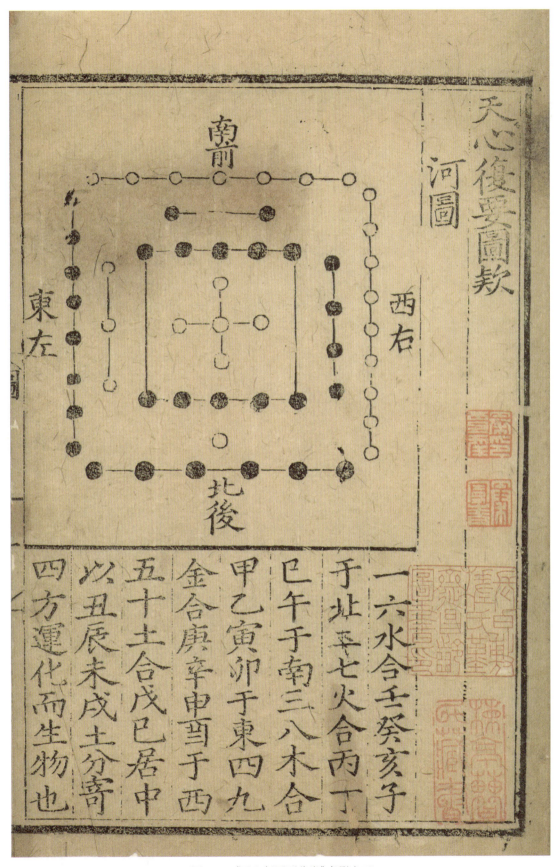

图 035 《天心复要不分卷》书影之五

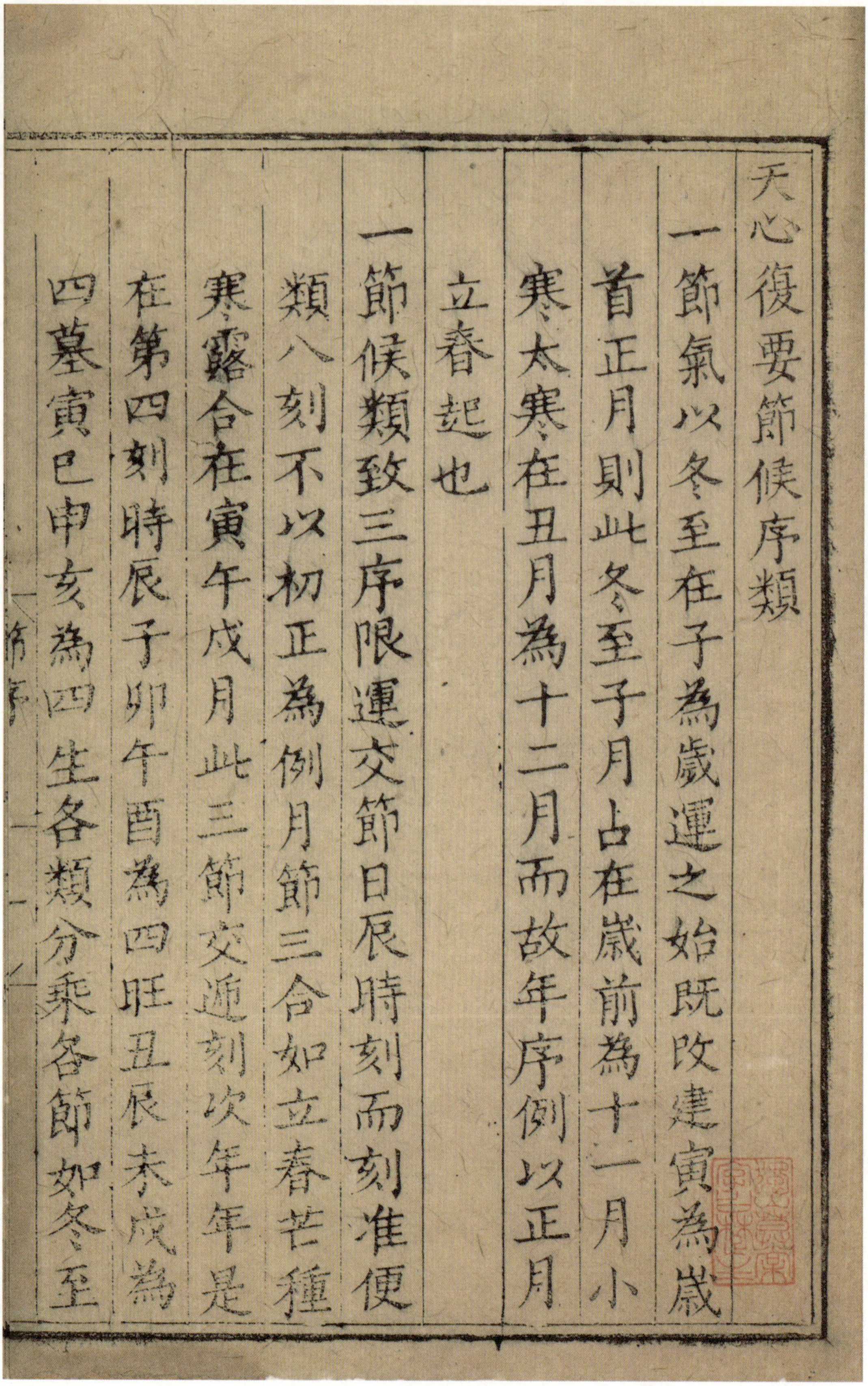
天心復要節候序類
一節氣以冬至在子為歲運之始既改建寅為歲
首正月則此冬至子月占在歲前為十一月小
寒太寒在丑月為十二月而故年序例以正月
立春起也
一節候類致三序限運交節日辰時刻而刻准便
類八刻不以初正為例月節三合如立春芒種
寒露合在寅午戌月此三節交遁刻次年年是
在第四刻時辰子卯午酉為四旺丑辰未戌為
四墓寅巳申亥為四生各類分乘各節如冬至

图 036 《天心复要不分卷》书影之六

《封氏闻见记十卷》

提 要

撰者封演，生卒年不详，唐贞元十六年(800年)尚在世，约卒贞元末，渤海蓨(今河北景县)人。天宝中为太学诸生，至德元年(756年)登进士第。先后从事之职位有从事、检校屯田郎中、权邢州刺史、署司刑侍郎、检校吏部郎中兼御史中丞等。《新唐书·艺文志》著录有封演所著《古今年号录》一卷和《续钱谱》一卷，但今皆佚。《封氏闻见记十卷》是其仅存著作，记载了有关唐代典章制度、风俗习惯、古迹、奇物、唐代士大夫轶事等内容，为研究唐代社会文学重要资料。南开大学图书馆所藏该书为仅存明抄本，曾经吴江徐釚、独山莫棠及近人秦更年递藏。据秦更年题识，秦氏曾以此纯白斋抄本校订其另藏的该书雅雨堂丛书本，共补298字，正误60字，删衍6字，足见该抄本之精善。本馆所藏该书牛皮纸封皮以墨笔篆字书写“封氏见闻记”，卷前护页有秦更年题记一篇，题记末钤有“秦更年”白文方印和“曼青”朱文方印，另贴有墨笔题记签条二纸。书内大部分页面贴有墨笔或朱笔校注签条。版心刻有“纯白斋”三字。卷端钤有“购此书甚不易愿子孙勿轻弃”朱文方印、“菊庄徐氏藏书”朱文长方印、“一山”朱文椭圆印、“莫棠字楚生印”朱文长方印、“独山莫氏铜井文房藏书印”朱文长方印、“秦更年印”白文方印、“秦曼青”白文方印，卷末钤有“徐釚私印”白文方印、“虹亭”朱文方印、“松风老人”白文方印、“曾在秦婴闇处”朱文长方印。

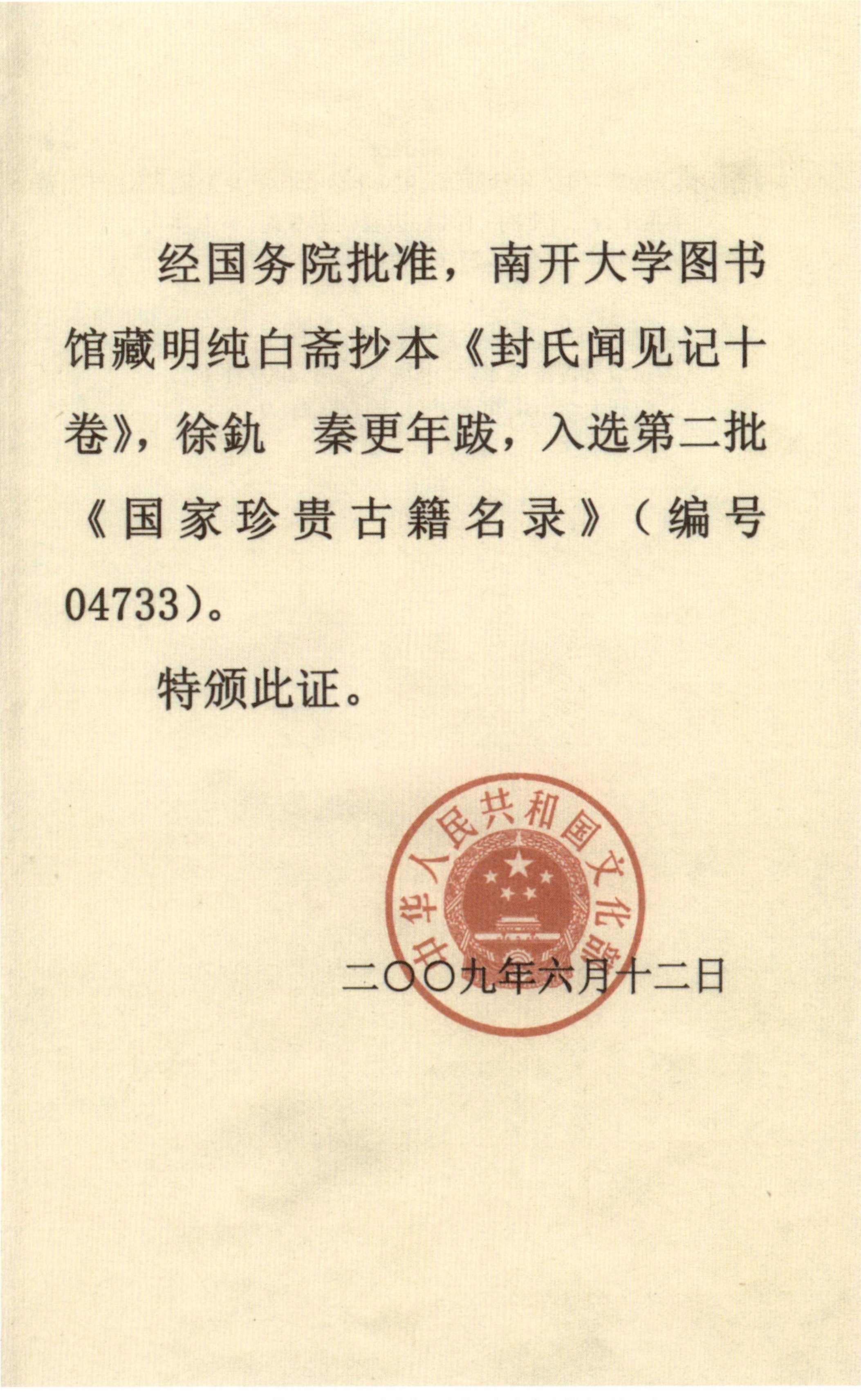
经国务院批准，南开大学图书馆藏明纯白斋抄本《封氏闻见记十卷》，徐釚　秦更年跋，入选第二批《国家珍贵古籍名录》（编号04733）。

特颁此证。

中华人民共和国文化部

二〇〇九年六月十二日

图 037 《封氏闻见记十卷》入选《国家珍贵古籍名录》证书

《封氏闻见记十卷》

(唐)封演撰

明纯白斋抄本,清康熙三十八年徐釚跋,1929年秦更年跋,及无名氏不具年月跋

半页十行二十四字,白口,边栏四周双边,单鱼耳

开本 17.5cm×27cm,版框 14cm×21cm

1函1册

入选第二批《国家珍贵古籍名录》,编号 04733

《国家珍贵古籍名录》证书颁发时间:2009年6月

南开大学图书馆索书号:善 072.416/181-1

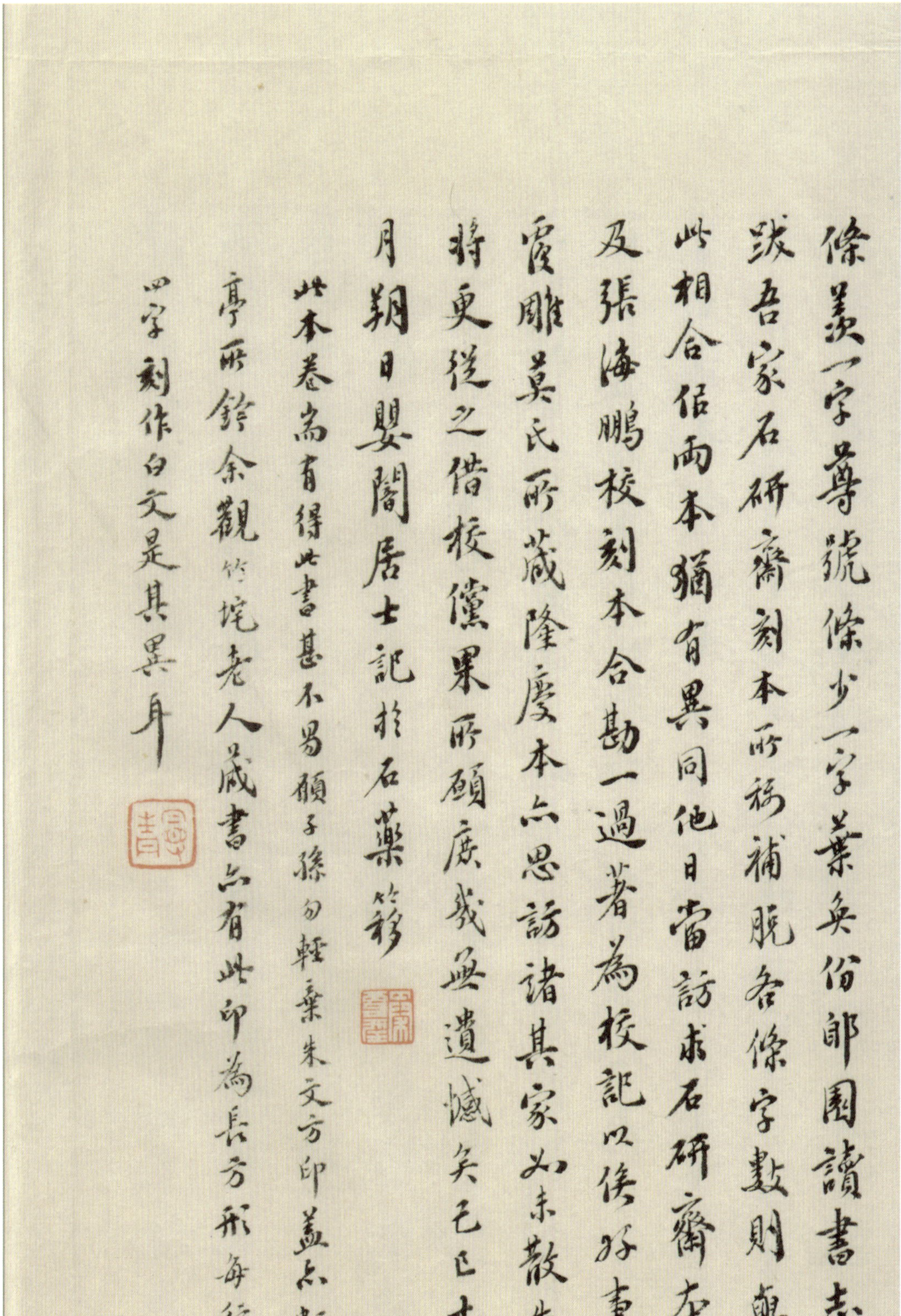
條羡一字尊號條步一字葉奐彬郋園讀書志
跋吾家石研齋刻本所称補脱各條字數則與
此相合但兩本猶有異同他日當訪求石研齋本
及張海鵬校刻本合勘一過著為校記以俟好事
覆雕莫氏所藏隆慶本亦思訪諸其家如未散失
將更從之借校儻果所願庶幾無遺憾矣己巳十
月朔日嬰闇居士記於石藥簃
此本卷耑有得此書甚不易願子孫勿輕棄朱文方印蓋亦虹
亭所鈐余觀竹垞老人藏書亦有此印為長方形每行
四字刻作白文是其異耳

图 038 《封氏闻见记十卷》书影之一

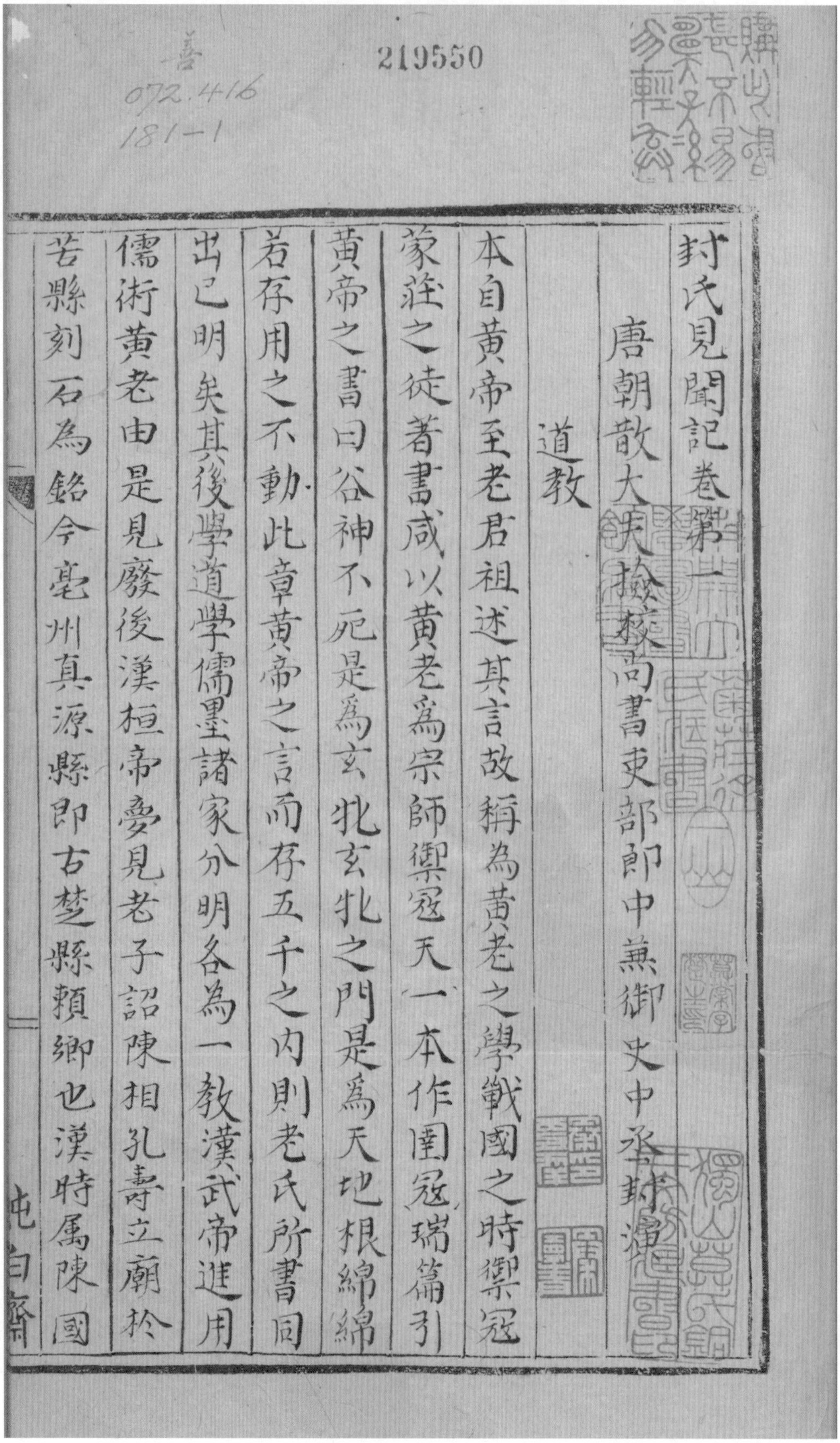

封氏見聞記卷第一

唐朝散大夫檢校尚書吏部郎中兼御史中丞封演

道教

本自黃帝至老君祖述其言故稱為黃老之學戰國之時禦寇蒙莊之徒著書咸以黃老為宗師禦寇天一本作圍寇瑞篇引黃帝之書曰谷神不死是爲玄牝玄牝之門是爲天地根綿綿若存用之不動此章黃帝之言而存五千之內則老氏所書同出已明矣其後學道學儒墨諸家分明各為一教漢武帝進用儒術黃老由是見廢後漢桓帝夢見老子詔陳相孔壽立廟於苦縣刻石為銘今亳州真源縣即古楚苦縣賴鄉也漢時屬陳國

純白齋

图 039 《封氏闻见记十卷》书影之二

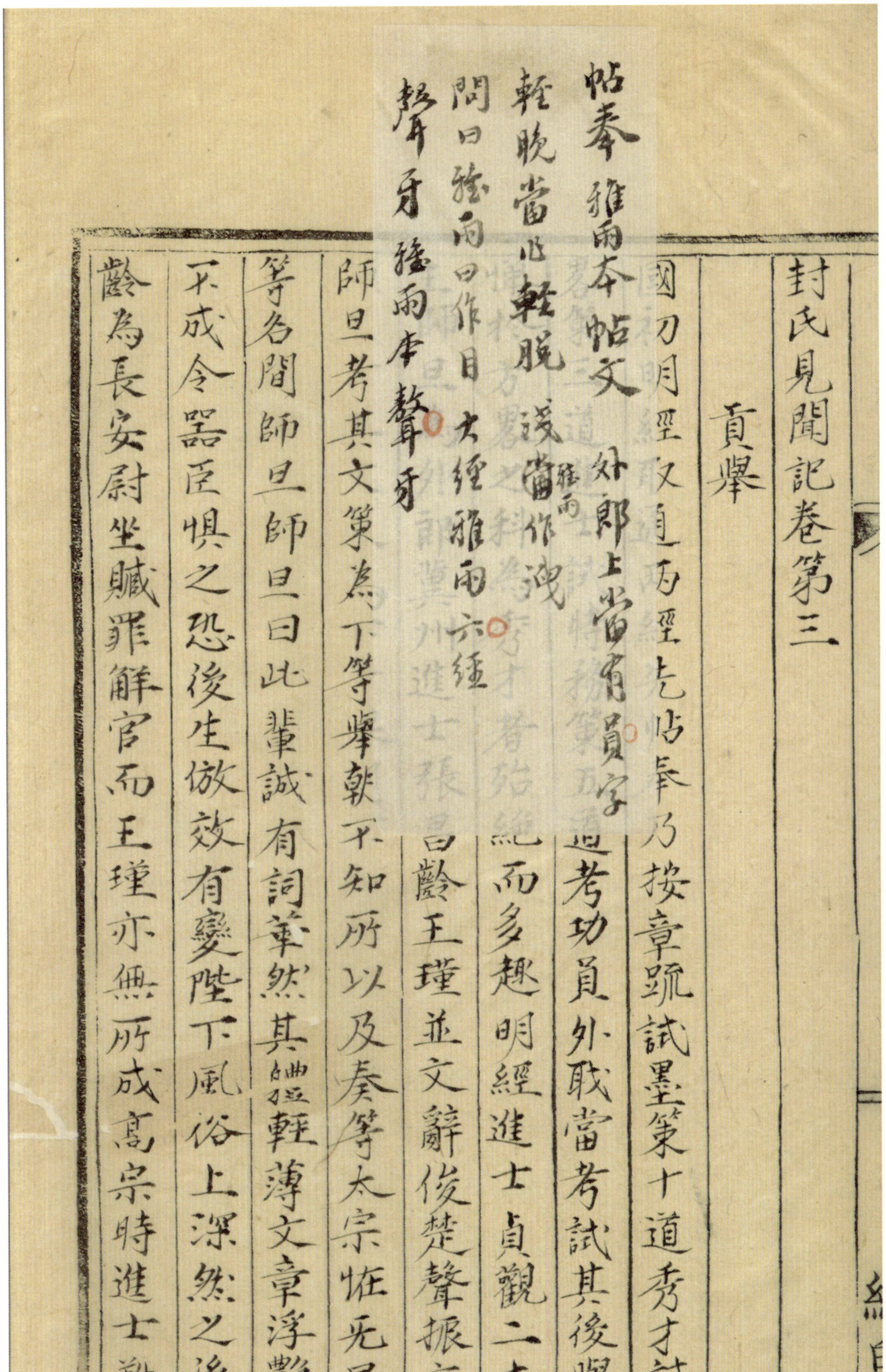

帖奉 雅雨本帖文 外郎上當有員字
輕晚當作輕脫 淺當作淺（雅雨）
問曰 雅雨本作目 大經 雅雨六經
聲牙 雅雨本聲牙

封氏見聞記卷第三

貢舉

國初明經取通兩經先帖奉乃按章疏試墨策十道秀才試方
略策三道進士試時務策五道考功員外職當考試其後舉人
憚於方略之科為秀才者殆絕而多趨明經進士貞觀二十年
冀州進士張昌齡王瑾並文辭俊楚聲振京邑
師旦考其文策為下等舉朝不知所以及奏等太宗怪無昌齡
等名問師旦師旦曰此輩誠有詞華然其體輕薄文章浮艷必
不成令器臣恐後生倣效有變陛下風俗上深然之後昌
齡為長安尉坐贓罪解官而王瑾亦無所成高宗時進士雜其

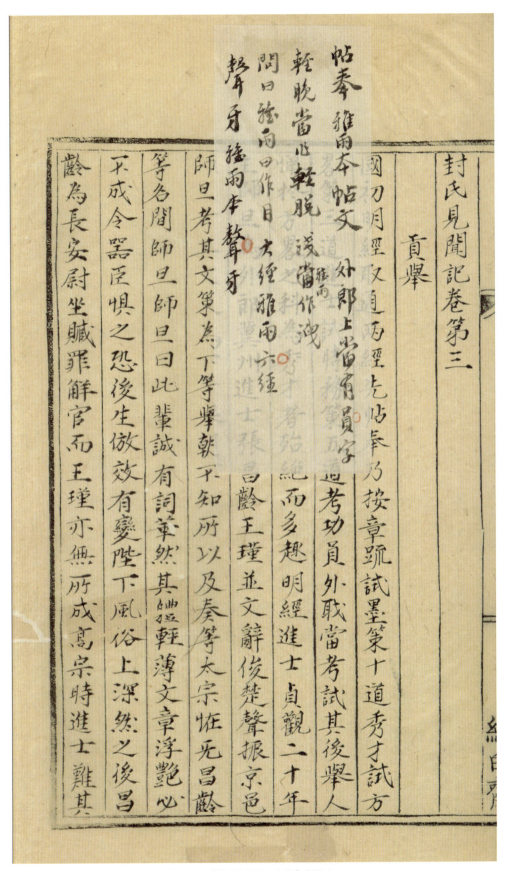

图 040 《封氏闻见记十卷》书影之三

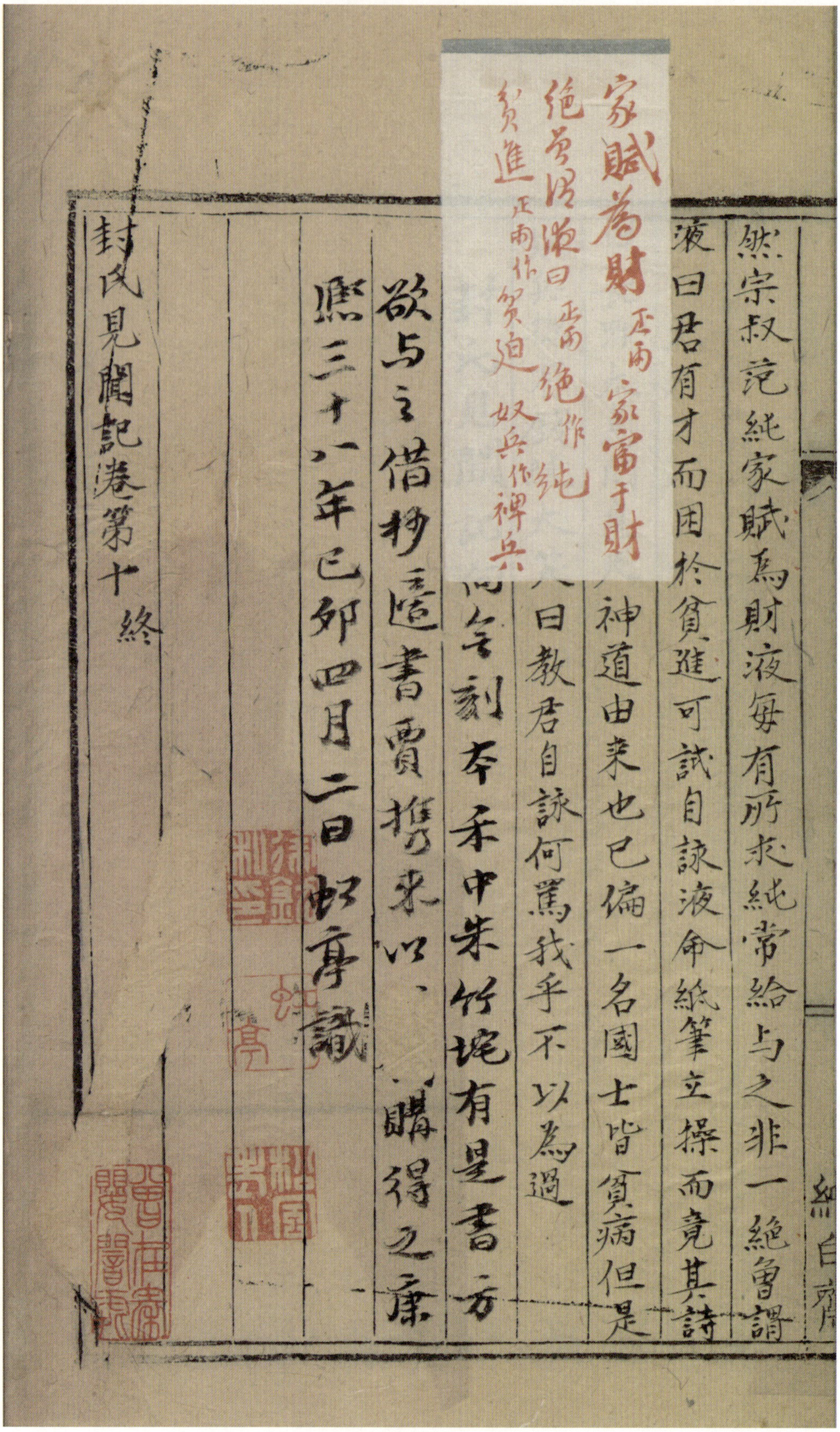

图 041 《封氏闻见记十卷》书影之四

《孤树裒谈五卷》

提　要

撰者李默(1497—1558)，字时言，明代瓯宁(今福建建瓯)县人。明正德年间进士，历官吏部尚书、国子司业、礼部侍郎、参政、翰林学士等职，嘉靖年间为人陷害，下狱瘐死。著有《天下舆地图》《建宁人物传》《群玉楼集》《孤树裒谈》《朱子年谱》等书。《孤树裒谈》为李默闲时抄录的各种笔记小说的合集，所录为起自明洪武、迄于正德年间之事，不仅可资谈助，亦可补《明史》之遗。天津藏书家张重威在该刻本之跋中曰:“乾隆间四库馆所采进者乃原刊本，未考证此本也，今原椠本固不可见，即此万历重刊本亦稀如星凤”，足证其书的珍贵。南开大学图书馆所藏《孤树裒谈五卷》卷前叙首页钤有“翰林院印”满汉文朱文方印、“研理楼刘氏倭劫余藏”白文长方印、“静远读书记”白文方印、“双静阁”朱文方印;“静宜王宝明”朱文方印;“孤树裒谈引用书目”首页钤有“宝静簃王静宜所得秘籍”朱文方印、“有书自富贵无病即神仙”白文方印和“吴重憙印”白文方印;卷之一首页钤有“研理楼刘氏藏”白文长方印、“刘明阳所得善本”朱文椭圆印、“刘明阳王静宜夫妇读书之印”白文方印、“海丰吴氏”朱文方印、“张重威印”白文方印;卷之二、三、四、五首页钤有“刘明阳所得善本”朱文椭圆印、“宝静簃王静宜所得秘籍”朱文方印、“海丰吴氏”朱文方印、“张重威印”白文方印;卷之四卷末钤有“静远所得”朱文方印;卷之五卷末钤有“宝静簃王静宜所得秘籍”朱文方印、“刘明阳王静宜夫妇读书之印”白文方印、“研理楼刘氏倭劫余藏”白文长方印，卷后题跋分别钤有“有书自富贵无病即神仙”白文方印、“仲怿”朱文方印、“张重威印”白文方印、“晚读书斋”朱文方印。各卷牛皮纸封页上分别题“孤树裒谈一 洪武”“孤树裒谈二 永乐 洪熙 宣德”“孤树裒谈三 正统 景泰”“孤树裒谈四 天顺 成化”“孤树裒谈五 弘治 正德”，似为吴重熹手迹，各页有多处朱笔文字校改补书，卷三页六十一上半页地脚有朱笔批注，卷四页二下半页至页三上半页天头有墨笔批注。卷一叙前扉页、卷五卷末等有多处墨笔题记，卷四末和卷五末有格纸墨笔补钞内容，卷二、卷三内各夹有红纸或格纸题记签条一纸。部分版心有字数，版心刻工名有余正邦、朱国汝、丘江、员、张大经、梁应尧、江应乾、余君聘、余君爵、熊绍元、茂恭、黄志功、李、张尹志、茂能、张桂、李芬、刘云凤、彭绍、刘相、刘云承、蒋、张贵、文明、山、朝等。

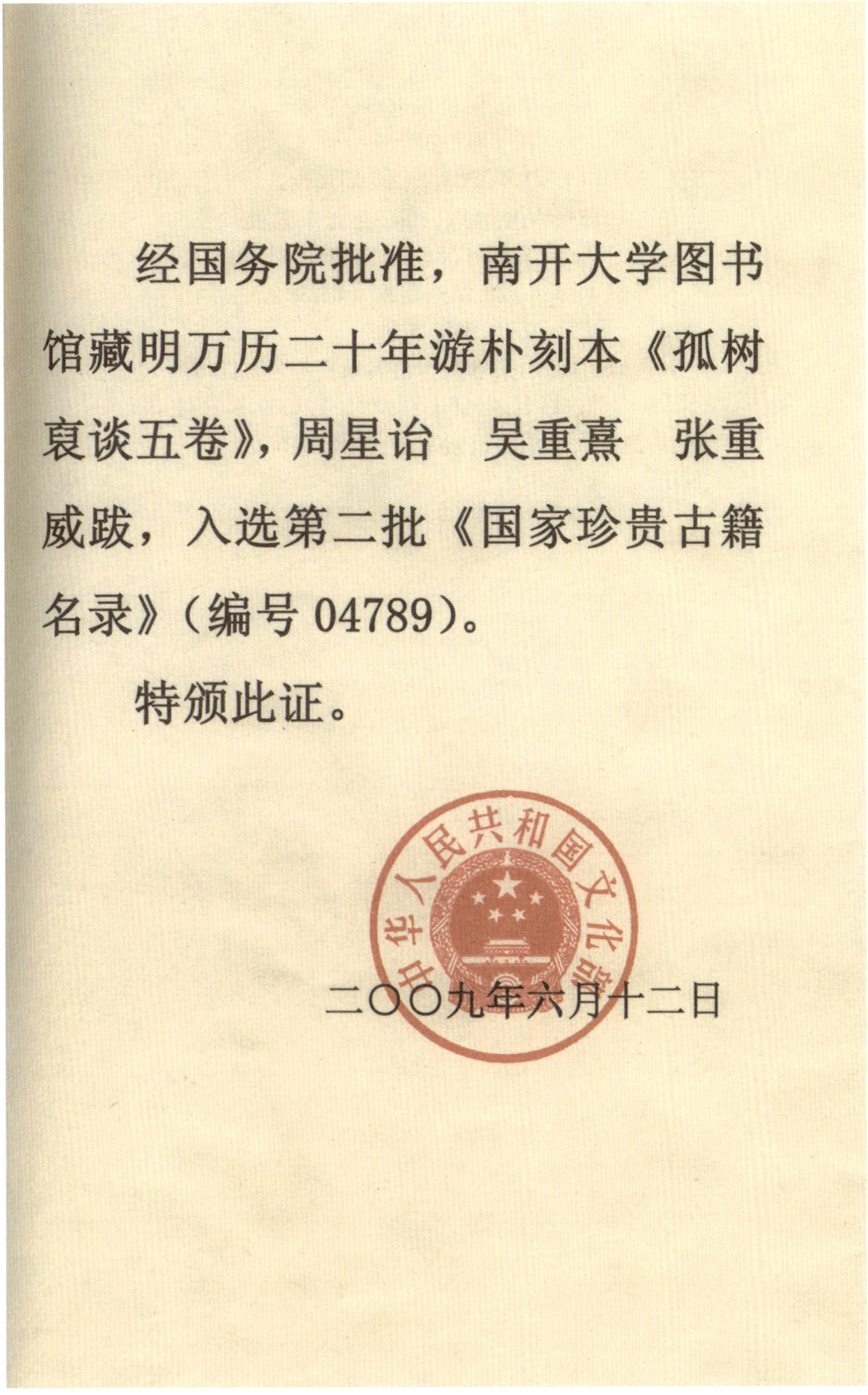

经国务院批准，南开大学图书馆藏明万历二十年游朴刻本《孤树裒谈五卷》，周星诒　吴重憙　张重威跋，入选第二批《国家珍贵古籍名录》（编号 04789）。

特颁此证。

二〇〇九年六月十二日

中华人民共和国文化部

图 042　《孤树裒谈五卷》入选《国家珍贵古籍名录》证书

《孤树裒谈五卷》
(明)李默撰
明万历二十年(1592年)游朴刻本,周星诒跋(年月不详)
1915年吴重熹跋,1962年张重威跋
半页十一行二十一字,双行小字四十二字,白口,边栏左右双边
开本18.5cm×29.5cm,版框14cm×19.5cm
1木匣5册
入选第二批《国家珍贵古籍名录》,编号04789
《国家珍贵古籍名录》证书颁发时间:2009年6月
南开大学图书馆索书号:善857.16/288

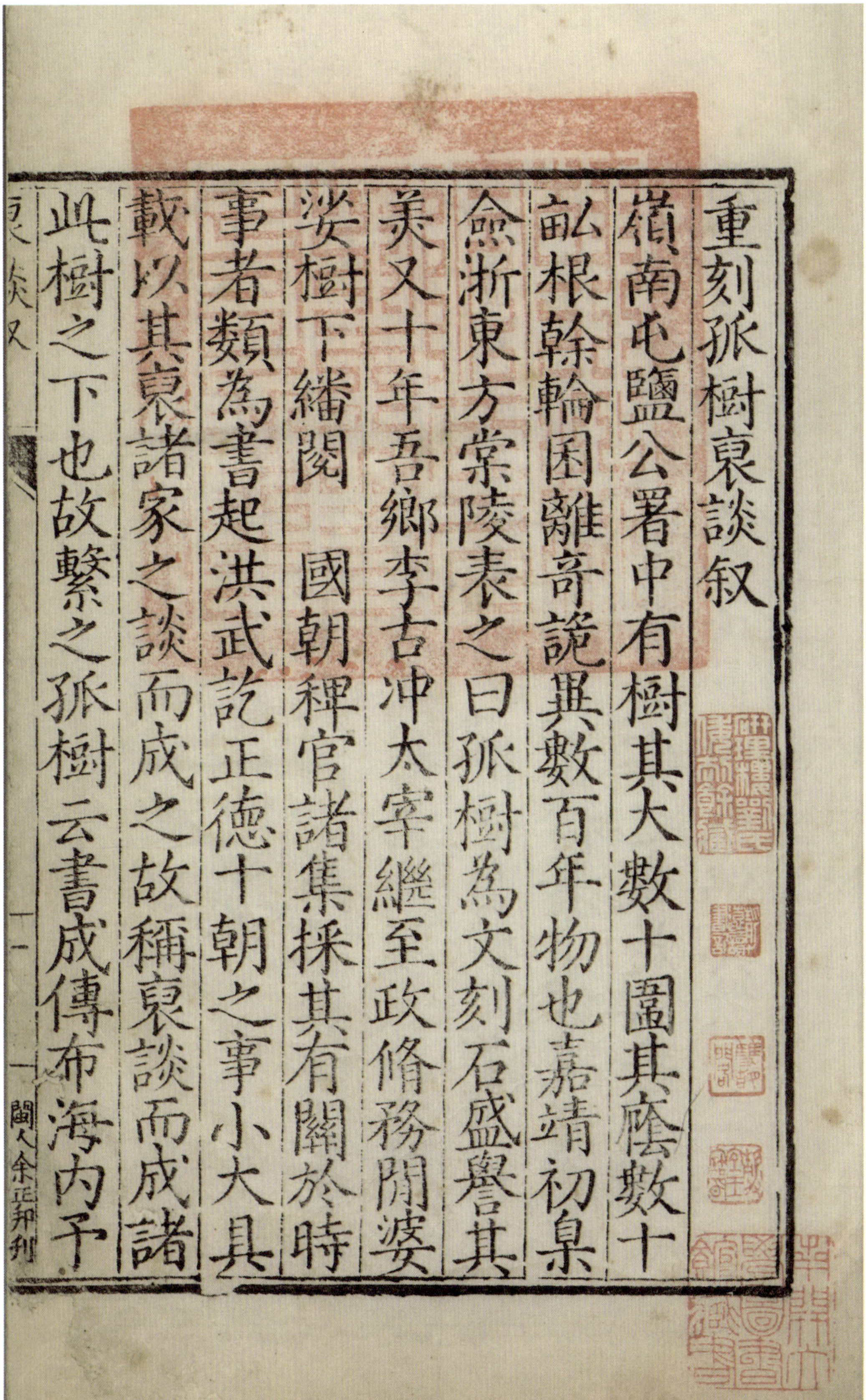

重刻孤樹裒談叙

嶺南屯鹽公署中有樹其大數十圍其蔭數十畝根幹輪囷離奇詭異數百年物也嘉靖初臬僉浙東方棠陵表之曰孤樹爲文刻石盛譽其美又十年吾鄉李古冲太宰繼至政脩務閒婆娑樹下繙閱　國朝稗官諸集採其有關於時事者類爲書起洪武訖正德十朝之事小大具載以其裒諸家之談而成之故稱裒談而成諸此樹之下也故繫之孤樹云書成傳布海内予

裒談叙　一

閩人余正邦刊

图 043 《孤树裒谈五卷》书影之一

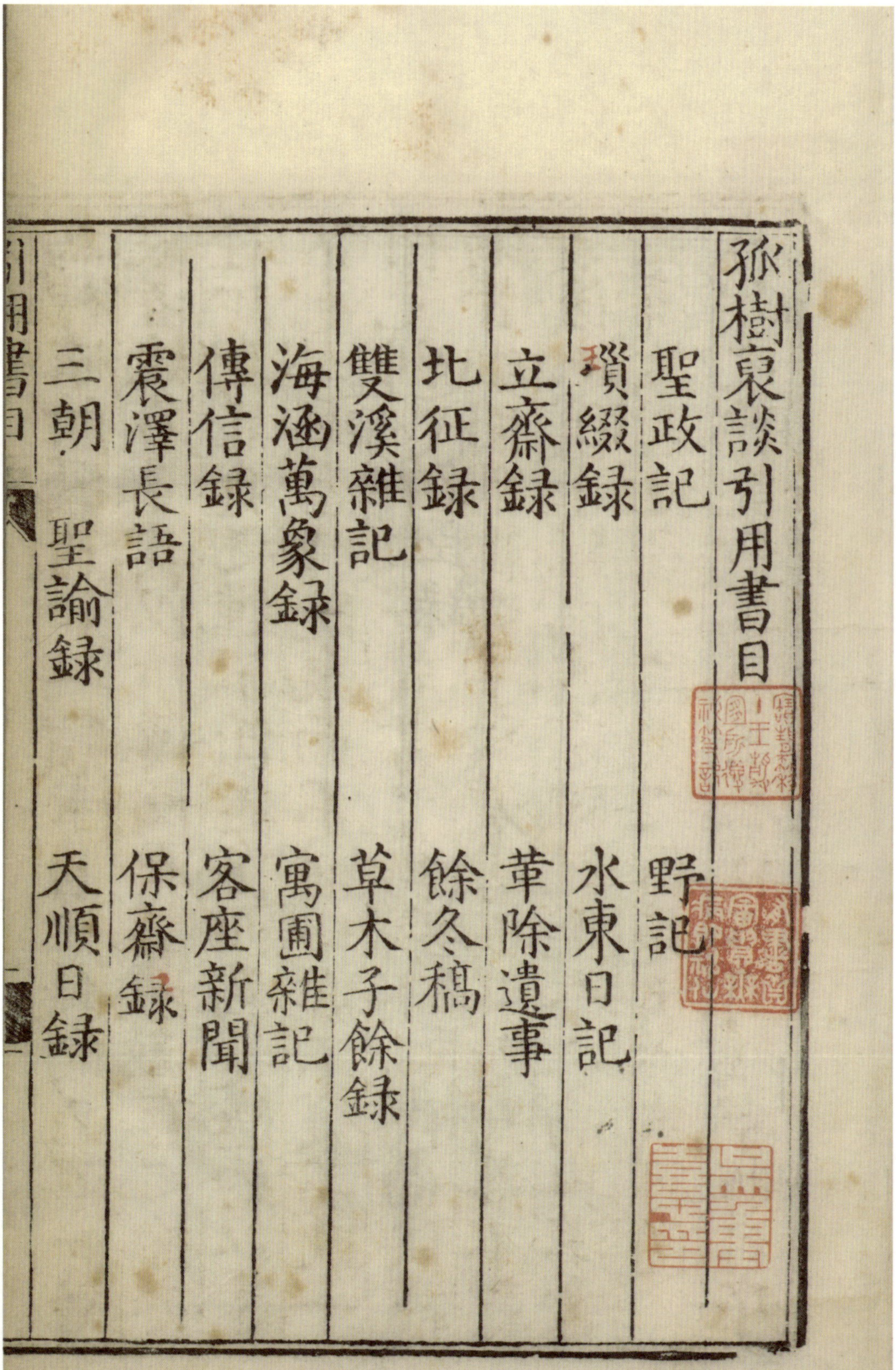

孤樹裒談引用書目

聖政記　野記

瑣綴録　水東日記

立齋録　革除遺事

北征録　餘冬稿

雙溪雜記　草木子餘録

海涵萬象録　寓圃雜記

傳信録　客座新聞

震澤長語　保齋録

三朝聖諭録　天順日録

图 044　《孤树裒谈五卷》书影之二

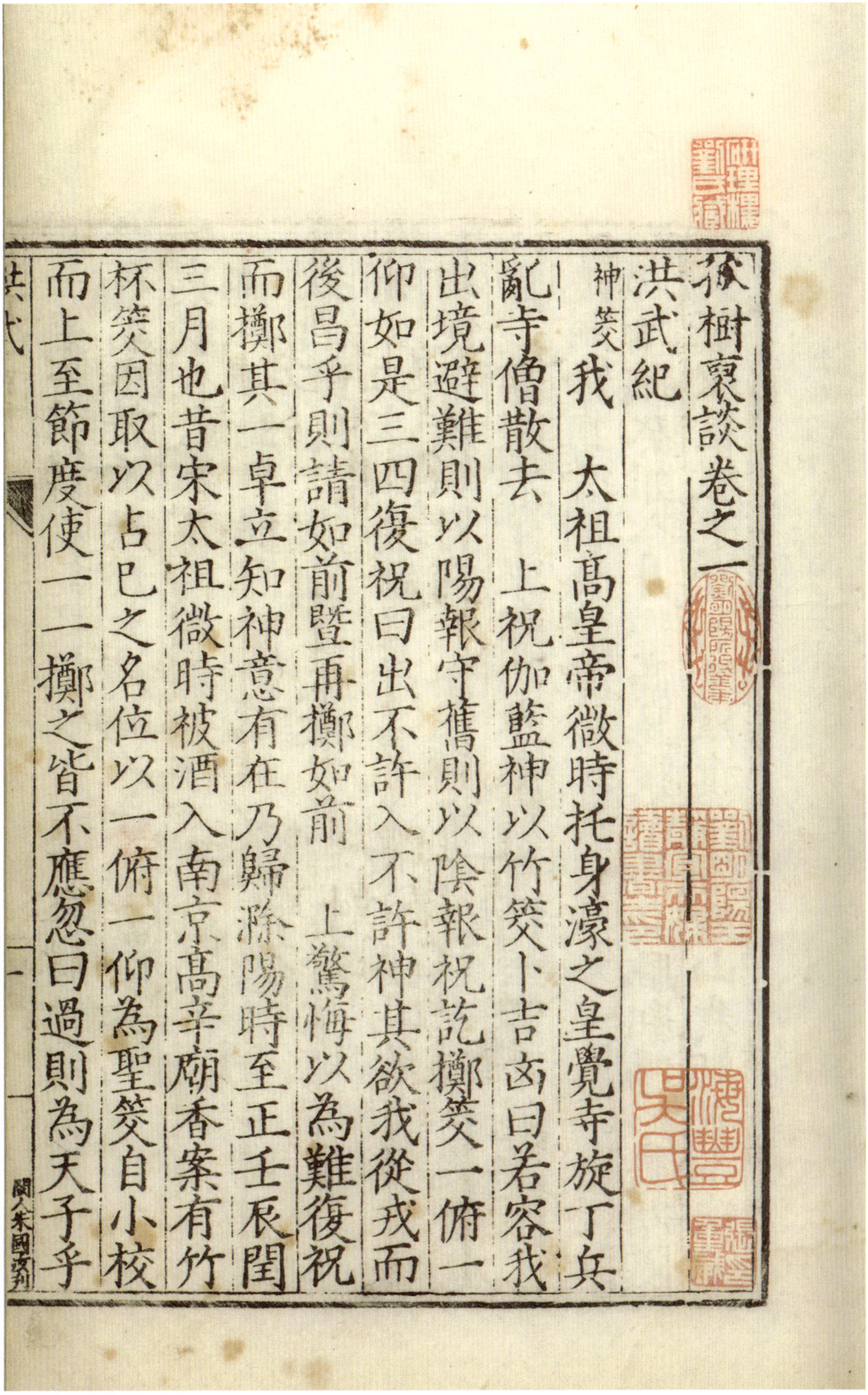

孤樹裒談卷之一

洪武紀

神筊　我　太祖高皇帝微時托身濠之皇覺寺旋丁兵亂寺僧散去　上祝伽藍神以竹筊卜吉凶曰若容我出境避難則以陽報守舊則以陰報祝訖擲筊一俯一仰如是三四復祝曰出不許入不許神其欲我從戎而後昌乎則請如前暨再擲如前　上驚悔以為難復祝而擲其一卓立知神意有在乃歸滁陽時至正壬辰閏三月也昔宋太祖微時被酒入南京高辛廟香案有竹杯筊因取以占己之名位以一俯一仰為聖筊自小校而上至節度使一一擲之皆不應忽曰過則為天子乎

图 045　《孤树裒谈五卷》书影之三

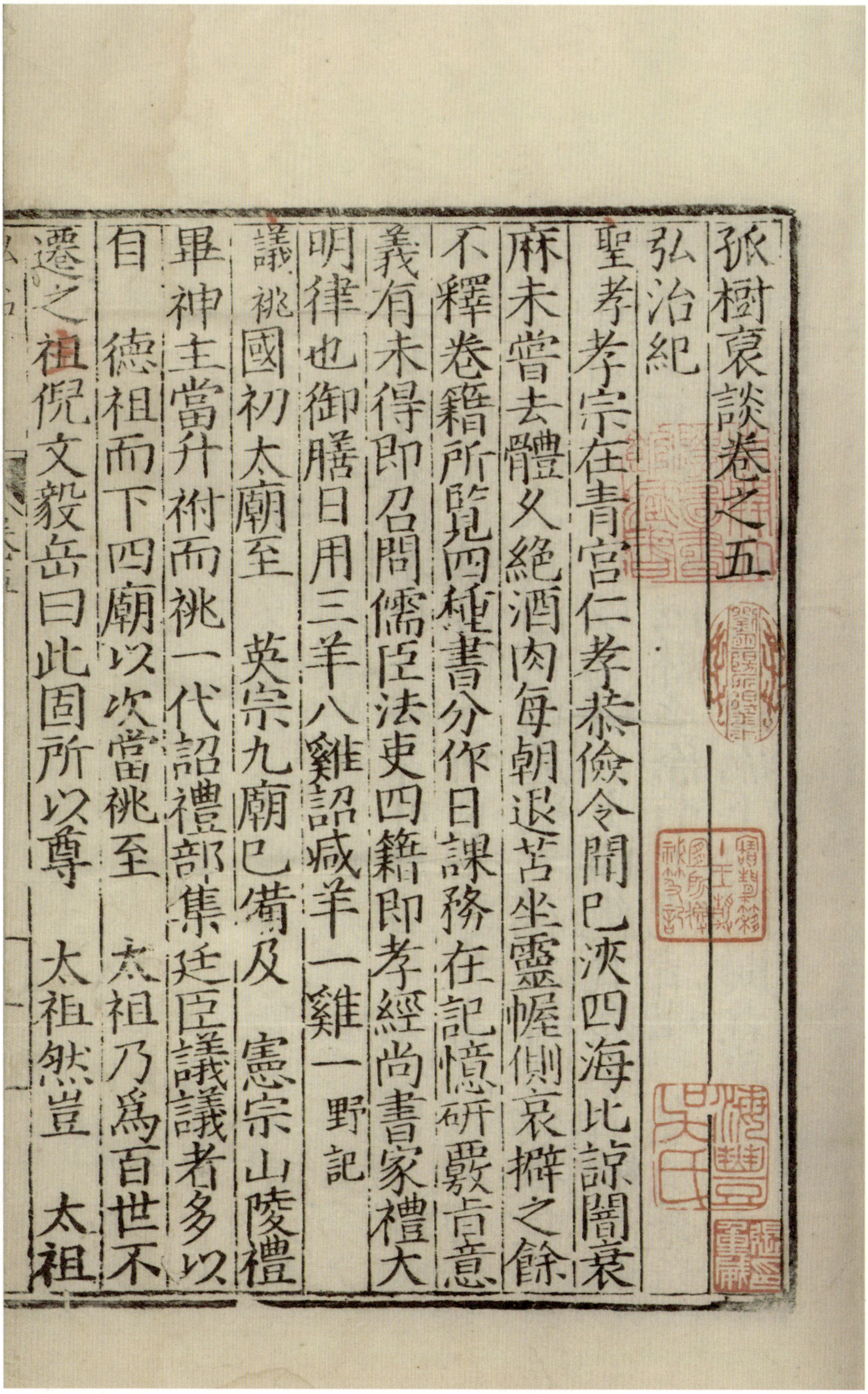

孤樹裒談卷之五

弘治紀

聖孝孝宗在青宮仁孝恭儉令聞已浹四海比諒闇哀麻未嘗去體久絕酒肉每朝退苫坐靈幄側哀擗之餘不釋卷籍所覽四種書分作日課務在記憶研覈旨意義有未得即召問儒臣法吏四籍即孝經尚書家禮大明律也御膳日用三羊八雞詔減羊一雞一 野記

議祧國初太廟至 英宗九廟已備及 憲宗山陵禮畢神主當升祔而祧一代詔禮部集廷臣議議者多以自 德祖而下四廟以次當祧至 太祖乃為百世不遷之祖倪文毅岳曰此固所以尊 太祖然豈 太祖

图 046 《孤树裒谈五卷》书影之四

《澄怀录二卷》

提 要

撰者周密(1232—1298),字公谨,号草窗,又号四水潜夫、弁阳老人、华不注山人、山东伧父、苹洲、萧斋,宋元之交著名词人、文学家和文献学家。祖籍济南历城,流寓吴兴(今浙江湖州)。宋德祐年间官任义乌县(今属浙江)令,入元隐居不仕。诗文都有成就,亦能诗画音律,其词远祖清真,近法姜夔,风格清雅秀润,与吴文英并称"二窗"。尤好藏弃校书,一生著述较丰。著有《齐东野语》《武林旧事》《癸辛杂识》《志雅堂要杂钞》《云烟过眼录》《草窗韵语》《苹洲渔笛谱》《绝妙好词》《草窗词》《浩然斋雅谈》《澄怀录》《续澄怀录》等数十种。《澄怀录》分为上下两卷,系摘录采集唐宋诸人所记登陟游胜、流连光景与旷达之语为一编,以达"澄怀观道,高山景行"之意,其形式皆节载原文并注书名其下。南开大学图书馆藏本为清吴翌凤抄校本,曾经潘菽坡、莫楚生、秦更年递藏。书衣题名"澄怀录二卷",另有小字题:"书衣题字绝侣贝简香",下钤"更年审定"白文方印。序前有秦更年题记,题记前半空白页钤有"绣衣大夫"白文方印。秦氏题记"此本为吴氏所钞,亦即枚菴手校,曾藏潘菽坡、莫楚生两家。近时潘伯寅、缪艺风藏本皆从此出,盖秘籍也。比余别得一是堂藏旧写本,卷首有翰林院印,殆即四库著录之底本,与此非出一原。如卷上'吾始'至'南海'条,一是本至'有万'止,后空两行;卷下'谢希深'条后空五行;末多'朱希真'一条,与此本少异。然此本足以订正一是本处亦至多各有其胜处,因以两本互校之。此本眉耑所记,皆据一是本也。黄荛夫谓'储藏重本裨益无方',信然。庚午十二月初四日校毕记",并钤"更年审定"白文方印。题记天头注有"一是本每半页九行行二十字";周密序首页钤有"寿慈堂"朱文方印、"潘氏桐西书屋之印"朱文长方印、"曾在秦婴闇处"朱文长方印、"吴氏钞书"白文方印。卷上卷端钤有"曾览黄鹤岳阳二楼之胜"白文方印、"曼青手校"朱文方篆印、"莫棠字楚生印"朱文长方印、"菽坡藏书"朱文方印。正文天头多处有朱笔批校和文字订改。卷末有墨笔题记"辛卯大暑节炎威如炽,垂帘静坐,流览一过,此身如在山水间,尘襟尽洗矣。昒莽",并钤"蟫隱"白文长方印,是页还钤有"硕庭过眼"朱文长方印、"江都秦更年曼青之印"白文方印和"独山莫氏铜井文房藏书印"朱文长方印。

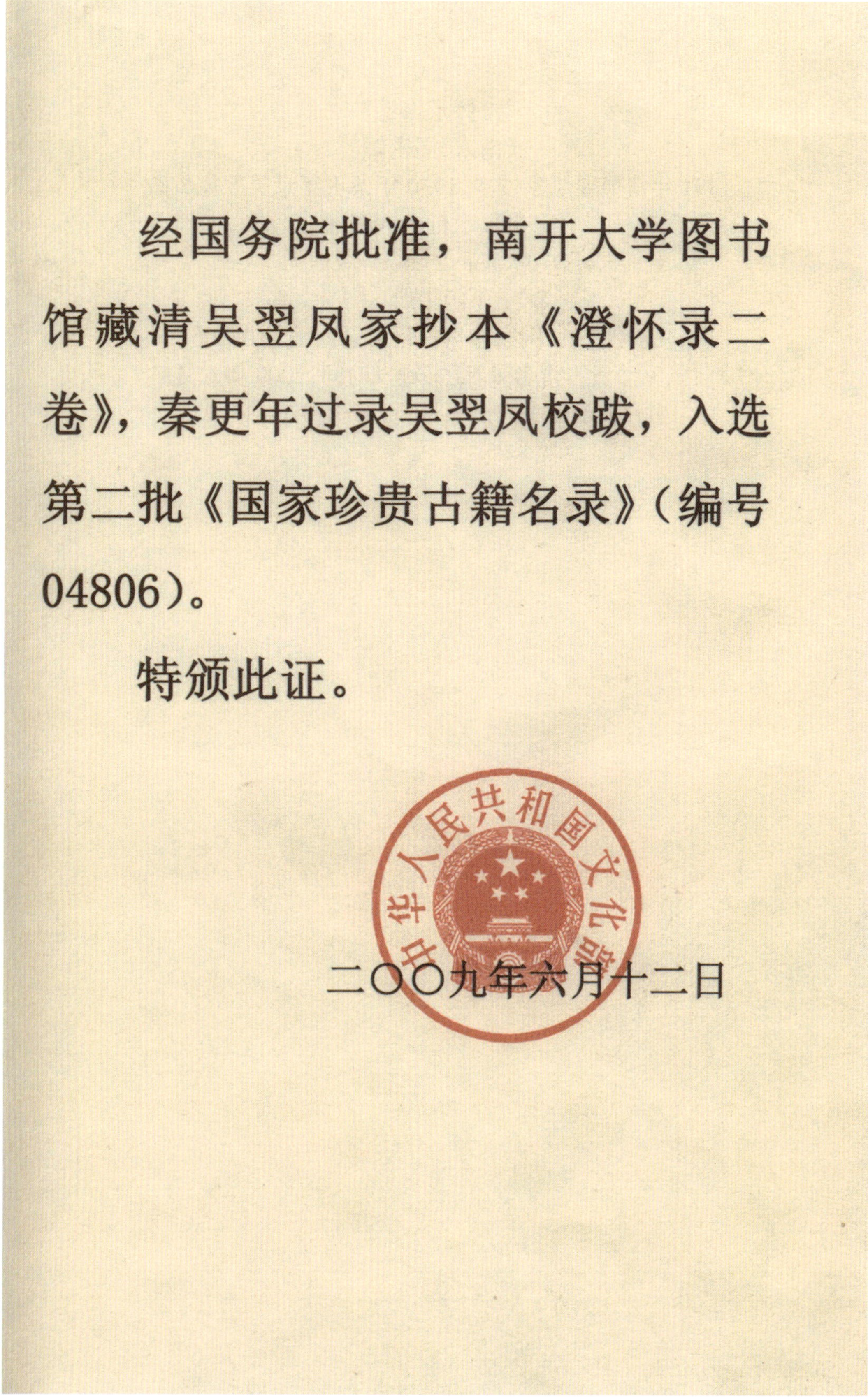

经国务院批准，南开大学图书馆藏清吴翌凤家抄本《澄怀录二卷》，秦更年过录吴翌凤校跋，入选第二批《国家珍贵古籍名录》（编号04806）。

特颁此证。

二〇〇九年六月十二日

图 047 《澄怀录二卷》入选《国家珍贵古籍名录》证书

《澄怀录二卷》
(南宋)周密辑
1891年清吴翌凤家抄本,1930年秦更年录吴翌凤校跋
半页十行十八字
开本 17.5cm×27.5cm,版框无
1函1册
入选第二批《国家珍贵古籍名录》,编号04806
《国家珍贵古籍名录》证书颁发时间:2009年6月
南开大学图书馆索书号:善857.1526/818-2

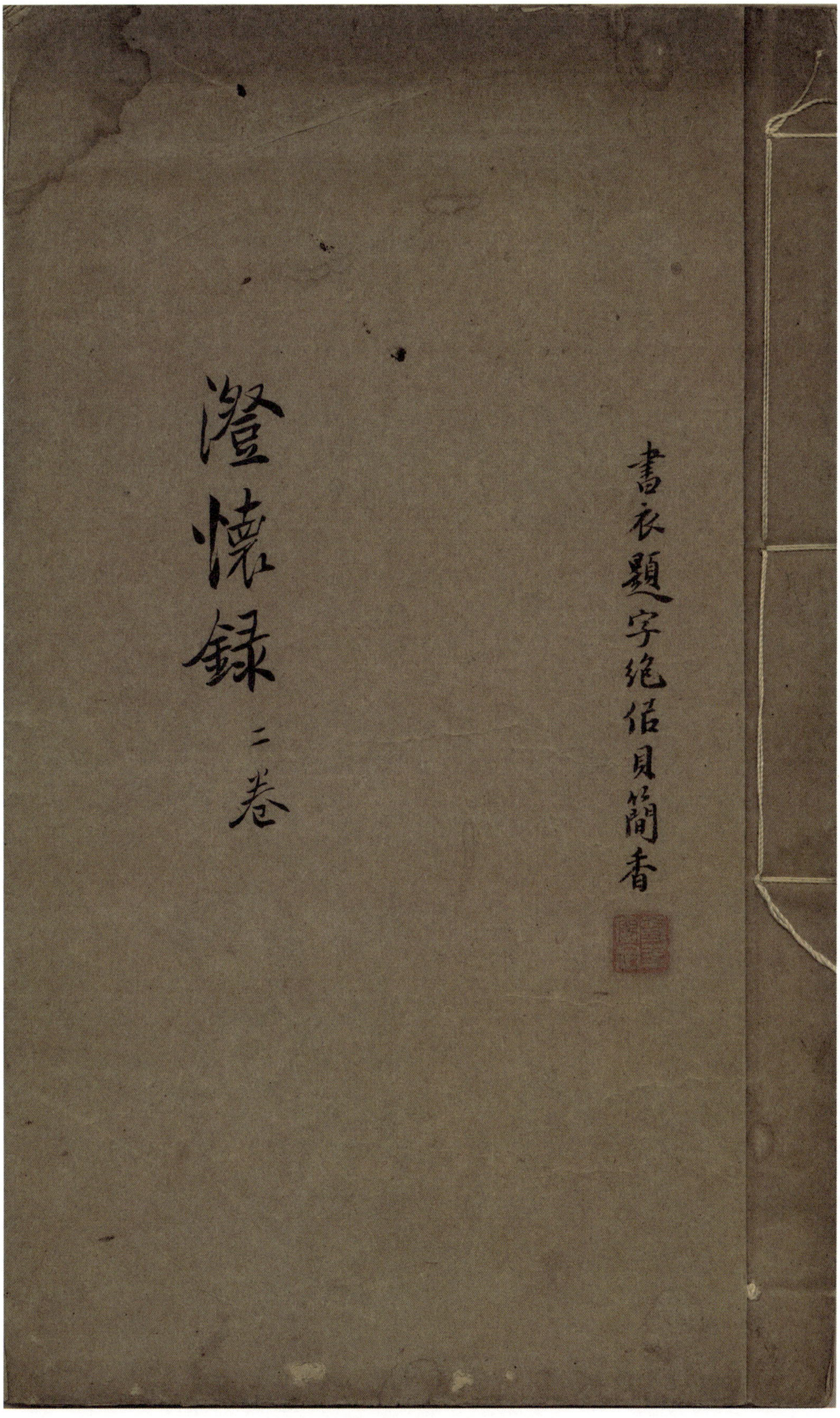

图 048 《澄怀录二卷》书影之一

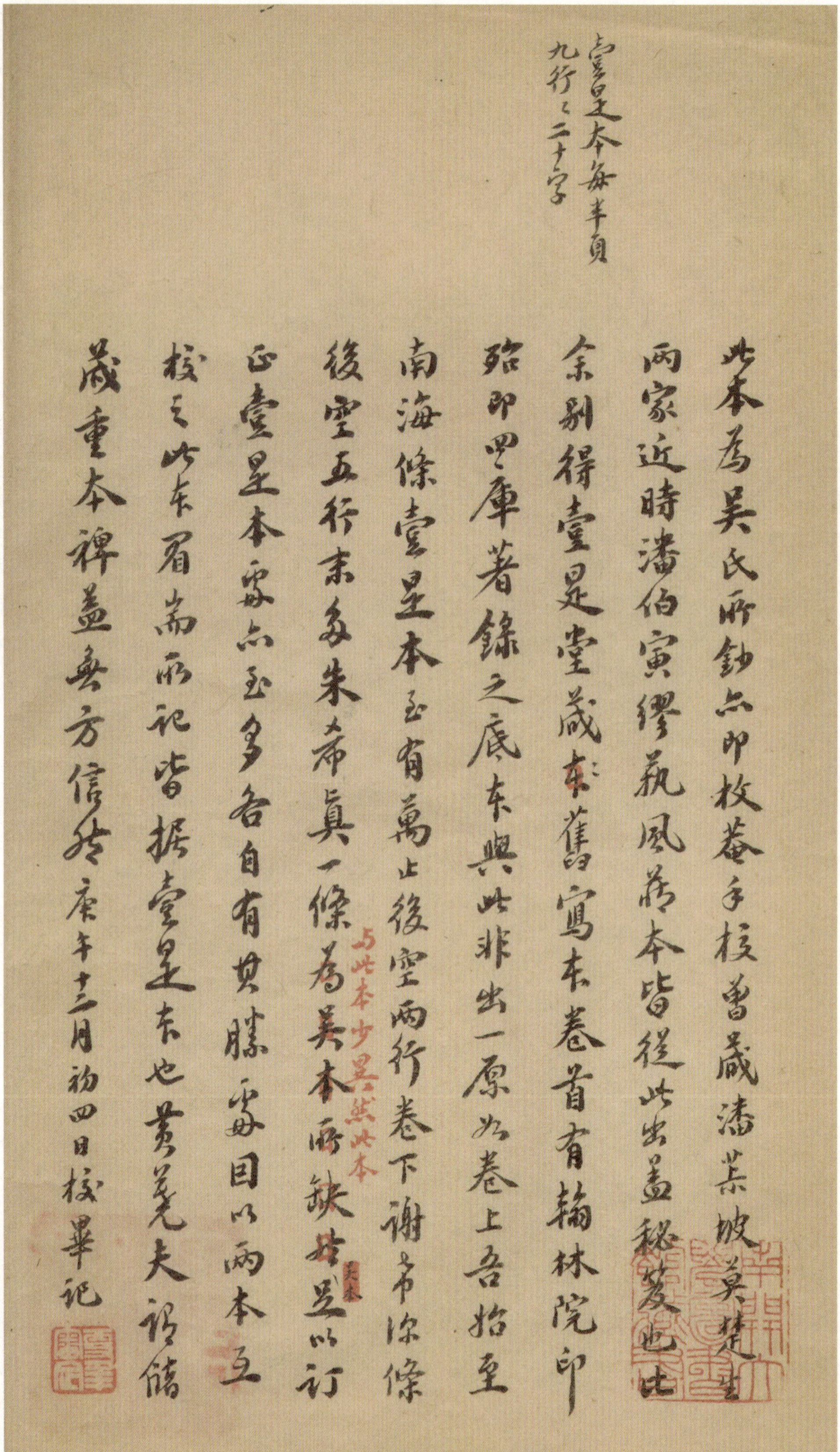
壹是堂本每半頁九行〻二十字

此本爲吳氏所鈔亦即校菴手校曾藏潘茶坡莫楚生
兩家近時潘伯寅繆藝風諸本皆從此出蓋秘笈也比
余别得壹是堂藏本舊寫本卷首有翰林院印
殆即四庫著錄之底本與此非出一原如卷上吾始至
南海條壹是本至有萬止後空兩行卷下謝希深條
後空五行末多朱希真一條爲吳本所缺皆足以訂
與此本少異然此本
吳本
正壹是本處亦至多各自有其勝處因以兩本互
校之此本眉端所記皆據壹是本也黃蕘夫謂儲
藏重本裨益無方信然 庚午十二月初四日校畢記

图 049 《澄怀录二卷》书影之二

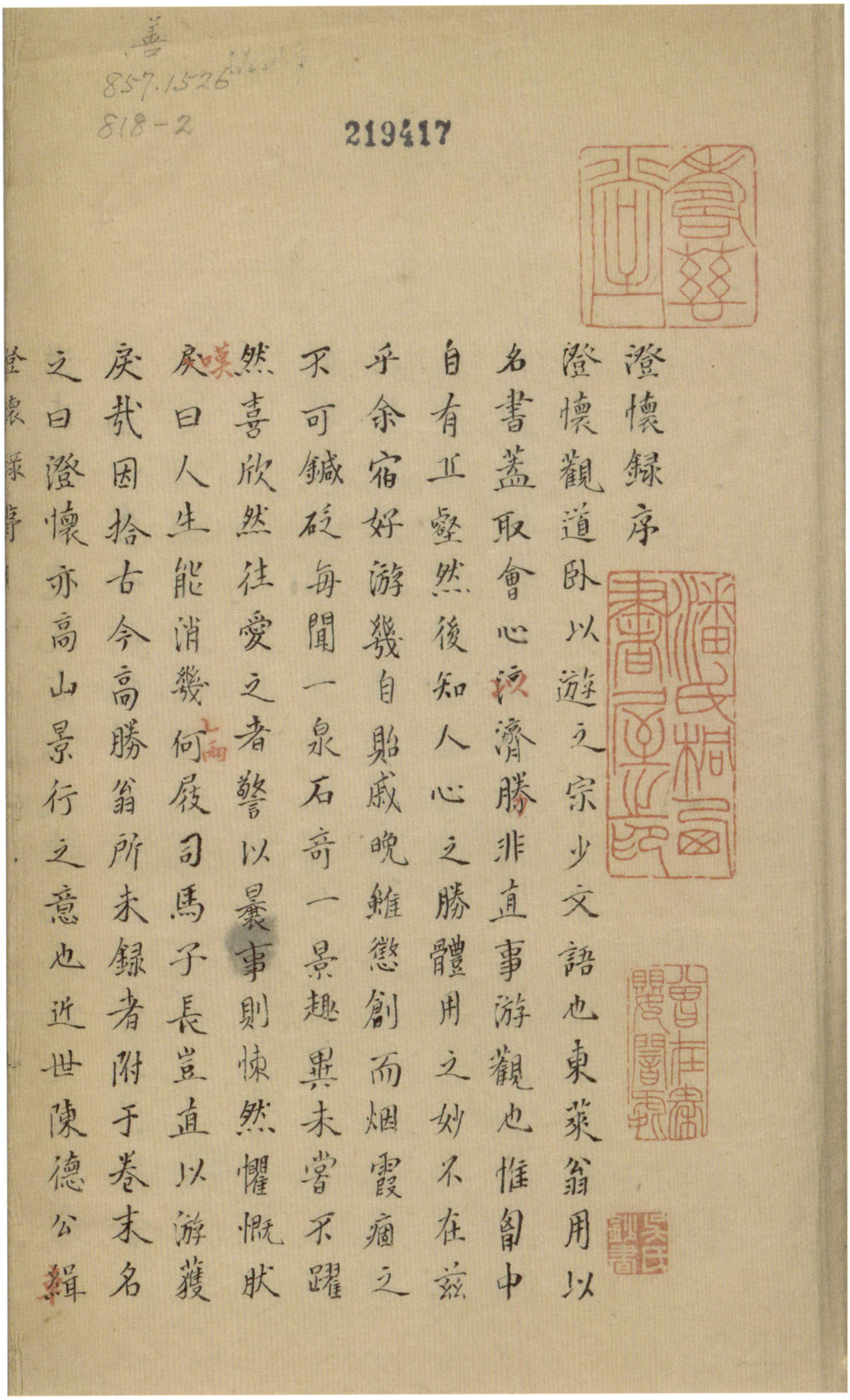

澄懷録序

澄懷觀道卧以遊之宗少文語也東萊翁用以名書蓋取會心於濟勝非直事游觀也惟留中自有丘壑然後知人心之勝體用之妙不在兹乎余宿好游幾自貽戚晚雖懲創而烟霞痼之不可鍼砭每聞一泉石奇一景趣異未嘗不躍然喜欣然往愛之者警以曩事則悚然懼慨然戾曰人生能消幾何屐司馬子長豈直以游獲戾哉因拾古今高勝翁所未録者附于卷末名之曰澄懷亦高山景行之意也近世陳德公緝

澄懷録序

图 050 《澄怀录二卷》书影之三

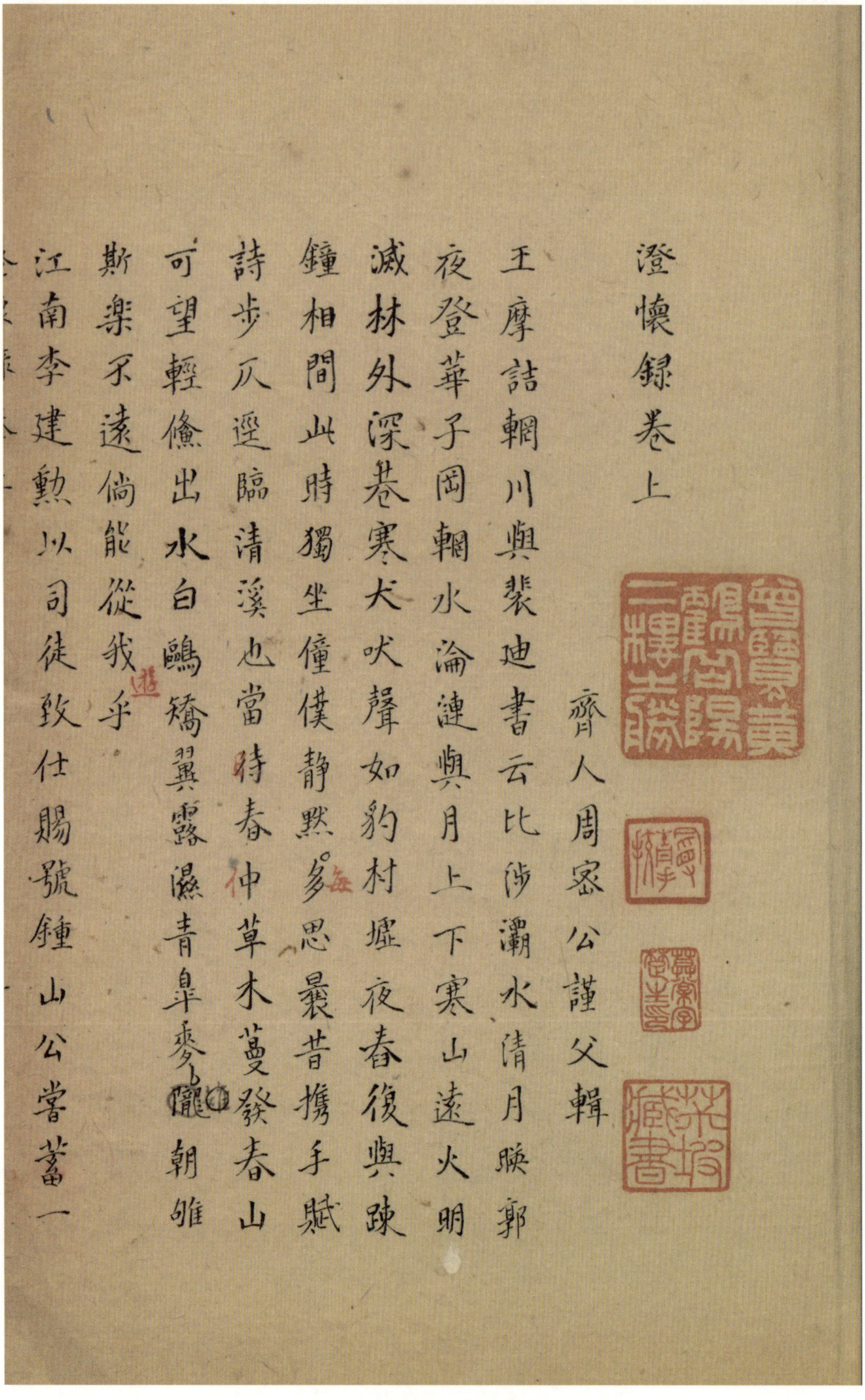
澄懷録卷上
齊人周密公謹父輯
王摩詰輞川與裴迪書云比涉灞水清月映郭夜登華子岡輞水淪漣與月上下寒山遠火明滅林外深巷寒犬吠聲如豹村墟夜舂復與疎鐘相間此時獨坐僮僕靜默多思曩昔携手賦詩步仄逕臨清溪也當待春仲草木蔓發春山可望輕鯈出水白鷗矯翼露濕青皋麥隴朝雊斯樂不遠倘能從我乎
江南李建勲以司徒致仕賜號鍾山公嘗蓄一

图 051 《澄怀录二卷》书影之四

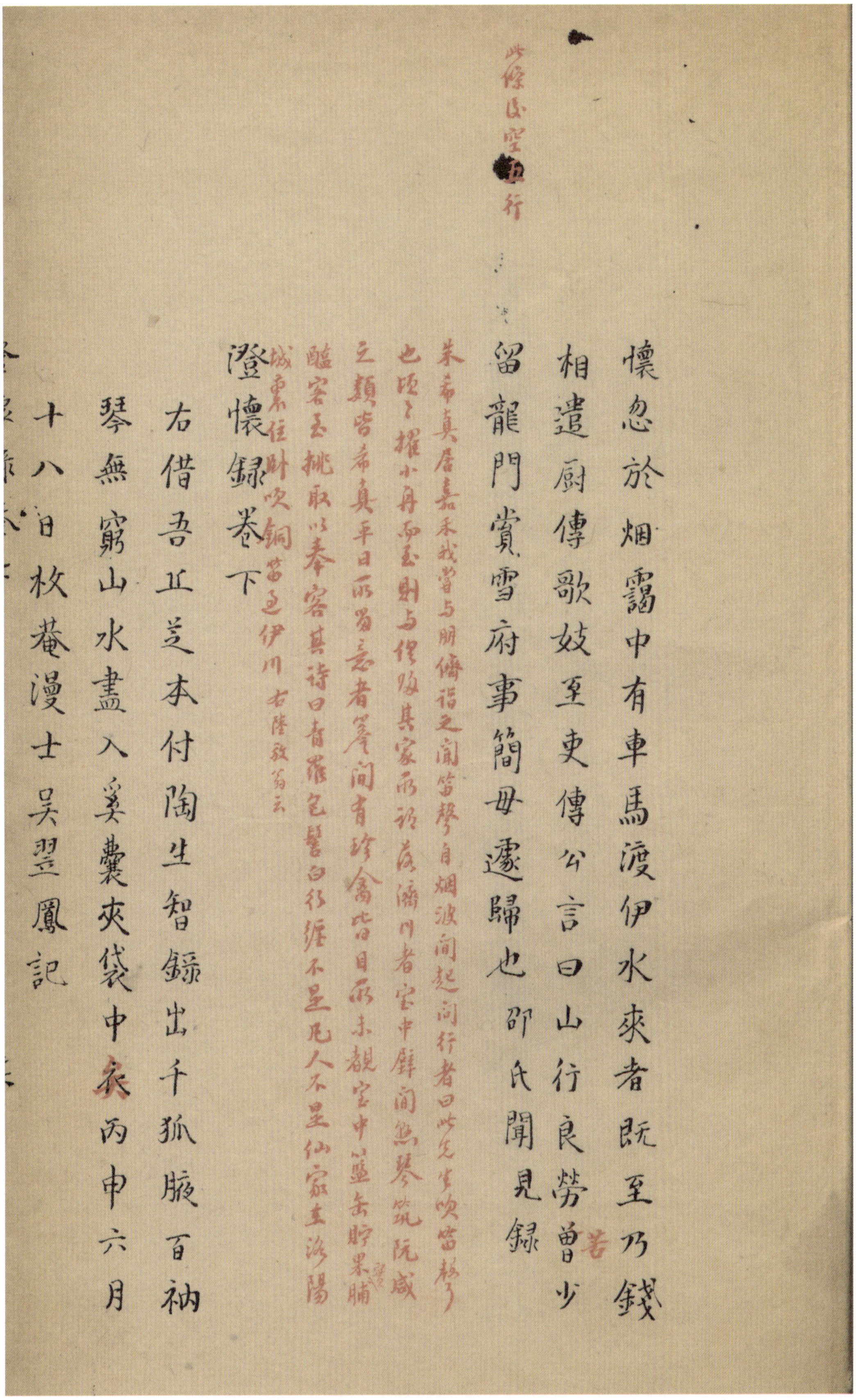

此條低空五行

懷忽於烟靄中有車馬渡伊水來者既至乃錢
相遣廚傳歌妓至吏傳公言曰山行良勞曾少
留龍門賞雪府事簡毋遽歸也 邵氏聞見録

朱希真居嘉禾我嘗与朋儕詣之聞笛聲自烟波間起問行者曰此先生吹笛聲乃
也頃之擢小舟而至則与俱歸其家所居蕭灑門者皆中壁間悉琴筑阮咸
之類皆希真平日所自爲者篆間有珍禽皆目所未覩室中篭盒貯果脯
臨客至挑取以奉客其詩曰青羅包髻白行纏不是凡人不是仙家在汾陽
城東住對吹銅笛過伊川 右陸放翁云

澄懷録卷下

右借吾正芝本付陶生智録出千孤腋百衲
琴無窮山水盡入奚囊夾袋中矣丙申六月
十八日杖菴漫士吳翌鳳記

图 052 《澄怀录二卷》书影之五

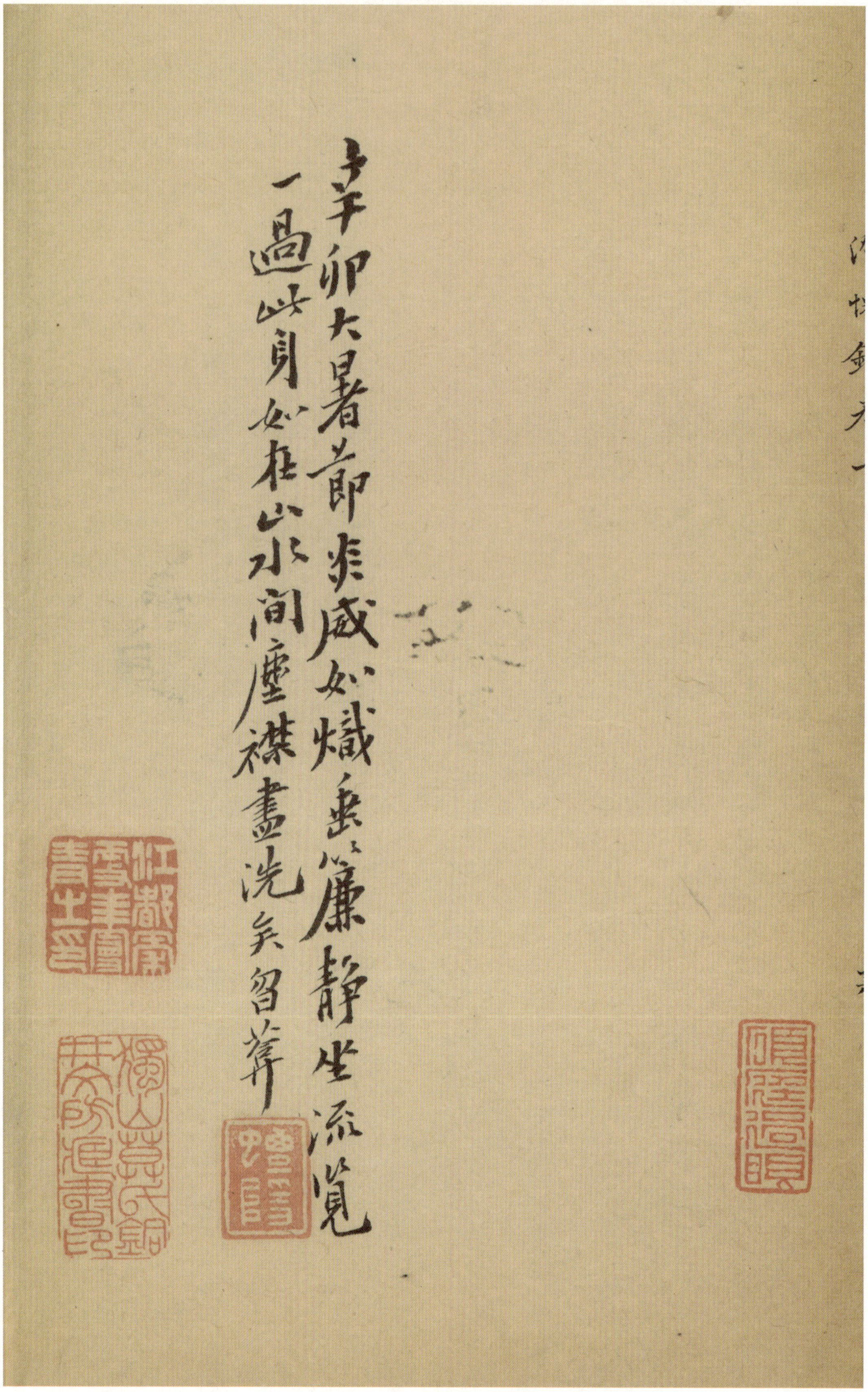
辛卯大暑節炎威如熾無以廉靜坐流覽
一過此身如在山水間塵襟盡洗矣留菴

图 053 《澄怀录二卷》书影之六

《迦陵词稿不分卷》

提　要

撰者陈维崧(1625—1682年),字其年,号迦陵,江苏宜兴人。明末清初著名词人,阳羡词派领袖。明末四公子之一陈贞慧之子,康熙十八年(1679年)举博学鸿词科,授官翰林院检讨,同修《明史》,顺治十一年(1654年)出知湖州府,很有政声。著有《陈迦陵文集》五十四卷、《湖海楼诗集》八卷、《迦陵词》三十卷等,另有程师恭注《陈检讨四六》二十卷。陈氏平生嗜诗之余,亦好填词,总计填词1600余阕,系清代第一大家。南开大学图书馆所藏系陈氏词集之手稿本,装具为一木匣,匣盖刻“先检讨公手书词稿”“六世从孙宝铭谨藏”字样。据陈维崧自己的题识,该词稿乃陈氏随身之物,向被视若拱璧,什袭珍藏,无疑是陈词的誊清稿本,也是研究陈氏的重要资料。该稿本诸册题签分别由朱孝臧、冒广生、郑孝胥、李准等名家书写,词稿页面上多有圈点勾乙,并可见史蘧庵、尤悔庵诸家题识,由此可知陈氏在词坛的领袖地位。是书原封面已全部发生不同程度损蚀,故后人修补时再另加封面及护页。

第一册封面题签为“迦陵先生手书词稿　踽公二丈世守　义州李放敬题”,并钤“词堪”朱文长方印,封面后的护叶有李放题记一则,“乙丑四月十九日词龛小集,踽公二丈携先集见过,与归安朱强侍郎、宛平查香湾观察、遵化李仑厂(庵)提学、閈州胡愔仲阁丞、番禺黎潞厂(庵)参议、顺德温檗菴副宪同观。义州李放写记”。原封面字迹大部尚存,并钤有“词龛墨缘”白文方印和“李放曾藿”朱白文方印,卷前钤有“杨寿枏印”白文方印和“味云”朱文方印,卷内各页分别钤有“词堪读过”白文方印、“李放曾藿”朱白文方印,目录和词内容文字旁钤有“强善堂主人对讫”朱文条记、“抄”朱文戳记、“对”朱文戳记、“素溪”朱文椭圆印、“待青蝇弔”朱文八角印,一般钤于所校对文字旁,个别处画有墨笔三角记号,此外还钤有“陈维崧印”白文方印、“其年”朱文方印、“履端印”白文方印, 及多出朱笔或墨笔批注和题记说明。

第二册封面题签为“迦陵词 蜀中后学李准敬题”,并钤“李准”白文方印,原本封面尚完整,题签为“迦陵词 寓园阅讫抄讫”,右有题记曰“石原本少柳含烟 二郎神”,并钤有“词龛墨缘”白文方印和“李放曾藿”朱白文方印,其他各页偶有墨笔抄写提示,目录和正文亦有前述抄校记号和抄校者印章、条记及“南耕”朱文小方印以及各种朱笔、墨笔批注,目录后有“陈其年词集序”撰者落款为“同学友弟蒋平阶大鸿撰”,上半页钤“陈氏振采”朱文方印。序曰:“今天下工文辞称才士者且甚多,而吾必以阳羡陈其年为之冠,盖以文章家所应有之事,其年无一不有，而其所有者，又能度越余子故也。予与其年壬辰定交，早定此目，迄今二十五年，所见后来之儁又不知凡几而终，不能易我昔日之言，何哉？豈天之生才止有此数乎哉？其年诗古文虽世人不能尽知，然大率震于其名，知与不知同声推服，独填词为其年生平所最忽，未有专书。予以为此不足轻重乎？其年也今復示予迦陵词集五卷，予发而读之，窃谓今日之为词者，又何可废矣。此如搆名园者必称主家，沁水石氏金谷，盖以天家贵女耦国高赀，率其材力，虽摄数十园而绰有余裕，然后以之搆一园则雄观丽瞩，殆非耳目所常经矣。吴下有顾辟强者，隐约之士，亦以园名，彼一丘一壑之幽奇，纵能穷天工极人巧，而蹇啬之態不觉自露，又何得比于煌煌钜麗哉？吾谓其年词之工不工于其年之词而工于其年之才。人必见其年之词而后称其工，何足以知其年也。”下半页则钤有“蒋平阶印”白文方印、“大鸿”朱文方印、“古柱下史”白文方印、“三书屋”朱文方印、“章式之读书记”朱文方印。

第三册封面题签为“迦陵词 通家后学冒广生敬题”，原封面题记少部分文字损佚，各页有多处墨笔、朱笔题记，目录及正文亦有抄对记号和印章，其中一页下半页有“同春号精选洁白荆川太史簾”朱文条记，卷末钤有“晴雪梅花”朱文方印。

第四册封面题签为“陈检讨词稿 乙丑仲春孝胥”，并钤“郑”白文小方印，无原封面，目录和正文各页抄校核对记号和印章与前各册相似，其中一页上半页钤有“上下千古”白文长方印，另有一页下半页钤有“江上峰青”朱文椭圆印和“一片冰心”白文椭圆印。

第五册封面题签为“迦陵检讨手书乌丝词稿 踽公仁兄家藏 陈曾寿谨署”，并钤“寿”白文小方印，原封面缺损较多，亦钤有“词龛墨缘”白文方印和“李放曾藿”朱白文方印，目录和正文各页抄校核对记号和印章与前各册相似，其中一页上半页钤有“百尺楼”朱文圆印和“陈维崧其年氏”朱文长方印，另有一页上半页钤有“商丘”朱文小长方印。

第六册封面题签为“迦陵先生手书词稾 乙丑四月 归安朱孝臧”，原封面绝大部分损佚，亦钤有“词龛墨缘”白文方印和“李放曾藿”朱白文方印，目录和正文各页抄校核对记号和印章与前各册相似，其中一页下半页钤有“绮里”朱文长方印、“吴蔼之印”白文方印和“虞升氏”朱文方印。

第七册封面题签为“嘉陵先生手书词稿 乙丑四月 胡嗣瑗署”，原封面绝大部分损佚，亦钤有“词龛墨缘”白文方印和“李放曾藿”朱白文方印，目录和正文各页抄校核对记号和印章与前各册相似，其中一页上半页钤有“乌丝”朱文椭圆印。

第八册封面题签为“陈检讨词稿 乙丑四月 温肃敬题”，原封面基本完整，亦钤有“词龛墨缘”白文方印和“李放曾藿”朱白文方印，目录和正文各页抄校核对记号和印章与前各册相似，其中一页之上半页钤有“天石评定古今之章”白文长方印，其中一页之上半页钤有“乌丝”朱文椭圆印、“陈维崧其年氏”朱文长方印和“其年父”白文方印，卷末钤有“陈杲之印”朱文方印和“宣叔”朱文方印。

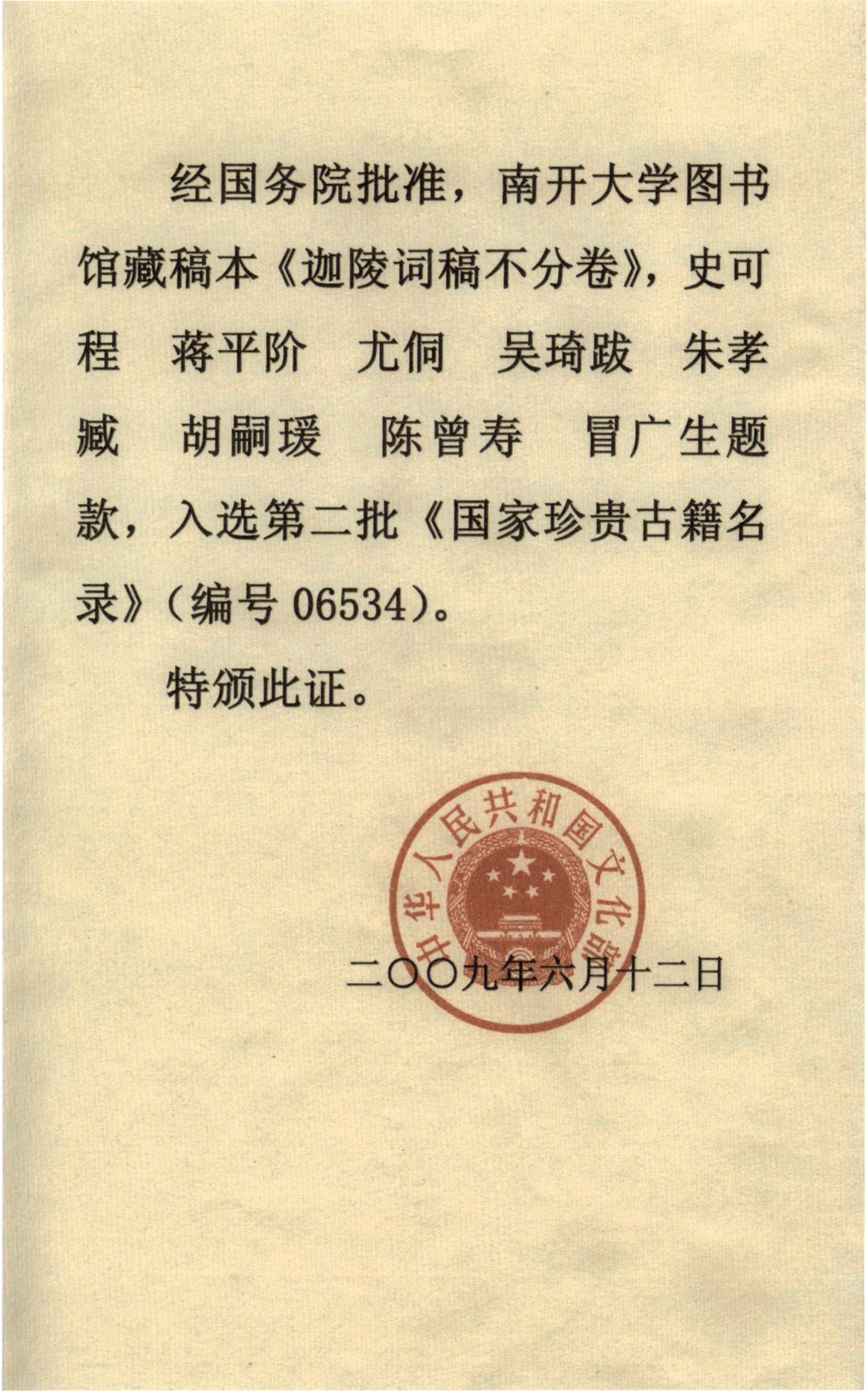

经国务院批准，南开大学图书馆藏稿本《迦陵词稿不分卷》，史可程　蒋平阶　尤侗　吴琦跋　朱孝臧　胡嗣瑗　陈曾寿　冒广生题款，入选第二批《国家珍贵古籍名录》（编号06534）。

特颁此证。

二〇〇九年六月十二日

图054　《迦陵词稿不分卷》入选《国家珍贵古籍名录》证书

《迦陵词稿不分卷》
(清)陈维崧撰
清稿本,史可程、蒋平阶、尤侗、吴琦跋、朱孝臧、胡嗣瑗、陈曾寿、冒广生题款
半页八行二十四字
开本 16.5cm×28.5cm,版框无
1 木匣 8 册
入选第二批《国家珍贵古籍名录》,编号 06534
《国家珍贵古籍名录》证书颁发时间:2009 年 6 月
南开大学图书馆索书号:善 857.472/384

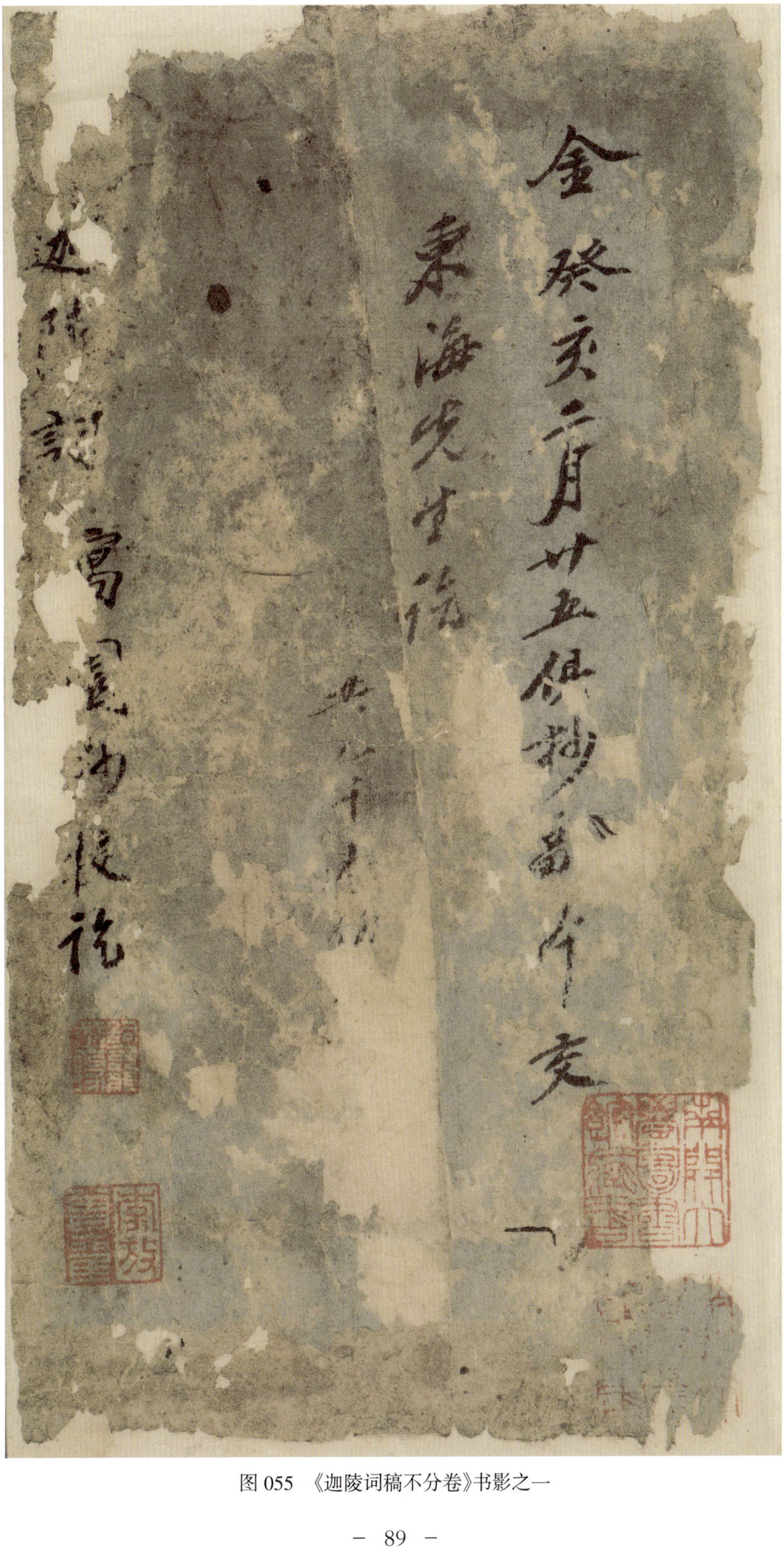

图 055 《迦陵词稿不分卷》书影之一

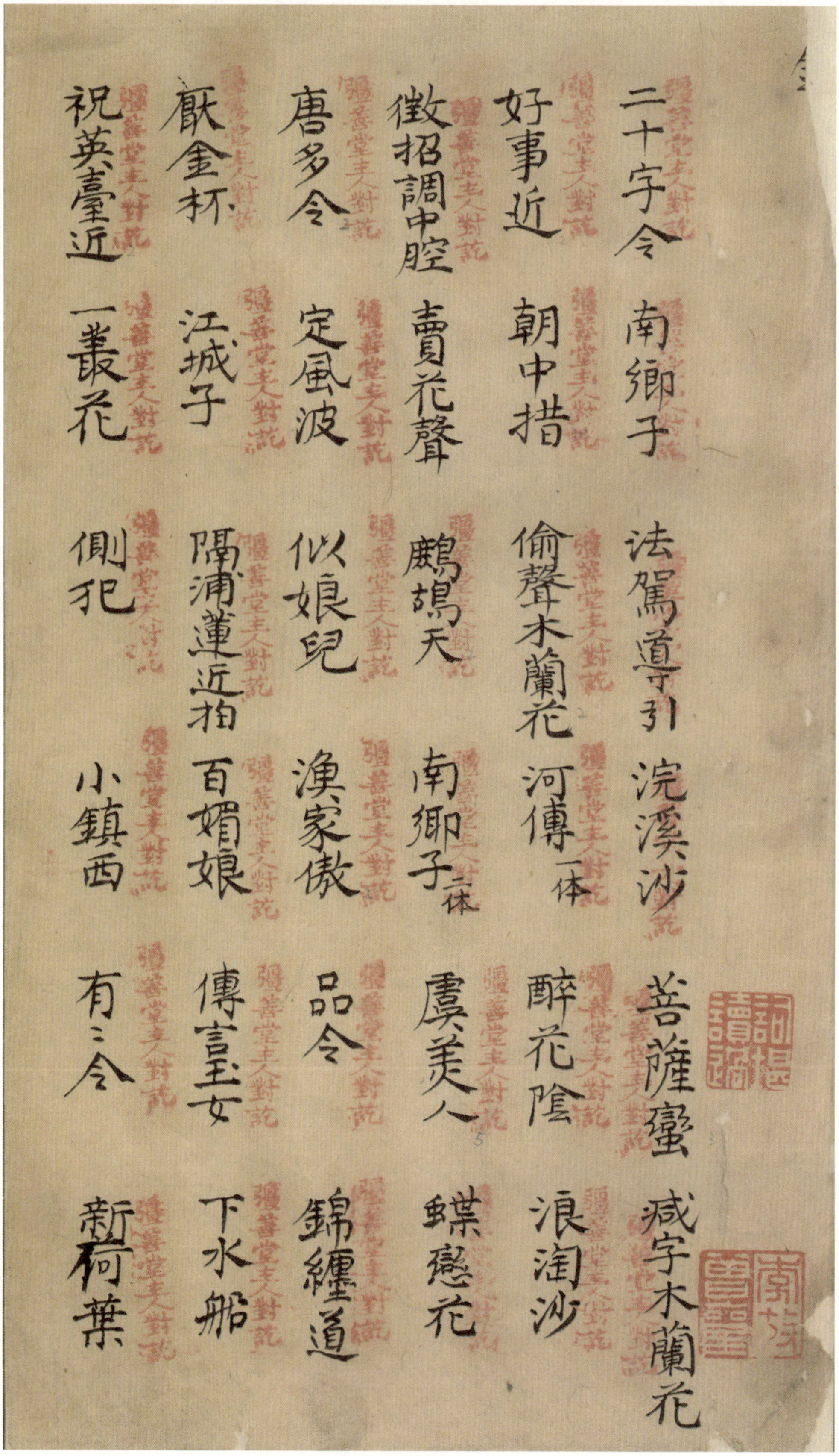
二十字令 南鄉子 法駕導引 浣溪沙 菩薩蠻 減字木蘭花
好事近 朝中措 偷聲木蘭花 河傳一体 醉花陰 浪淘沙
徵招調中腔 賣花聲 鷓鴣天 南鄉子一体 虞美人 蝶戀花
唐多令 定風波 似娘兒 漁家傲 品令 錦纏道
獻金杯 江城子 隔浦蓮近拍 百媚娘 傳言玉女 下水船
祝英臺近 一叢花 側犯 小鎮西 有有令 新荷葉

图 056 《迦陵词稿不分卷》书影之二

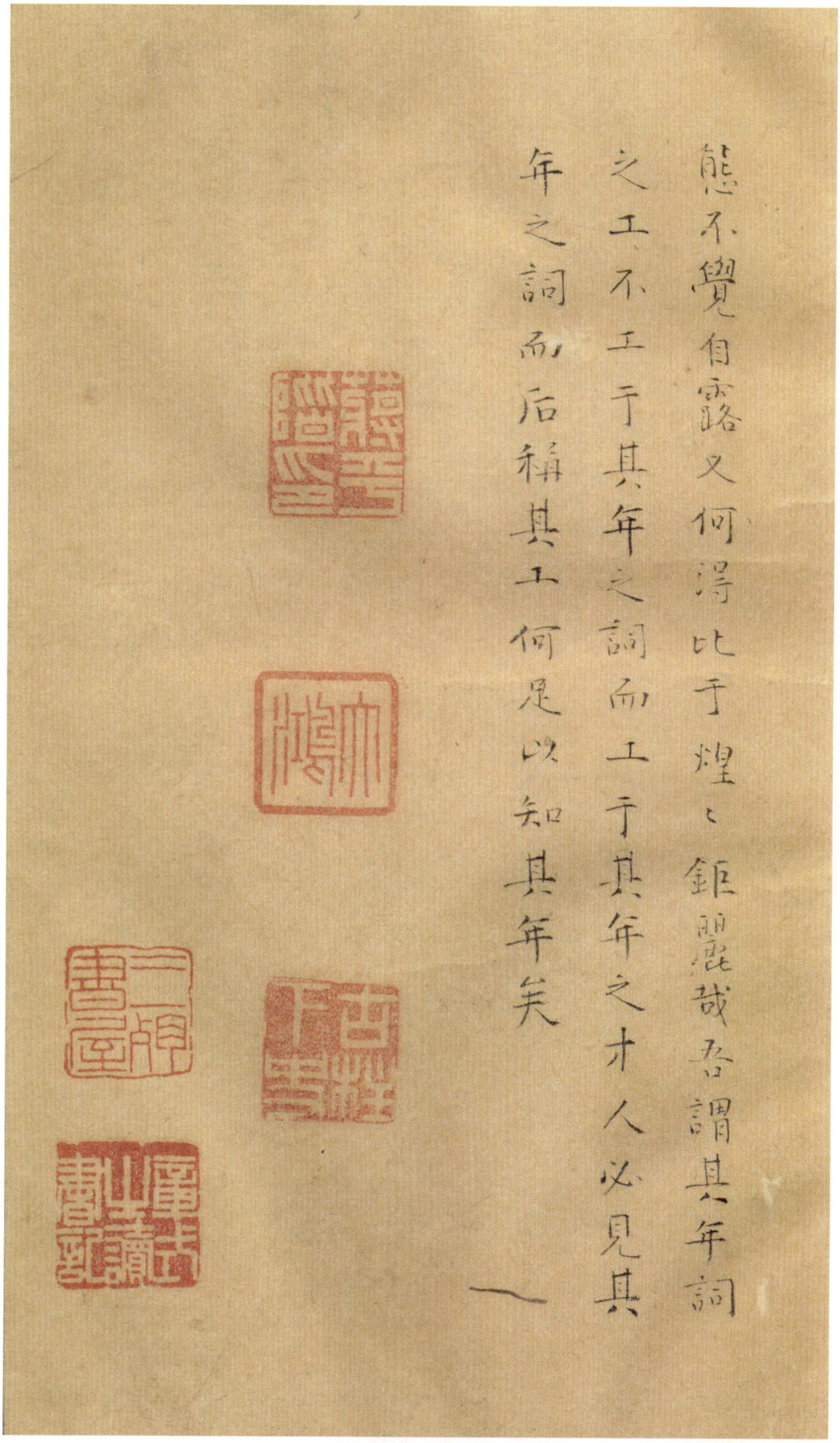
態不覺自露又何得比于煌煌鉅麗哉吾謂其年詞
之工不工于其年之詞而工于其年之才人必見其
年之詞而后稱其工何足以知其年矣
一

图 057 《迦陵词稿不分卷》书影之三

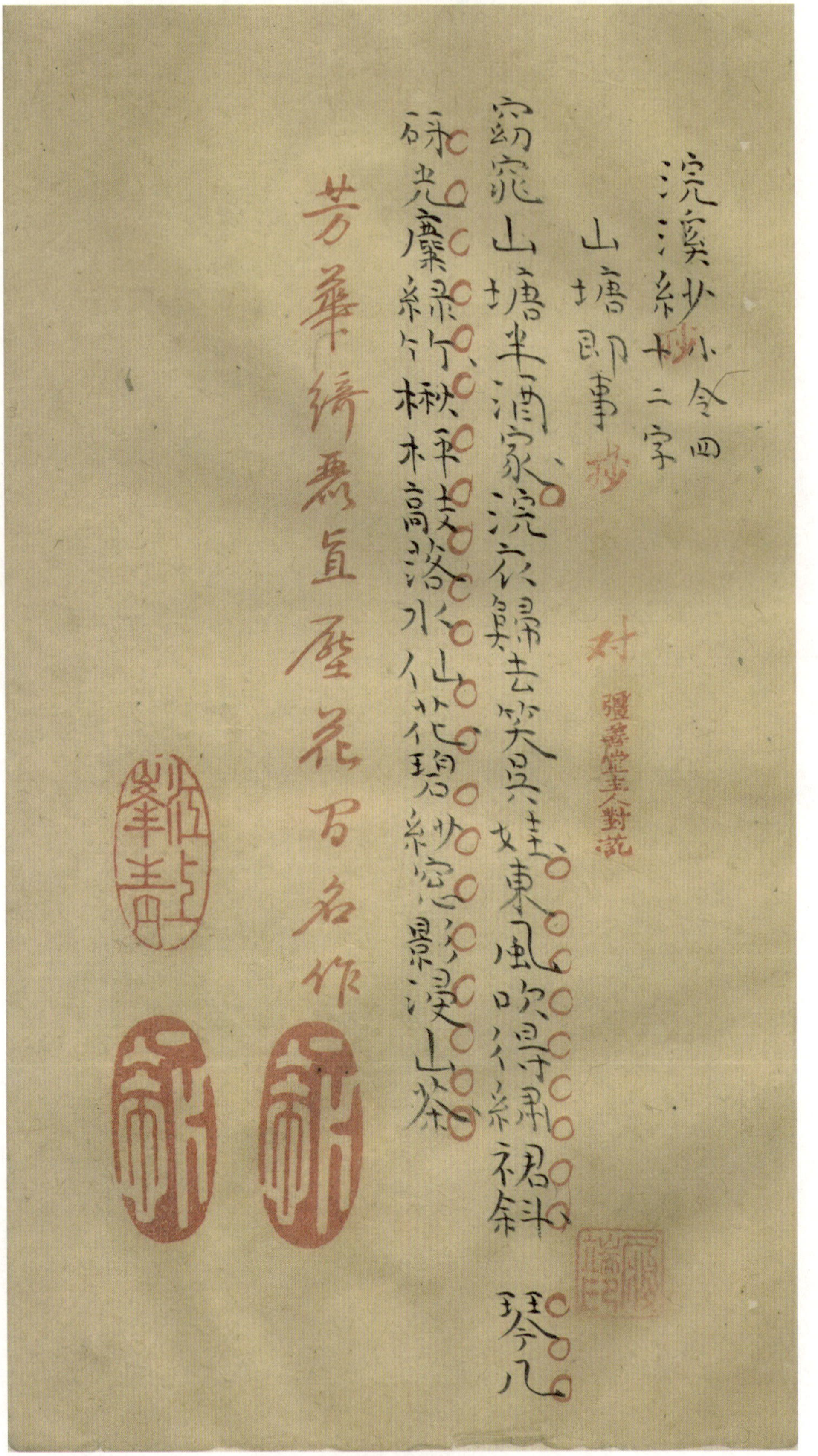
浣溪紗小令四十二字
山塘即事 抄 对
彊簃堂主人對訖
窈窕山塘半酒家、浣衣歸去笑吳娃、東風吹得絹裙斜 琴八
研光麋綠竹、楸枰敲落水仙花、碧紗窗影浸山茶
芳華綺靡宜壓花間名作

图 058 《迦陵词稿不分卷》书影之四

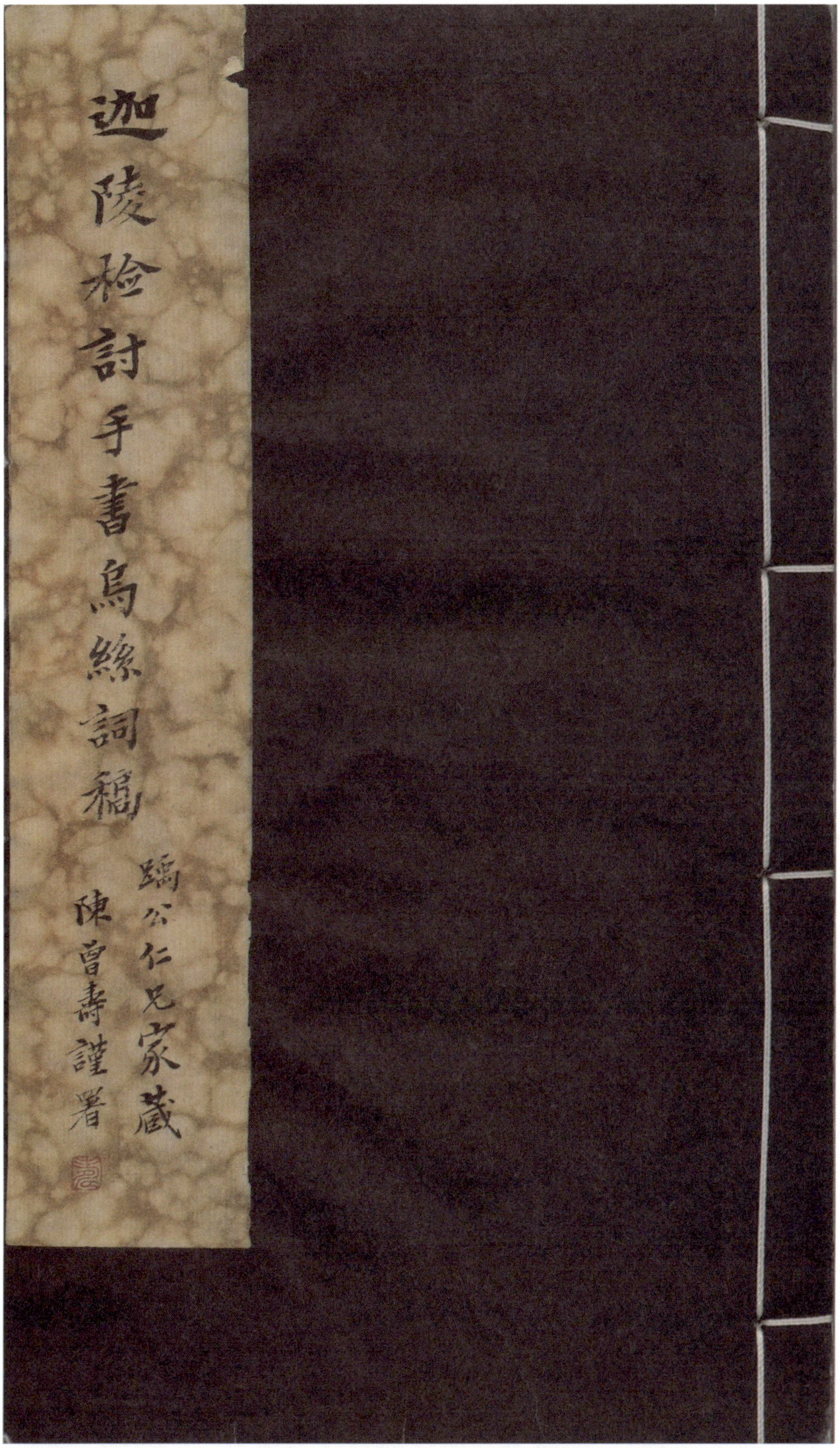

图 059 《迦陵词稿不分卷》书影之五

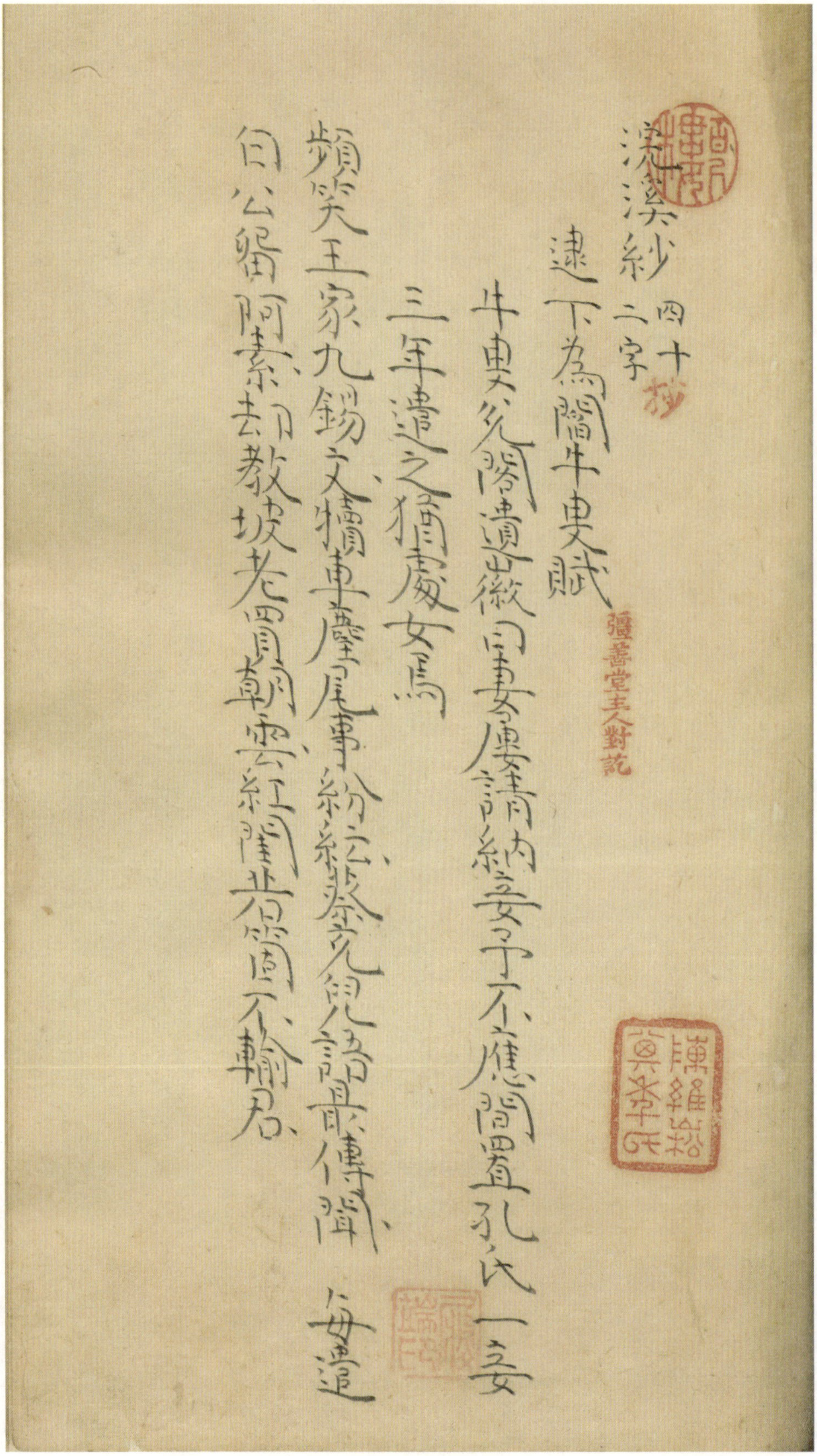

图 060 《迦陵词稿不分卷》书影之六

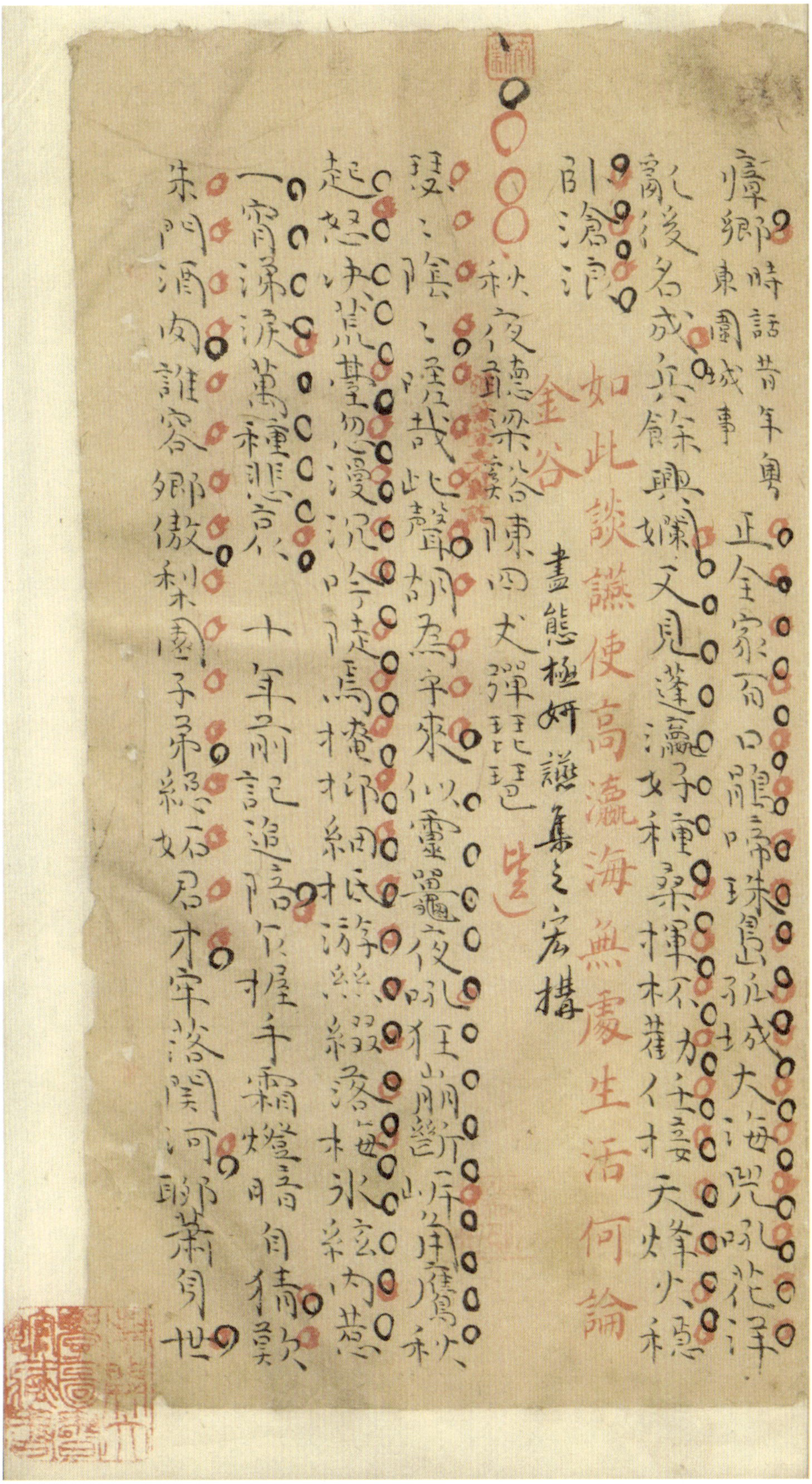
憶鄉時話昔年粵，東園城事。正全家百口，鯨帝珠崖孤戍，大海咒吼花洋
亂後名成，兵餘食興，嫌文見蓬瀛子，種桑揮杯，加任嬉，天烽火熄
引滄浪
如此談讌使高瀛海無處生活何論
金谷
畫態極妍，讌集之宏搆
生造
秋夜聽梁谿陳四丈彈琵琶
瑟之陰之陰哉，此聲胡為乎來，似靈鼉夜吼，狂崩斷岸，角鷹秋
起起伏伏，荒臺月漫，沉吟陡驀，擲抑細抵，游絲綴落，梅冰絃內惹
一宵涕淚，萬種悲哀。十年前記，追隨握手，霜燈暗自猜疑
朱門酒肉，誰容卿傲，梨園子弟，總君才落，閑河聊蕭朗世

图 061 《迦陵词稿不分卷》书影之七

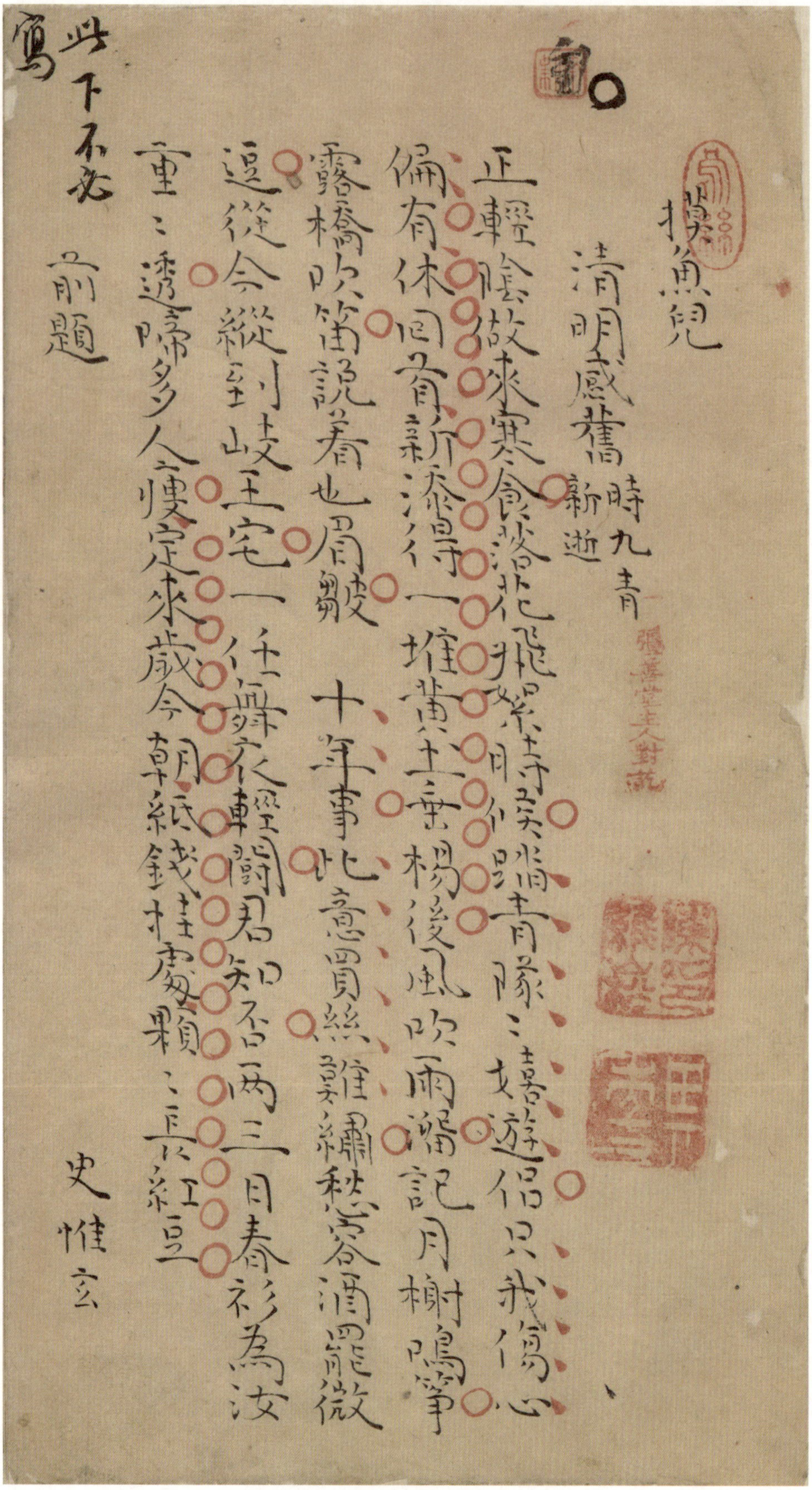
摸魚兒
清明感舊時九青新逝
正輕陰做來寒食落花飛絮時候踏青隊〻嬉遊侶只我傷心
偏有休回首新添得一堆黄土垂楊後風吹雨溜記月榭鳴箏
露橋吹笛說着也眉皺　十年事此意買絲難繡愁容酒罷微
逗從今縱到岐王宅一任舞衣輕鬭君知否兩三日春衫為汝
重〻透啼多人瘦定來歲今朝紙錢掛處顆〻長紅豆
史惟玄
又前題
此下不必寫

图 062 《迦陵词稿不分卷》书影之八

第三批《国家珍贵古籍名录》

（凡选 18 种）

《资治通鉴二百九十四卷》

提　要

资治通鉴为北宋著名政治家、文学家和史学家司马光(1019—1086)所著经典史学巨著,历代刊刻版本众多。南开大学图书馆所藏该刻本行款具有多数元代刻本所表现特征,为天津民国初年军需巨商徐鹤桥捐赠,函套内贴有“徐鹤桥先生捐赠 国立南开大学图誌 民国三十七年孟夏”印签。卷第二百一卷端钤有“澹霜田氏印章”白文长方印、“继京氏印”朱文方印、“杨氏家藏书画私印”朱文长方印。绝大部分版心均有字数,大部分版心有刻工姓名,可清楚识别的姓名有德明、仲绩、付友实、子通、陈子华、吴可九、邱文粲、黄子应、虞智文、张季祥、黄子益、智利、希孟、仲仁、平父、文斌、姚君实、刘百如、杞宗、丁华甫、善珍、智夫、天锡、江志高、进甫、达公、子胜、以德、江君裕、午平、仁慈、升高、靖甫、丁士与、叶克明、宗敬、伯太、周季方、吴昭甫、梅奚、江仲寮,等等。

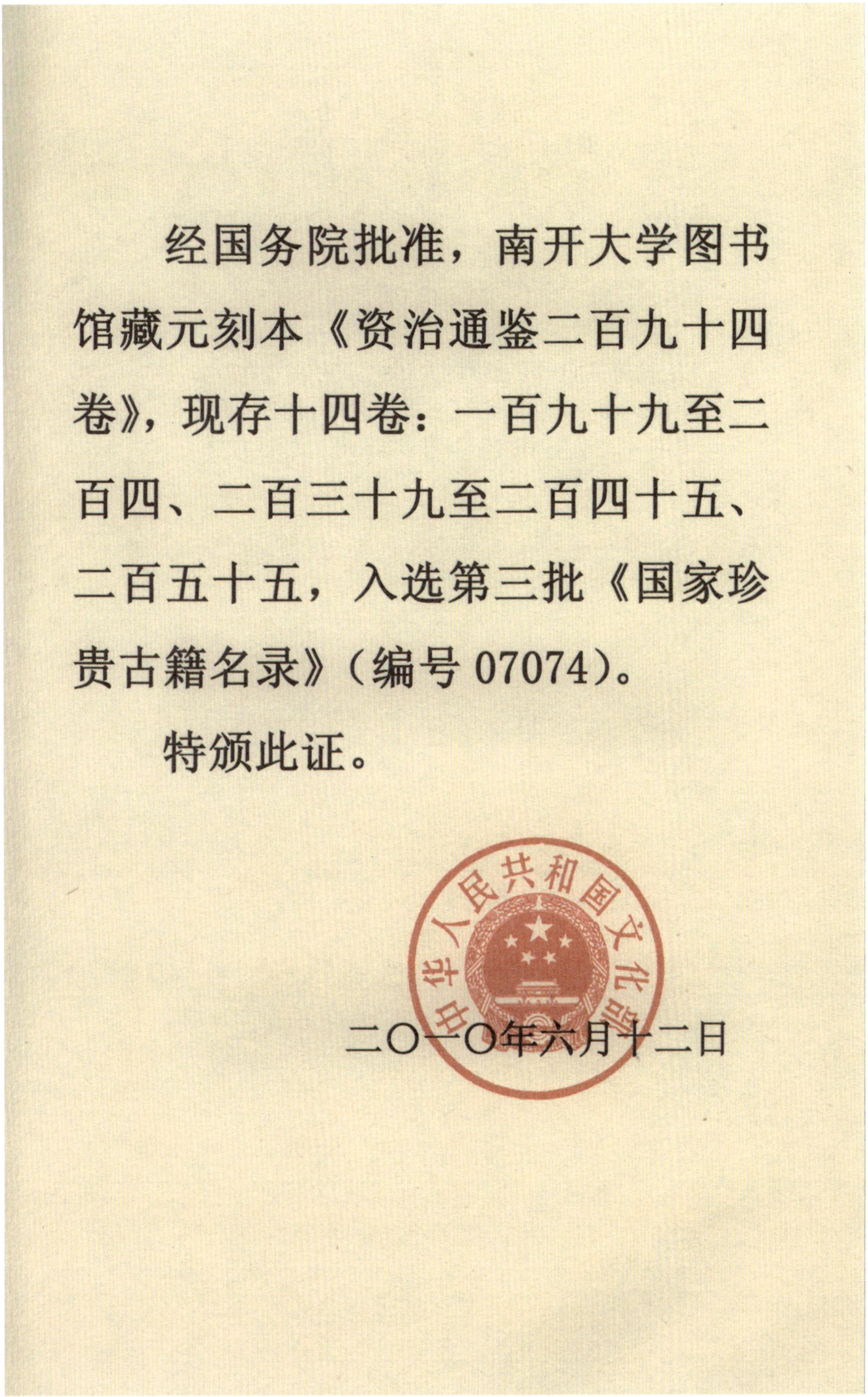

经国务院批准，南开大学图书馆藏元刻本《资治通鉴二百九十四卷》，现存十四卷：一百九十九至二百四、二百三十九至二百四十五、二百五十五，入选第三批《国家珍贵古籍名录》（编号 07074）。

特颁此证。

中华人民共和国文化部

二〇一〇年六月十二日

图 063 《资治通鉴二百九十四卷》入选《国家珍贵古籍名录》证书

《资治通鉴二百九十四卷》
(宋)司马光撰,(元)胡三省音注
元刻本
半页十行二十字,双行小字四十字,白口,四周双边
开本 25.1cm×18.0cm,版框 21.8cm×14.5cm
2 函 14 册
存十四卷:卷一百九十九至二百四、卷二百三十九至二百四十五、卷二百五十五
入选第三批《国家珍贵古籍名录》,编号 07074
《国家珍贵古籍名录》证书颁发时间:2010 年 6 月
南开大学图书馆索书号:善 610.23/303-121

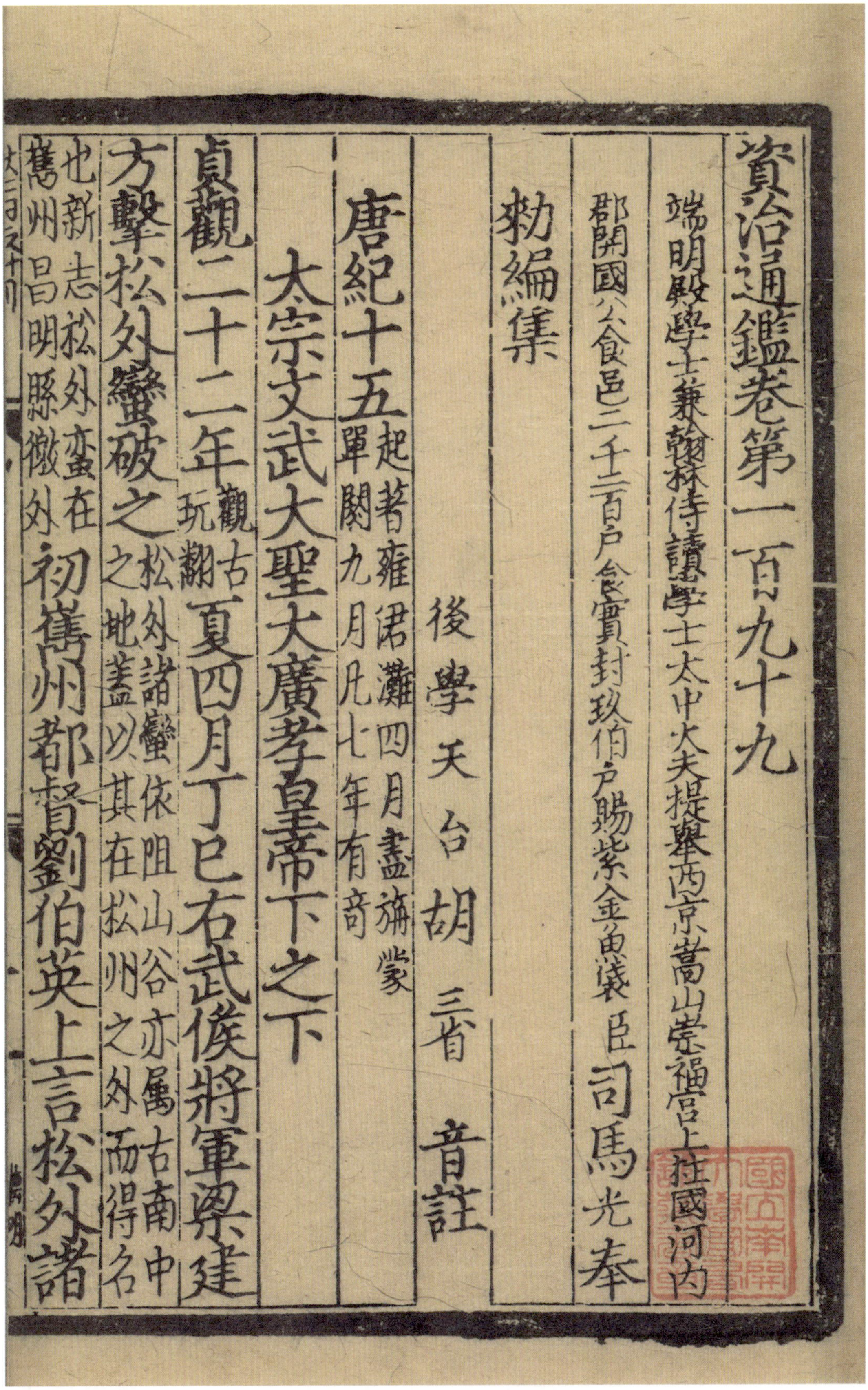

資治通鑑卷第一百九十九
端明殿學士兼翰林侍讀學士太中大夫提舉西京嵩山崇福宮上柱國河內
郡開國公食邑二千二百戶食實封玖伯戶賜紫金魚袋臣司馬光奉
勑編集
後學天台胡三省音註
唐紀十五 起著雍涒灘四月盡旃蒙單閼九月凡七年有奇
太宗文武大聖大廣孝皇帝下之下
貞觀二十二年 觀古玩翻 夏四月丁巳右武候將軍梁建
方擊松外蠻破之 松外諸蠻依阻山谷亦屬古南中之地蓋以其在松州之外而得名
也新志松外蠻在巂州昌明縣徼外 初巂州都督劉伯英上言松外諸

图 064 《资治通鉴二百九十四卷》书影之一

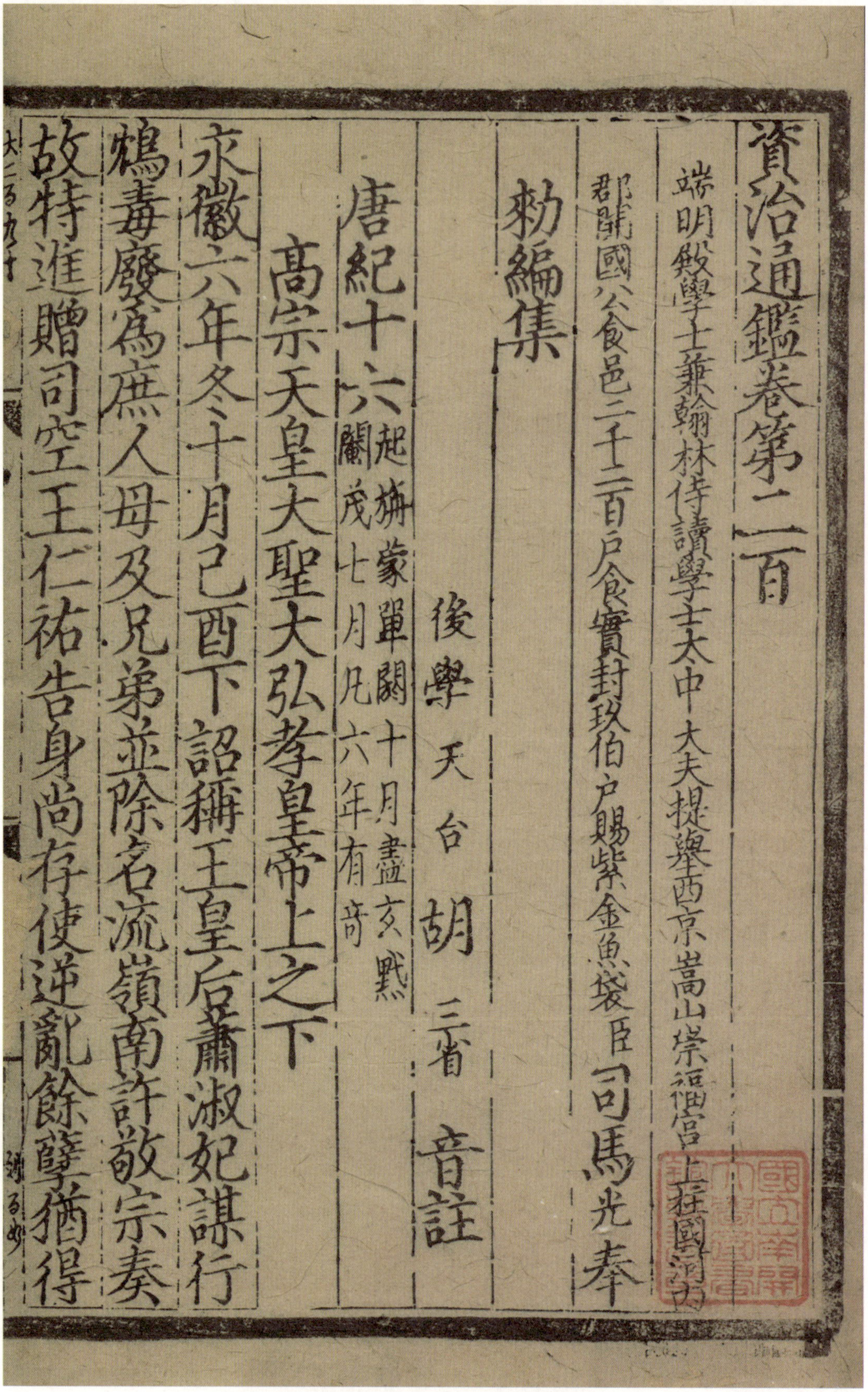

資治通鑑卷第二百

端明殿學士兼翰林侍讀學士太中大夫提舉西京嵩山崇福宮上柱國河內郡開國公食邑二千二百戶食實封玖伯戶賜紫金魚袋臣司馬光奉

勑編集

後學天台胡三省音註

唐紀十六 起旃蒙單閼十月盡玄黓閹茂七月凡六年有奇

高宗天皇大聖大弘孝皇帝上之下

永徽六年冬十月己酉下詔稱王皇后蕭淑妃謀行鴆毒廢爲庶人母及兄弟並除名流嶺南許敬宗奏故特進贈司空王仁祐告身尚存使逆亂餘孽猶得

图 065 《资治通鉴二百九十四卷》书影之二

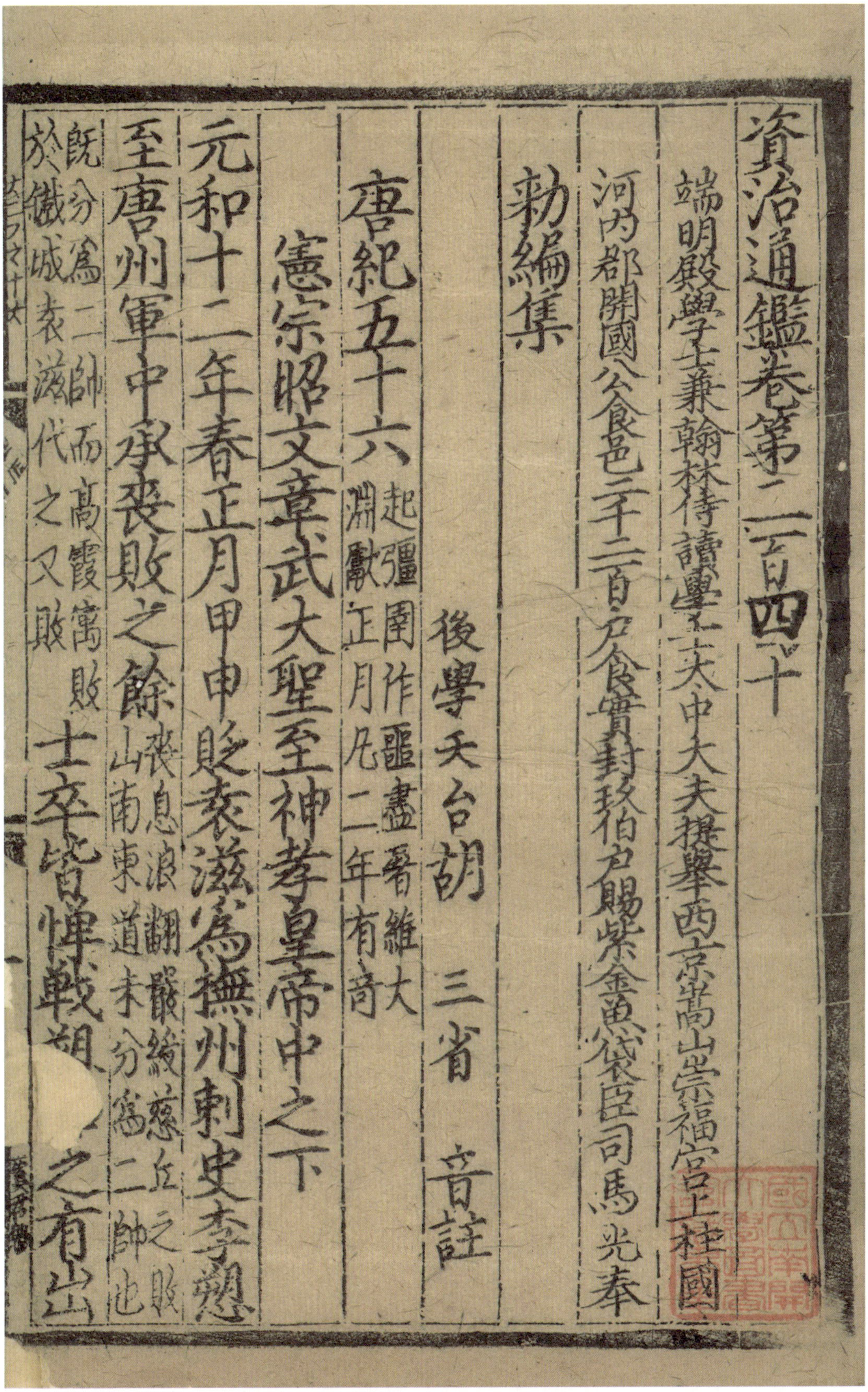
資治通鑑卷第二百四十
端明殿學士兼翰林侍讀學士太中大夫提舉西京嵩山崇福宮上柱國
河內郡開國公食邑二千六百戶食實封玖伯戶賜紫金魚袋臣司馬光奉
勅編集
後學天台胡三省音註
唐紀五十六 起彊圉作噩盡著雍大淵獻正月凡二年有奇
憲宗昭文章武大聖至神孝皇帝中之下
元和十二年春正月甲申貶袁滋為撫州刺史李愬
至唐州軍中承喪敗之餘 喪息浪翻嚴綬之敗山南東道未分為二帥也
既分為二帥而高霞寓敗於鐵城袁滋代之又敗 士卒皆憚戰愬知之有出

图 066 《资治通鉴二百九十四卷》书影之三

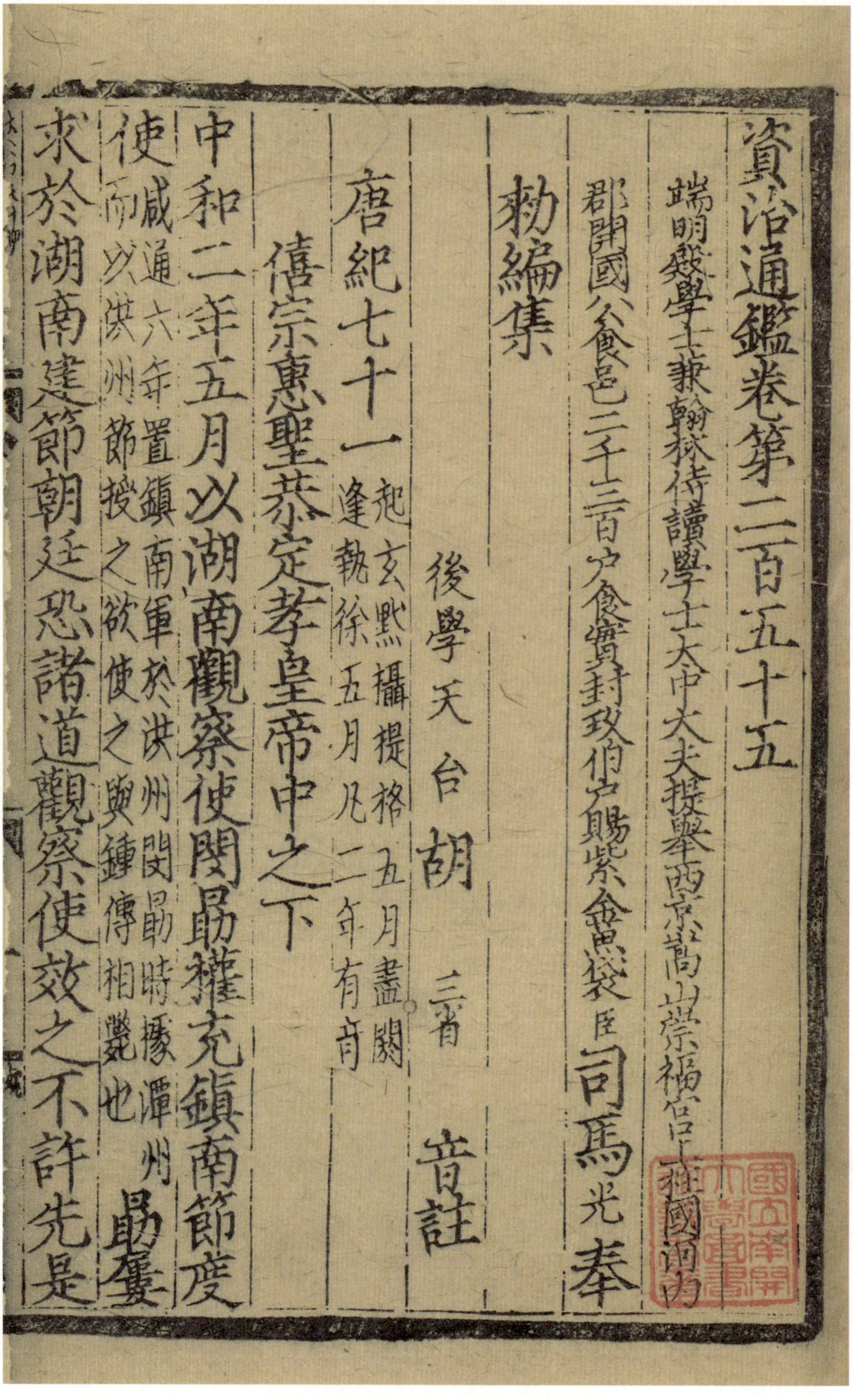
資治通鑑卷第二百五十五
端明殿學士兼翰林侍讀學士太中大夫提舉西京嵩山崇福宫上柱國河内
郡開國公食邑二千六百户食實封玖伯户賜紫金魚袋臣司馬光奉
勑編集
後學天台胡三省音註
唐紀七十一起玄黓攝提格五月盡閼逢執徐五月凡二年有奇
僖宗惠聖恭定孝皇帝中之下
中和二年五月以湖南觀察使閔勗權充鎮南節度
使咸通六年置鎮南軍於洪州閔勗時據潭州而以洪州節授之欲使之與鍾傳相斃也勗屢
求於湖南建節朝廷恐諸道觀察使效之不許先是

图067 《资治通鉴二百九十四卷》书影之四

《通鉴纪事本末四十二卷》

提　要

撰者袁枢(1131—1205),南宋史学家,字机仲,建州建安(福建建瓯)人。幼年就能赋诗而胸有抱负,南宋孝宗隆兴元年(1163年)进士,历任州判、教授、礼部试官、太府丞、兼国史院编修官、权工部郎官兼吏部郎官、吏部员外郎、大理少卿,曾出知常德府、江陵府。著有《易传解义》《童子问》《通鉴纪事本末》《辨异》等书。《通鉴纪事本末》为其开创性史学著作,是中国第一部纪事本末体史书,首创以"事"为纲的本末体史书先例。其内容乃抄辑司马光《资治通鉴》所记之事原文,分类编排,形成专以记事为主之体例,每一事详书始末,并自为标题,共记239事,另附录66事。南开大学图书馆所藏《通鉴纪事本末四十二卷》为南宋刻大字本,虽经后世补版,仍旧保持着宋刻风貌,实为珍稀之品。该书原为清代山东聊城著名私家藏书楼"海源阁"旧藏,卷前为南宋淳熙元年(1174年)庐陵杨万里序、宝祐五年(1257年)古汴赵与篙题记和宝祐六年(1258年)宣城陈良弼题识,首页钤有"海源阁"朱文长方印、"杨氏伯子"朱文方印、"以增"白文方印。陈良弼题识末复制有"古下室""陈氏公辅""思诚斋"等印章。卷端钤有"宋存书室"白文方印、"彦合珍玩"朱文方印和"臣绍和印"朱白文方印。个别页面有朱笔校改圈点。原版版心均有字数和刻工姓名,刻工姓名有贾端、林茂、何文政、沈昌祖、徐佑、王烨、徐侃、周嵩、徐侁、何祖、史祖、蔡成、马良、张荣、顾祺、金永、蔡文、王亨、虞源、徐珙、黄佑、王大用、刘霁、钟季升、王兴宗、熊杲、武夷刘隐、刘隐、沈杞、沈宗、吴炎、卜仲、王兴、林嘉茂、钱玗、范仲、濮仲、范仲实、章泳、徐楠、钱玙、周松、王介、占、占刁、王亨祖、方得时、余甫、梁仁甫、刘棋、梁贡甫、叶椿年、刘拱、余和、翁期、占、茹镇、刘共、何恺、杨东淅、均佐、余和甫、何豫、洪、采、刘孚、陈必达、何予、顾其、虞桐等。部分补刻页版心有"正德十二年刊"和"监生杨采""监生钱岱""监生史京""刘澜""监生陈谟""罗嗣秀""陆位""丁璧""中明""中成""王""山""武琇刊""朱"等字样,或者依照原版照刻字数和原刻工名。

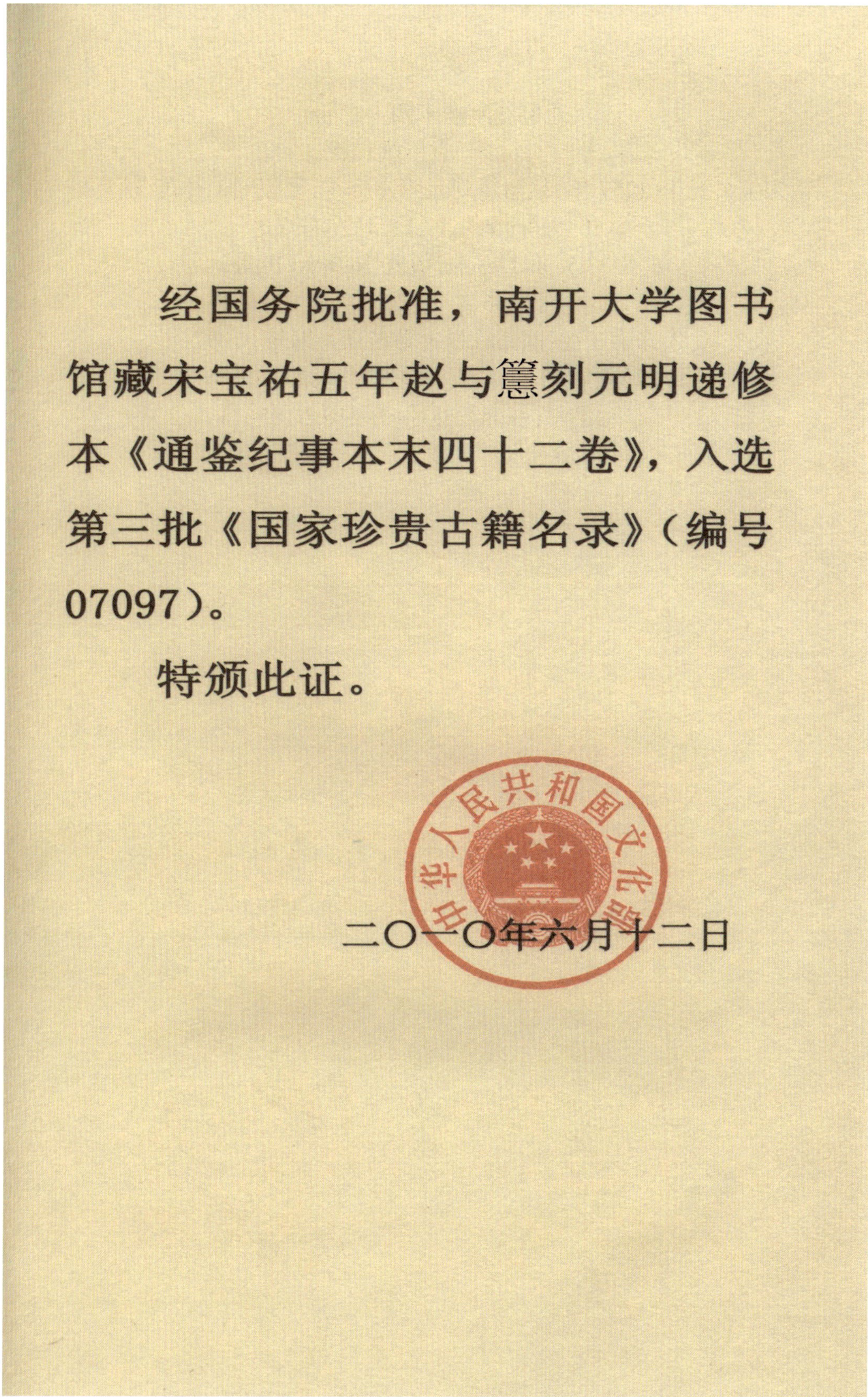

经国务院批准，南开大学图书馆藏宋宝祐五年赵与篙刻元明递修本《通鉴纪事本末四十二卷》，入选第三批《国家珍贵古籍名录》（编号07097）。

特颁此证。

中华人民共和国文化部

二〇一〇年六月十二日

图068 《通鉴纪事本末四十二卷》入选《国家珍贵古籍名录》证书

《通鉴纪事本末四十二卷》
(宋)袁枢撰
南宋宝祐五年(1257年)赵与篡刻元明递修本,原版刻工林茂、徐嵩等
半页十一行十九字,白口,左右双边
开本 33.5cm×23.3cm,版框 26.0cm×19.4cm
6夹42册
入选第三批《国家珍贵古籍名录》,编号 07097
《国家珍贵古籍名录》证书颁发时间:2010年6月
南开大学图书馆索书号:善 610.3/185-11

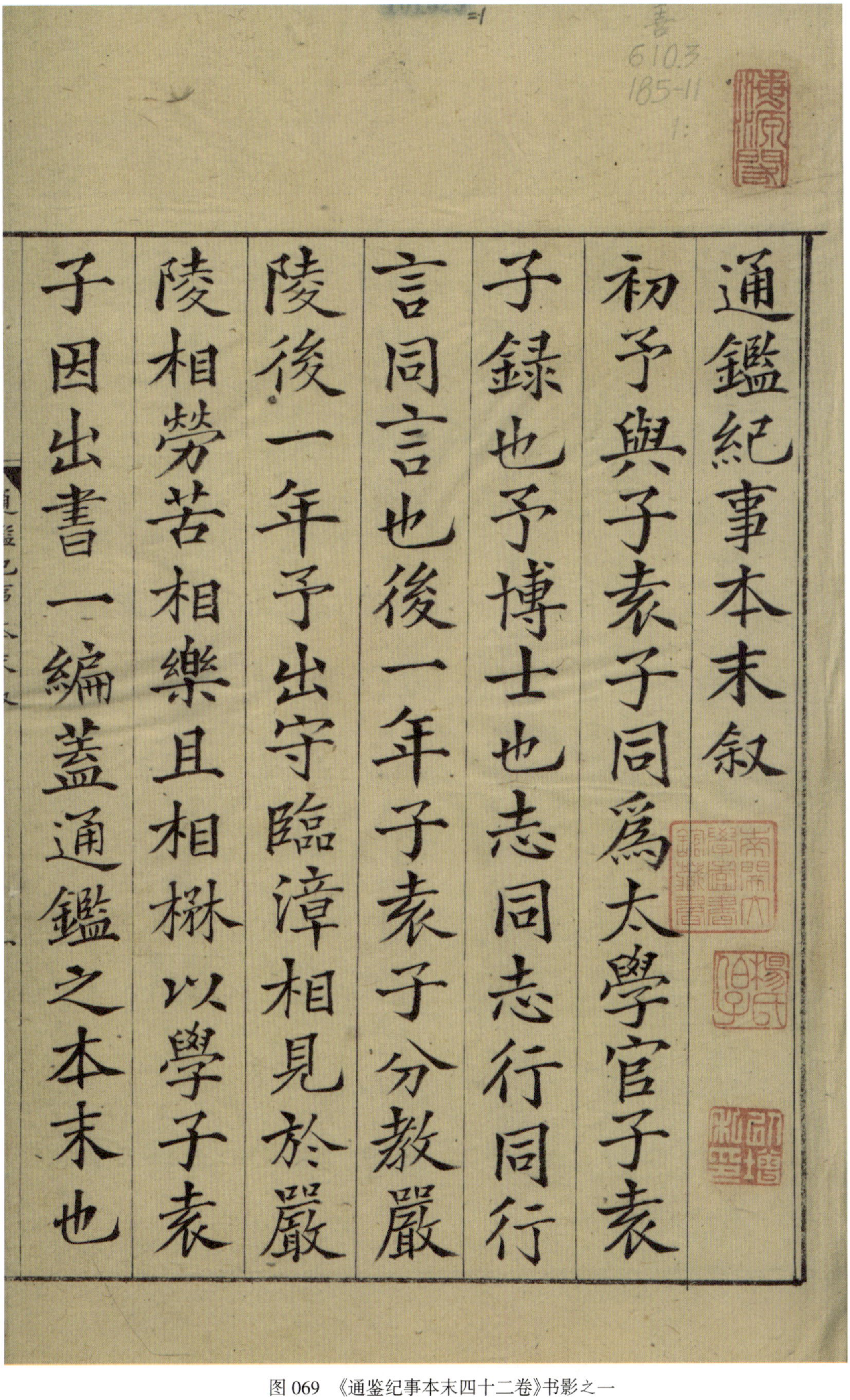
通鑑紀事本末敘
初予與子袁子同爲太學官子袁
子録也予博士也志同志行同行
言同言也後一年子袁子分教嚴
陵後一年予出守臨漳相見於嚴
陵相勞苦相樂且相楙以學子袁
子因出書一編蓋通鑑之本末也

图 069 《通鉴纪事本末四十二卷》书影之一

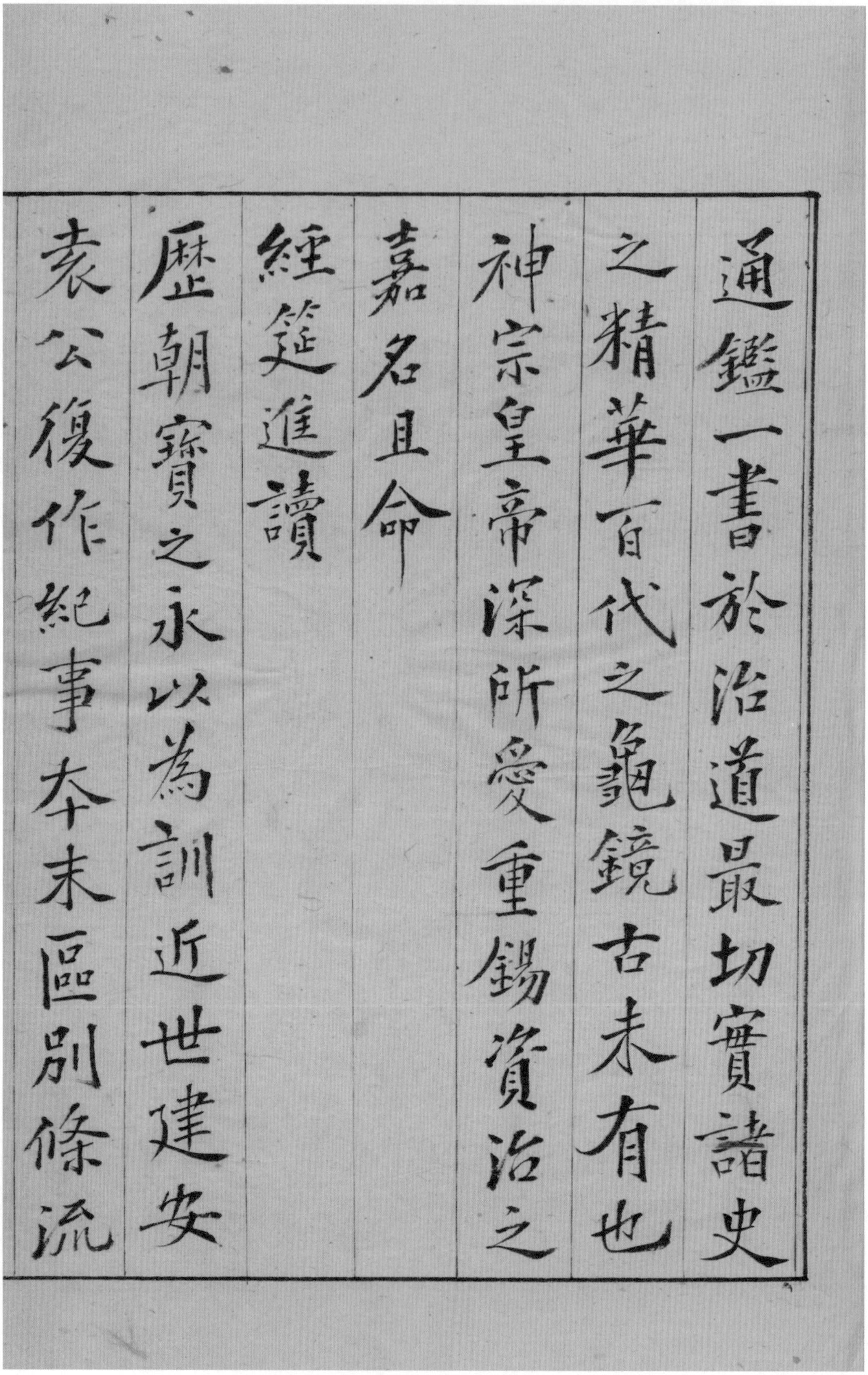
通鑑一書於治道最切實諸史
之精華百代之龜鏡古未有也
神宗皇帝深所愛重錫資治之
嘉名且命
經筵進讀
歷朝寶之永以為訓近世建安
袁公復作紀事本末區別條流

图 070 《通鉴纪事本末四十二卷》书影之二

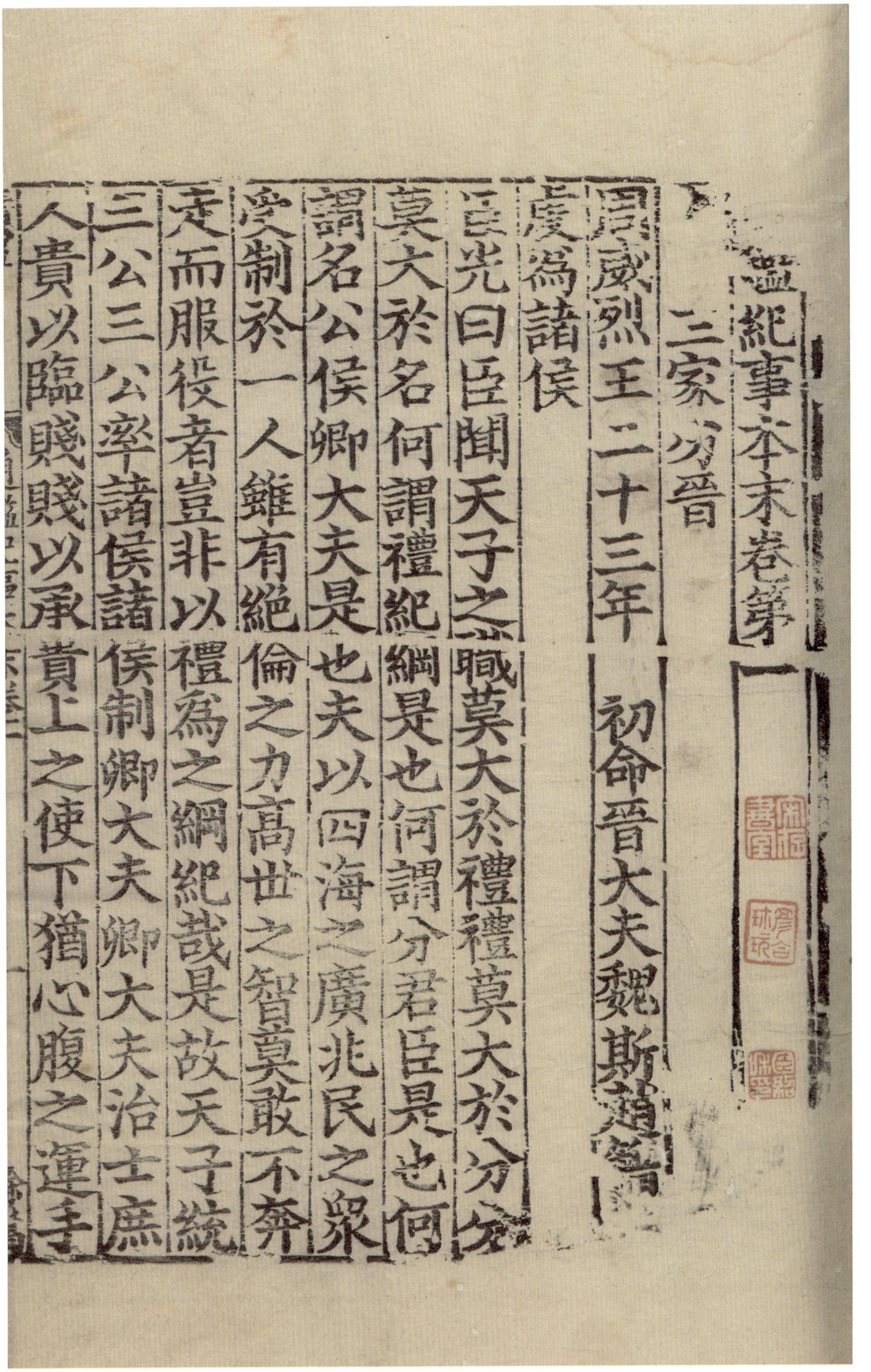
鑑紀事本末卷第一
三家分晉
周威烈王二十三年　初命晉大夫魏斯趙籍
虔爲諸侯
臣光曰臣聞天子之職莫大於禮禮莫大於分分
莫大於名何謂禮紀綱是也何謂分君臣是也何
謂名公侯卿大夫是也夫以四海之廣兆民之衆
受制於一人雖有絶倫之力高世之智莫敢不奔
走而服役者豈非以禮爲之綱紀哉是故天子統
三公三公率諸侯諸侯制卿大夫卿大夫治士庶
人貴以臨賤賤以承貴上之使下猶心腹之運手

图 071 《通鉴纪事本末四十二卷》书影之三

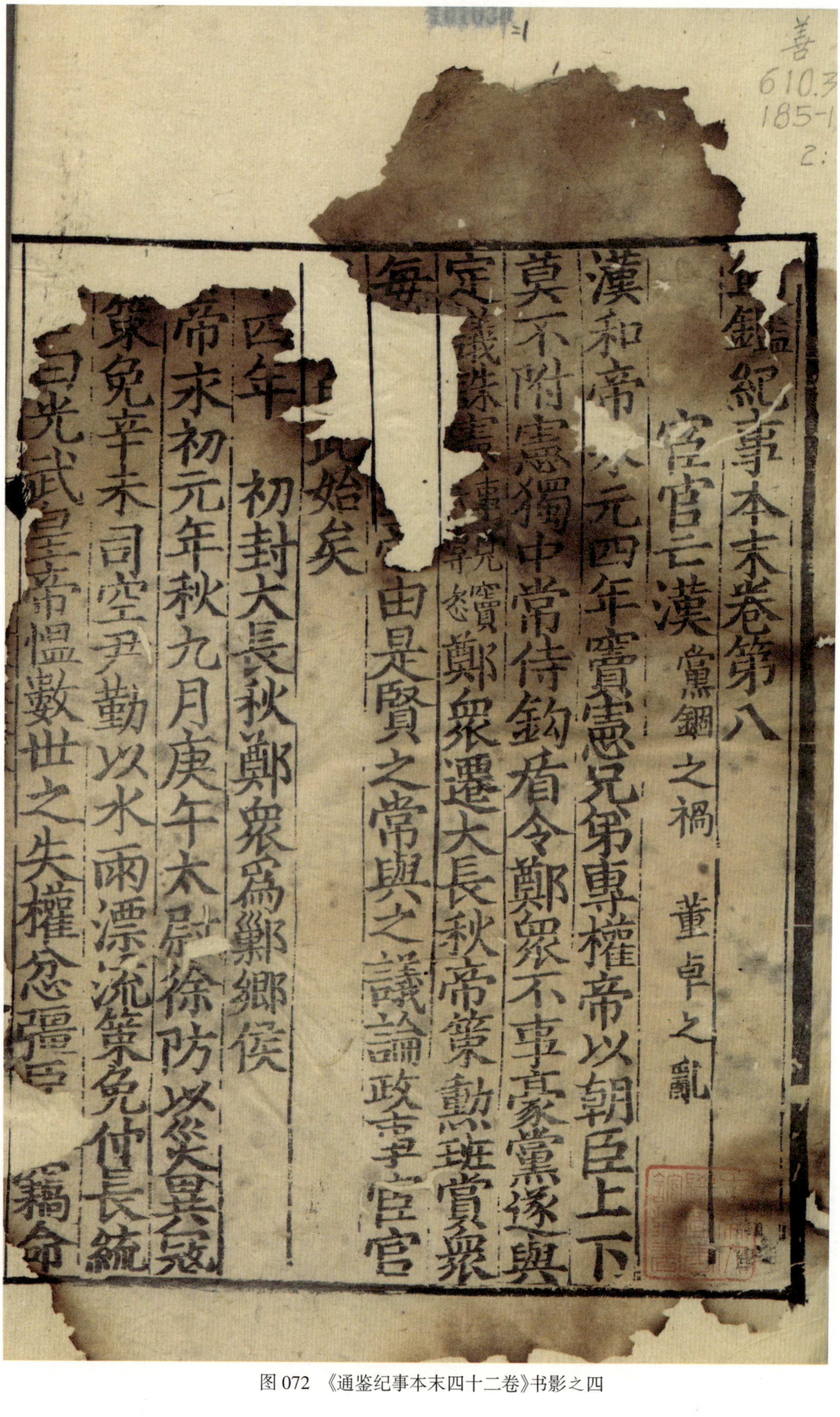
通鑑紀事本末卷第八
宦官亡漢 黨錮之禍 董卓之亂
漢和帝永元四年竇憲兄弟專權帝以朝臣上下
莫不附憲獨中常侍鈎盾令鄭衆不事豪黨遂與
定議誅憲（事見竇憲專權）鄭衆遷大長秋帝策勳班賞衆
每辭多受少由是賢之常與之議論政事故宦官
用權自此始矣
四年初封大長秋鄭衆爲鄛鄉侯
帝永初元年秋九月庚午太尉徐防以災異寇
賊免辛未司空尹勤以水雨漂流策免仲長統
曰光武皇帝慍數世之失權忿彊臣竊命

图 072 《通鉴纪事本末四十二卷》书影之四

《西山先生真文忠公读书记甲集三十七卷》

提　要

撰者真德秀(1178—1235),字景元,又字希元,福建浦城人,南宋后期与魏了翁齐名的著名理学家,二人在确立理学正统地位的过程中发挥了重大作用。南宋庆元五年(1199年)和魏了翁同榜考中进士,先后任州判太学正、博士官等职。著作甚多,主要有《西山文集》《读书记》《四书集编》《大学衍义》等。《西山先生真文忠公读书记》以读书笔记的形式,阐述儒家思想的精要并阐发自己对其的理解,藉此提倡推行圣贤之道。南开大学图书馆所藏《西山先生真文忠公读书记甲集三十七卷》为馆藏最早的刻本之一,因年代久远,版刻漫漶,后历经元代大德、延佑、元统补版,补版者在版心下端刻有“大德元年刊补”“延佑五年刊”“元统二年补”以及“埜”“林”“志”“王佛”“戴添”“叶寿”“范”“高山”“成”“仲”“明”“君”“崔”“丁”“宸”“庐辰”“魏”“何敬”等字样。极个别补刻页版心有字数。目录前为南宋开庆元年(1259年)番阳汤汉所撰序言,首页钤“慈溪李氏藏书”朱文方印。个别页面有墨笔眉批和棕笔文字校补及句读。

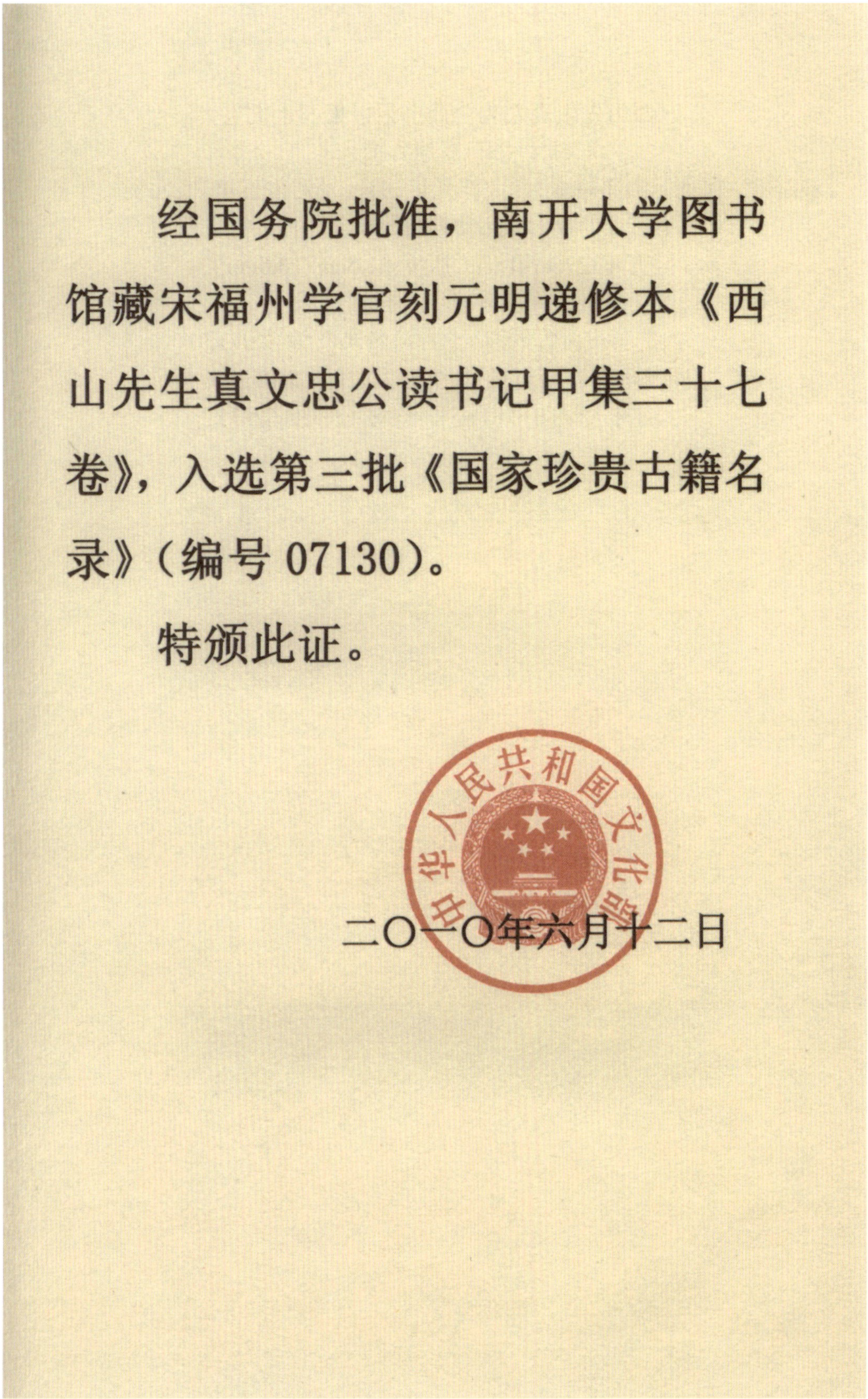

经国务院批准，南开大学图书馆藏宋福州学官刻元明递修本《西山先生真文忠公读书记甲集三十七卷》，入选第三批《国家珍贵古籍名录》（编号 07130）。

特颁此证。

中华人民共和国文化部

二〇一〇年六月十二日

图 073 《西山先生真文忠公读书记甲集三十七卷》入选《国家珍贵古籍名录》证书

《西山先生真文忠公读书记甲集三十七卷》
(宋)真德秀撰
宋福州学官刻元明递修本,元大德元年刊补、元延佑五年刊、元统二年补
半页九行十六字,双行小字二十四字,白口,左右双边
开本 27cm×18cm,版框 21.5cm×15.5cm
6 函 36 册
入选第三批《国家珍贵古籍名录》,编号 07130
《国家珍贵古籍名录》证书颁发时间:2010 年 6 月
南开大学图书馆索书号:善 121.2907/235

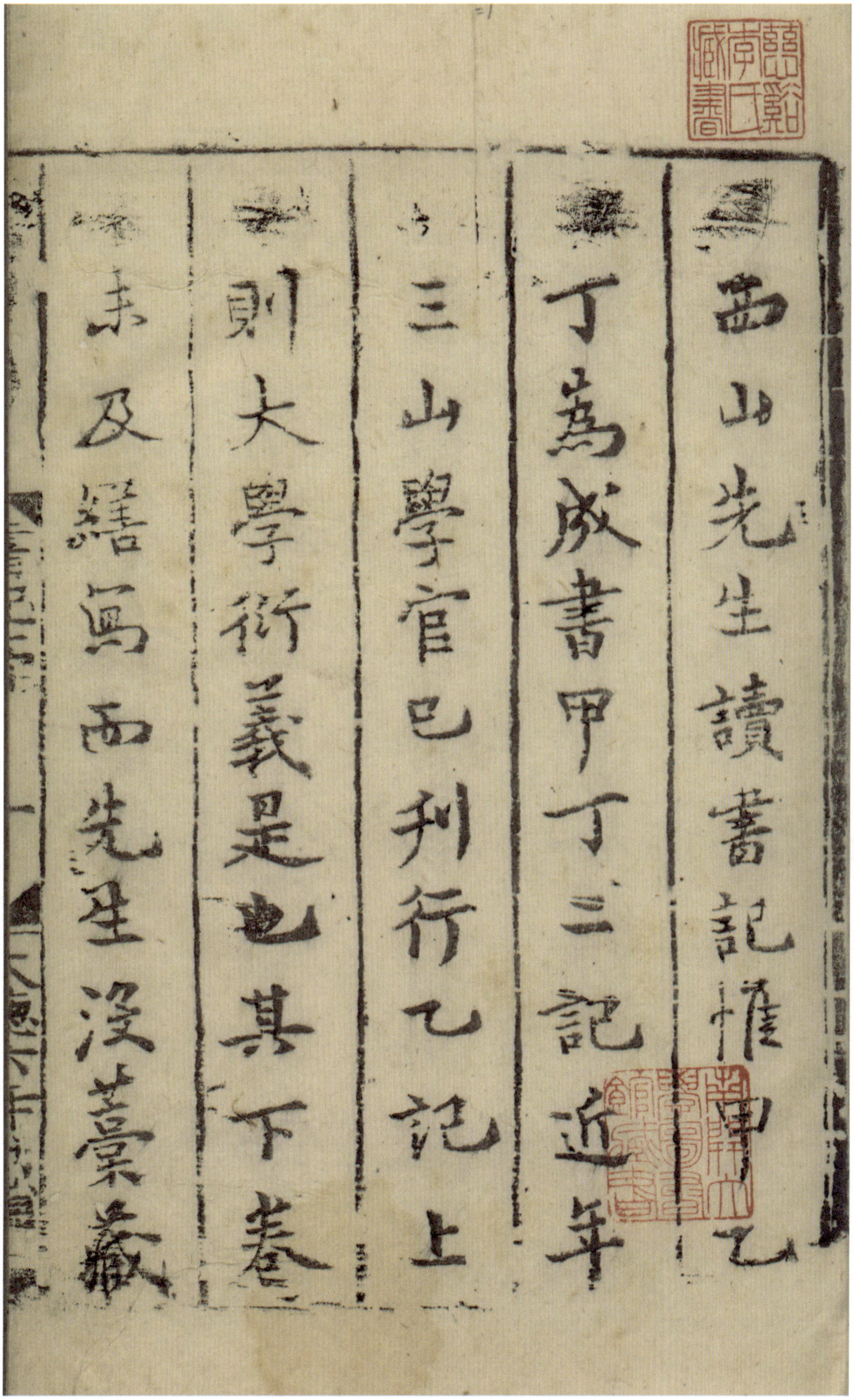
西山先生讀書記惟甲乙
丁爲成書甲丁三記近年
三山學官已刊行乙記上
則大學衍義是也其下卷
未及繕寫而先生沒藁藏

图 074 《西山先生真文忠公读书记甲集三十七卷》书影之一

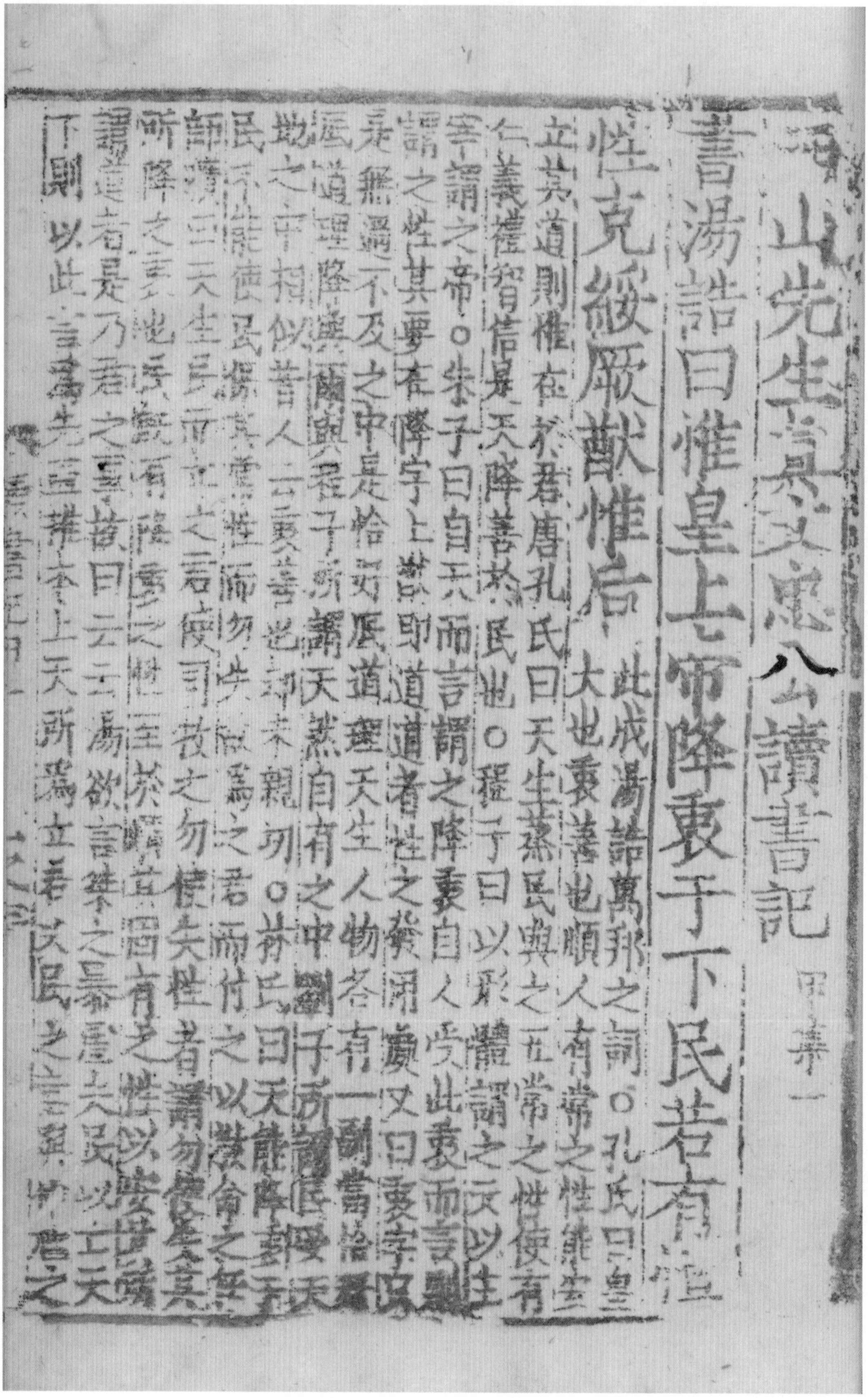

西山先生真文忠公讀書記　甲集一

書湯誥曰惟皇上帝降衷于下民若有恆

性克綏厥猷惟后此成湯誥萬邦之詞○孔氏曰皇大也衷善也順人有常之性能安

立其道則惟在於君○唐孔氏曰天生蒸民與之五常之性使有

仁義禮智信是天降善於民也○程子曰以形體謂之天以主

宰謂之帝○朱子曰自天而言謂之降衷自人受此衷而言

謂之性其要在降字上[illegible]即道道者性之發用處又曰衷字

是無過不及之中是恰好底道理天生人物各有一副當恰

底道理降與爾與程子所謂天然自有之中劉子所謂民受天

地之中相似昔人云衷善也却未親切○葉氏曰天能降衷於

民而不能使民[illegible]其常性而勿失[illegible]之君而付之以[illegible]命之[illegible]

[illegible]曰天生民而立之君使司牧之勿使失性者蓋勿使之失其

所降之衷也[illegible]

謂之君者是乃君之[illegible]曰云云[illegible]

下則以此言爲先[illegible]上天所爲立君[illegible]民之[illegible]

图 075 《西山先生真文忠公读书记甲集三十七卷》书影之二

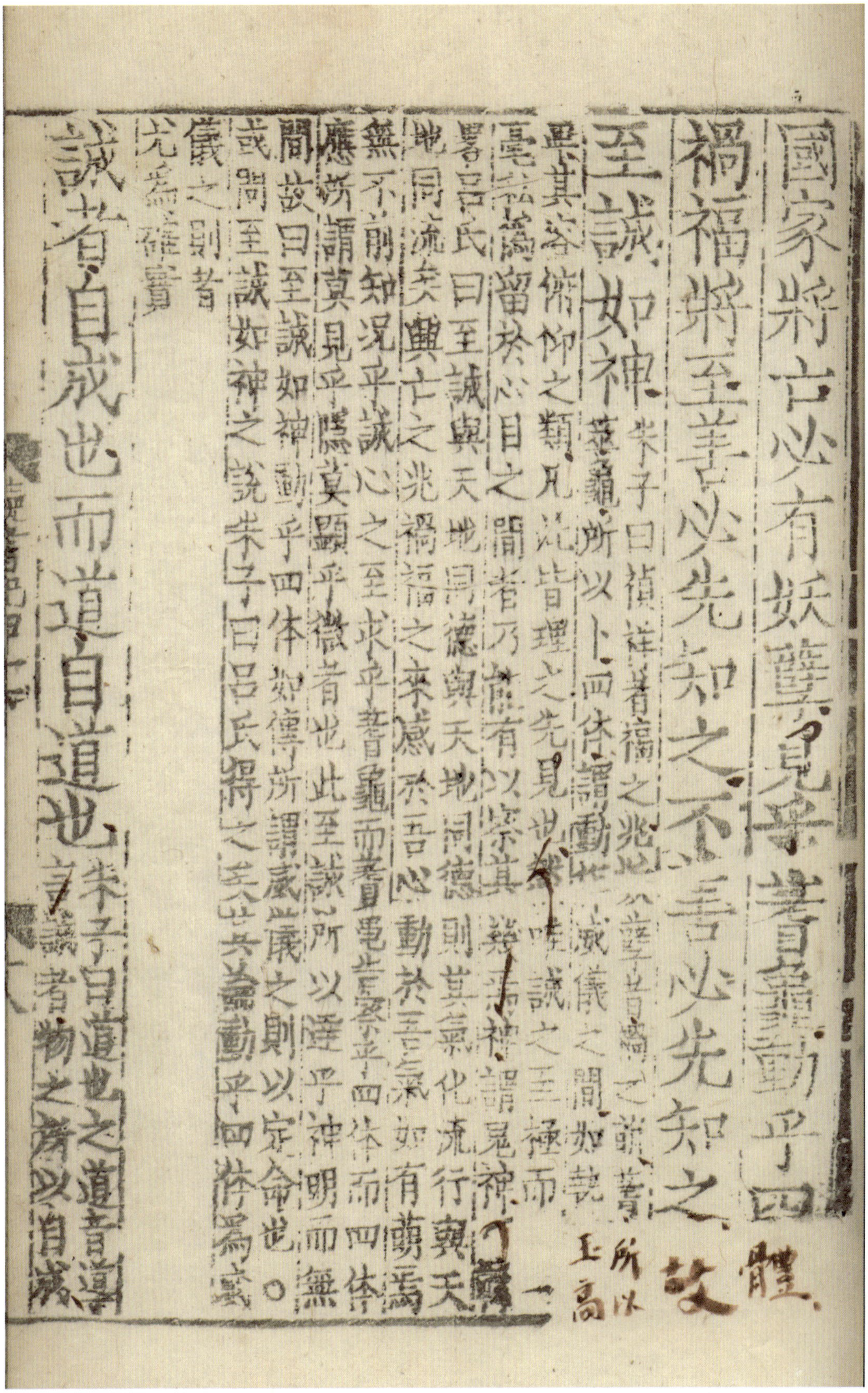
國家將亡必有妖孽見乎蓍龜動乎四
禍福將至善必先知之不善必先知之
至誠如神朱子曰禎祥者福之兆妖孽者禍之萌蓍所以筮龜所以卜四体謂動作威儀之間如執
卑其容俯仰之類凡此皆理之先見者也然惟誠之至極而
毫私偽留於心目之間者乃能有以察其幾焉神謂鬼神
呂氏曰至誠與天地同德與天地同德則其氣化流行與天
地同流矣興亡之兆禍福之來感於吾心動於吾氣如有萌焉
無不前知况乎誠心之至求乎蓍龜而蓍龜告察乎四体而四体
應所謂莫見乎隱莫顯乎微者也此至誠所以達乎神明而無
間故曰至誠如神動乎四体如傳所謂威儀之則以定命也○
或問至誠如神之說朱子曰呂氏得之矣其論動乎四体爲威
儀之則者
尤爲確實
誠者自成也而道自道也朱子曰道也之道音導言誠者物之所以自成

图 076 《西山先生真文忠公读书记甲集三十七卷》书影之三

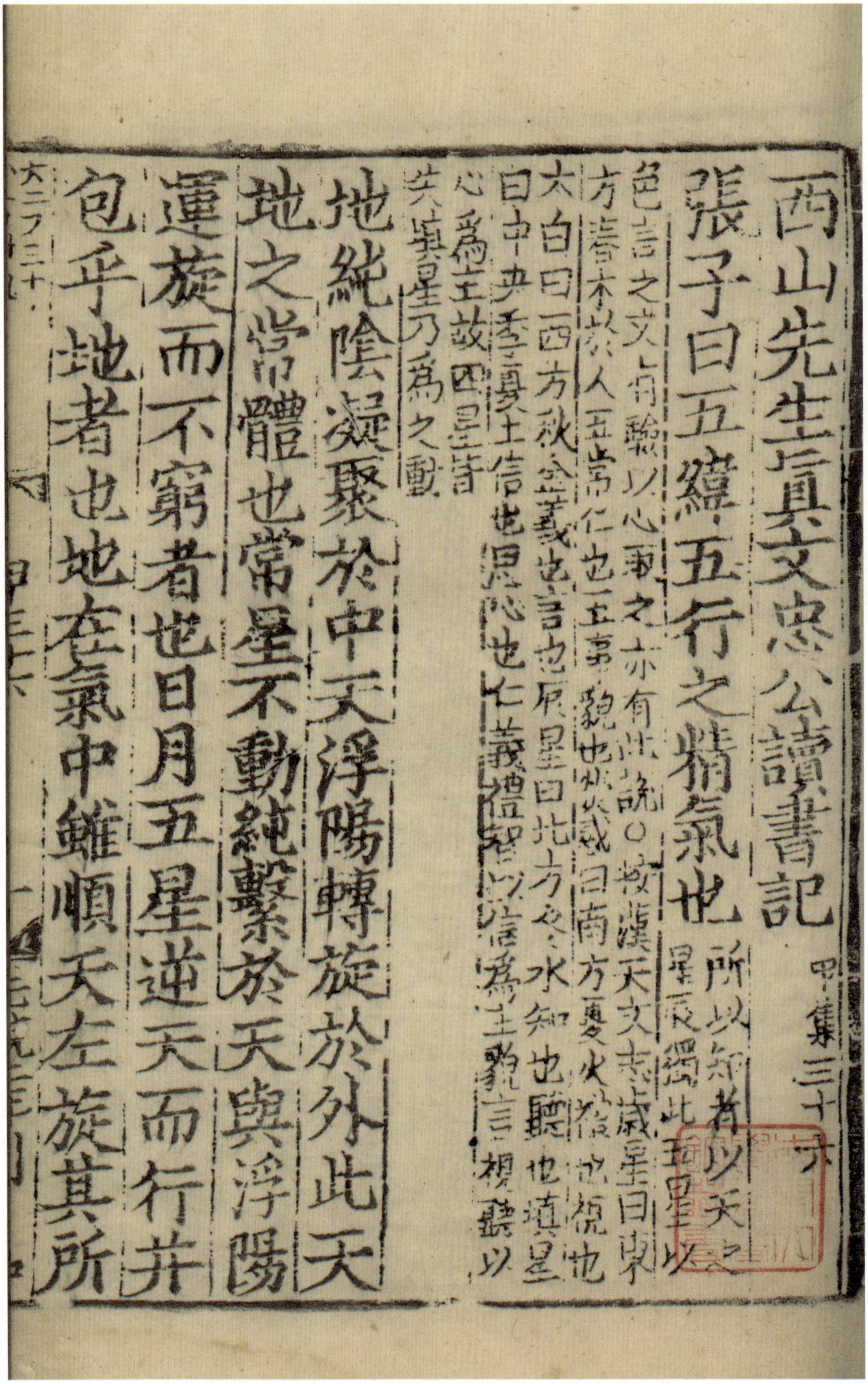
西山先生真文忠公讀書記　甲集三十六

張子曰五緯五行之精氣也所以知者以天之星辰獨此五星以色言之又有驗以心取之亦有此說○按漢天文志歲星曰東方春木於人五常仁也五事貌也熒惑曰南方夏火禮也視也太白曰西方秋金義也言也辰星曰北方冬水知也聽也塡星曰中央季夏土信也思心也仁義禮智以信爲主貌言視聽以心爲主故四星皆失塡星乃爲之動

地純陰凝聚於中天浮陽轉旋於外此天地之常體也常星不動純繫於天與浮陽運旋而不窮者也日月五星逆天而行幷包乎地者也地在氣中雖順天左旋其所

图 077　《西山先生真文忠公读书记甲集三十七卷》书影之四

《楚辞辩证二卷后语六卷》

提　要

“楚辞”为战国时期楚国大诗人屈原所创立不同于以往的新诗体,汉时刘向把屈原的作品及宋玉等人相同诗体的作品编辑成《楚辞》,被称为“中国文学史上第一部浪漫主义诗歌总集”,并成为继《诗经》之后对中国诗歌乃至整个中国文化系统都具重要影响的诗歌作品集,因而历来评家甚多,版本繁富。《楚辞辩证二卷后语六卷》为南宋著名的理学家、诗人朱熹所撰《楚辞集注》之附部分,其问世打破了此前楚辞研究一直停留于汉人学术的范围之内的状况,使楚辞研究出现了全新的局面,完成了从汉学向宋学的转变。南开大学图书馆所藏《楚辞辩证二卷后语六卷》为元刻本,曾经过多位名家鉴藏,各卷不同页面分别钤有“太原叔子藏书记”白文长方印、“王闻远印”白文方印、“声弘”朱文方印、“希之”朱文方印、“忌闲居士”朱文方印、“桐轩主人藏书画记”朱文长方印、“晓峰鉴藏”朱文方印、“怀古阁”白文长方印等。

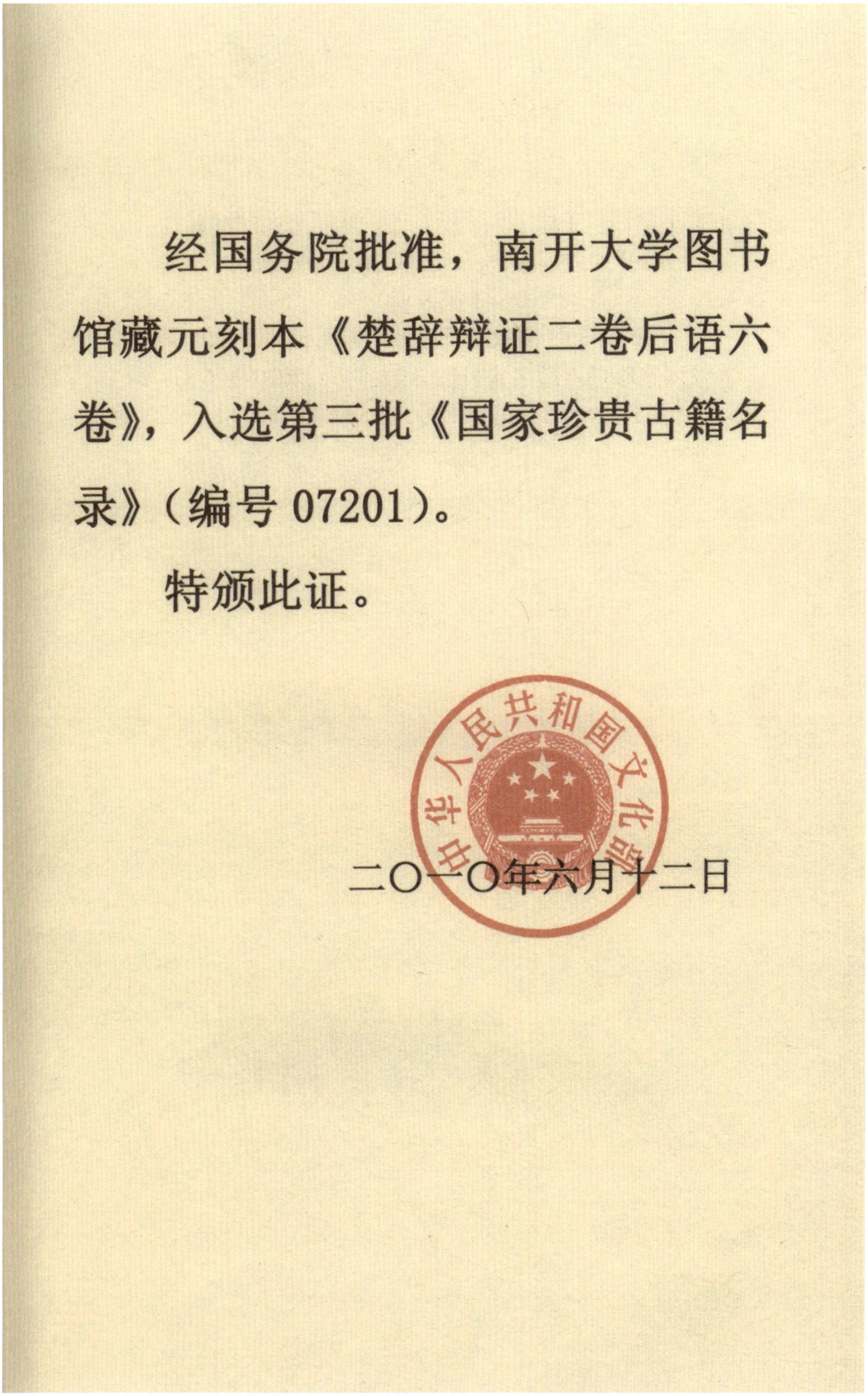
经国务院批准，南开大学图书馆藏元刻本《楚辞辩证二卷后语六卷》，入选第三批《国家珍贵古籍名录》（编号 07201）。

特颁此证。

中华人民共和国文化部

二〇一〇年六月十二日

图 078 《楚辞辩证二卷后语六卷》入选《国家珍贵古籍名录》证书

《楚辞辩证二卷后语六卷》

(宋)朱熹撰

元刻本

半页十一行二十字,双行小字二十四字,黑口,左右双边

开本 23cm×15cm,版框 20.2cm×2.5cm

1 函 6 册

入选第三批《国家珍贵古籍名录》,编号 07201

《国家珍贵古籍名录》证书颁发时间:2010 年 6 月

南开大学图书馆索书号:善 832.125/827-11

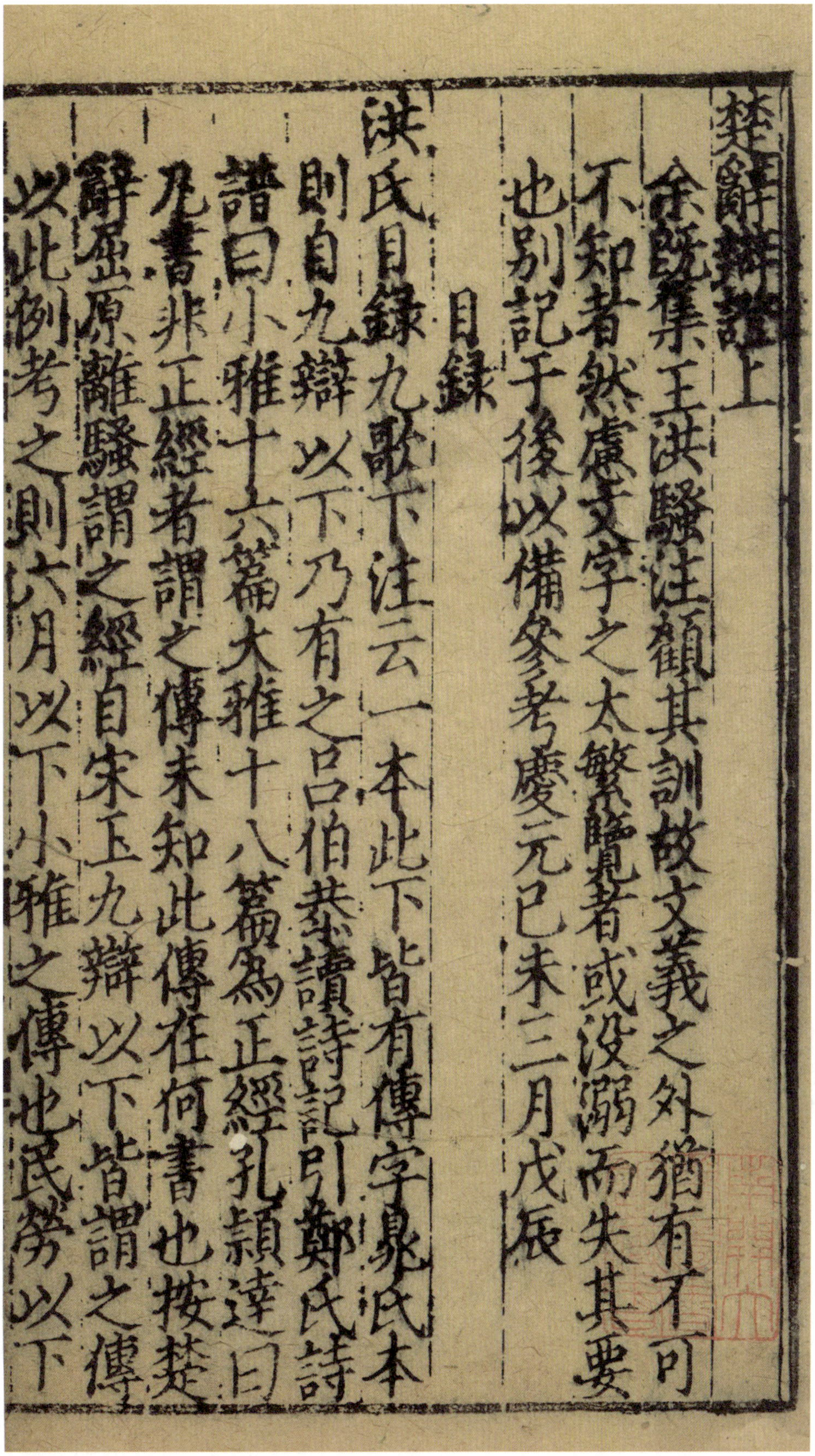

楚辭辯證上

余既集王洪騷注顧其訓故文義之外猶有不可不知者然慮文字之太繁覽者或没溺而失其要也別記于後以備參考慶元己未三月戊辰

目錄

洪氏目錄九歌下注云一本此下皆有傳字晁氏本則自九辯以下乃有之呂伯恭讀詩記引鄭氏詩譜曰小雅十六篇大雅十八篇為正經孔穎達曰凡書非正經者謂之傳未知此傳在何書也按楚辭屈原離騷謂之經自宋玉九辯以下皆謂之傳以此例考之則六月以下小雅之傳也民勞以下

图 079 《楚辞辩证二卷后语六卷》书影之一

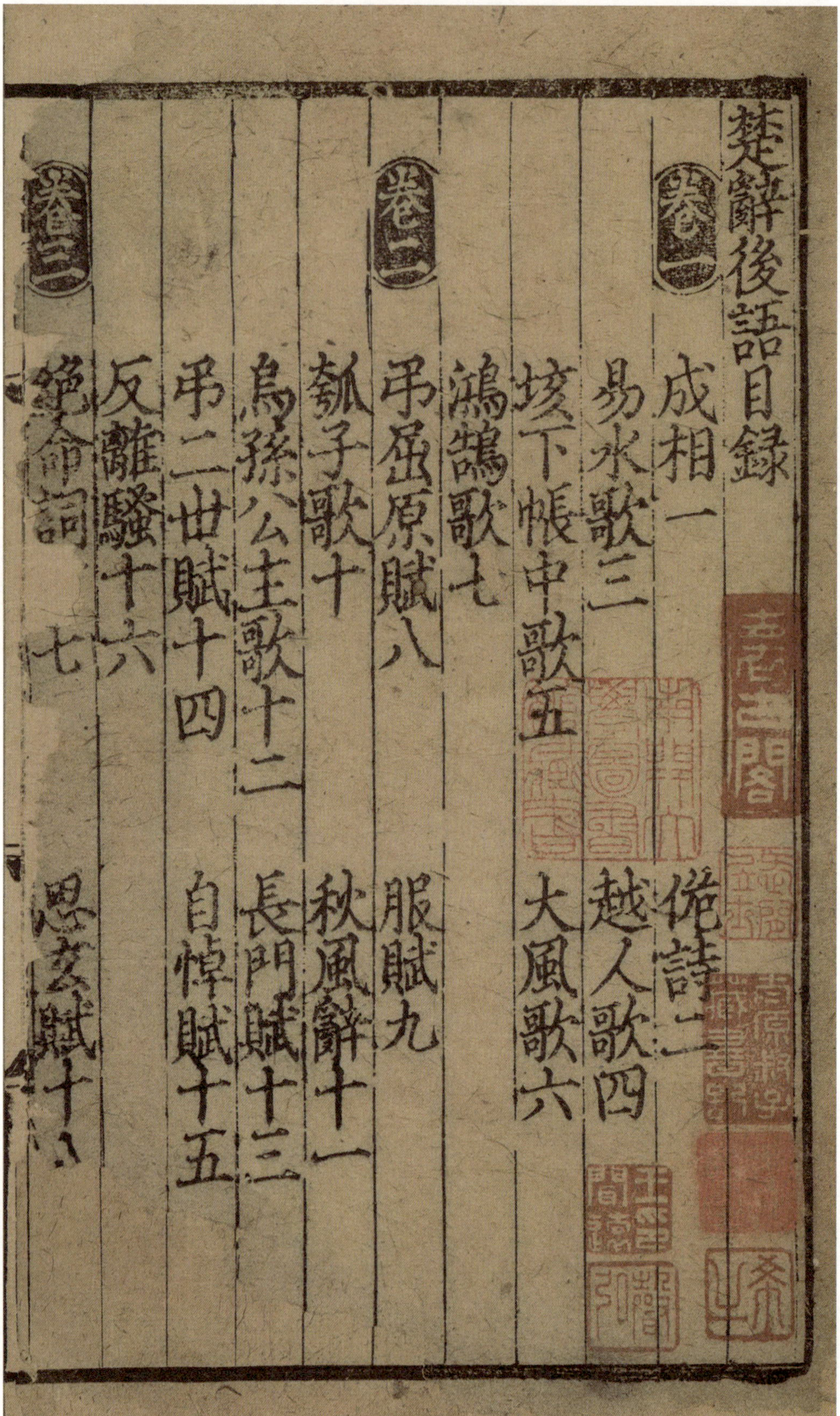

楚辭後語目録

卷一

成相一　佹詩二

易水歌三　越人歌四

垓下帳中歌五　大風歌六

鴻鵠歌七

卷二

弔屈原賦八　服賦九

瓠子歌十　秋風辭十一

烏孫公主歌十二　長門賦十三

弔二世賦十四　自悼賦十五

反離騷十六

卷三

絶命詞十七　思玄賦十八

图 080　《楚辞辩证二卷后语六卷》书影之二

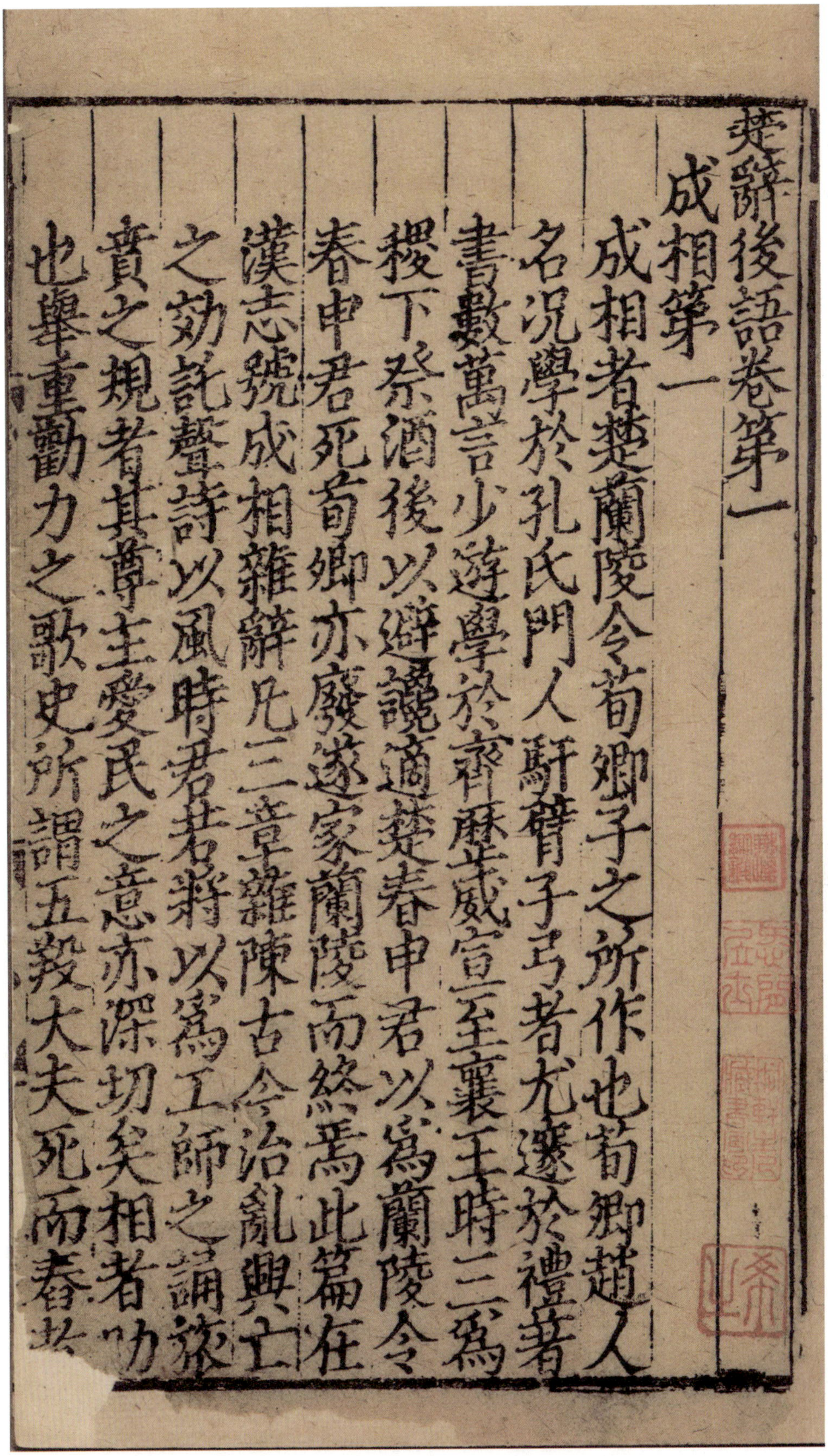

楚辭後語卷第一

成相第一

成相者楚蘭陵令荀卿子之所作也荀卿趙人名況學於孔氏門人馯臂子弓者尤邃於禮著書數萬言少遊學於齊歷威宣至襄王時三爲稷下祭酒後以避讒適楚春申君以爲蘭陵令春申君死荀卿亦廢遂家蘭陵而終焉此篇在漢志號成相雜辭凡三章雜陳古今治亂興亡之効託聲詩以風時君若將以爲工師之誦旅賁之規者其尊主愛民之意亦深切矣相者助也舉重勸力之歌史所謂五羖大夫死而舂者

图 081 《楚辞辩证二卷后语六卷》书影之三

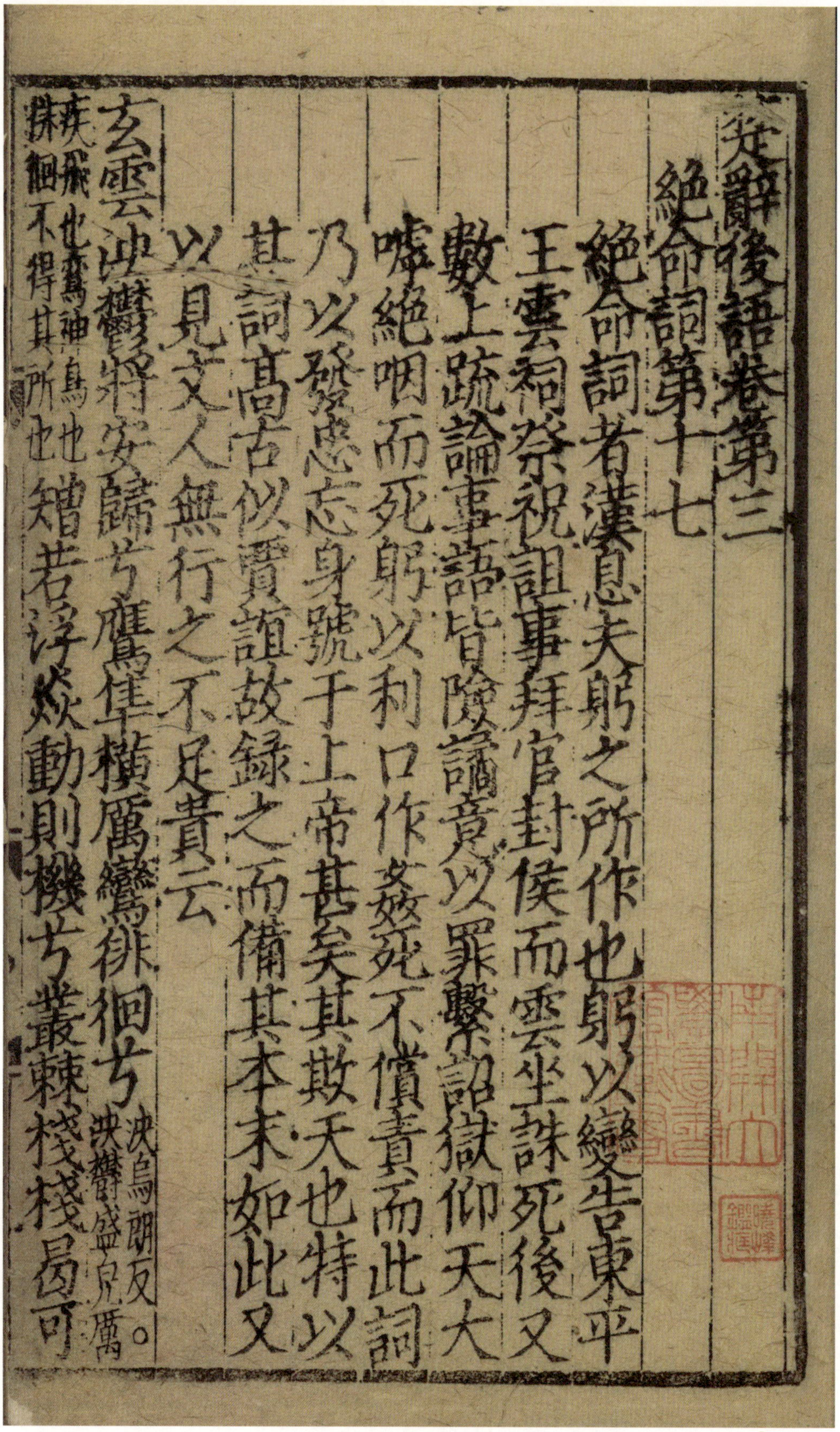

楚辭後語卷第三

絶命詞第十七

絶命詞者漢息夫躬之所作也躬以變告東平王雲祠祭祝詛事拜官封侯而雲坐誅死後又數上疏論事語皆險詖竟以罪繫詔獄仰天大嘑絶咽而死躬以利口作姦死不償責而此詞乃以發憤忘身號于上帝甚矣其敢天也特以其詞高古似賈誼故録之而備其本末如此又以見文人無行之不足貴云

玄雲泱鬱將安歸兮鷹隼橫厲鸞徘徊兮泱烏朗反。泱鬱盛貌厲疾飛也鸞神鳥也徘徊不得其所也矰若浮猋動則機兮叢棘棧棧曷可

图 082 《楚辞辩证二卷后语六卷》书影之四

《五经大全一百三十五卷》

提　要

“四书五经”乃最重要儒家典籍，其中“五经”为《周易》《尚书》《诗经》《礼记》《春秋》的合称，汉武帝为推行儒教国家化而设“五经博士”，是为此称谓之开端。由于“四书五经”是研习儒学的必修内容，因而受到历代官方与民间重视，版本众多，包括被称为内府刻本的皇家刻本。南开大学图书馆所藏《五经大全一百三十五卷》为明代内府刻本，特点是大字阔幅，纸墨精良，其构成包括《周易传义大全》三夹二十八册二十四卷、《书传大全》四夹二十册十卷、《诗传大全》四夹二十四册二十卷、《礼记集说大全》四夹三十六册三十卷、《明殿板春秋大全》三夹十八册三十七卷，部分页面文字有蚀佚。《书传大全》卷之一、卷之二、卷之三、卷之六、卷之七、卷之八、卷之九、卷之十首页钤有“四明谢氏博雅堂藏书”白文方印和“谢三宾印”朱文方印。《礼记集说大全》序首页钤“望山楼藏书”朱文方印，《礼记集说大全》卷之二、卷之三、卷之四、卷之六、卷之七、卷之九、卷之十一、卷之十七、卷之十九、卷之二十一、卷之二十三、卷之二十五、卷之二十七、卷之二十九首页钤“琼台书院”朱文方印。该刻本纂辑者胡广(1369—1418)，字光大，江西吉安人，明朝书法家、大学士，建文二年状元，永乐间授翰林学士兼左春坊大学士，并接替解缙为内阁首辅。

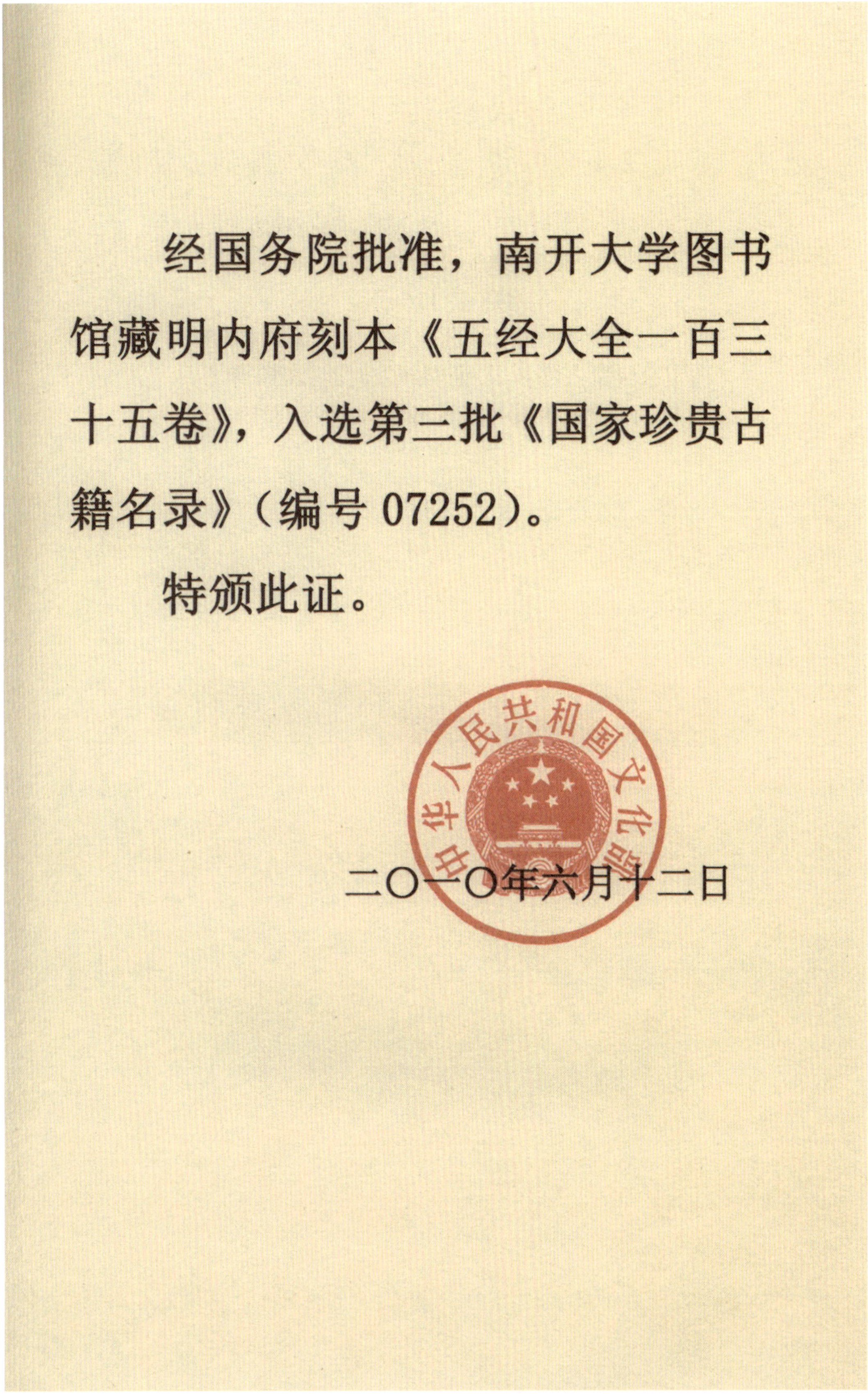
经国务院批准，南开大学图书馆藏明内府刻本《五经大全一百三十五卷》，入选第三批《国家珍贵古籍名录》（编号 07252）。

特颁此证。

二〇一〇年六月十二日

图 083 《五经大全一百三十五卷》入选《国家珍贵古籍名录》证书

《五经大全一百三十五卷》
(明)胡广等辑
明内府刻本
半页十行二十二字,黑口,四周双边
开本 34.5cm×20.0cm,版框 27.2cm×18.0cm
18 夹 126 册
入选第三批《国家珍贵古籍名录》,编号 07252
《国家珍贵古籍名录》证书颁发时间:2010 年 6 月
南开大学图书馆索书号:善 098.1/219

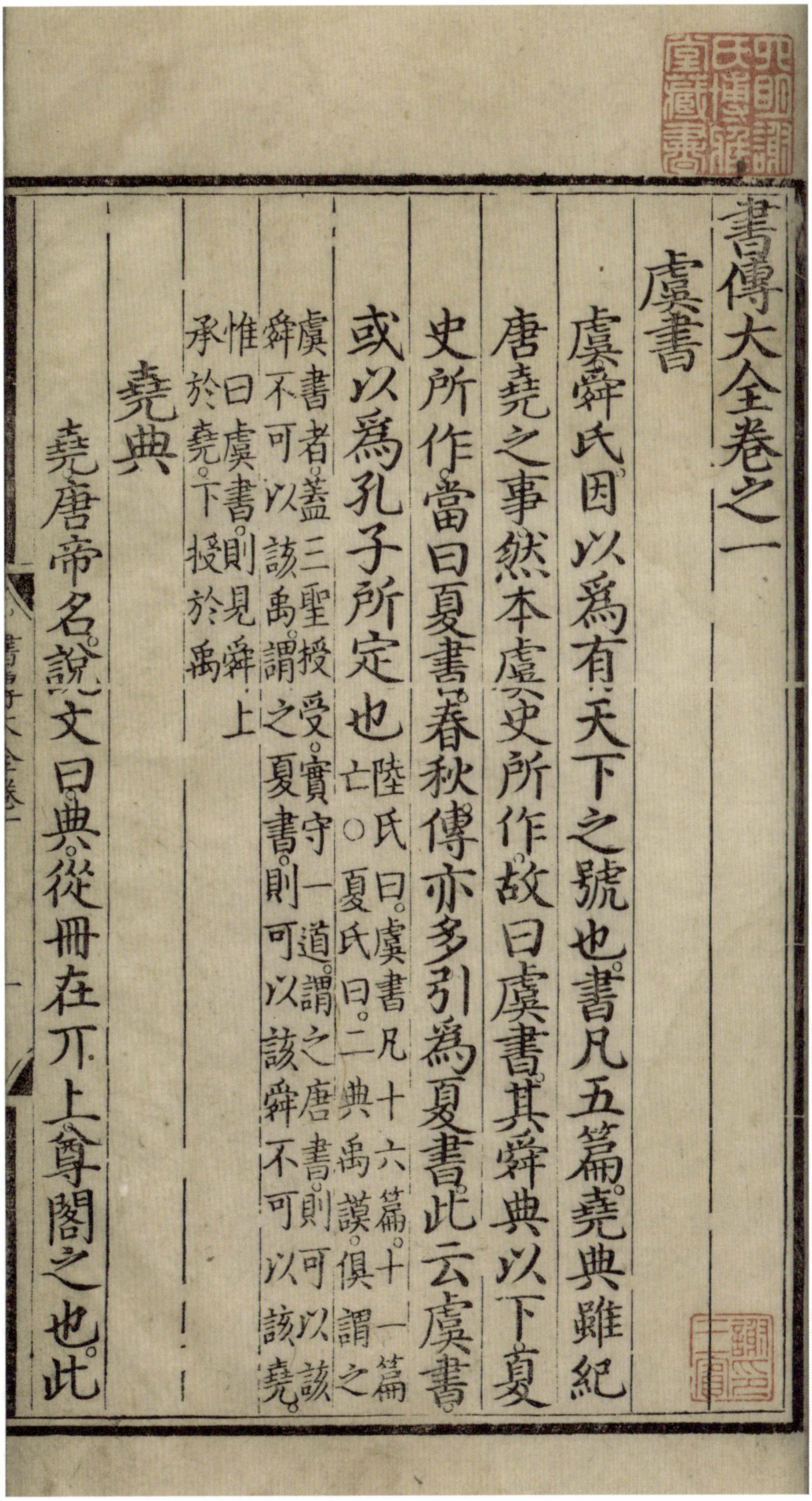
書傳大全卷之一

虞書

虞舜氏因以爲有天下之號也書凡五篇堯典雖紀唐堯之事然本虞史所作故曰虞書其舜典以下夏史所作當曰夏書春秋傳亦多引爲夏書此云虞書或以爲孔子所定也陸氏曰虞書凡十六篇十一篇亡○夏氏曰二典禹謨俱謂之虞書者蓋三聖授受實守一道謂之唐書則可以該舜不可以該禹謂之夏書則可以該舜不可以該堯惟曰虞書則見舜上承於堯下授於禹

堯典

堯唐帝名說文曰典從冊在丌上尊閣之也此

图 084 《五经大全一百三十五卷》书影之一

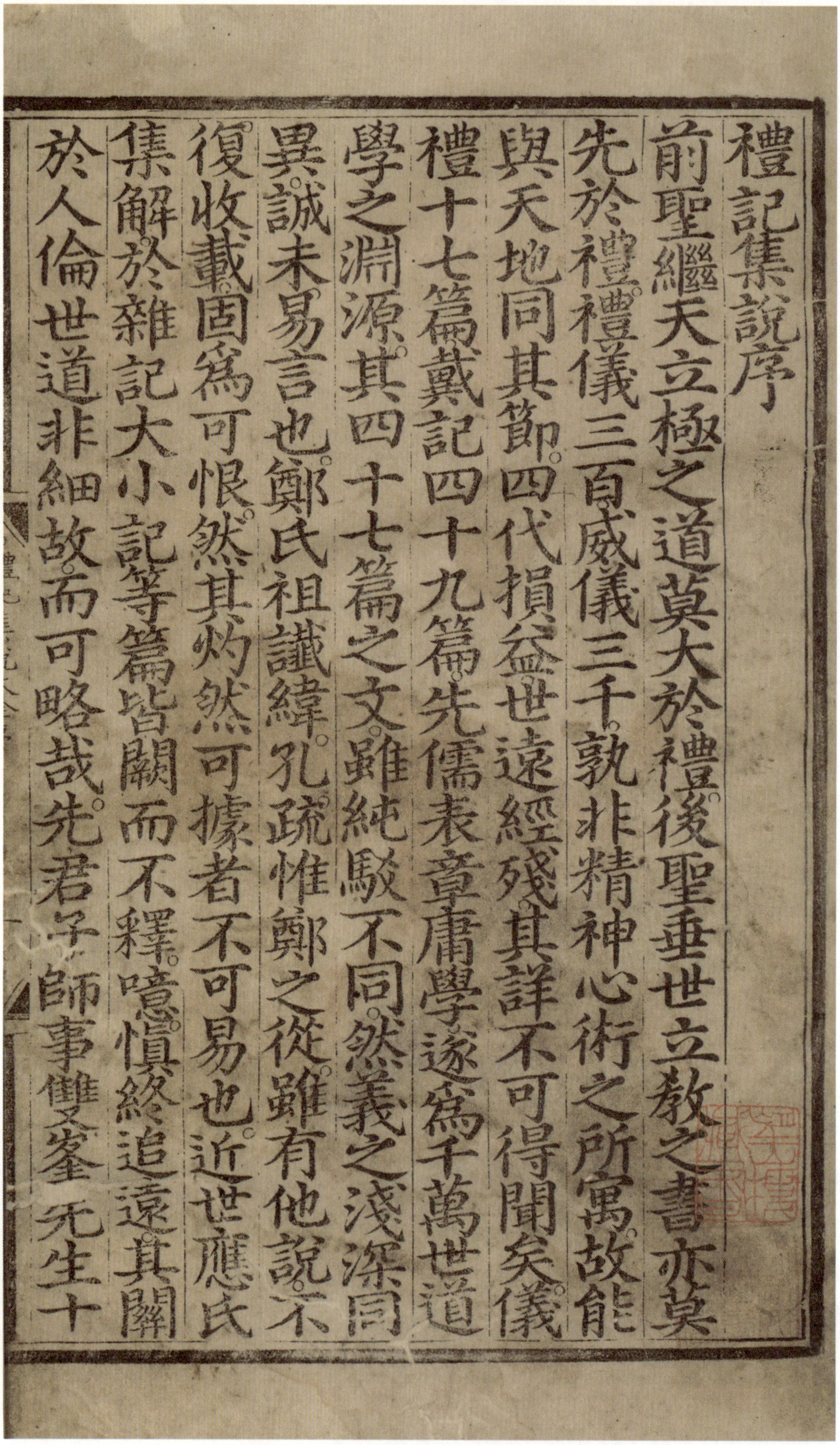

禮記集說序
前聖繼天立極之道莫大於禮後聖垂世立教之書亦莫
先於禮禮儀三百威儀三千孰非精神心術之所寓故能
與天地同其節四代損益世遠經殘其詳不可得聞矣儀
禮十七篇戴記四十九篇先儒表章庸學遂爲千萬世道
學之淵源其四十七篇之文雖純駁不同然義之淺深同
異誠未易言也鄭氏祖讖緯孔疏惟鄭之從雖有他說不
復收載固爲可恨然其灼然可據者不可易也近世應氏
集解於雜記大小記等篇皆闕而不釋噫慎終追遠其關
於人倫世道非細故而可略哉先君子師事雙峯先生十

图 085 《五经大全一百三十五卷》书影之二

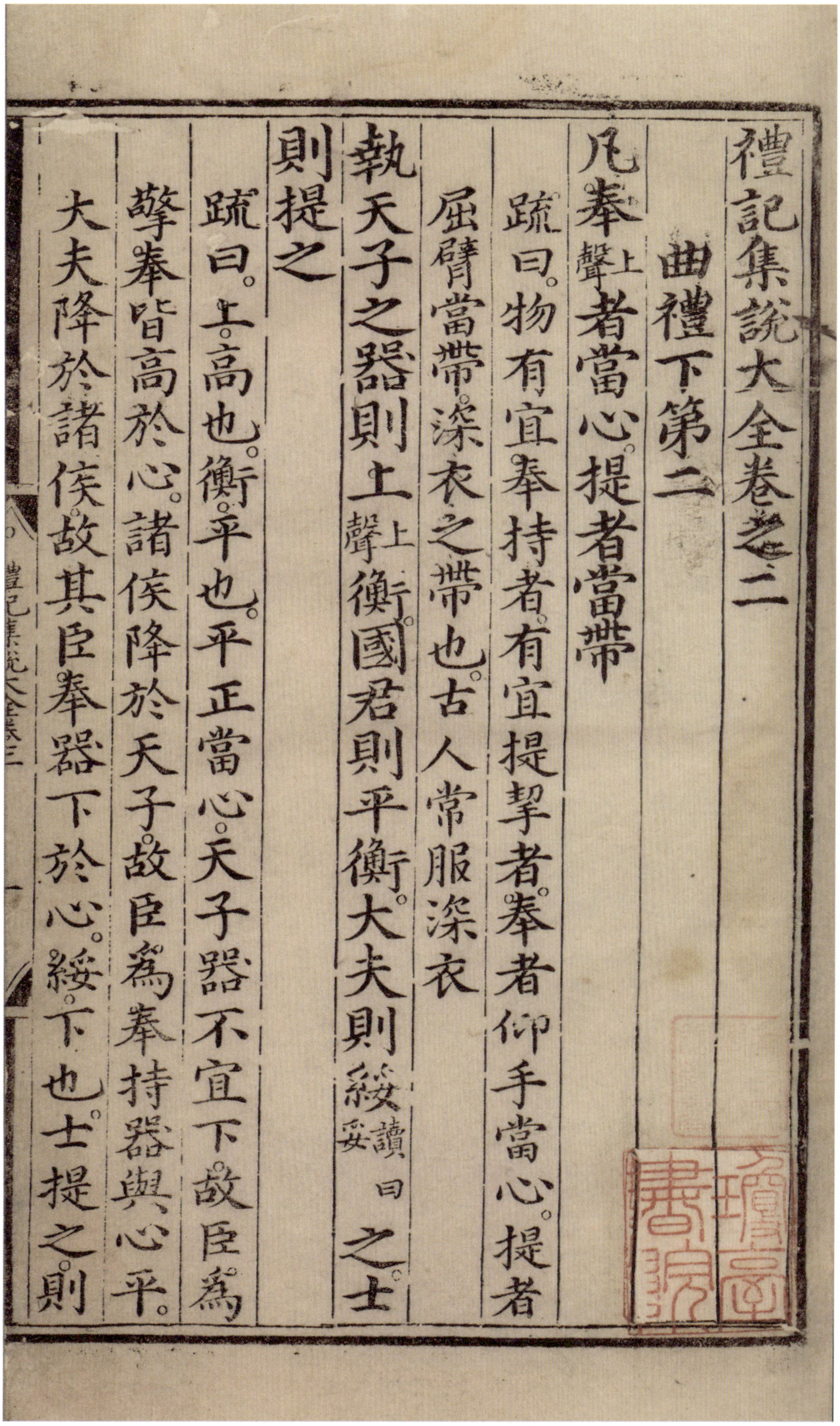

禮記集說大全卷之二

曲禮下第二

凡奉（上聲）者當心提者當帶

疏曰物有宜奉持者有宜提挈者奉者仰手當心提者屈臂當帶深衣之帶也古人常服深衣

執天子之器則上（上聲）衡國君則平衡大夫則綏（讀曰妥）之士則提之

疏曰上高也衡平也平正當心天子器不宜下故臣爲擎奉皆高於心諸侯降於天子故臣爲奉持器與心平大夫降於諸侯故其臣奉器下於心綏下也士提之則

图 086 《五经大全一百三十五卷》书影之三

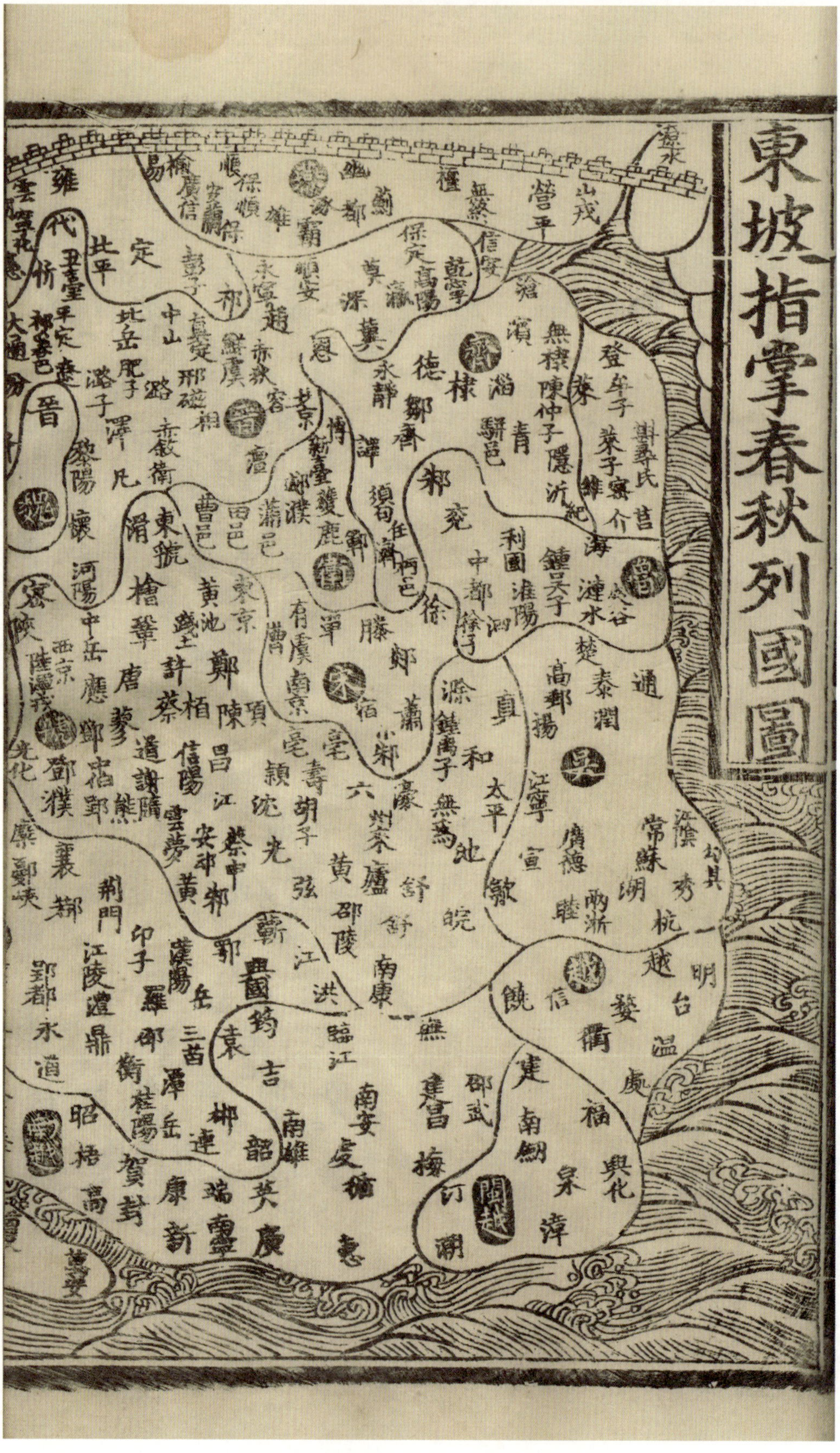

图 087 《五经大全一百三十五卷》书影之四

《诗外传十卷》

提　要

撰者韩婴(生卒年不详),西汉人,汉文帝时为博士,景帝时官至常山太傅,为“韩诗学”的创始人。据《汉书·艺文志》著录,其主要著作包括有关《易经》的《韩氏》和有关诗经的《韩故》《韩内传》《韩外传》《韩说》等。惜今唯《诗外传》传世,又称《韩诗外传》。该书并非对《诗经》的注释或阐发,而是杂引三百余条轶事、伦理规范、道德说教以及实际忠告等古事古语而成之书,每条一般均以一句与内容相呼应、相印证的《诗经》文句作结论,以支持书中关于政事或论辩中的观点,文辞简婉而优美。南开大学图书馆所藏《诗外传十卷》为明嘉靖刻本,民国时江都藏书家秦更年据五砚楼主人袁廷梼旧藏《诗外传十卷》元刻本对该本进行校勘,并手摹黄丕烈、顾广圻、瞿中溶诸家题跋,实为难得的版本学、校勘学实物数据。南开大学图书馆另藏有1931年秦氏校订、苏州镛润斋所刻蓝印蝴蝶装《校元刊本韩诗外传》,卷前秦序对此明代版本《韩诗外传》之源流叙述堪称精详。该书题名页书篆字“诗外传十卷”,钤“睡足轩”朱文篆方印,其后专有摹刻藏书印页,钤有所摹刻藏书印“荛圃过眼”“荛圃手校”“五砚主人”“南阜草堂”“平江袁氏珍秘”“贝墉所藏”“枫桥五砚楼收藏”等,再后为说明题记并钤“更年审定”白文方印。卷前“韩诗序”首页钤有“更年长寿”白文方印和“城南草堂鉴藏图书记”朱文方印。卷前“韩诗外传序”首页钤有“婴闇秦氏藏书”朱文方印和“秦更年曼青父鉴藏印”朱文方印。序末印有“吴郡沈辨之野竹斋校雕”字样。第一册卷第一、第二册卷第三、第三册卷第五、第四册卷第八卷端均钤有“石药簃藏书印”朱文长方印、“秦更年”白文方印和“曼青”朱文方印。卷内眉端、行间和字上随处可见朱笔批校。卷九第十五页夹有墨笔题记签条一纸。卷末为秦氏手摹诸家题跋及秦氏说明题跋,并分别钤有“黄丕烈”白文方印和“婴闇”朱文方印。卷末有“癸亥除夕海宁陈乃干叚观”小字一行。

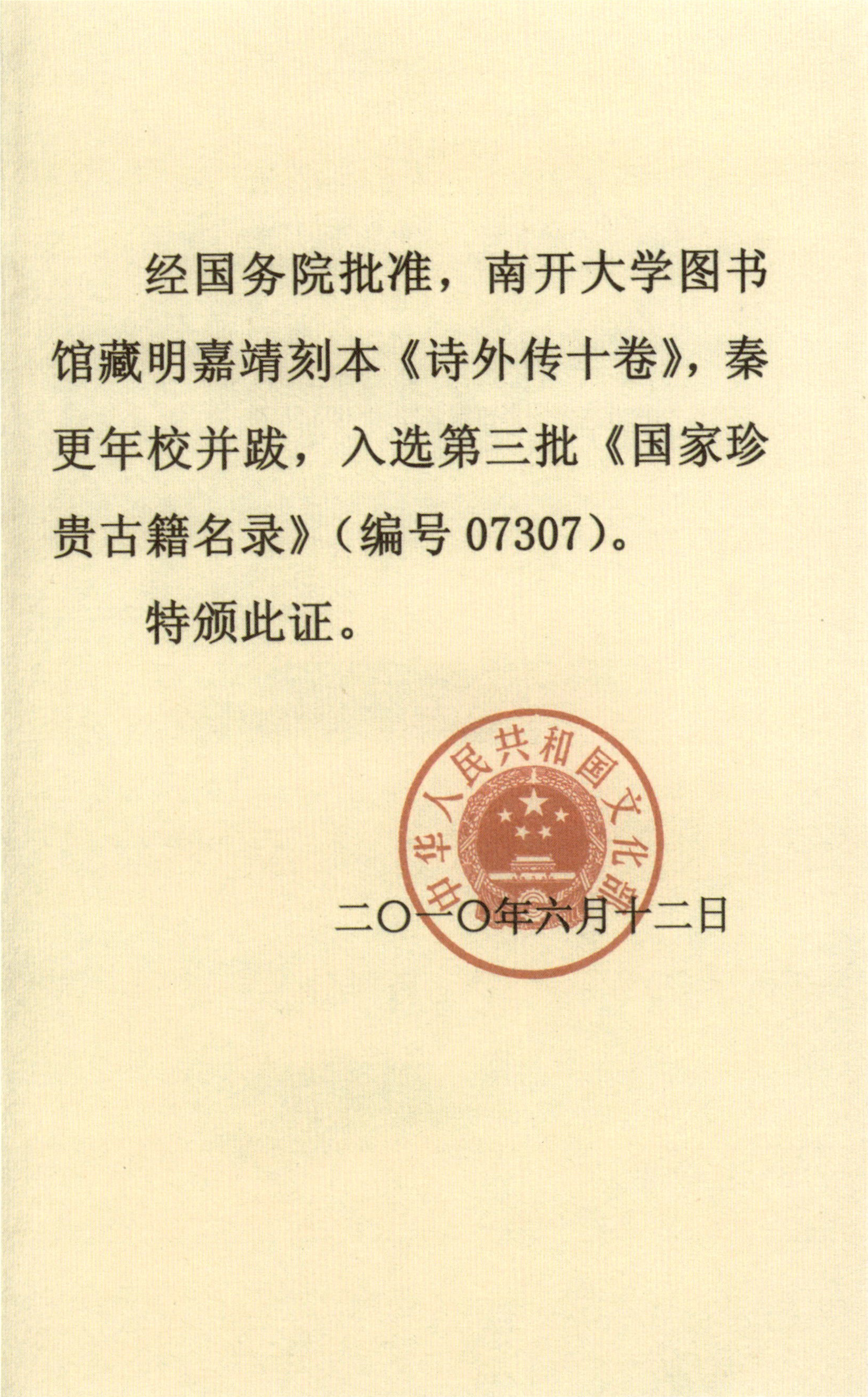

经国务院批准，南开大学图书馆藏明嘉靖刻本《诗外传十卷》，秦更年校并跋，入选第三批《国家珍贵古籍名录》（编号07307）。

特颁此证。

中华人民共和国文化部

二〇一〇年六月十二日

图088 《诗外传十卷》入选《国家珍贵古籍名录》证书

《诗外传十卷》
(汉)韩婴撰
明嘉靖刻本,1923年秦更年校并跋
半页九行十七字,白口,边栏左右双边
开本 26cm×18cm,版框 20cm×14cm
1函4册
入选第三批《国家珍贵古籍名录》,编号 07307
《国家珍贵古籍名录》证书颁发时间:2010年6月

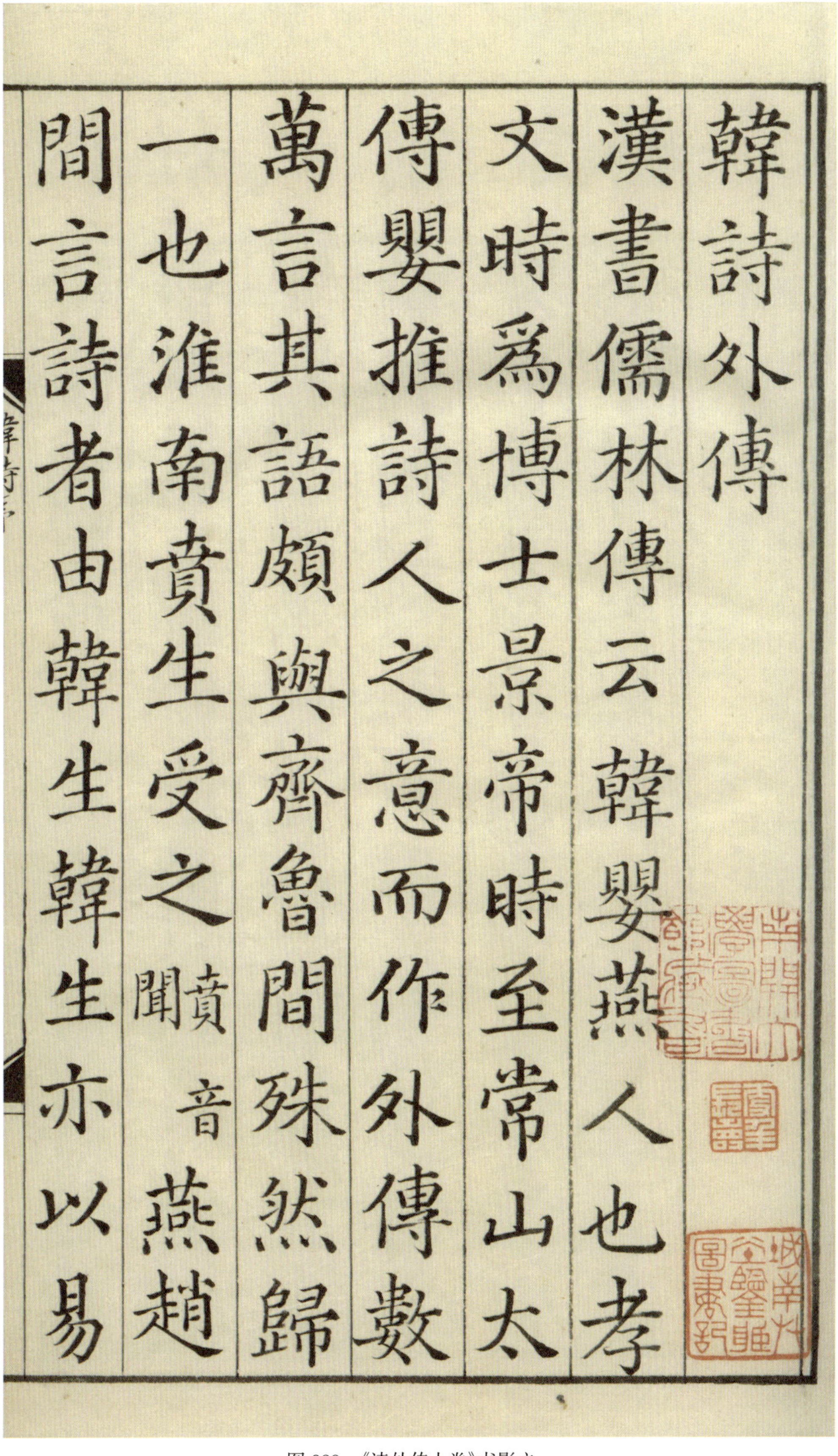

韓詩外傳

漢書儒林傳云韓嬰燕人也孝
文時爲博士景帝時至常山太
傳嬰推詩人之意而作外傳數
萬言其語頗與齊魯閒殊然歸
一也淮南賁生受之賁音聞燕趙
閒言詩者由韓生韓生亦以易

图089 《诗外传十卷》书影之一

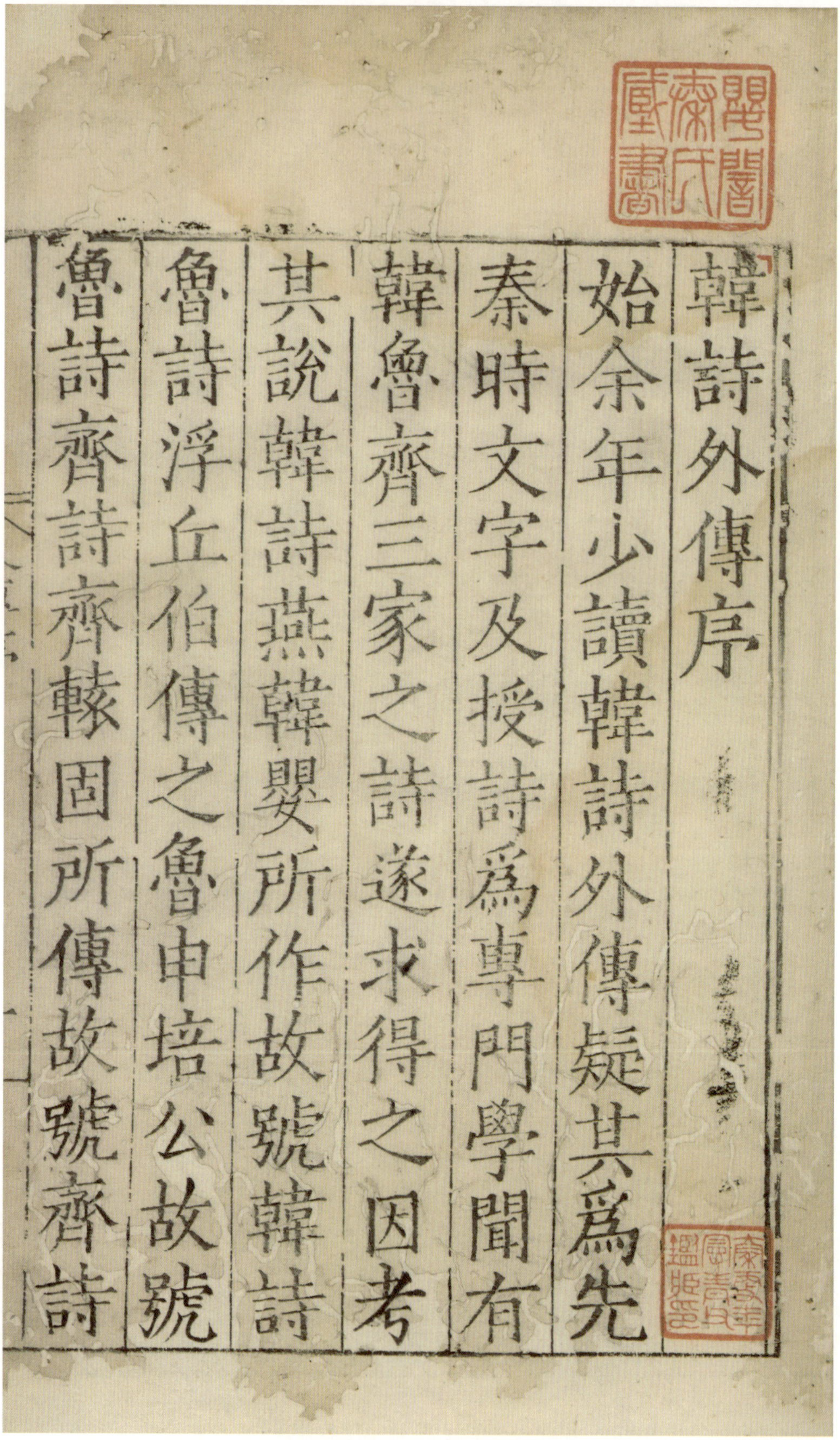

韓詩外傳序

始余年少讀韓詩外傳疑其爲先

秦時文字及授詩爲專門學聞有

韓魯齊三家之詩遂求得之因考

其說韓詩燕韓嬰所作故號韓詩

魯詩浮丘伯傳之魯申培公故號

魯詩齊詩齊轅固所傳故號齊詩

图 090 《诗外传十卷》书影之二

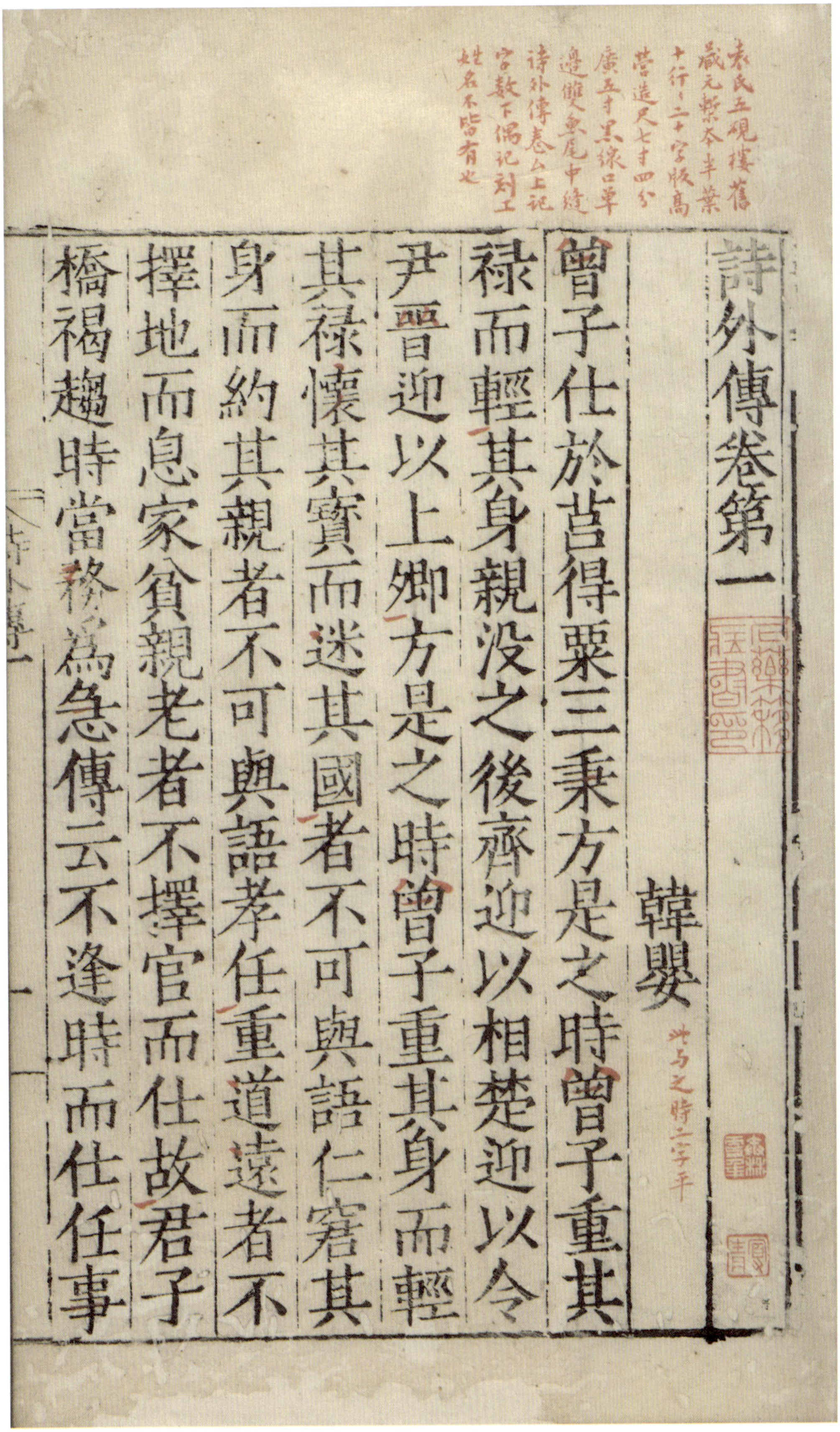

秦氏五硯樓舊藏元槧本半葉十行行二十字版高營造尺七寸四分廣五寸黑綫口單邊雙魚尾中縫詩外傳卷ム上記字數下偶記刻工姓名不皆有也

詩外傳卷第一

韓嬰

此句之時二字平

曾子仕於莒得粟三秉方是之時曾子重其祿而輕其身親没之後齊迎以相楚迎以令尹晉迎以上卿方是之時曾子重其身而輕其祿懷其寶而迷其國者不可與語仁窘其身而約其親者不可與語孝任重道遠者不擇地而息家貧親老者不擇官而仕故君子橋褐趨時當務爲急傳云不逢時而仕任事

图 091 《诗外传十卷》书影之三

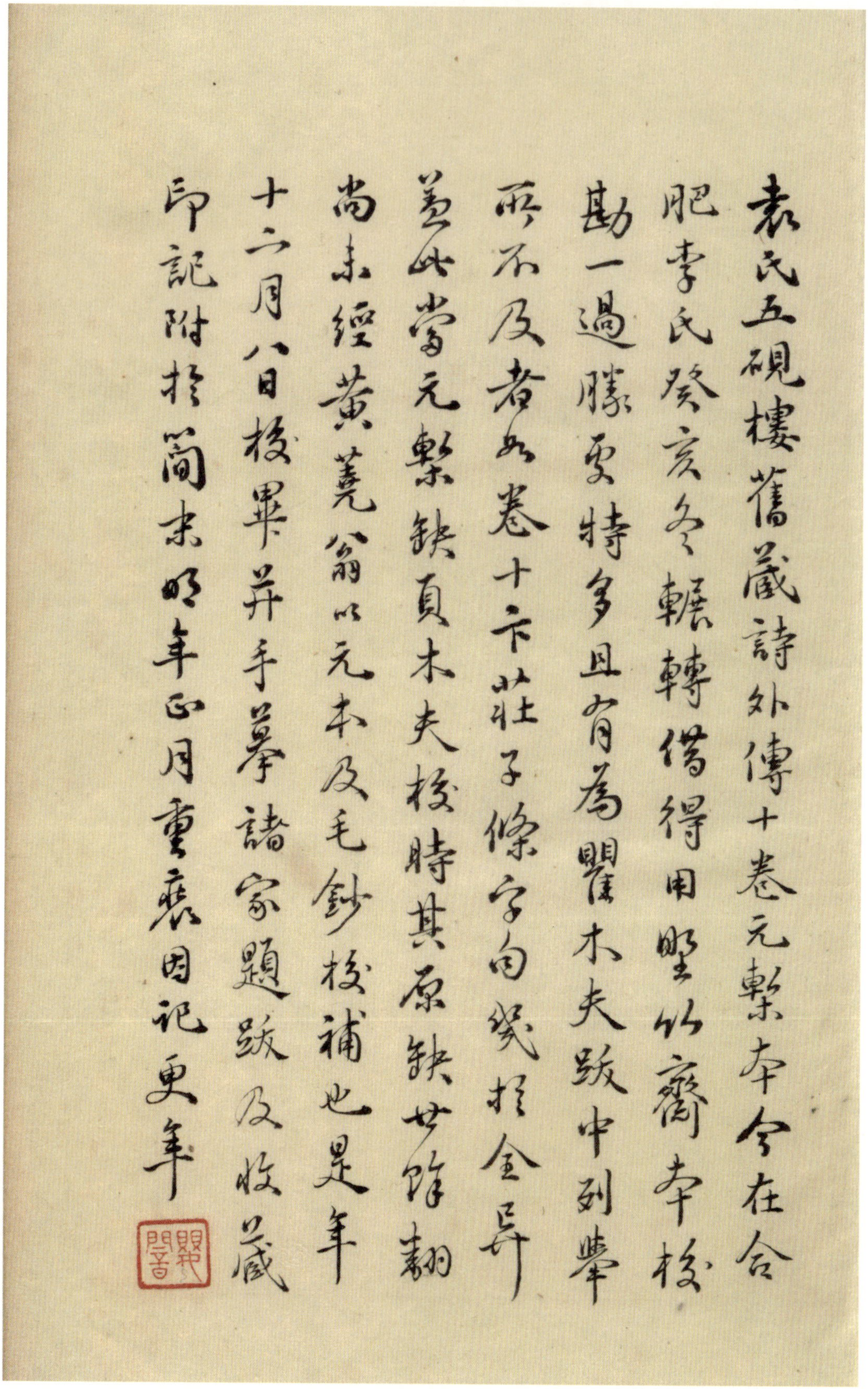
袁氏五硯樓舊藏詩外傳十卷元槧本今在合
肥李氏癸亥冬輾轉借得用野竹齋本校
勘一過勝處特多且有為瞿木夫跋中列舉
所不及者如卷十下莊子條字句幾於全異
蓋此當元槧缺頁木夫校時其原缺廿餘翻
尚未經黃蕘翁以元本及毛鈔校補也是年
十二月八日校畢并手摹諸家題跋及收藏
印記附於簡末明年正月重裝因記更年

图 092 《诗外传十卷》书影之四

《论语笔解二卷》

提　要

《论语》传说系孔子的弟子所辑录的孔子语录，为“四书”之首。历来诠释《论语》的书籍繁多，《论语笔解》乃其中之一，其撰者韩愈（768—824），字退之，河南河阳（今河南省孟州市）人，世称“韩昌黎”“昌黎先生”，唐代杰出的文学家、思想家、哲学家。唐德宗贞元八年（792 年）登进士第，历任节度推官、监察御史、员外郎、史馆修撰、中书舍人、行军司马等职。著有《韩昌黎集》四十卷、《外集》十卷、《师说》等。另一撰者李翱(772—841)，字习之，唐陇西成纪(今甘肃秦安东)人，西凉王李暠之后代，唐朝文学家、哲学家。唐德宗贞元年间进士，历任国子博士、史馆修撰、考功员外郎、礼部郎中、中书舍人、桂州刺史、山南东道节度使等职。曾从韩愈学古文并协助韩愈推进古文运动（两人关系在师友之间），著有《复性书》《李文公集》等。南开大学图书馆所藏《论语笔解二卷》为明代范氏天一阁在嘉靖间所刻《二十种奇书》之一，而《中国古籍善本书目》所著录该书尚无此天一阁家刻本，足证该本之珍稀。该藏本曾经几位知名藏家递藏，卷前有秦更年 1920 年笔撰题识一页，内容为“论语笔解二卷，明范氏天一阁二十种奇书之一。卷首有‘翰林院印’盖，即乾隆间编纂《四库全书》时所祖之本。中夹四库钞书款式一纸，兹仍粘存福叶。近日叶奂彬德辉所撰《书林清话》载有‘四库发馆校书之贴式’，此足以补所未备也。庚申七月婴莽记”。其中所提到的“四库钞书款式一纸”在修整该书时被装订在该题跋之后，卷端为北宋许勃所撰之序。据“学苑汲古——高校古文献资源库”著录，武汉大学图书馆亦藏有《论语笔解》明嘉靖年间范钦刻本一册，经比较其正文第一页与本馆藏本同页应为同一书板印刷。本馆藏本上册正文共二十通页，卷首除钤有“翰林院印”朱文方印外，还钤有“古潭州袁氏卧雪庐收藏”白文方印，页一前半页钤有“婴闇秦氏藏书”朱文方印，后半页行二眉端有楷书批注，版心下端刻有“王以成”三字，此后除第九、十九和二十页以外，其他各页版心均刻有“成”字。据瞿冕良编著的《中国古籍版刻辞典》2009 增订本记载，王以成乃明嘉靖年间浙江余姚人，刻字工人，参加过《范氏奇书二十一种》（天一阁本）的刻板，万历十五年又参加刻过《绍兴府志》《杜诗分类详注》（周子文本）的刻板。该藏本下册正文共二十五通页，书中多处有批注，卷末钤有“江都秦更年曼青之印”白文方印。全书自卷端至卷末各页均经过烟熏染色，因而页面颜色较深。

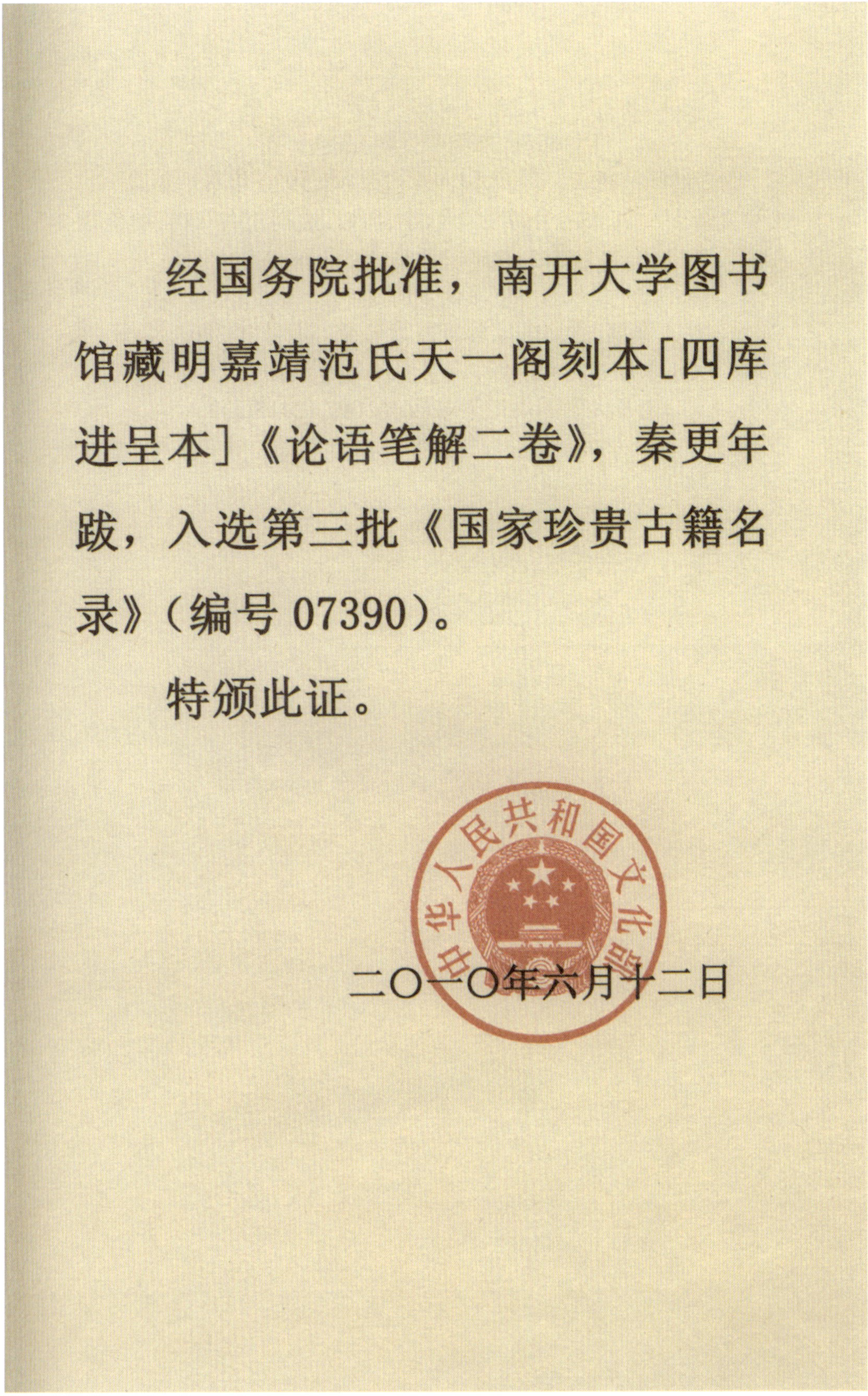

经国务院批准，南开大学图书馆藏明嘉靖范氏天一阁刻本[四库进呈本]《论语笔解二卷》，秦更年跋，入选第三批《国家珍贵古籍名录》（编号07390）。

特颁此证。

中华人民共和国文化部

二〇一〇年六月十二日

图093 《论语笔解二卷》入选《国家珍贵古籍名录》证书

《论语笔解二卷》
(唐)韩愈、李翱撰,(明)范钦订正
明嘉靖间范氏天一阁刻本[四库进呈本],1920年秦更年跋
半页九行十八字,双行小字三十六字,白口,边栏左右双边,单鱼耳
开本 16.5cm×25cm,版框 14.5cm×20.5cm
1函1册
入选第三批《国家珍贵古籍名录》,编号07390
《国家珍贵古籍名录》证书颁发时间:2010年6月
南开大学图书馆索书号:善097.12415/232

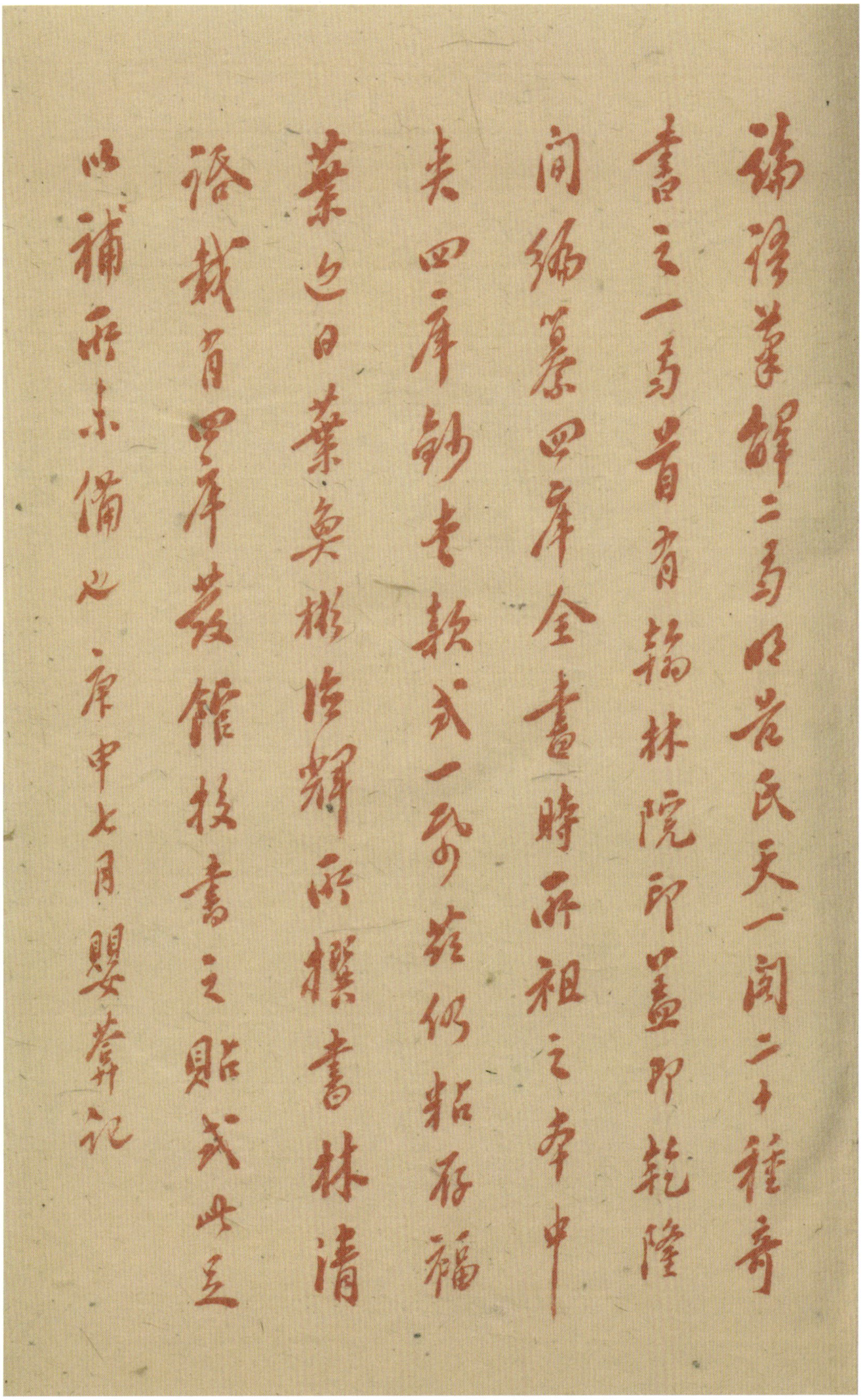
論語筆解二卷明范氏天一閣二十種奇
書之一卷首有翰林院印蓋即乾隆
間編纂四庫全書時所祖之本中
夾四庫鈔本款式一葉并粘存福
葉近日葉奐彬侍郎所撰書林清
話載有四庫發館校書之貼式此足
以補所未備也 庚申七月 嬰蒼記

图 094 《论语笔解二卷》书影之一

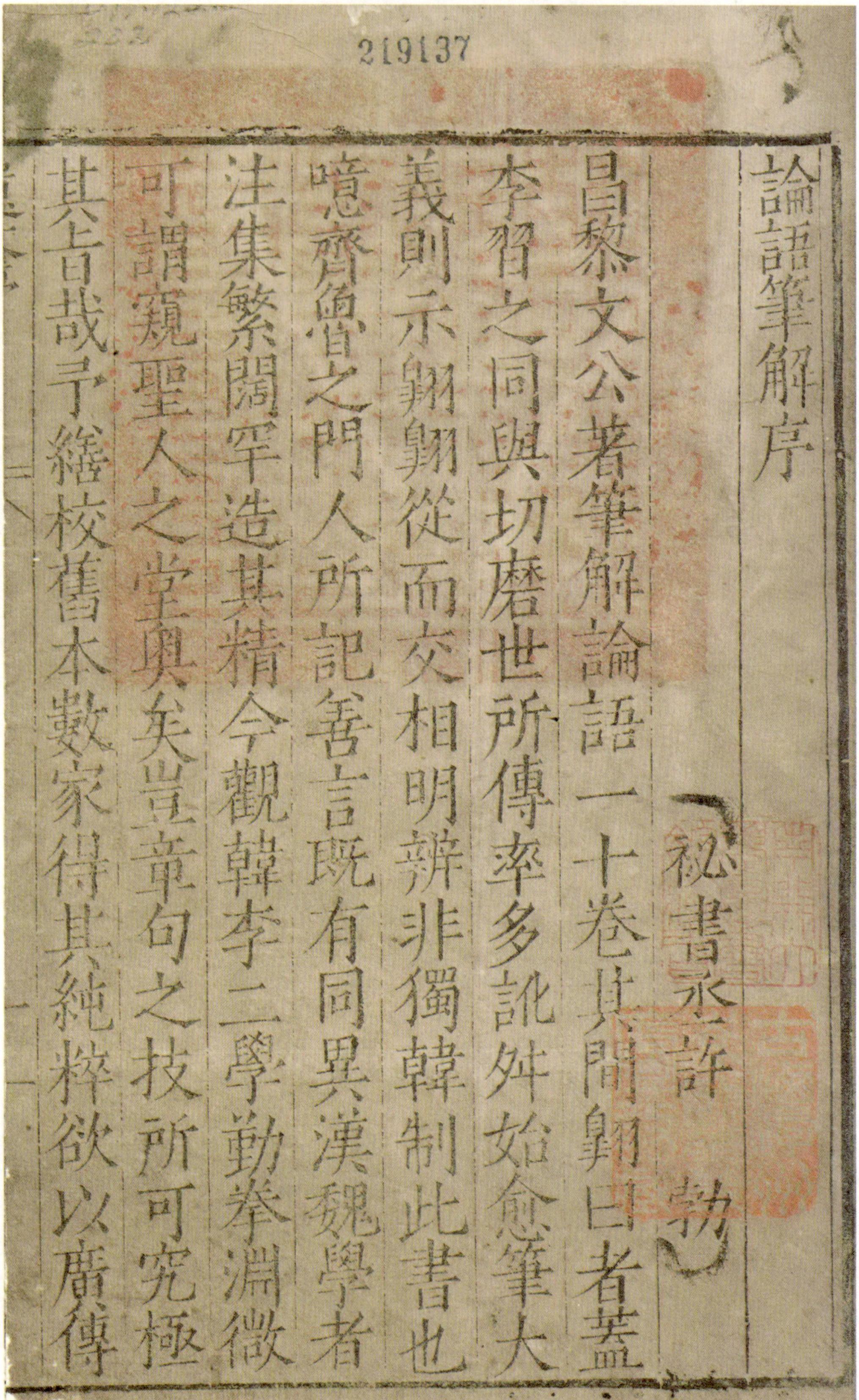

論語筆解序

昌黎文公著筆解論語一十卷其間翱曰者蓋李習之同與切磨世所傳率多訛舛始愈筆大義則示翱翱從而交相明辨非獨韓制此書也噫齊魯之門人所記善言既有同異漢魏學者注集繁闊罕造其精今觀韓李二學勤拳淵微可謂窺聖人之堂奧矣豈章句之技所可究極其旨哉予繕校舊本數家得其純粹欲以廣傳

祕書丞許勃

图 095 《论语笔解二卷》书影之二

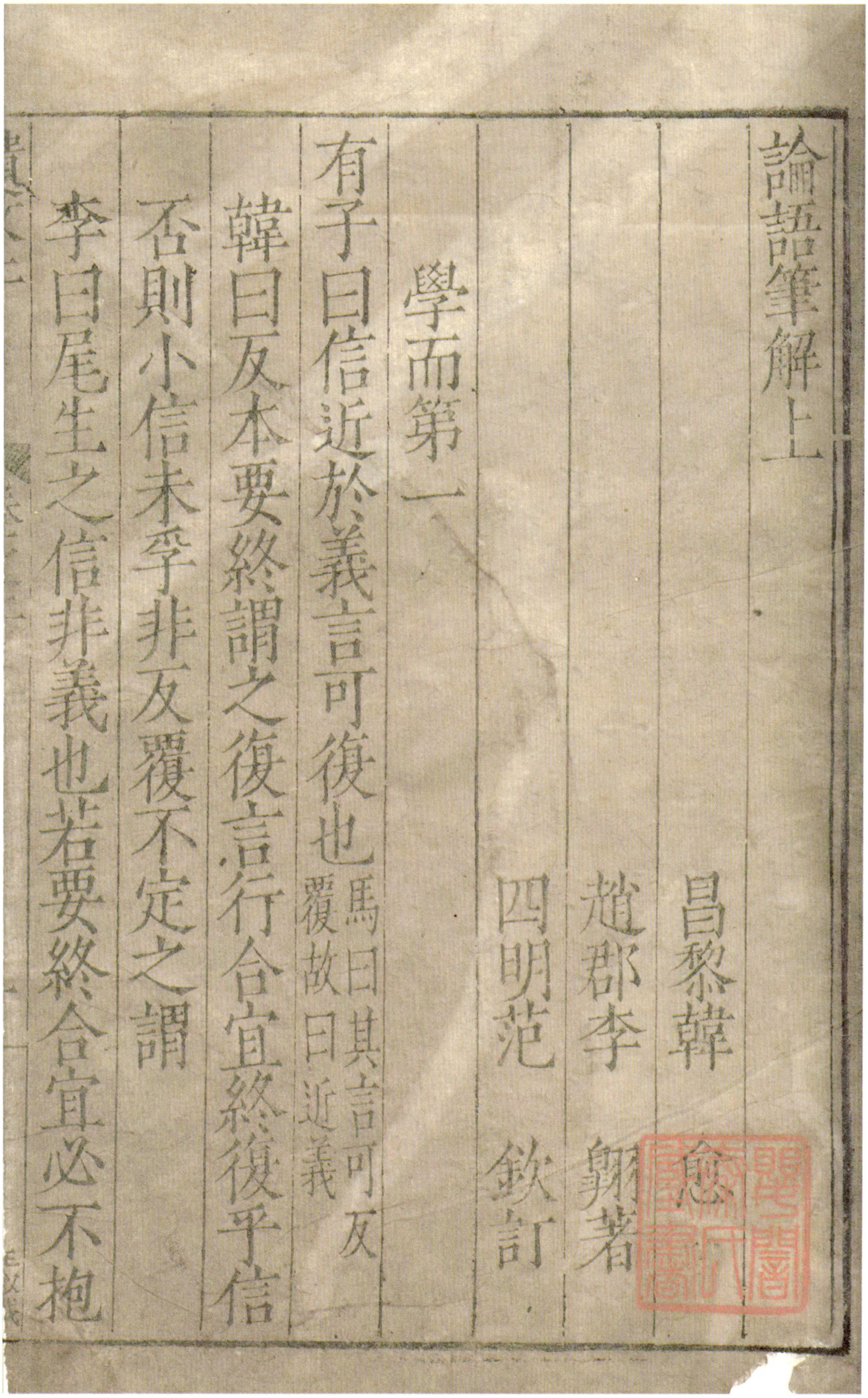

論語筆解上

昌黎韓　愈

趙郡李　翺著

四明范　欽訂

學而第一

有子曰信近於義言可復也馬曰其言可反覆故曰近義

韓曰反本要終謂之復言行合宜終復乎信

否則小信未孚非反覆不定之謂

李曰尾生之信非義也若要終合宜必不抱

图 096 《论语笔解二卷》书影之三

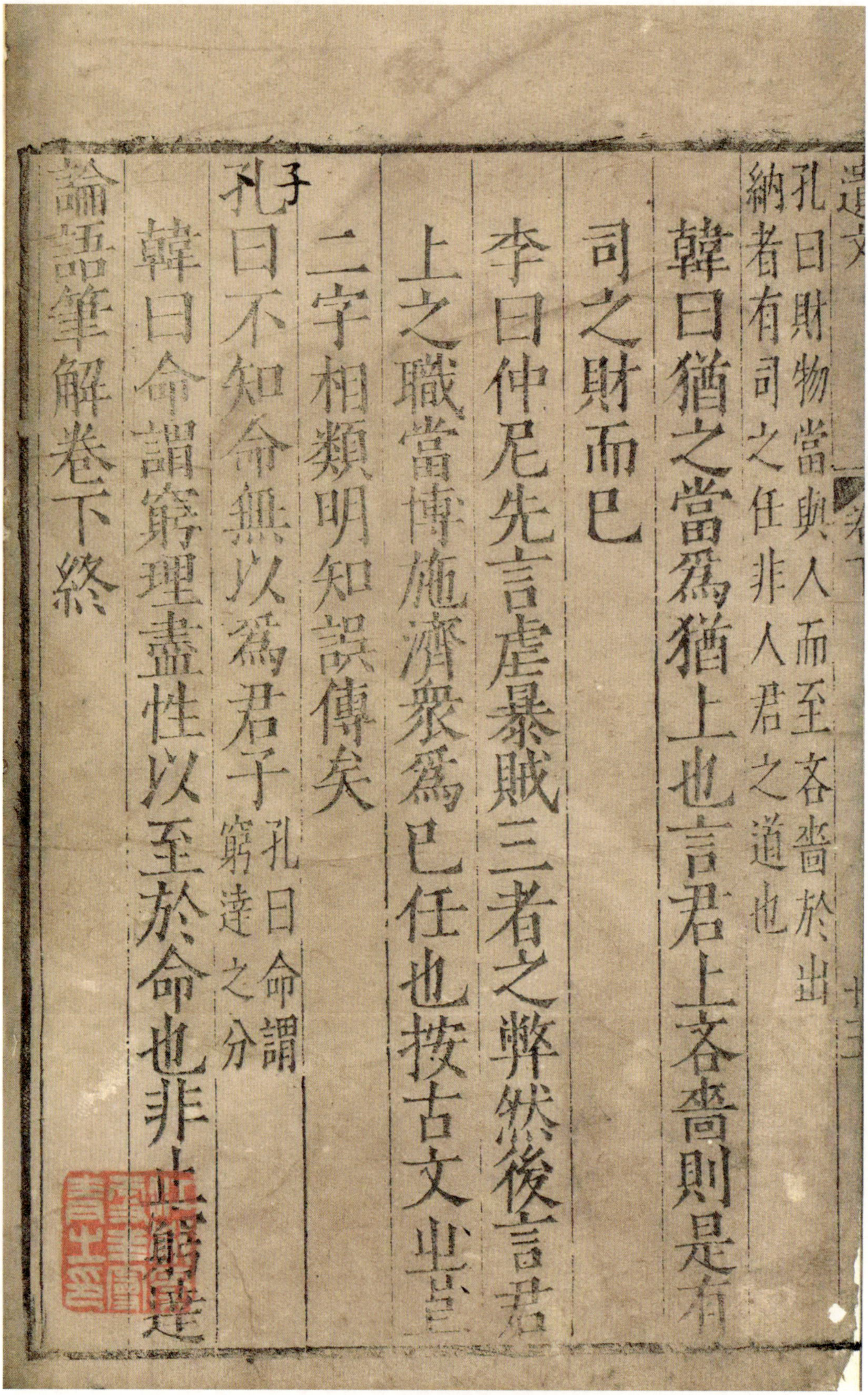

孔曰財物當與人而至吝嗇於出納者有司之任非人君之道也

韓曰猶之當爲猶上也言君上吝嗇則是有司之財而已

李曰仲尼先言虐暴賊三者之弊然後言君上之職當博施濟衆爲己任也按古文㞢上二字相類明知誤傳矣

孔曰不知命無以爲君子孔曰命謂窮達之分

韓曰命謂窮理盡性以至於命也非止窮達

論語筆解卷下終

图 097 《论语笔解二卷》书影之四

《前汉书一百卷》

提　要

撰者班固(32—92)为中国东汉时期著名历史学家和文学家,主要著作除《前汉书》外还有《白虎通义》《两都赋》等。注者颜师古(581—645)为唐初语言文字学家和历史学家,主要著作有《汉书序》《急就章注》《匡谬正俗》等。《前汉书》亦称《汉书》,"二十四史"之一,中国第一部纪传体断代史,与《史记》《后汉书》《三国志》并称为"前四史"。全书主要记述了上自西汉的汉高祖元年(公元前206年)起,下至新朝的王莽地皇四年(23年)止共二百三十年的史事。鉴于该书的重要地位,历来受刻书家重视,不断加以翻刻。明代就藩于全国各地的朱氏王子,多热衷于刻书事业,藩王府所刻印的书籍,世称"藩刻本",南开大学图书馆所藏藩刻本《前汉书一百卷》乃明代德王府所刻。第一代德王朱见潾(1448—1517)为明英宗朱祁镇次子,明宪宗朱见深异母弟,天顺元年(1457年)由荣王改封德王。初建藩德州,成化二年(1466年),改就藩济南府,至朱由枢共传六世,后朱由栎曾嗣德王位。南开大学图书馆所藏《前汉书一百卷》之版心上镌"德藩最乐轩",无刻书年代。卷前目录及部分书册卷端钤"会稽钮氏世学楼图籍"朱文方印和"嘉禾施衮"朱文方印。全书每页版心均有刻工姓名,分别为章亨、李受、庄庆、周永日、李泽、顾铨、何祥、庄意、章聪、张敖、李约、李清等。个别页面偶有句读圈点和文字校改。第三函第七册所缺之页补以空白页,卷末等处数页页面有破损和文字蚀佚。

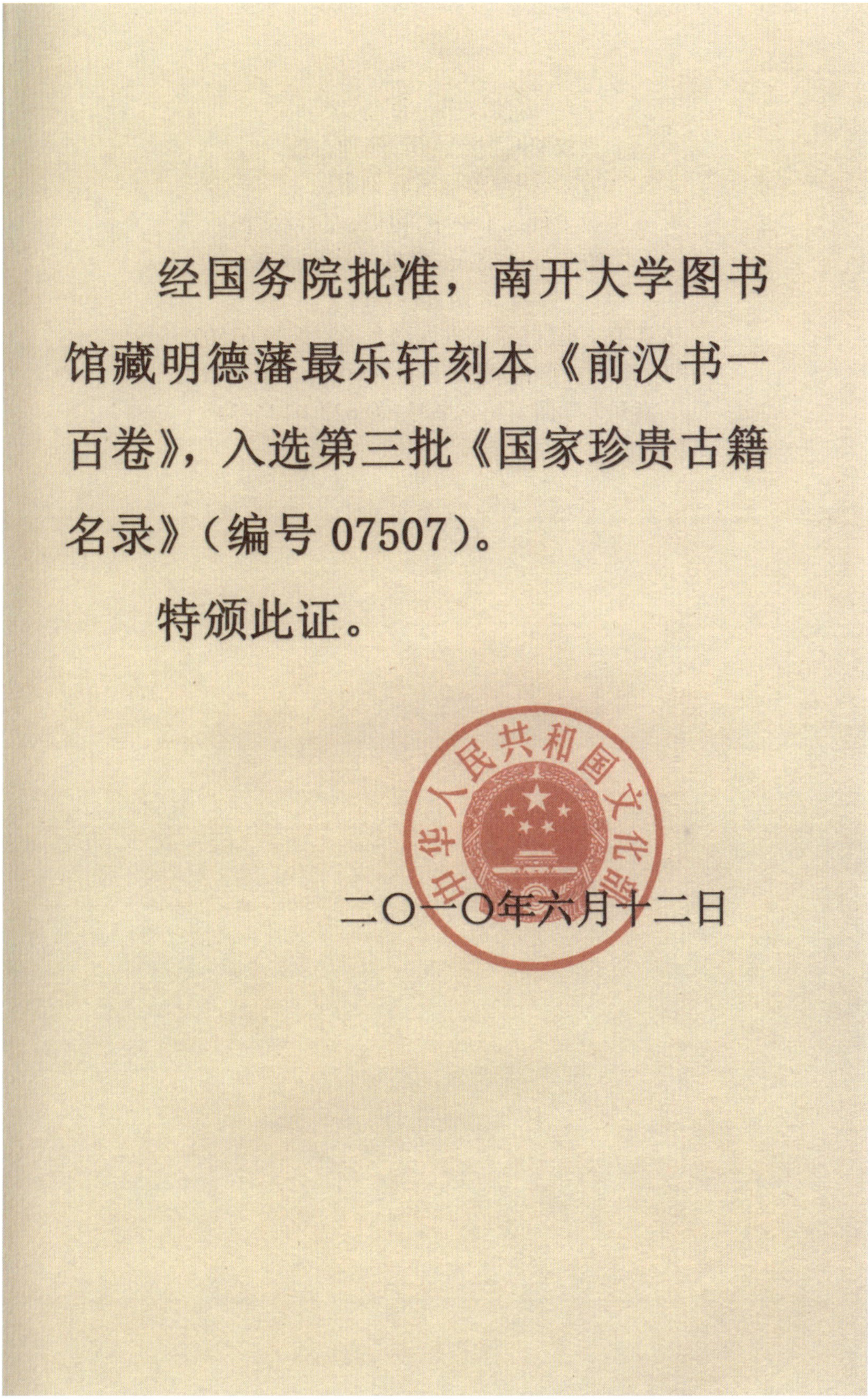

经国务院批准，南开大学图书馆藏明德藩最乐轩刻本《前汉书一百卷》，入选第三批《国家珍贵古籍名录》（编号 07507）。

特颁此证。

中华人民共和国文化部

二〇一〇年六月十二日

图 098 《前汉书一百卷》入选《国家珍贵古籍名录》证书

《前汉书一百卷》
(汉)班固撰 ,(唐)颜师古注
明德藩最乐轩刻本
半页十行二十一字,白口,左右双边
开本 29.7cm×18.5cm,版框 20.0cm×13.9cm
8 函 64 册
入选第三批《国家珍贵古籍名录》,编号 07507
《国家珍贵古籍名录》证书颁发时间:2010 年 6 月

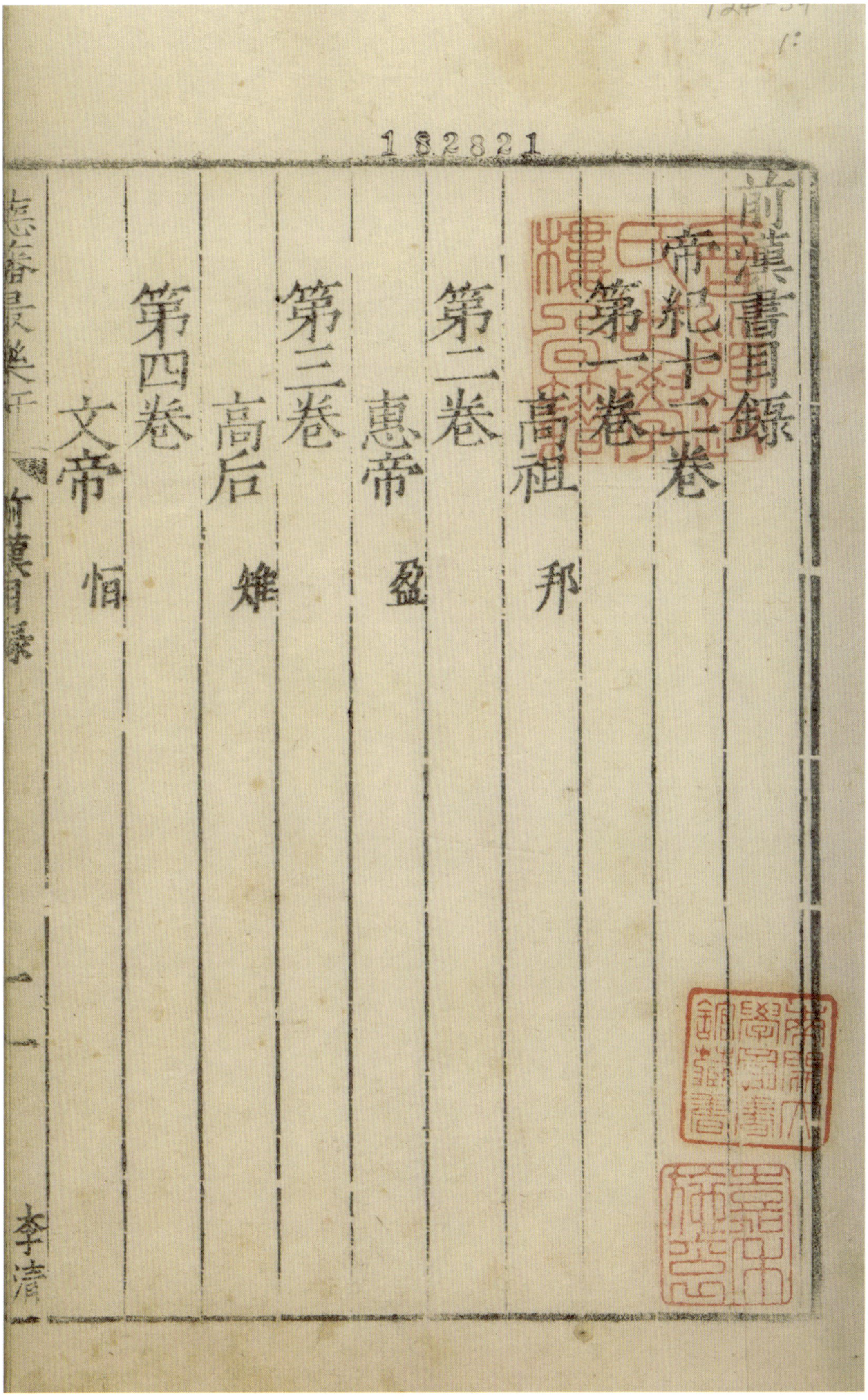
182821

前漢書目錄
帝紀十二卷
第一卷 高祖 邦
第二卷 惠帝 盈
第三卷 高后 雉
第四卷 文帝 恒

德藩最樂軒 前漢目錄 一 李濬

图 099 《前汉书一百卷》书影之一

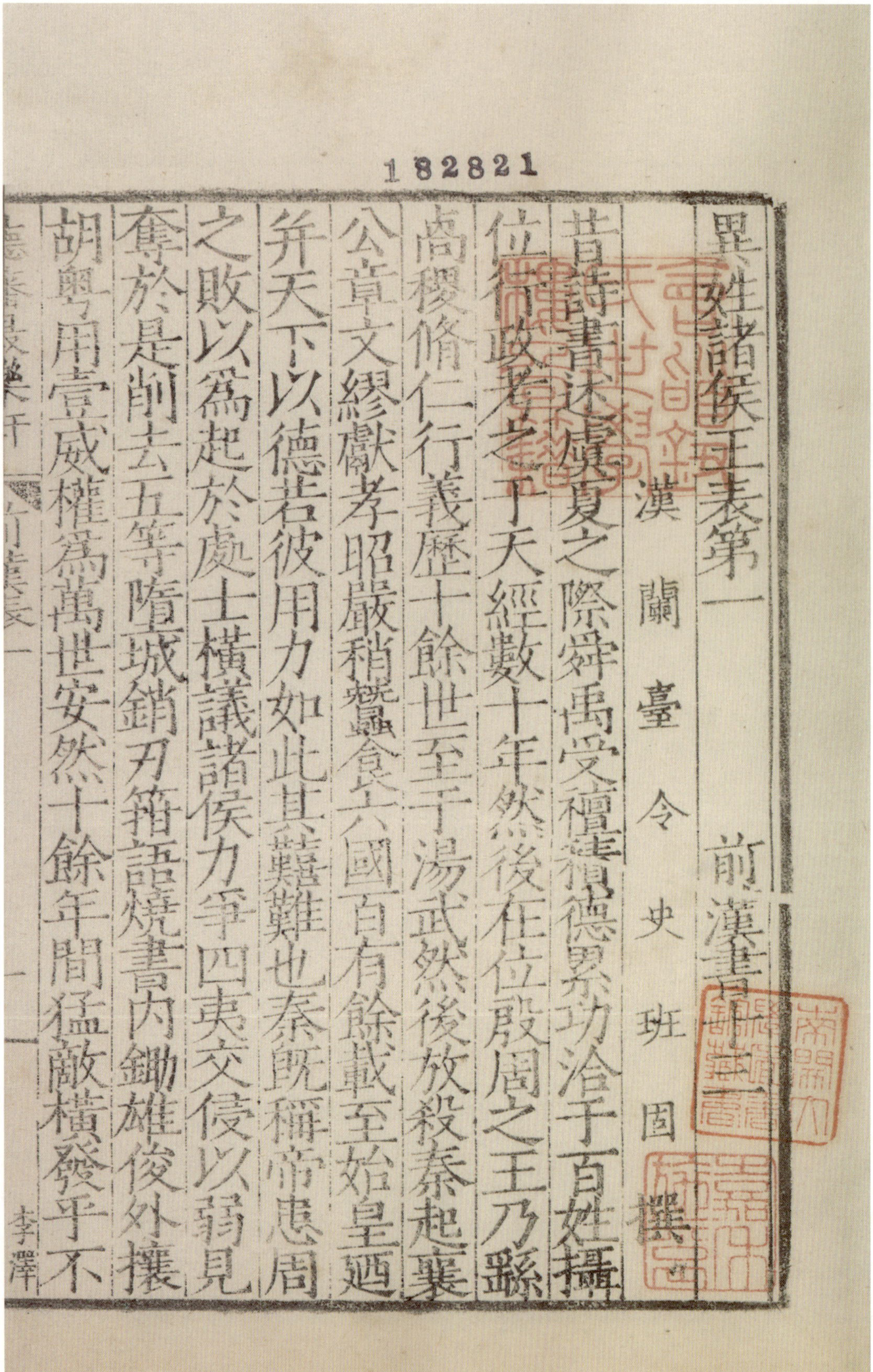
182821
異姓諸侯王表第一　　前漢書十三
漢　蘭臺令史班固撰
昔詩書述虞夏之際舜禹受禪積德累功洽于百姓攝
位行政考之于天經數十年然後在位殷周之王乃繇
卨稷脩仁行義歷十餘世至于湯武然後放殺秦起襄
公章文繆獻孝昭嚴稍蠶食六國百有餘載至始皇迺
并天下以德若彼用力如此其艱難也秦既稱帝患周
之敗以爲起於處士橫議諸侯力爭四夷交侵以弱見
奪於是削去五等墮城銷刃箝語燒書內鉏雄俊外攘
胡粵用壹威權爲萬世安然十餘年間猛敵橫發乎不
前漢表一　一
李澤

图 100 《前汉书一百卷》书影之二

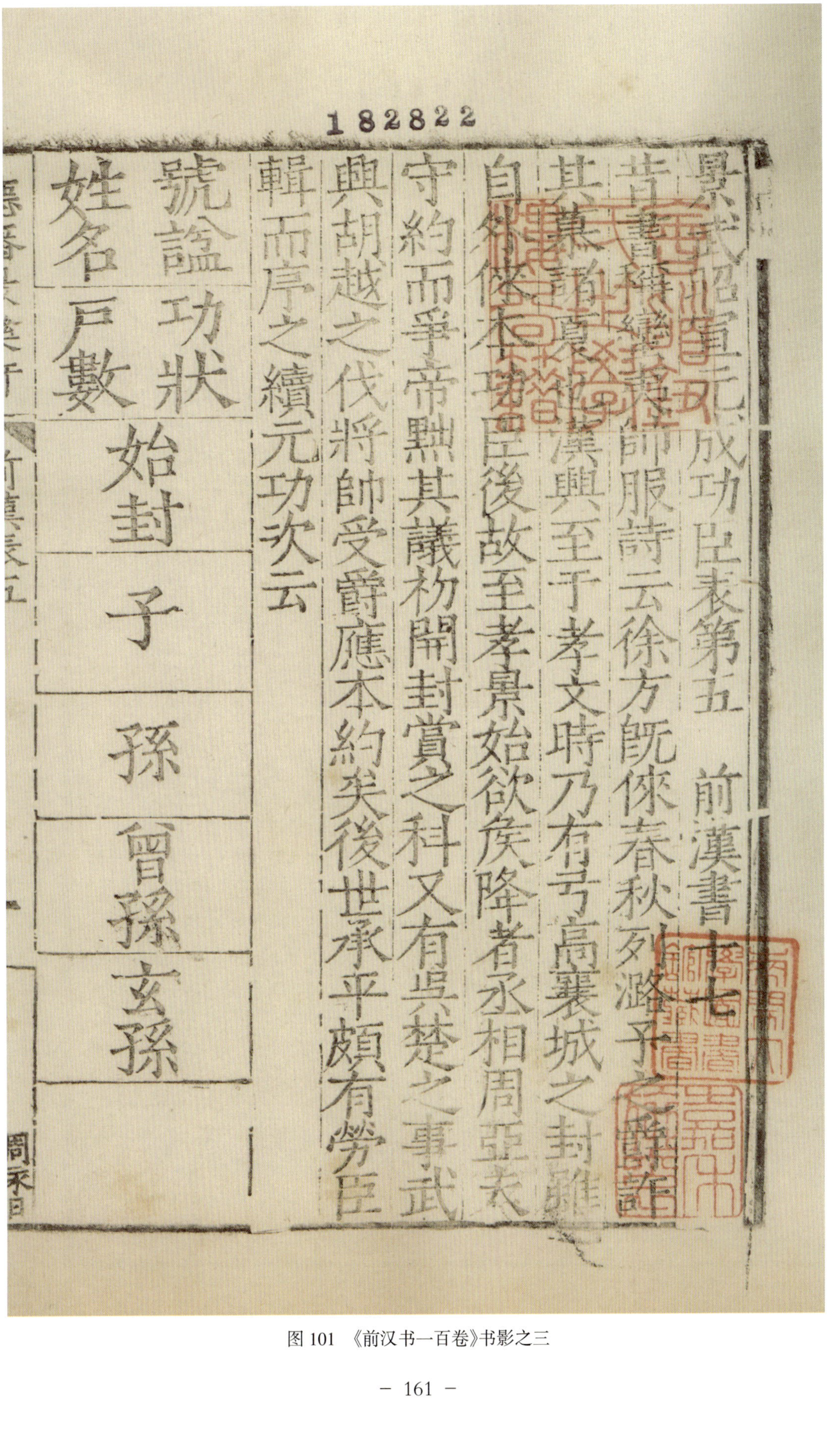

图 101 《前汉书一百卷》书影之三

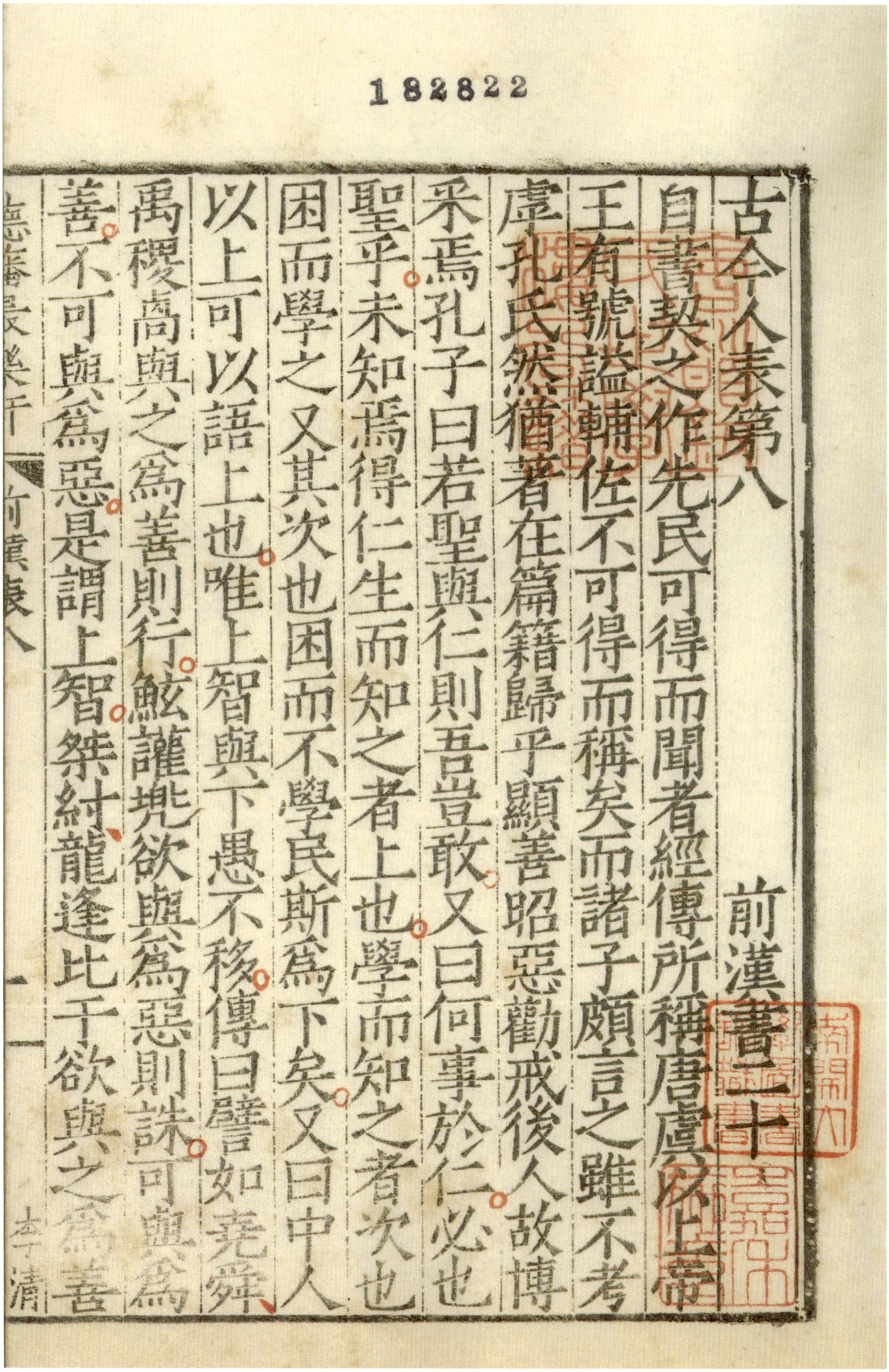

古今人表第八　前漢書二十

自書契之作先民可得而聞者經傳所稱唐虞以上帝王有號謚輔佐不可得而稱矣而諸子頗言之雖不考虖孔氏然猶著在篇籍歸乎顯善昭惡勸戒後人故博采焉孔子曰若聖與仁則吾豈敢又曰何事於仁必也聖乎未知焉得仁生而知之者上也學而知之者次也困而學之又其次也困而不學民斯爲下矣又曰中人以上可以語上也唯上智與下愚不移傳曰譬如堯舜禹稷卨與之爲善則行鮌讙兜欲與爲惡則誅可與爲善不可與爲惡是謂上智桀紂龍逢比干欲與之爲善

德藩最樂亭　前漢表八　一　李清

图 102　《前汉书一百卷》书影之四

《司马温公稽古录二十卷》

提　要

撰者司马光(1019—1086),字君实,号迂叟,世称涑水先生,北宋政治家、史学家和文学家。先后在仁宗、英宗、神宗、哲宗四朝担任奉礼郎、大理评事、馆阁校勘、通判、天章阁待制、起居舍人等职,卒赠太师、温国公,谥文正。生平著作甚多,主要有《资治通鉴》《温国文正司马公文集》《稽古录》《涑水记闻》《潜虚》等。《稽古录》乃史学巨著《资治通鉴》之姊妹篇,是一部记述自上古至宋英宗朝历史大事的简明历史读本,包含了《稽古录》《历年图》《国朝百官公卿表大事记》三部分,对于远古事只简述梗概,自周共和元年(前 841)起则改为编年史,每年略举大事。南开大学图书馆所藏《司马温公稽古录二十卷》为明代范氏天一阁刻本。天一阁是中国历史上最著名的私家藏书楼,从明一直延续到近代。清乾隆年间纂修《四库全书》,令各地藏书家进呈底本,以天一阁所进最多,受到乾隆帝的褒奖。天一阁藏书虽富甲一方,然所刻书籍有限,远不如毛晋汲古阁著名,因而该书亦属少有之刻本。馆藏是书曾为周一良藏书,首册书名题签为"温公稽古录二十卷",下有"一良读本"四字。书名页分别印有"稽古录"和"天一阁藏板"等字。大部分版心印有刻工名字,分别为翟良才、王寘四、胡十二、邓克三、徐升、姜培、郭完、郭英、郭拱、余堂、郭才、黄文六、周聪八、戴锐、郭良、熊诗五、邹国相、周明四、黄文五、龙泮、黄文九、邓秦三、王文五、郭韬四等,此外还有写工名范正祥、黄瑞。

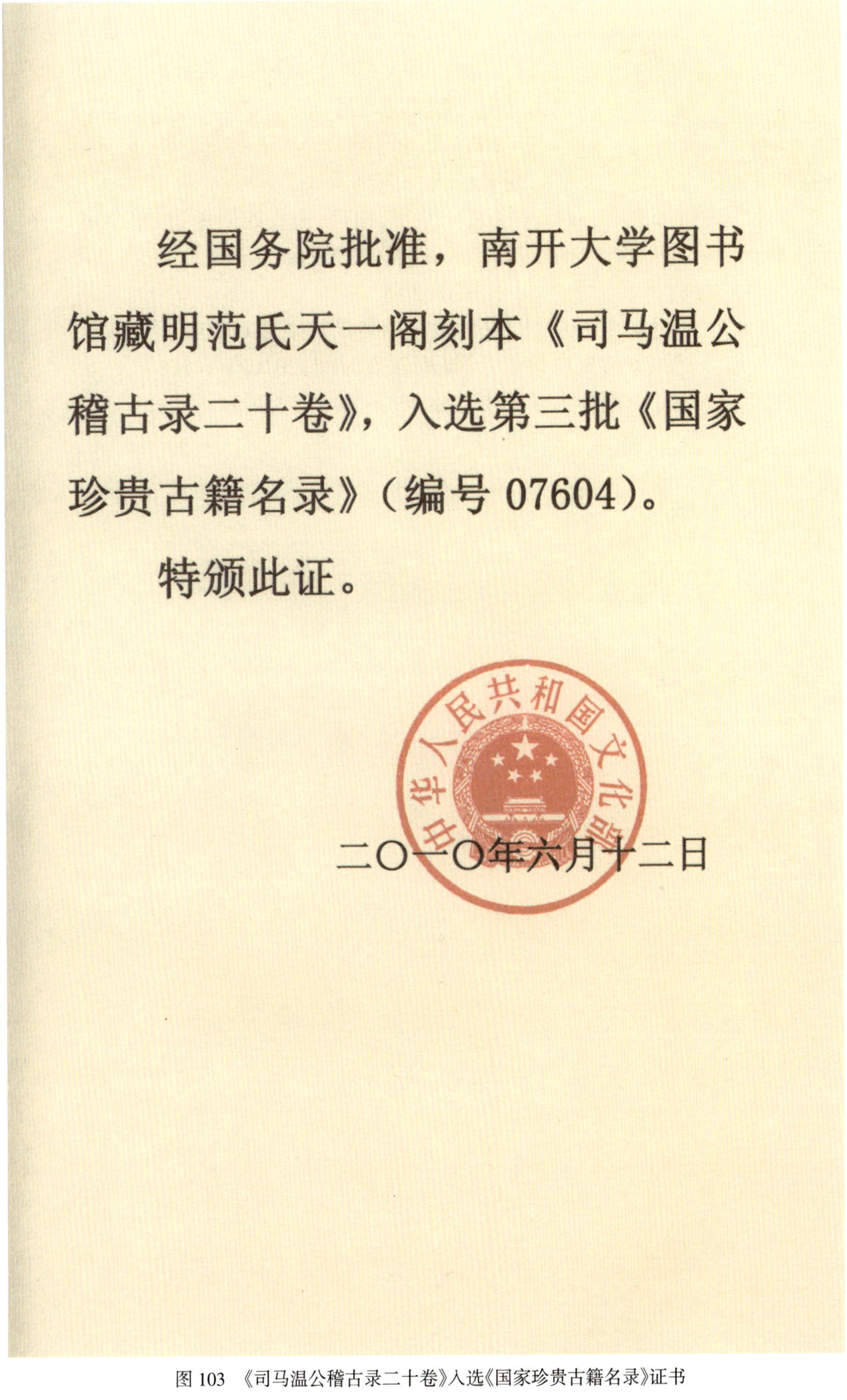

经国务院批准，南开大学图书馆藏明范氏天一阁刻本《司马温公稽古录二十卷》，入选第三批《国家珍贵古籍名录》（编号 07604）。

特颁此证。

中华人民共和国文化部

二〇一〇年六月十二日

图 103 《司马温公稽古录二十卷》入选《国家珍贵古籍名录》证书

《司马温公稽古录二十卷》
(宋)司马光撰
明范氏天一阁刻本
半页九行十九字,双行小字三十八字,白口,边栏四周单边,单鱼尾
开本 28cm×17.5cm,版框 20.5cm×15.6cm
1 函 2 册
入选第三批《国家珍贵古籍名录》,编号 07604
《国家珍贵古籍名录》证书颁发时间:2010 年 6 月
南开大学图书馆索书号:善 610.7/303

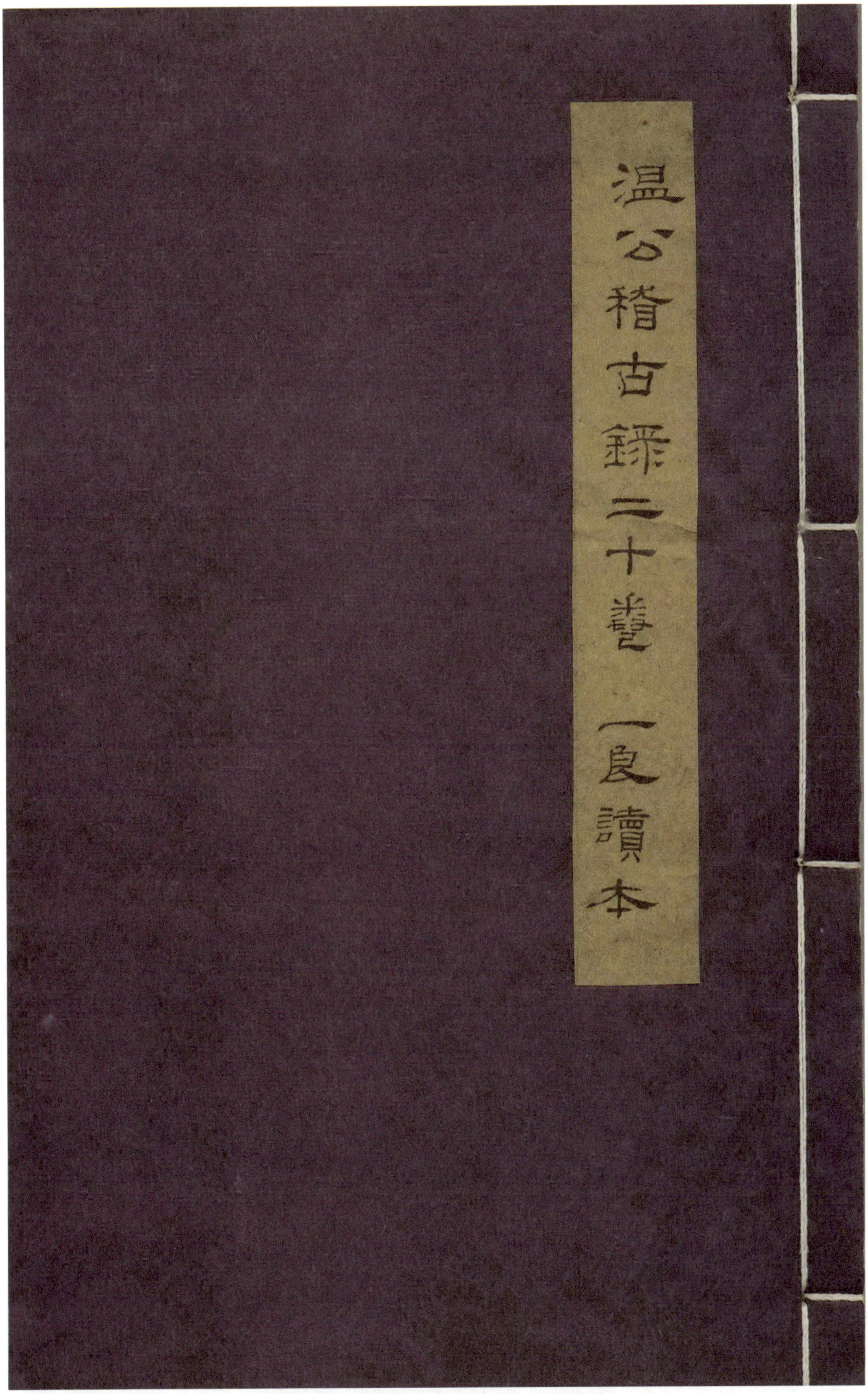

图 104　《司马温公稽古录二十卷》书影之一

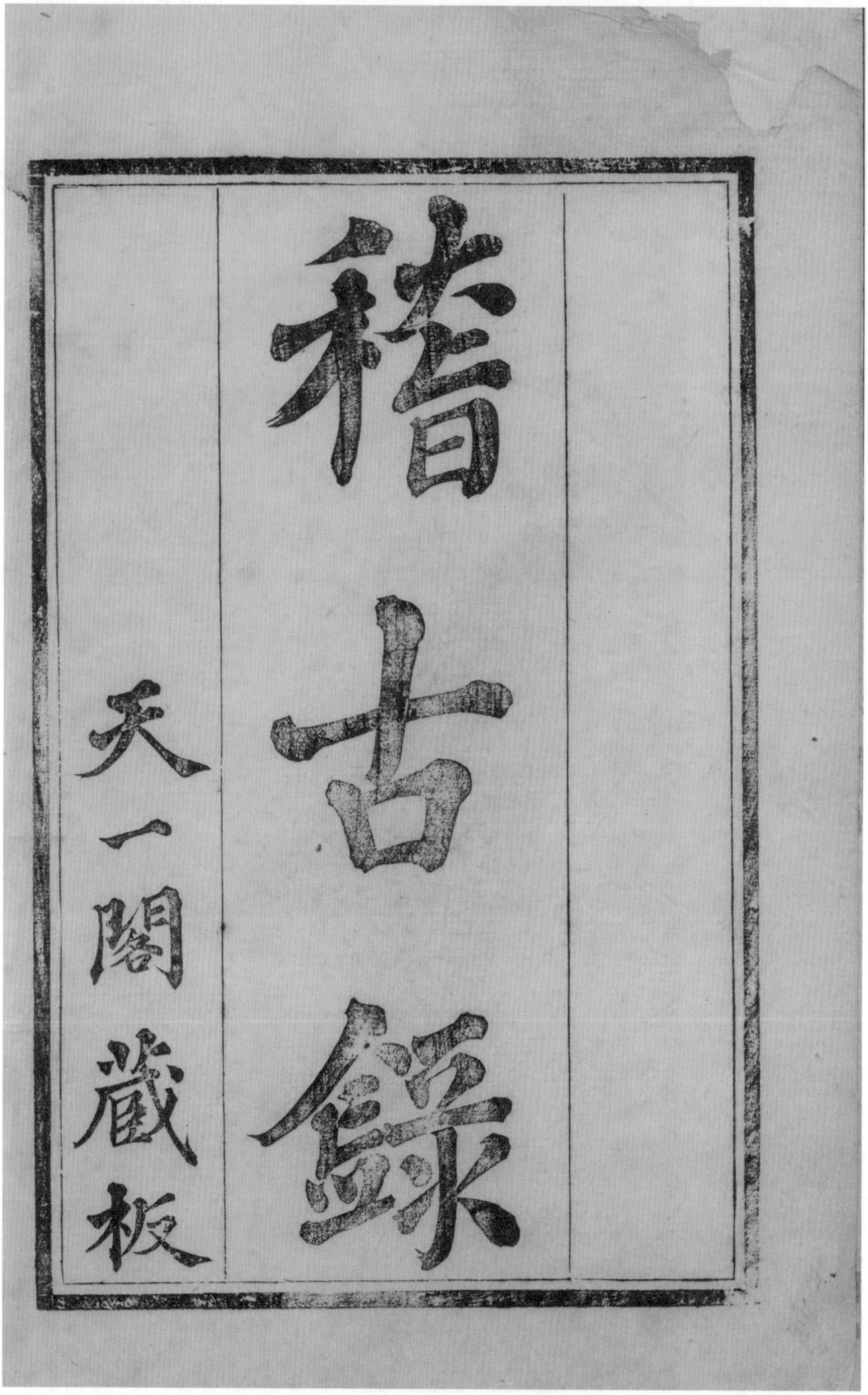

图 105 《司马温公稽古录二十卷》书影之二

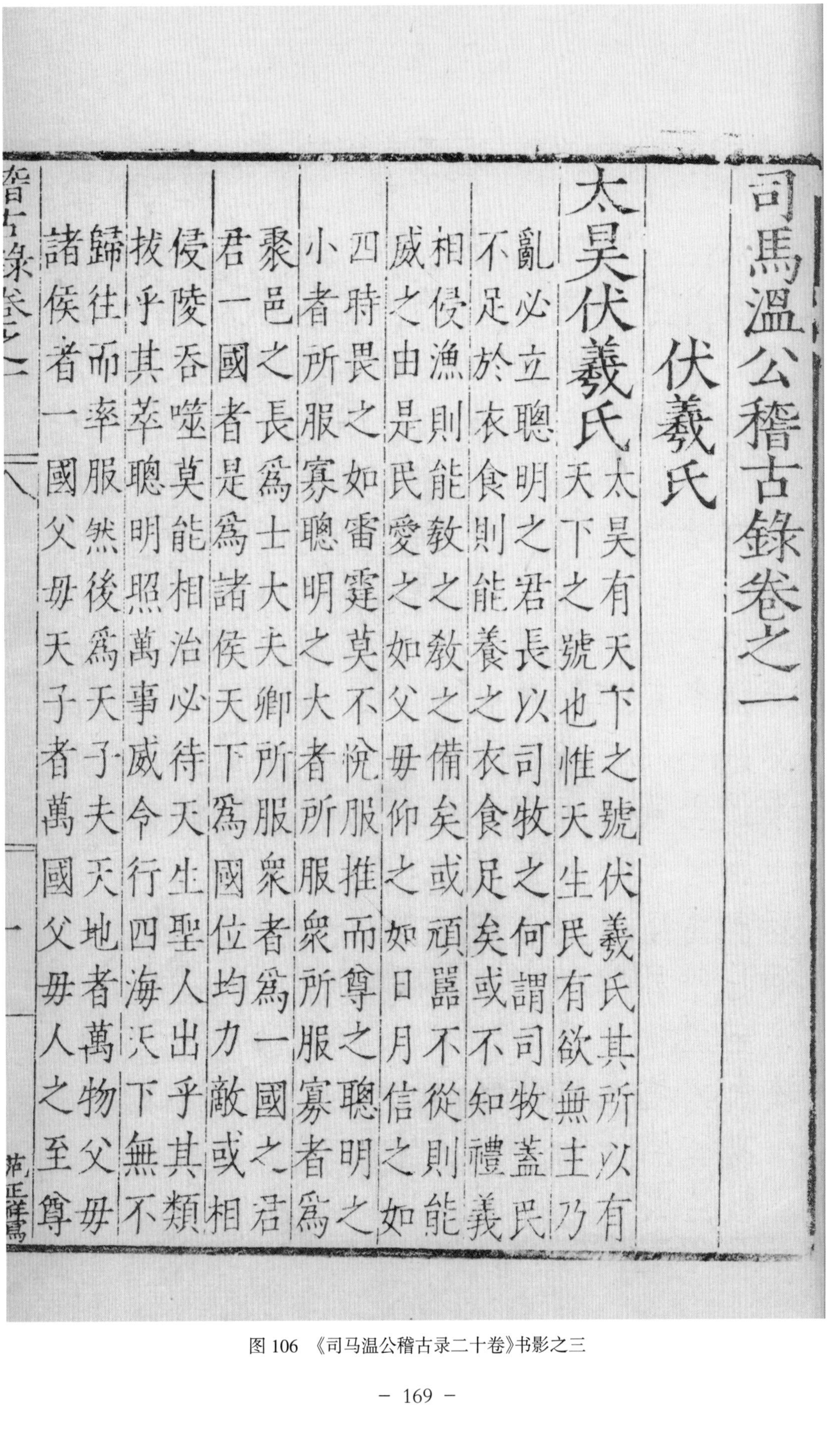

司馬溫公稽古錄卷之一

伏羲氏

太昊伏羲氏 太昊有天下之號伏羲氏其所以有天下之號也惟天生民有欲無主乃亂必立聰明之君長以司牧之何謂司牧蓋民不足於衣食則能養之衣食足矣或不知禮義相侵漁則能教之教之備矣或頑嚚不從則能威之由是民愛之如父母仰之如日月信之如四時畏之如雷霆莫不悅服推而尊之聰明之小者所服寡聰明之大者所服衆所服寡者爲聚邑之長爲士大夫卿所服衆者爲一國之君君一國者是爲諸侯天下爲國位均力敵或相侵陵吞噬莫能相治必待天生聖人出乎其類拔乎其萃聰明照萬事威令行四海天下無不歸往而率服然後爲天子夫天地者萬物父母諸侯者一國父母天子者萬國父母人之至尊

稽古錄卷之一　一

图 106 《司马温公稽古录二十卷》书影之三

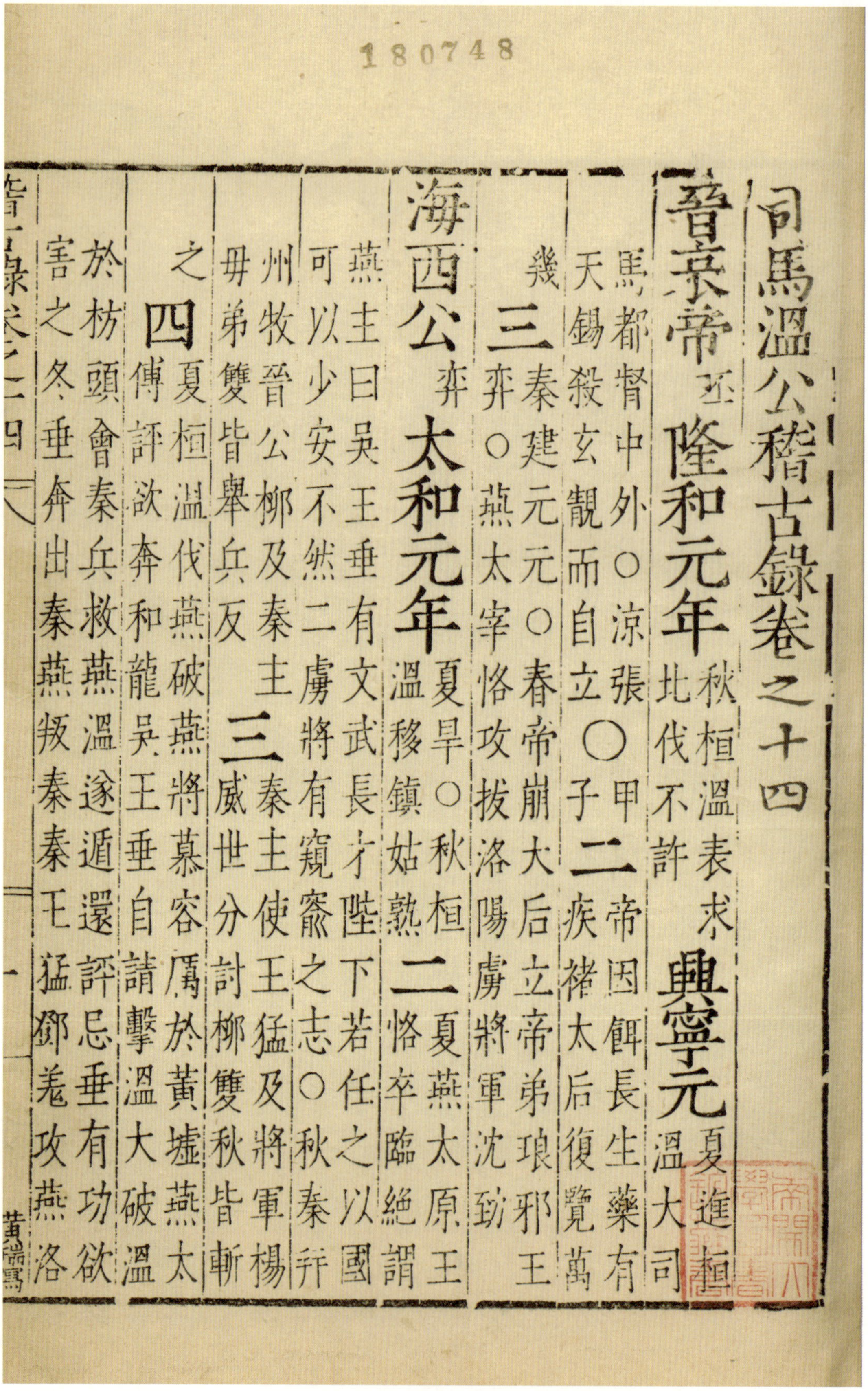

司馬溫公稽古錄卷之十四

晉哀帝丕 隆和元年秋桓溫表求北伐不許 興寧元夏進桓溫大司馬都督中外○涼張天錫殺玄靚而自立○甲子 二帝因餌長生藥有疾褚太后復覽萬幾 三秦建元元○春帝崩大后立帝弟琅邪王弈○燕太宰恪攻拔洛陽虜將軍沈勁

海西公弈 太和元年夏旱○秋桓溫移鎮姑熟 二夏燕太原王恪卒臨絕謂燕主曰吳王垂有文武長才陛下若任之以國可以少安不然二虜將有窺窬之志○秋秦并州牧晉公柳及秦主毋弟雙皆舉兵反 三秦主使王猛及將軍楊威世分討柳雙秋皆斬之 四夏桓溫伐燕破燕將慕容厲於黃墟燕太傅評欲奔和龍吳王垂自請擊溫大破溫於枋頭會秦兵救燕溫遂遁還評忌垂有功欲害之冬垂奔出秦燕叛秦秦王猛鄧羌攻燕洛

稽古錄卷之十四

图 107 《司马温公稽古录二十卷》书影之四

《[康熙]蒲城志不分卷》

提　要

蒲城位于今陕西省渭南地区，清康熙年间曾纂修刻印《蒲城志》。南开大学图书馆所藏《蒲城志》稿本是否为所刻志书之底稿尚未考证。该稿本内容罗列星野，包括县境以及历代异名、祥异、人物等，眉端有佚名批注。卷端钤有“益津张氏珍藏之印”朱文长方印，卷端和卷末分别钤有“诗龛居士”白文方印。据此可知该书曾先后为清代蒙古族藏书家法式善和晚清至民国时期河北霸州藏书家张震、张文田所藏。据《全国地方志联合目录》著录，此稿本在全国或仅有南开大学图书馆独家收藏。

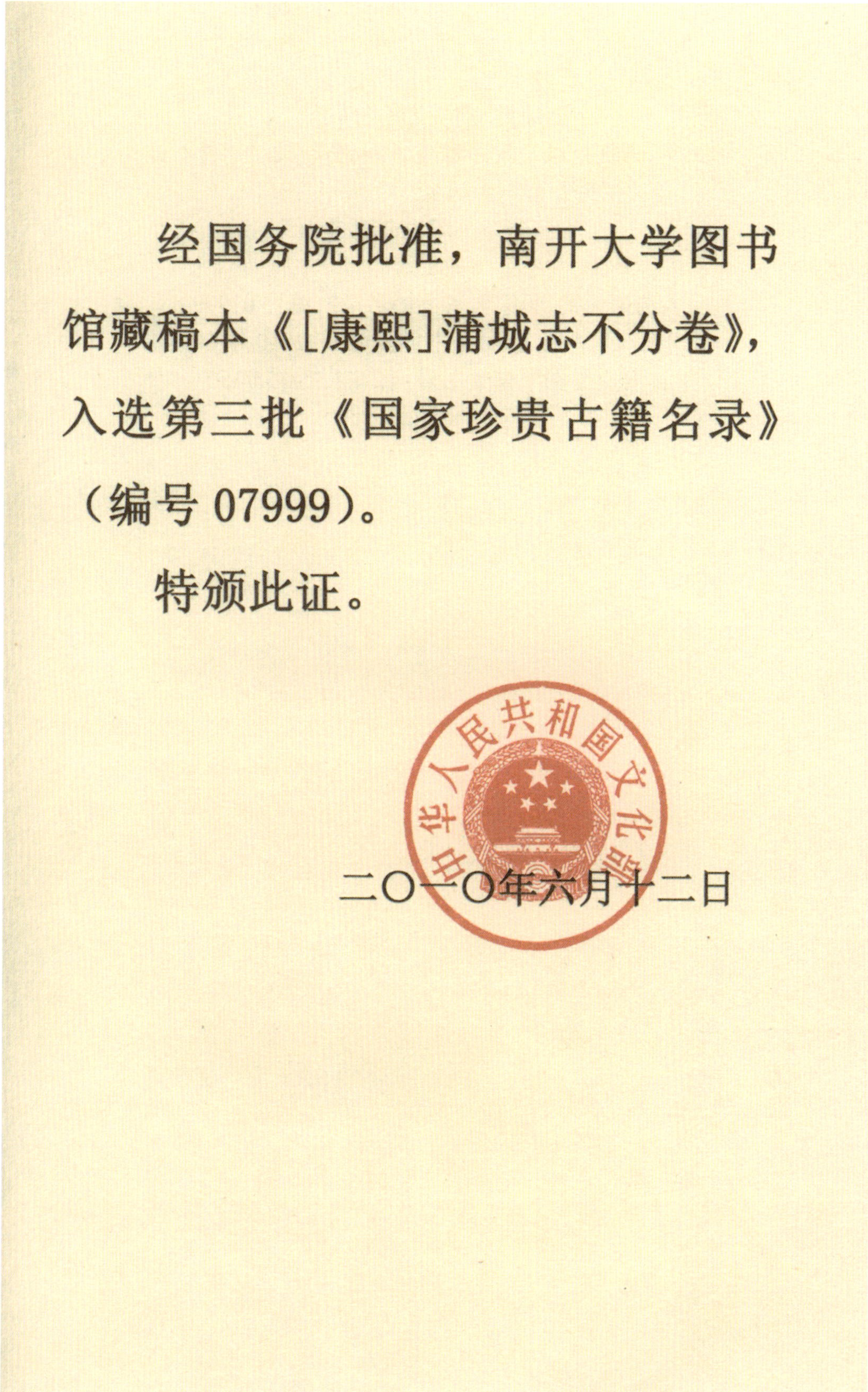

经国务院批准，南开大学图书馆藏稿本《[康熙]蒲城志不分卷》，入选第三批《国家珍贵古籍名录》（编号 07999）。

特颁此证。

中华人民共和国文化部

二〇一〇年六月十二日

图 108 《[康熙]蒲城志不分卷》入选《国家珍贵古籍名录》证书

《[康熙]蒲城志不分卷》
清稿本,未注撰人及批注者姓名,成书与批注年月不详
半页九行三十四至三十八字,白口
开本 16.5cm×29cm,版框无
1 夹 1 册
入选第三批《国家珍贵古籍名录》,编号 07999
《国家珍贵古籍名录》证书颁发时间:2010 年 6 月
南开大学图书馆索书号:善 671.55/155/350

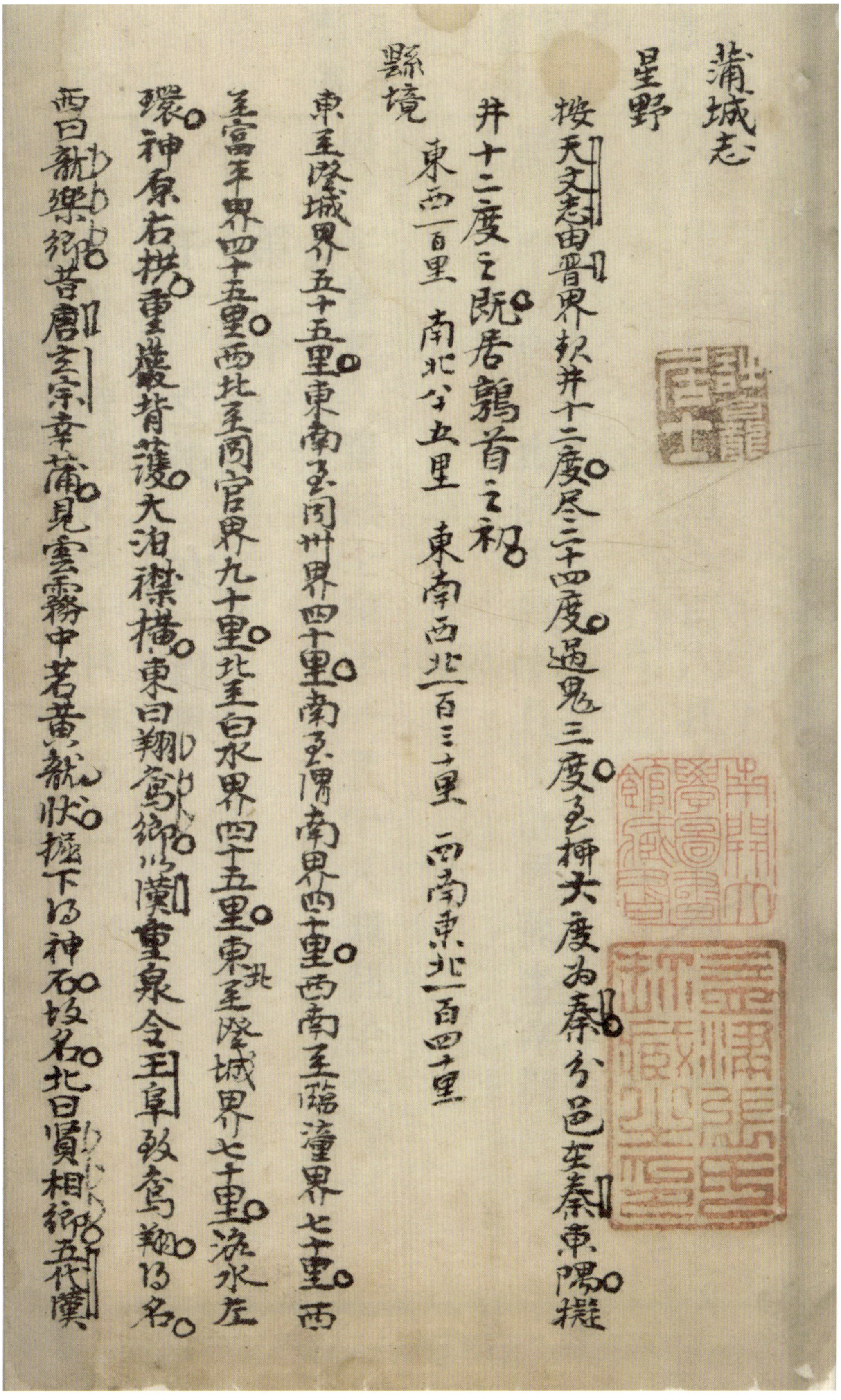
蒲城志

星野

按天文志由晉界起井十二度。盡二十四度。過鬼三度。至柳六度為秦分。邑在秦東隅。據井十二度之既。居鶉首之初。

縣境

東西一百里　南北八十五里　東南西北一百三十里　西南東北一百四十里

東至澄城界五十五里。東南至同州界四十里。南至渭南界四十里。西南至臨潼界七十里。西至富平界四十五里。西北至同官界九十里。北至白水界四十五里。東北至澄城界七十里。洛水左環。神原右拱。重巖背護。大泊襟橫。東曰翔鸞鄉。以漢重泉令王阜致鸞鳥翔以名。西曰龍樂鄉。昔唐玄宗幸蒲。見雲霧中若黃龍狀。據下以神石坡名。北曰賢相鄉。五代漢

图 109 《[康熙]蒲城志不分卷》书影之一

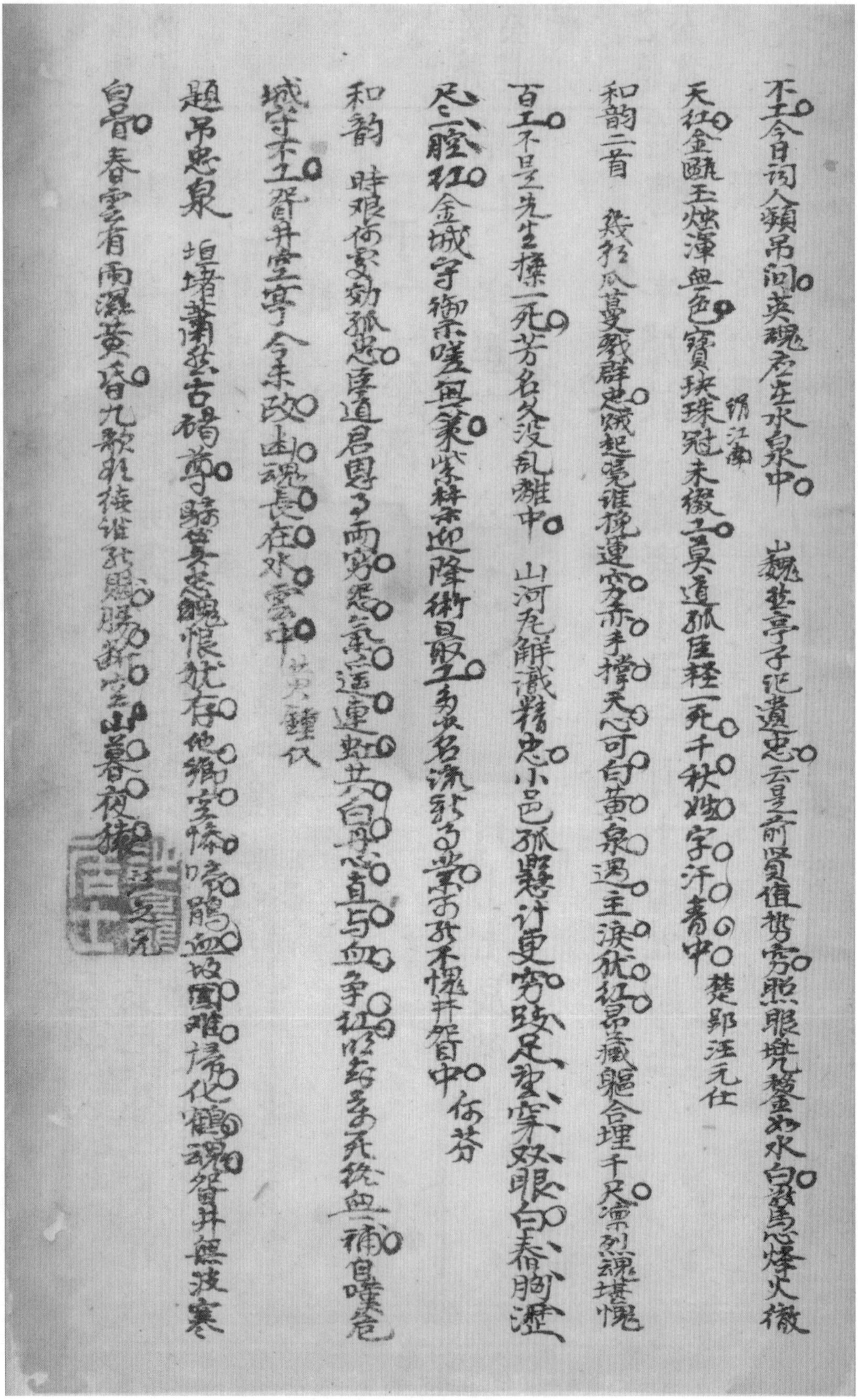
不朽。今日詞人頻弔問。英魂應在水泉中。 山巍甚亭子屹遺忠。云是前賢值楚窮。照眼堪觀金如水。白髮焉心烽火徹
天柱。金甌玉燭渾無色。寶玦珠冠未徹工。莫道孤臣輕一死。千秋烈字汗青中。 楚郢汪元仕
和韻二首 幾番風暴戰群忠。賊起覺誰挽運窮。赤手撐天心可白。黄泉遇主淚猶紅。帛藏軀合埋千尺。凜烈魂堪愧
百工。不是先生操一死。芳名久沒亂離中。 山河危解識精忠。小邑孤懸計更窮。跣足攖穿奴眼白。春胸瀝
盡一腔紅。金城守禦嗟無策。紫禁迎降術最工。多少名流我家業。于兹不愧井泉中。 何芬
和韻 時艱何處效孤忠。厚道君恩兩窮。忠氣運連虹共白。丹心直與血爭紅。昭兹多死猶無補。自嘆危
城守不工。留井空亭今未改。幽魂長在水雲中。 鐘仪
題弔忠泉 垣墻蕭然古碣尊。騎箕忠魄恨猶存。他鄉空係啼鵑血。故國難歸化鶴魂。留井無波寒
白骨。春雲有雨濕黄昏。九歌欲續誰能賦。腸斷空山暮夜猿。

图 110 《[康熙]蒲城志不分卷》书影之二

《汉史億二卷》

提　要

撰者孙廷铨(1613—1674),初名廷铉,字枚先,又字次道、伯度,号沚亭,又号沚园灌长、灌长氏等。明崇祯进士,入清累擢河间府推官、陕西乡试主考官、考功司郎中、太常寺少卿、太仆寺卿、户部左侍郎、兵部尚书、户部尚书、吏部尚书、秘书院大学士,先后授封光禄大夫、太子太保,卒谥文定。著作颇丰,留有《南征纪略》二卷、《颜山杂记》四卷、《汉史億》二卷、《沚亭自删诗》一卷、《沚亭自删文集》两卷、《琴谱指法》一卷。《汉史億》属史评类著作,内容为编取司马迁、班固、范晔所著《史记》《前汉书》《后汉书》三史所载事实加以评论,共约二百余条,所言多与于慎行所著《读史漫录》中的议论相同。南开大学图书馆所藏《汉史億二卷》旧为清著名汉学家、经学家和考据学家阎若璩所藏,卷前封面及马溥序页面天头有阎若璩墨笔题识二则,其一称赞该书为"今日之佳书",并钤有"阎若璩印"白文方印及"百诗"白文双框方印,后一则指出该书中的二处讹误。马溥序各页为半页五行十二字,序末复制有"马溥之印"阳刻印和"大学士章"阴刻印,并有"青州诸生孙宝仁誊稿"字样。马序之后为孙沚亭自序。马序首页钤有"更年审定"白文方印、"杨氏稼轩"白文方印、"收藏书籍"朱文方印。上、下卷卷端均钤有"秦更年印"白文方印和"秦曼青"白文方印。上卷末附贴秦更年墨笔题识一则(签条二纸)。下卷卷末有原书刻印之"后序"一篇,末页钤有"城南草堂鉴藏图书记"朱文方印。秦更年题记内容为:"汉史億二卷,益都孙沚亭著,四库入存目。盖史评之流也。卷首眉端有潜丘先生题字云:'康熙庚午春二月中旬,自京师归。途中携赵公秋谷所赠汉史億二卷,读之至终,亦近得之佳书也。'又题云:'越四年癸酉冬十月下旬,复阅一过。母后临朝称制,战国已有,如秦宣太后、齐君王后皆是,不自汉高后始。韦诞既书凌云殿榜下,则戒子孙绝此,楷法著之家令,非梁鹄也。此二条误,当正'云云。先生读书一字不轻易放过,虽时人著述亦为之正误订讹,其学识之博,与用力之勤,绝非后人所能几及,其云庚午二月中旬南归,按张石洲所譔年谱,谓是年三月健庵归里后,又云先生与健庵同归,而不知先生实于二月中旬首途似与健庵微有先后,年谱失之。惜石洲不见此也。庚午先生年五十五,癸酉则年五十九矣。先生手迹流传最罕,此作小楷,书后段尤胜大儒手泽,真至宝也。"

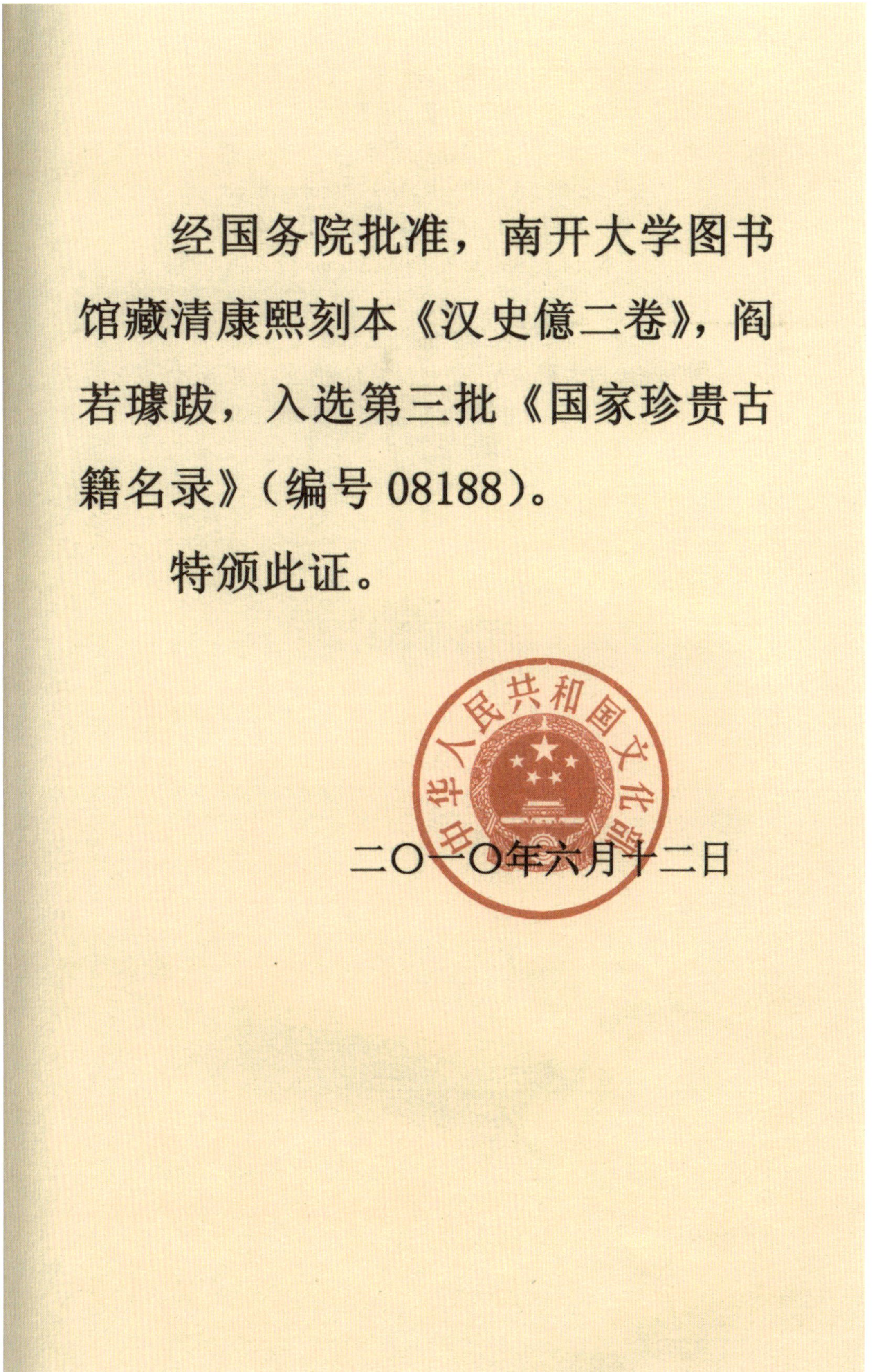

经国务院批准，南开大学图书馆藏清康熙刻本《汉史億二卷》，阎若璩跋，入选第三批《国家珍贵古籍名录》（编号08188）。

特颁此证。

中华人民共和国文化部

二〇一〇年六月十二日

图111 《汉史億二卷》入选《国家珍贵古籍名录》证书

《汉史億二卷》

(清)孙廷铨撰

清康熙刻本,1690年、1694年阎若璩跋

半页八行二十字,白口,边栏四周双边

开本 14.5cm×25cm,版框 11cm×17.5cm

1函2册

入选第三批《国家珍贵古籍名录》,编号08188

《国家珍贵古籍名录》证书颁发时间:2010年6月

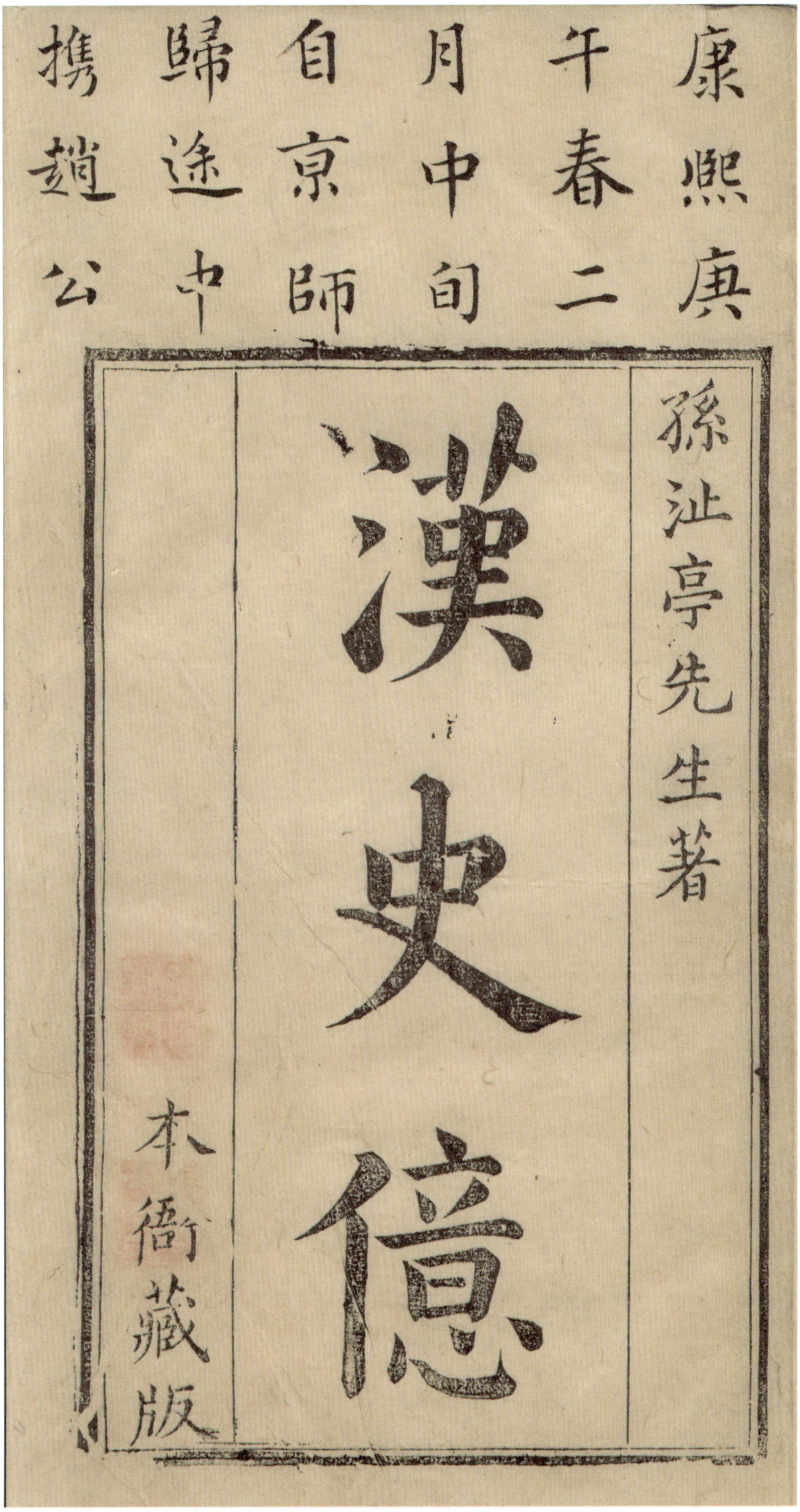

康熙庚午春二月中旬自京師歸途中携趙公

孫沚亭先生著

漢史億

本衙藏版

图 112 《汉史億二卷》书影之一

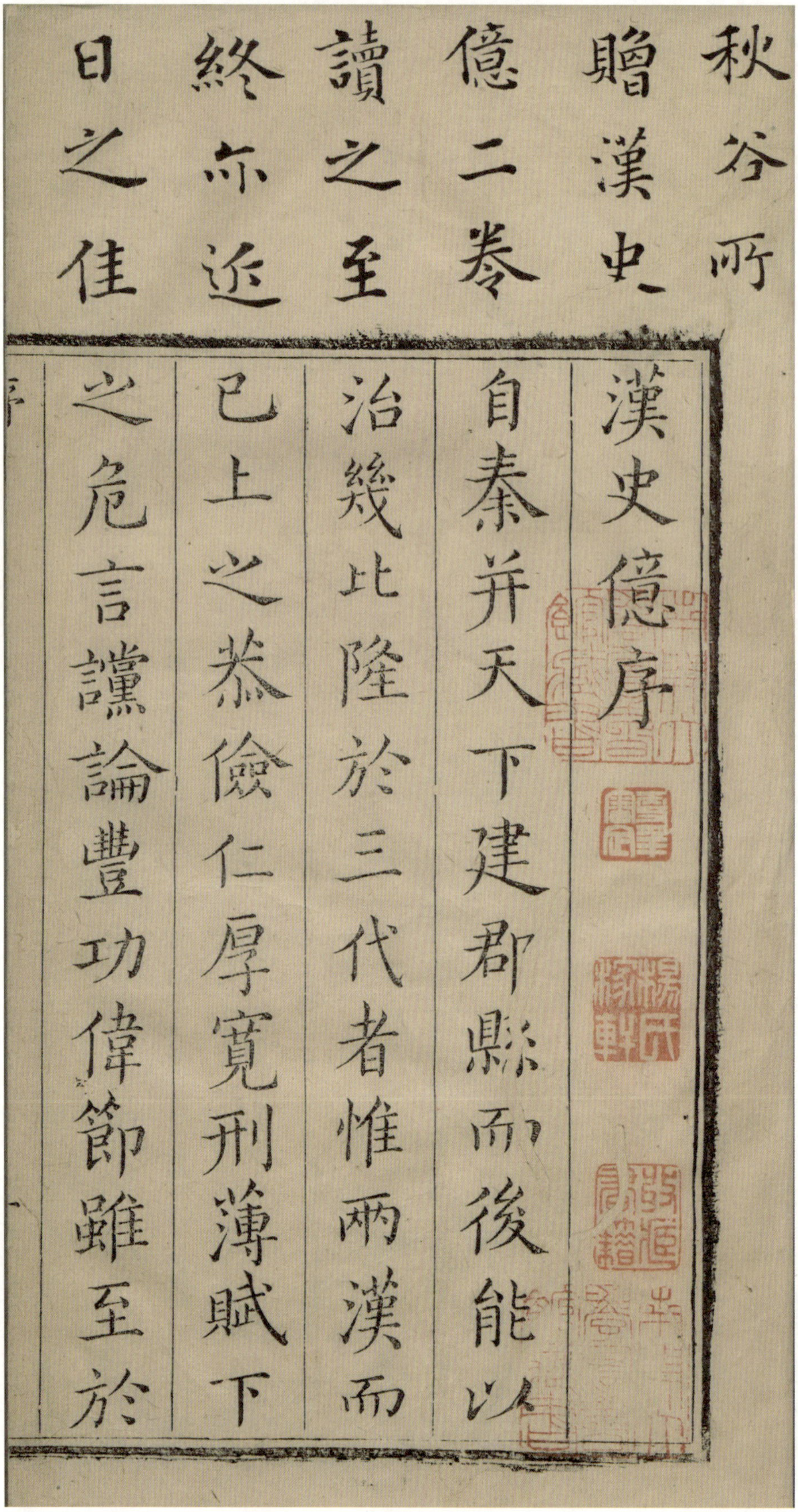
秋谷所贈漢史億二卷讀之至終亦近日之佳

漢史億序

自秦并天下建郡縣而後能以治幾比隆於三代者惟兩漢而已上之恭儉仁厚寬刑薄賦下之危言讜論豐功偉節雖至於

图 113 《汉史億二卷》书影之二

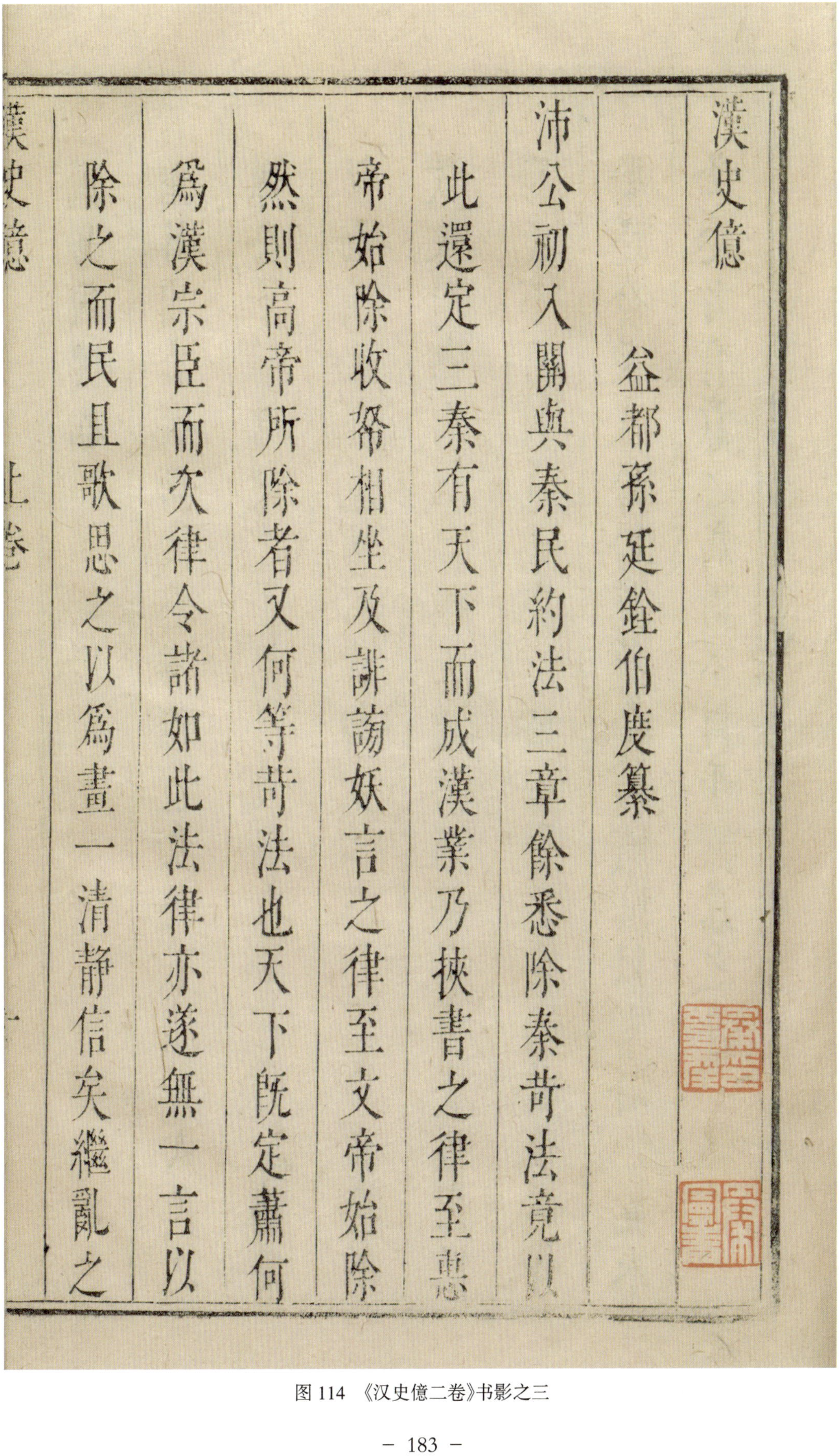

漢史億

益都孫廷銓伯度纂

沛公初入關與秦民約法三章餘悉除秦苛法竟以此還定三秦有天下而成漢業乃挾書之律至惠帝始除收帑相坐及誹謗妖言之律至文帝始除然則高帝所除者又何等苛法也天下既定蕭何爲漢宗臣而次律令諸如此法律亦遂無一言以除之而民且歌思之以爲畫一清靜信矣繼亂之

漢史億 上卷 一

图 114 《汉史億二卷》书影之三

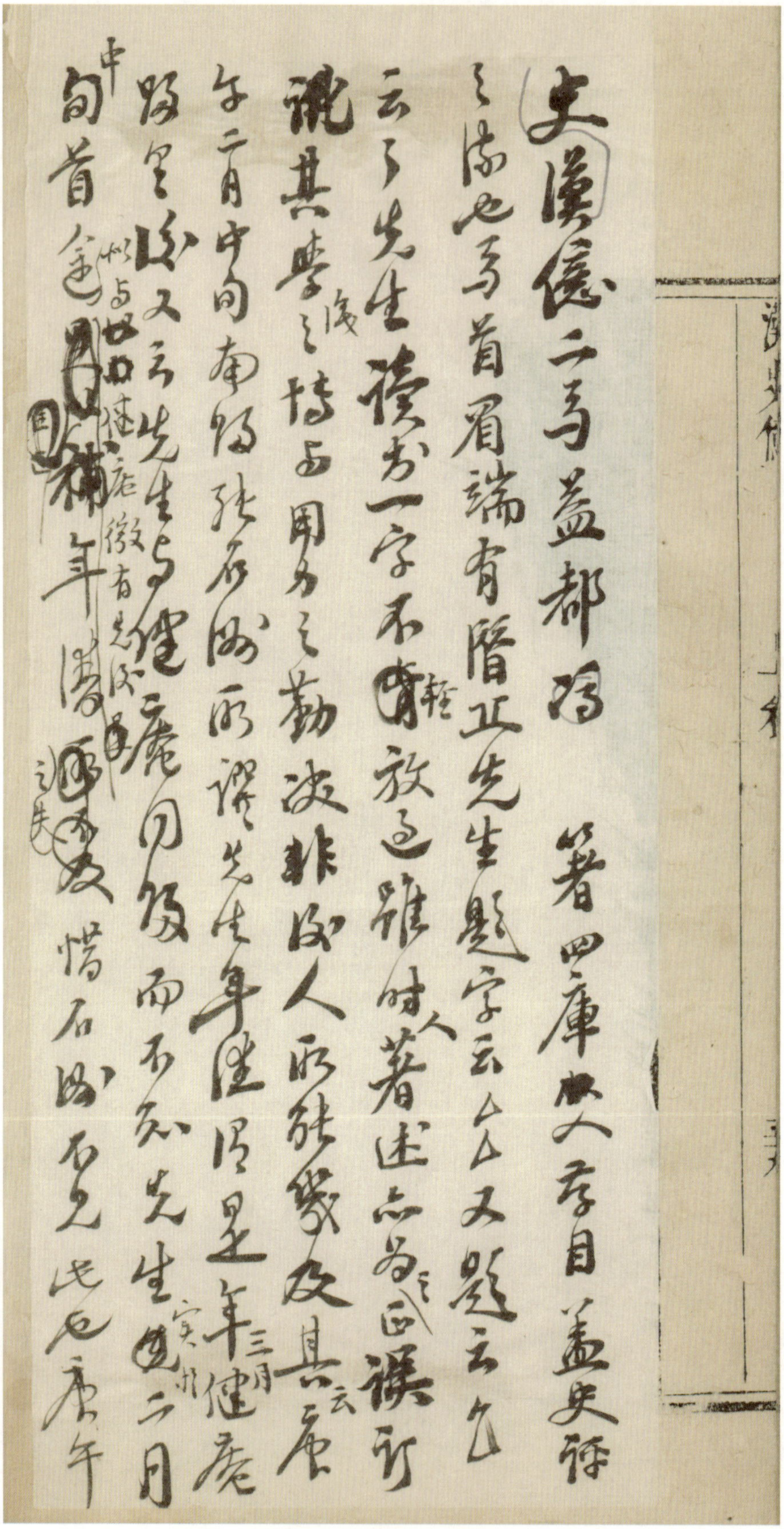

图 115 《汉史億二卷》书影之四

《孔子家语十卷》

提 要

《孔子家语》亦名《孔氏家语》，或简称《家语》，最早著录于《汉书·艺文志》，原书二十七卷，记录了孔子及孔门弟子思想言行，为孔子门人所撰，但早佚。今本为十卷，共四十四篇，乃三国时魏国王肃收集纂撰，杂取秦汉各种书籍所载孔子遗文逸事，以及《论语》《左传》《小戴礼》《大戴礼》等书中记述的关于婚姻、丧葬、庙祧等制度中与郑玄所论之不同处综合成篇，借孔子之名加以阐发，对于有关孔子和孔门弟子及古代儒家思想的研究具有重要价值。注者王肃（195—256），字子雍，东海郯(今山东郯城)人，三国时曹魏著名经学家，王朗之子、司马昭之岳父。世袭其父兰陵侯爵位，历任散骑黄门侍郎、散骑常侍、秘书监及崇文观祭酒、广平太守、侍中、河南尹等职。曾遍注儒家经典，是郑玄之后著名的经学大师，其所注经学在魏晋时期被称作“王学”。主要著作除《孔子家语》外还有《孔丛子》。南开大学图书馆所藏《孔子家语十卷》旧为叶德辉插架，卷前有叶德辉撰于1916年的长篇题记，主要是就毛晋刻本与宋刻本相校，认为《四库全书提要》“未见宋本，故以毛刻为近古。……试取此毛刻校之，段落既非原书，注文尤多删易。假使宋本不再见于世，仅凭毛刻一跋，几不信其书如此之变乱旧文。昔人谓明人刻一书而书亡，其不如毛晋者正复何限”。首页并有无名氏题词曰“叶德辉篇跋，最有价值”。叶氏题记末尾钤有“郎园”朱文方印。卷前王肃序首页钤有“叶德辉焕彬甫藏阅书”白文方印，卷末为毛晋所撰跋语。

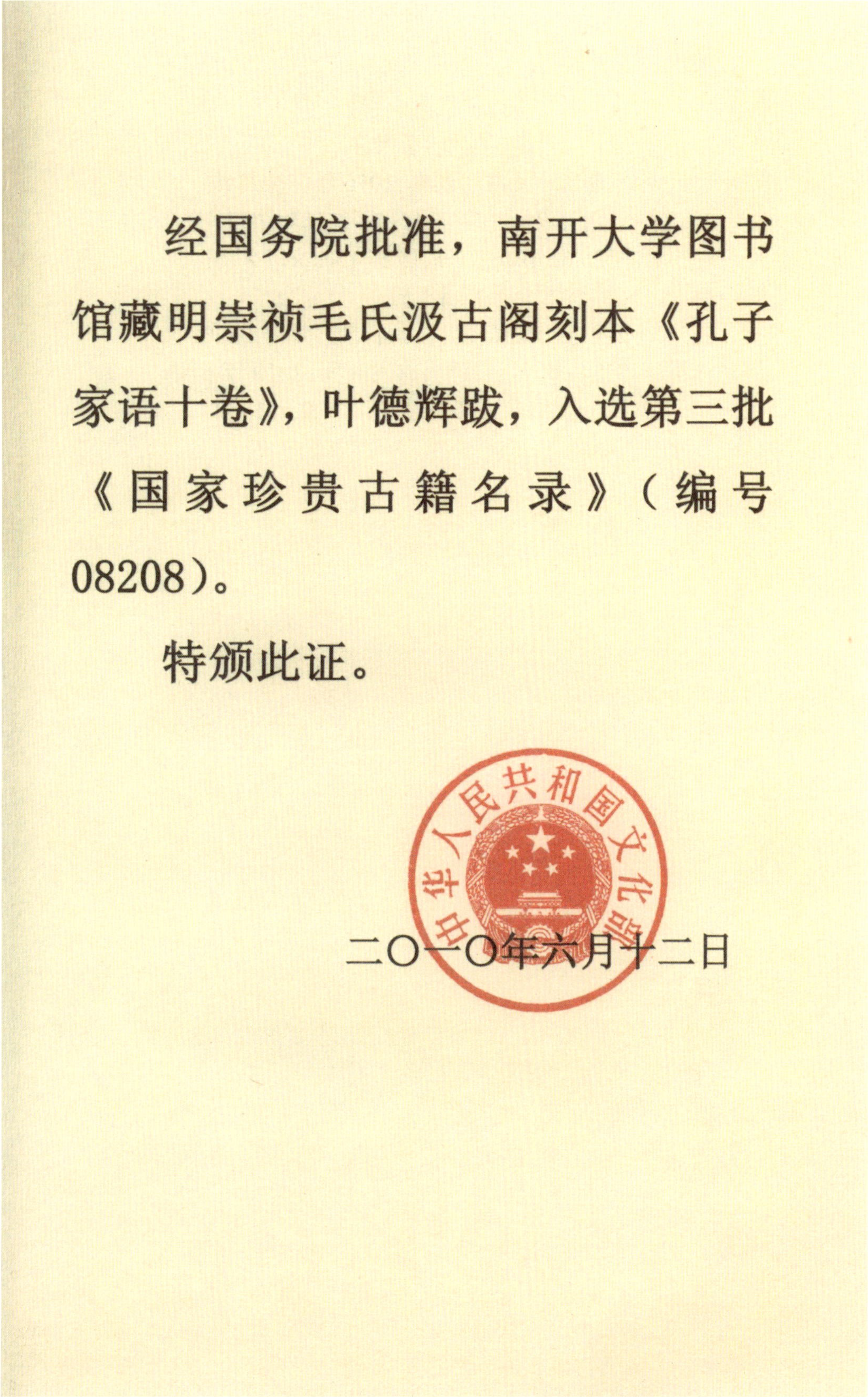

经国务院批准，南开大学图书馆藏明崇祯毛氏汲古阁刻本《孔子家语十卷》，叶德辉跋，入选第三批《国家珍贵古籍名录》（编号08208）。

特颁此证。

中华人民共和国文化部

二〇一〇年六月十二日

图 116 《孔子家语十卷》入选《国家珍贵古籍名录》证书

《孔子家语十卷》
(三国魏)王肃注
明崇祯毛氏汲古阁刻本,1916年叶德辉跋
半页九行十七字,双行小字二十五字,白口,边栏左右双边
开本 25.6cm×16.5 cm,版框 13cm×17.5 cm
1函1册
入选第三批《国家珍贵古籍名录》,编号 08208
《国家珍贵古籍名录》证书颁发时间:2010年6月
南开大学图书馆索书号:善 121.23/114-2

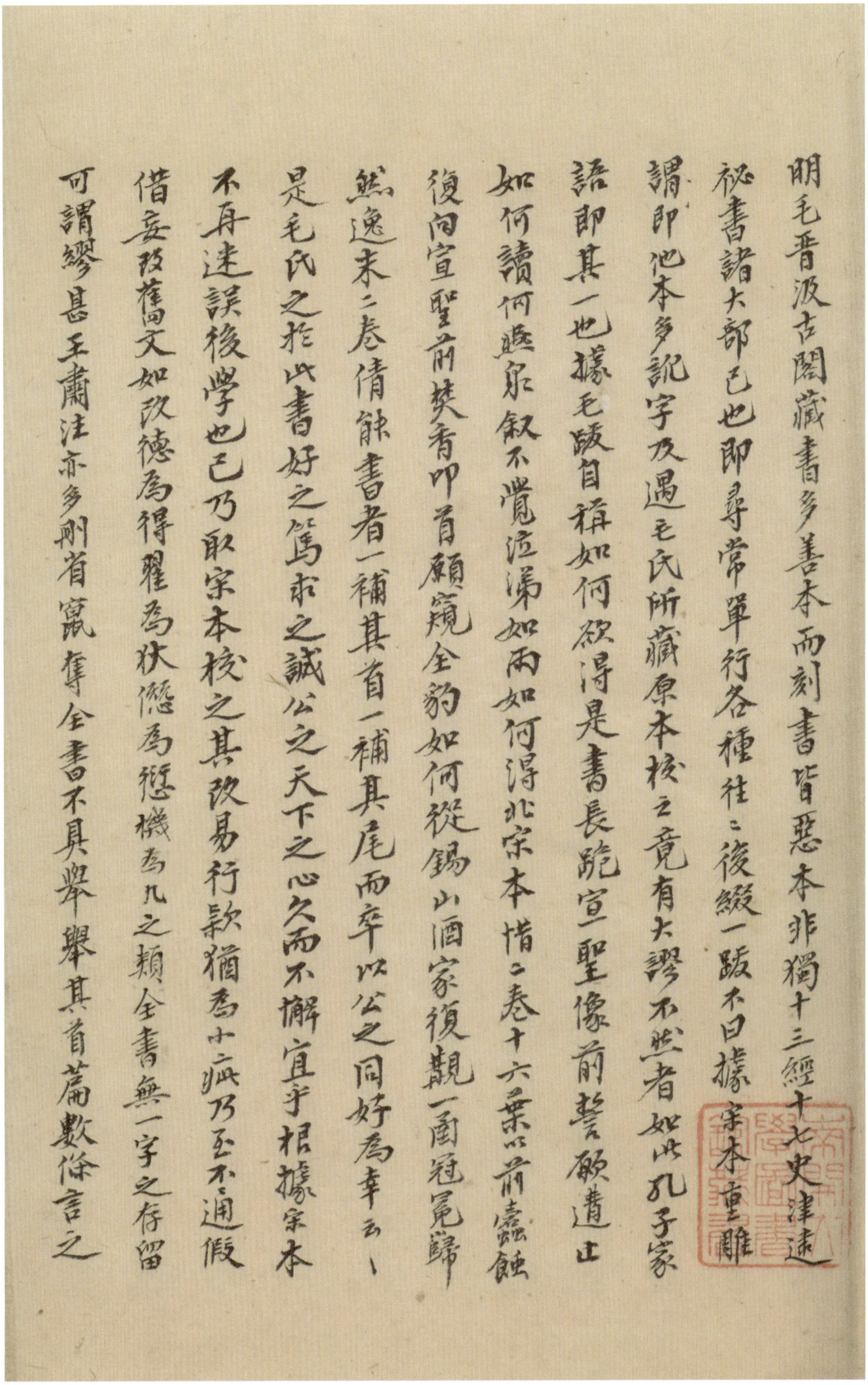

明毛晋汲古閣藏書多善本而刻書皆惡本非獨十三經十七史津逮
祕書諸大部已也即尋常單行各種往往後綴一跋不曰據宋本重雕
謂即他本多訛字及遇毛氏所藏原本校之竟有大謬不然者如此孔子家
語即其一也據毛跋自稱如何欲得是書長跪宣聖像前誓願遺止
如何讀何燕泉叙不覺泣涕如雨如何得北宋本惜惜卷十六葉以前蠹蝕
復向宣聖前焚香叩首願窺全豹如何從錫山酒家復覩一函冠冕歸
然逸末二卷倩能書者一補其首一補其尾而卒以公之同好為幸云云
是毛氏之於此書好之篤求之誠公之天下之心久而不懈宜乎根據宋本
不再迷誤後學也已乃取宋本校之其改易行款猶為小疵乃至不通假
借妄改舊文如改德為得翟為狄懲為懲機為几之類全書無一字之存留
可謂謬甚王肅注亦多刪省竄奪全書不具舉舉其首篇數條言之

图 117 《孔子家语十卷》书影之一

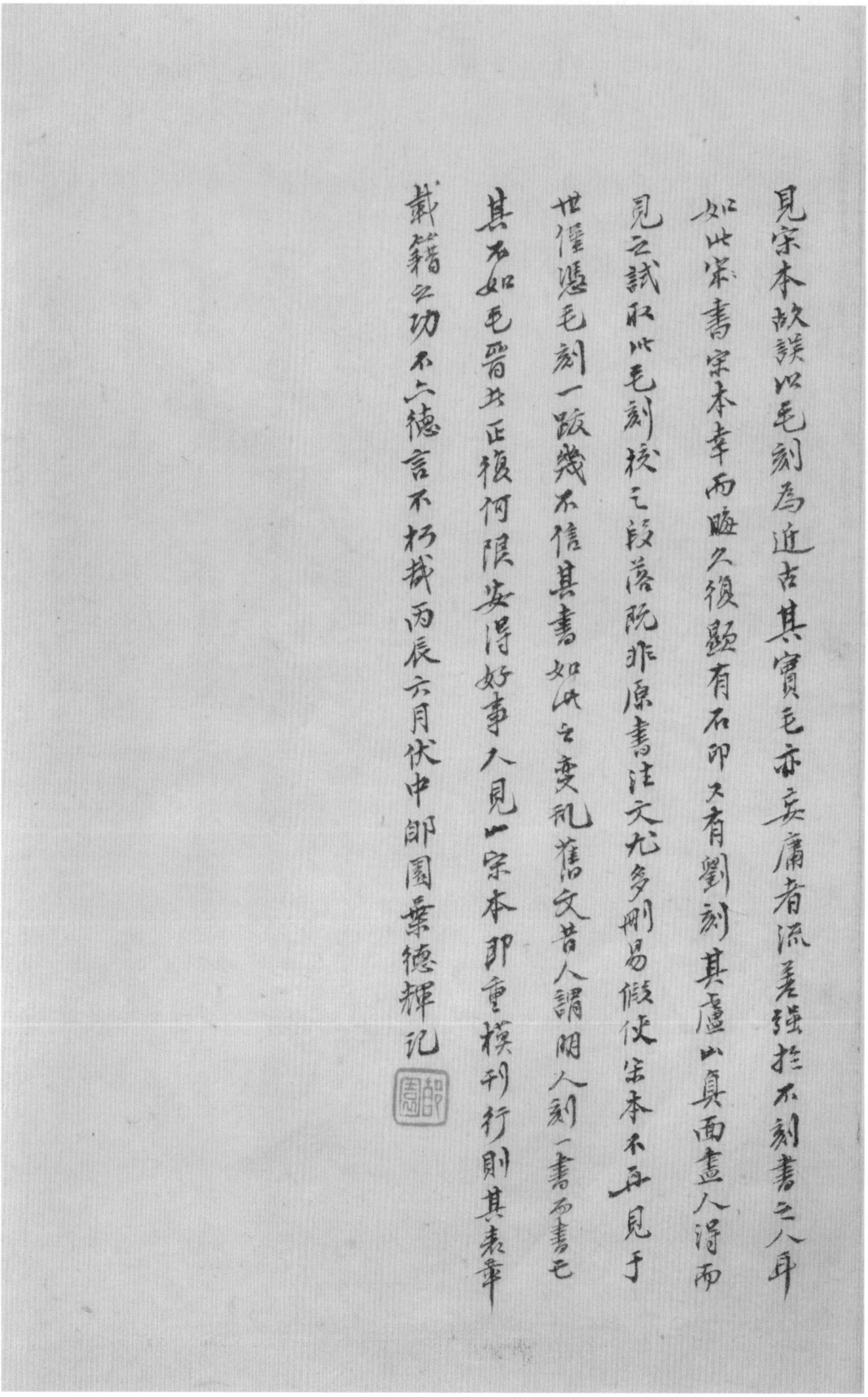

見宋本故誤以毛刻為近古其實毛亦妄庸者流差強於不刻書之人耳如此宋書宋本幸而晦久復顯有石印又有劉刻其廬山真面盡人得而見之試取此毛刻校之段落既非原書注文尤多删易假使宋本不再見于世僅憑毛刻一跋幾不信其書如此之變亂舊文昔人謂明人刻一書而書亡其不如毛晉者正復何限安得好事人見一宋本即重模刊行則其表章載籍之功不亞德言不朽哉丙辰六月伏中郋園葉德輝記

图 118 《孔子家语十卷》书影之二

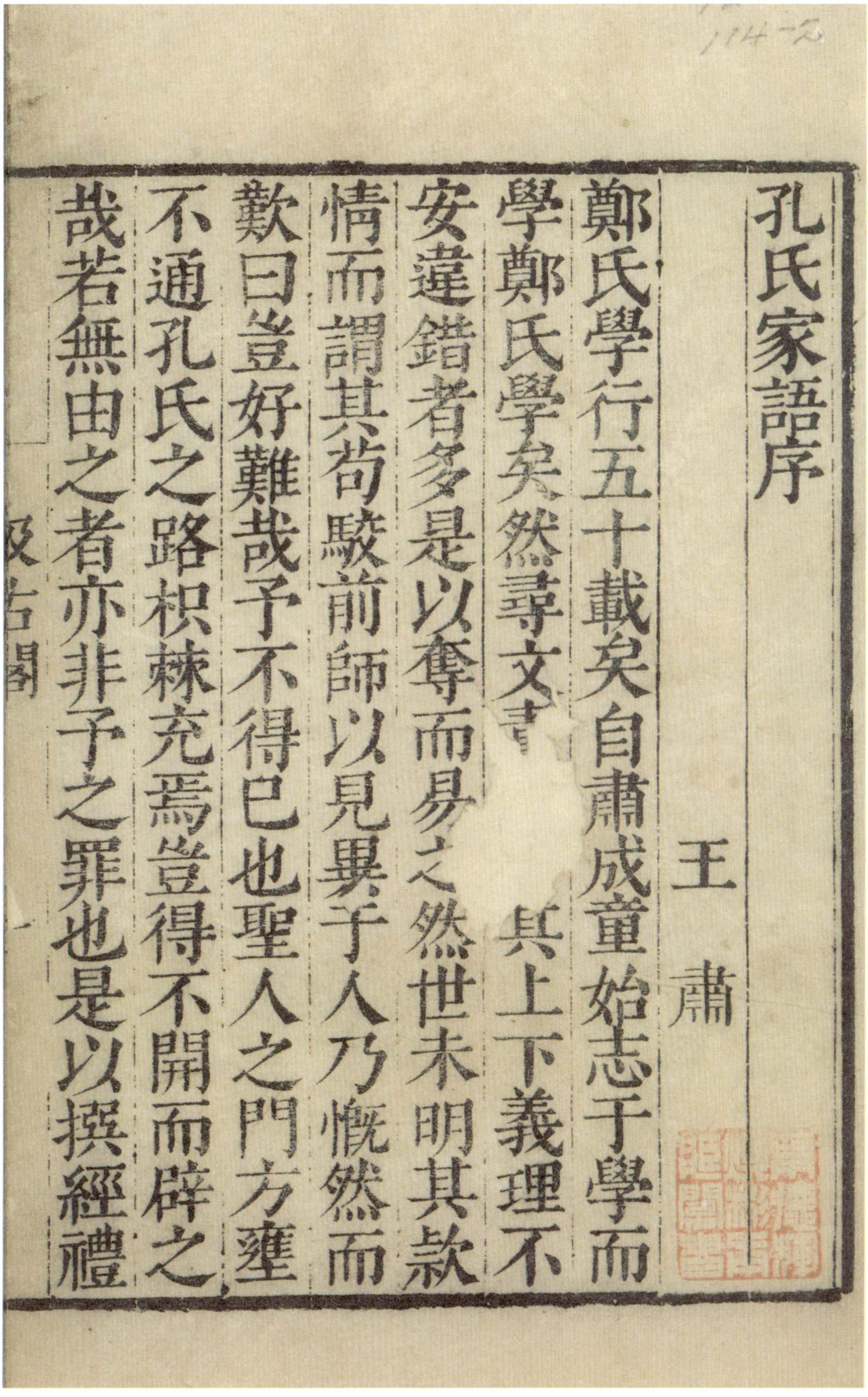
114-2
孔氏家語序
王肅
鄭氏學行五十載矣自肅成童始志于學而
學鄭氏學矣然尋文責[illegible]其上下義理不
安違錯者多是以奪而易之然世未明其款
情而謂其苟駮前師以見異于人乃慨然而
歎曰豈好難哉予不得已也聖人之門方壅
不通孔氏之路枳棘充焉豈得不開而辟之
哉若無由之者亦非予之罪也是以撰經禮
汲古閣

图 119 《孔子家语十卷》书影之三

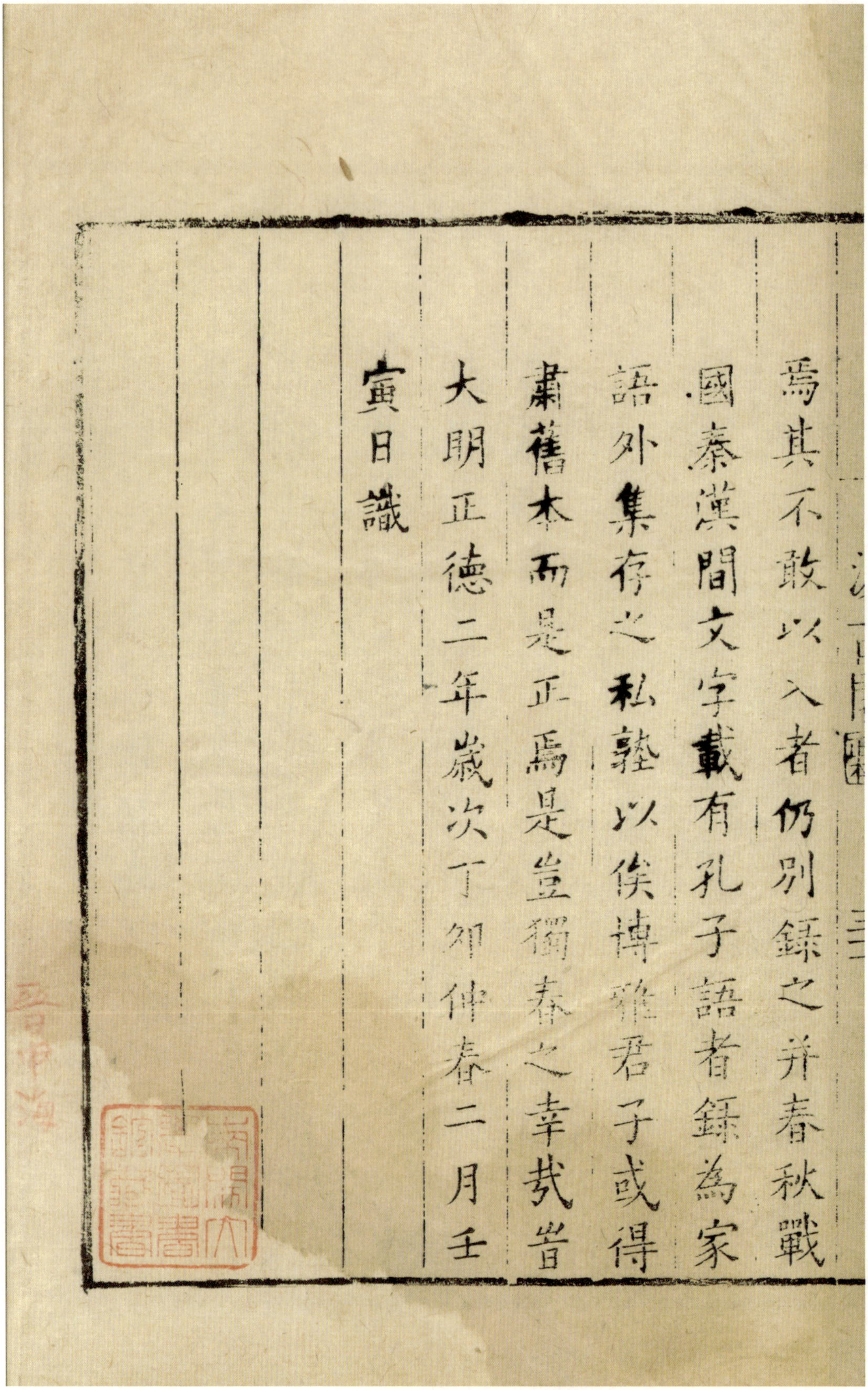
焉其不敢以入者仍別錄之并春秋戰
國秦漢間文字載有孔子語者錄為家
語外集存之私塾以俟博雅君子或得
肅舊本而是正焉是豈獨春之幸哉皆
大明正德二年歲次丁卯仲春二月壬
寅日識

图 120 《孔子家语十卷》书影之四

《兰亭续考二卷》

提　要

辑者俞松(生卒年不详),字寿翁,自号吴山。南宋钱塘人,生平事迹鲜见,仅有一条文献记载其官为承议郎,其他仕履无考。其所辑《兰亭续考》应与桑世昌所辑《兰亭考》相关,后者记载了约150余种面貌各异的《兰亭序》版本,是研究宋代以前《兰亭序》流传情况最为重要的文献资料。《兰亭续考》则为《兰亭考》研究内容的继续与补充,但体例迥异,所录内容,均为两宋人物就《兰亭序》诸本所作的题跋,且均为其所见所藏的第一手资料。上卷兼收俞松自藏与他家藏本相关内容,下卷则皆俞松所自藏版本相关内容。绝大多数内容与《兰亭考》不相重出。南开大学图书馆所藏《兰亭续考二卷》抄本旧为秦更年所藏,前后钤有“秦更年印”“婴闇”“江都秦更年曼青印”“城南草堂鉴藏图书印”等藏印。卷端钤有“更年长寿”白文方印、“城南草堂鉴藏图书记”朱文方印,卷末钤有“江都秦更年曼青之印”白文方印。卷后有秦氏手抄朱彝尊《曝书亭集》卷四十三“书兰亭续考后”一文,并另有秦更年所撰题记二则,并分别钤有“婴盦”白文长方印、“更年”朱文方篆印和“秦曼青”白文长方印等。据秦氏文中考证,该抄本自一页至十七页及册末二跋为清代著名学者朱彝尊亲自抄写,可称宝贵。

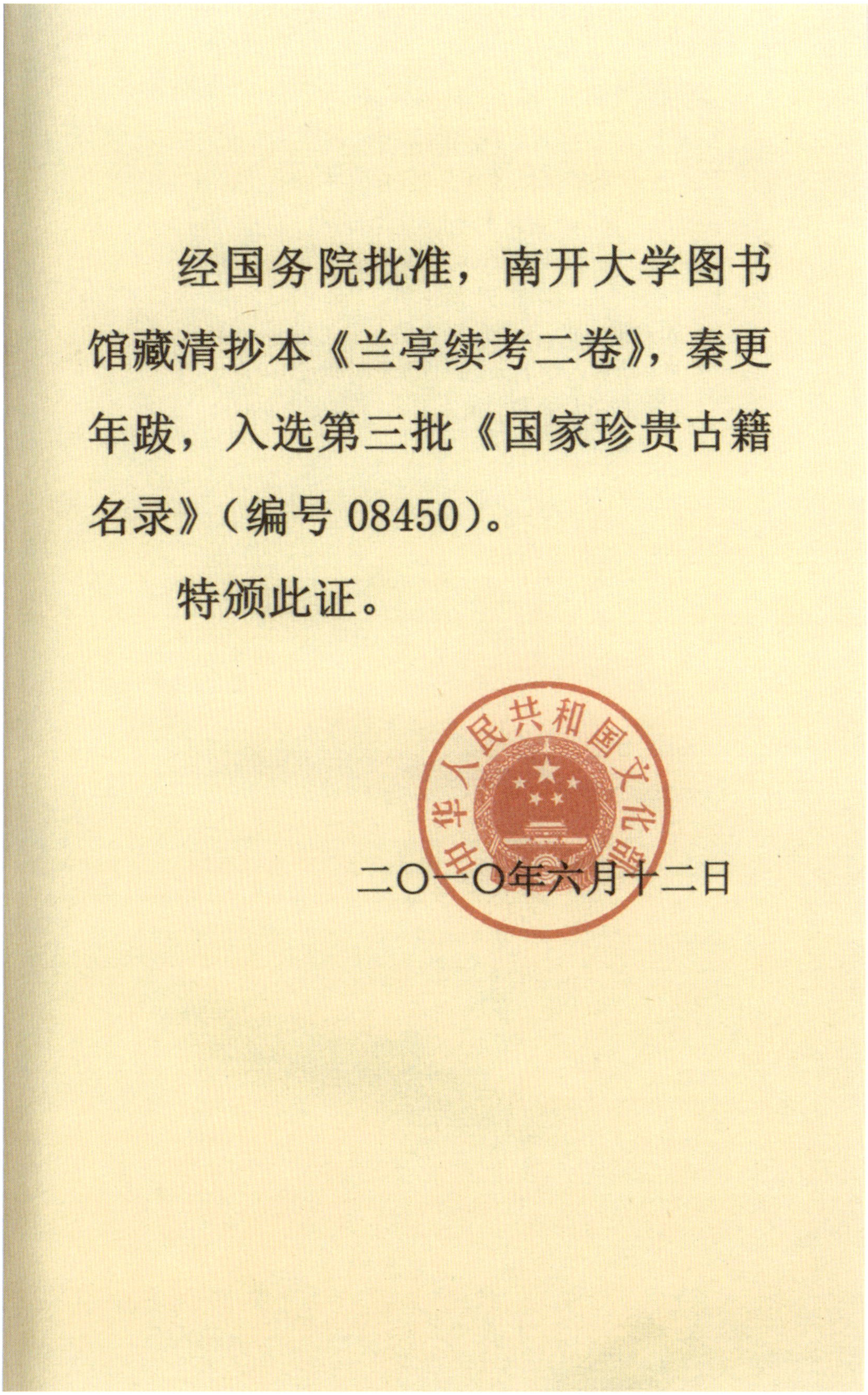

经国务院批准，南开大学图书馆藏清抄本《兰亭续考二卷》，秦更年跋，入选第三批《国家珍贵古籍名录》（编号08450）。

特颁此证。

中华人民共和国文化部

二○一○年六月十二日

图121 《兰亭续考二卷》入选《国家珍贵古籍名录》证书

《兰亭续考二卷》
(宋)俞松辑
清抄本,秦更年跋(年月不详)
半页十一行二十二字
开本 27cm×17.1cm,版框无
1 函 1 册
入选第三批《国家珍贵古籍名录》,编号 08450
《国家珍贵古籍名录》证书颁发时间:2010 年 6 月
南开大学图书馆索书号:善 795.2/990

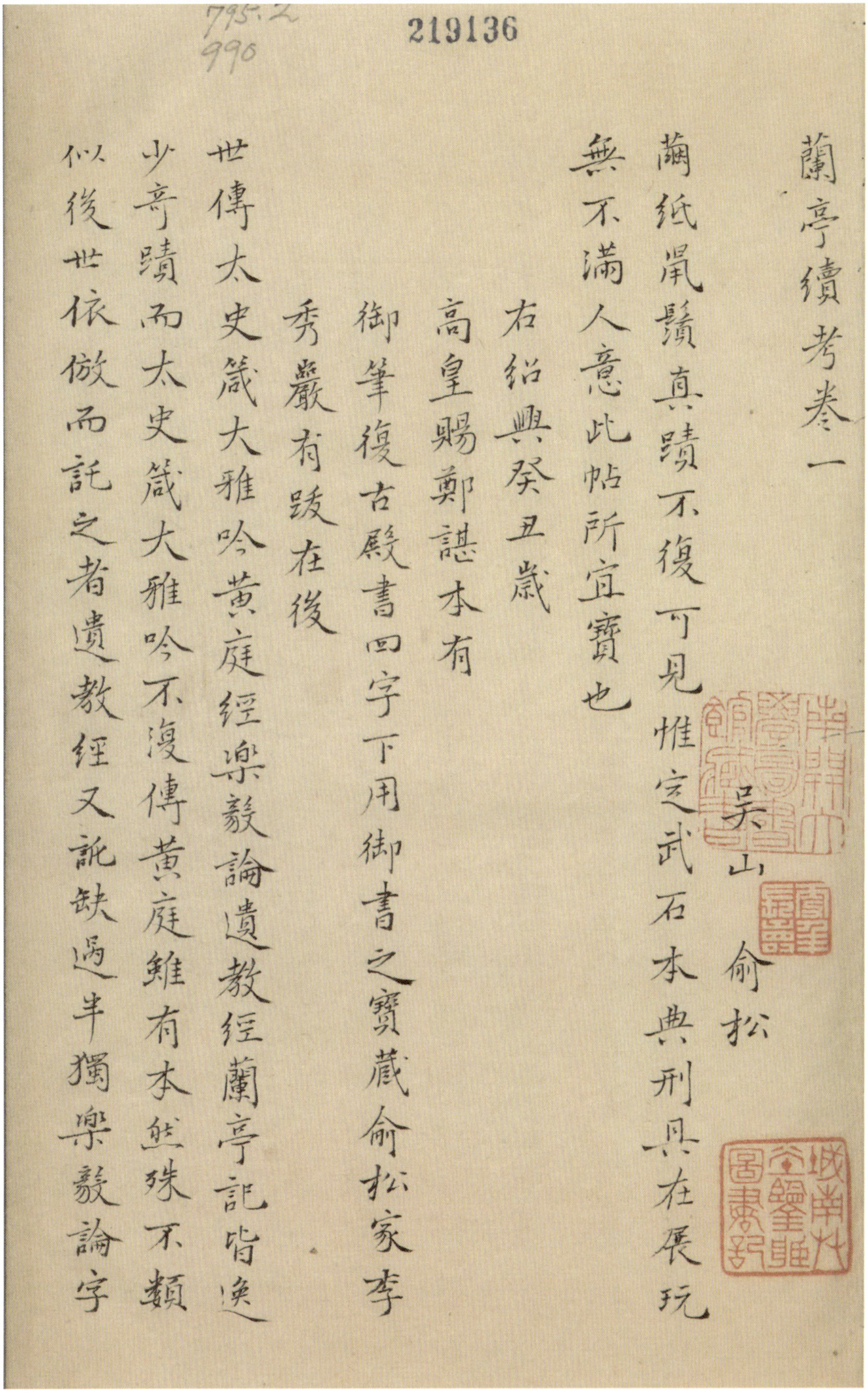

蘭亭續考卷一

吳山　俞松

蘭紙鼠鬚真蹟不復可見惟定武石本典刑具在展玩無不滿人意此帖所宜寶也

右紹興癸丑歲

高皇賜鄭諶本有

御筆復古殿書四字下用御書之寶藏俞松家李秀巖有跋在後

世傳太史箴大雅吟黃庭經樂毅論遺教經蘭亭記皆逸少書蹟而太史箴大雅吟不復傳黃庭雖有本然殊不類似後世依倣而託之者遺教經又訛缺過半獨樂毅論字

图 122 《兰亭续考二卷》书影之一

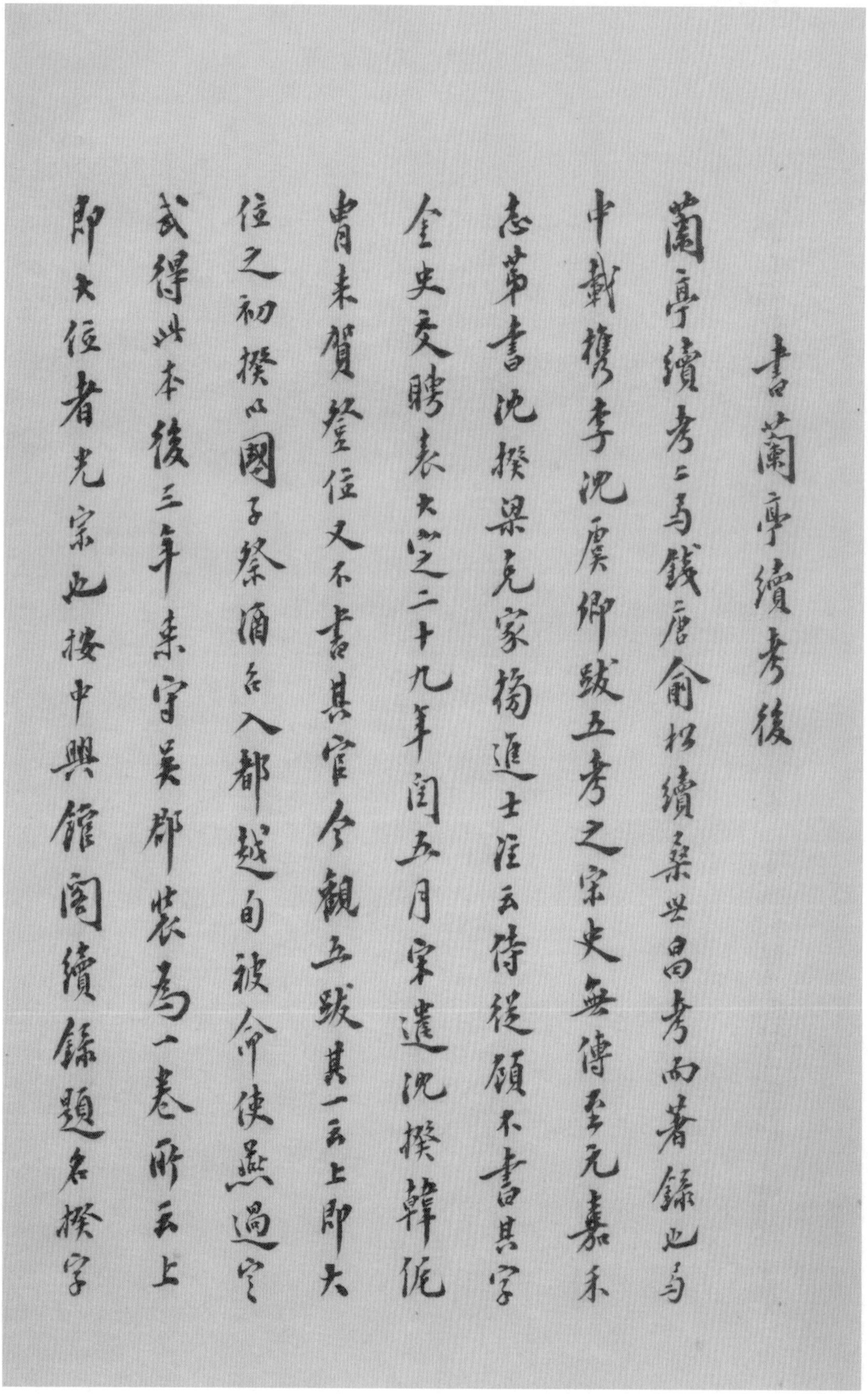

書蘭亭續考後

蘭亭續考二卷錢唐俞松續桑世昌考而著錄也松中載檇李沈虞卿跋五考之宋史無傳至元嘉禾志第書沈揆梁克家榜進士注云侍從顧不書其字全史交聘表大定之二十九年閏五月宋遣沈揆韓侂胄來賀登位又不書其官今觀五跋其一云上即大位之初揆以國子祭酒召入都越旬被命使燕過宣武得此本後三年來守吳郡裝為一卷所云上即大位者光宗也按中興館閣續錄題名揆字

图 123 《兰亭续考二卷》书影之二

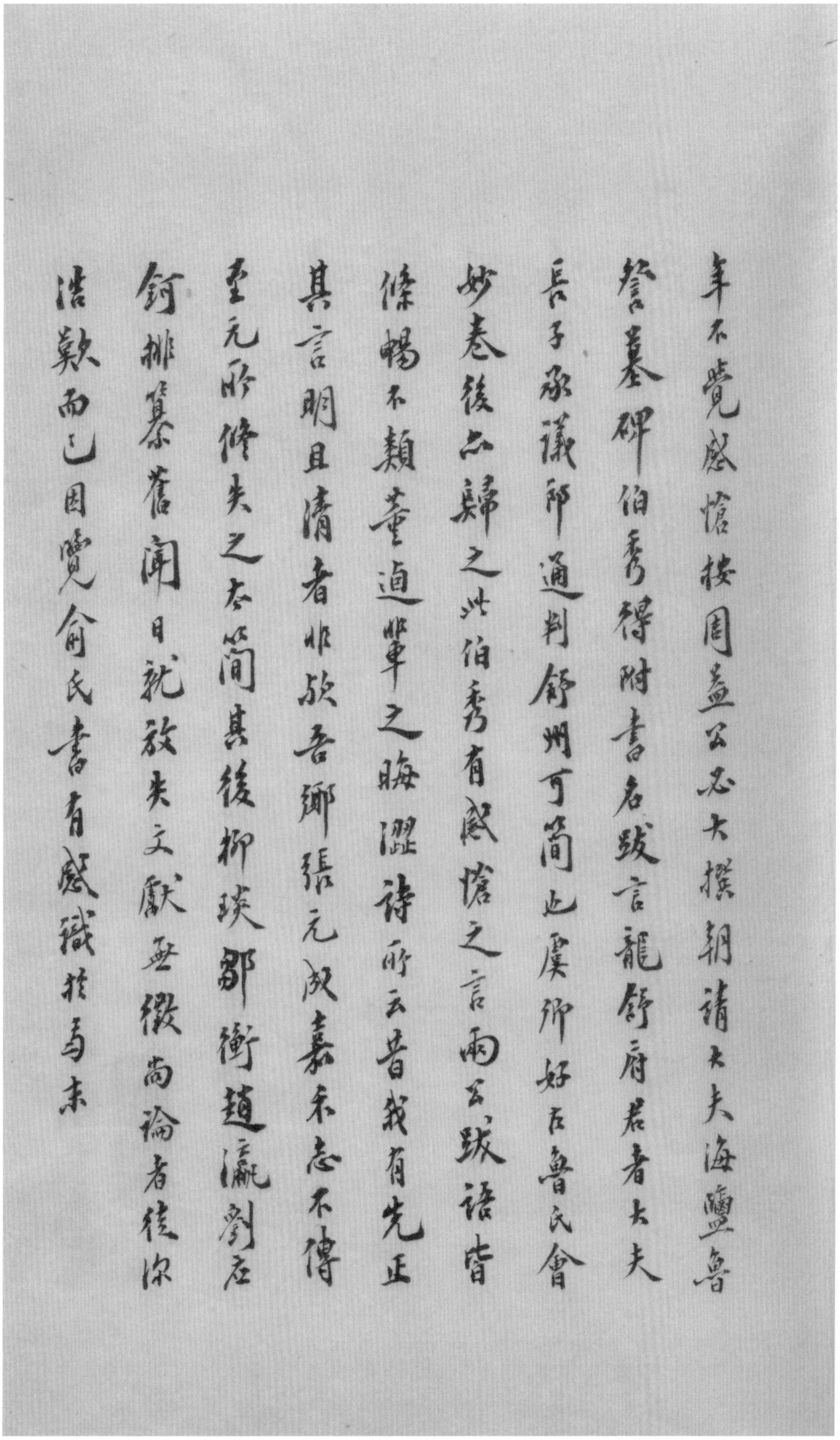

年不覺感愴按周益公必大撰朝請大夫海鹽魯
詹墓碑伯秀得附書名跋言龍舒府君者大夫
長子承議郎通判舒州可簡也虞卿好古魯氏會
妙卷後亦歸之此伯秀有感愴之言兩公跋語皆
條暢不類董逌輩之晦澀詩所云昔我有先正
其言明且清者非歟吾鄉張元成嘉禾志不傳
至元所修失之太簡其後柳琰郡衛趙瀛劉應
鈳排纂舊聞日就放失文獻無徵尚論者徒深
浩歎而已因覽俞氏書有感識於篇末

图 124 《兰亭续考二卷》书影之三

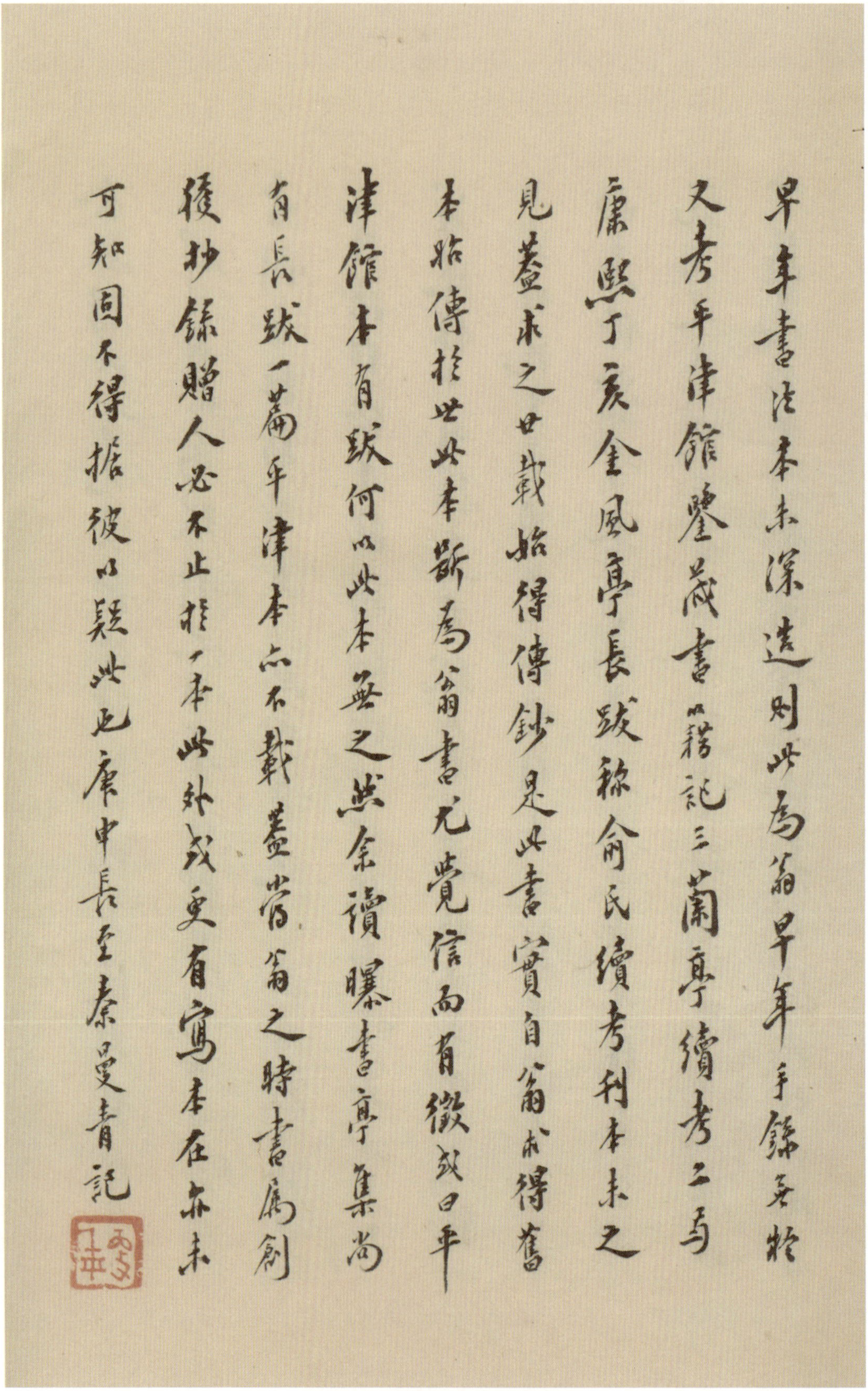

早年書法未深造則此爲翁早年手錄者於又考平津館鑒藏書籍記三蘭亭續考二冊康熙丁亥金風亭長跋稱俞氏續考刊本未之見蓋求之廿載始得傳鈔是此書實自翁求得舊本始傳於世此本斷爲翁書尤覺信而有徵或曰平津館本有跋何以此本無之此余讀曝書亭集尚有長跋一篇平津本亦不載蓋當翁之時書屬創獲抄錄贈人必不止於一本此外或更有寫本在亦未可知固不得據彼以疑此也庚申長至秦曼青記

图 125 《兰亭续考二卷》书影之四

《法帖刊误二卷》

提　要

《法帖刊误》乃继米芾《跋秘阁法帖》之后又一部对《淳化阁帖》所录法帖进行全面考辨的著作，堪称帖学研究的典范之作。撰者黄伯思（1079—1118），邵武（今属福建）人，黄履之孙，字长睿，别字宵宾，自号云林子。北宋元符进士，官秘书郎，历任参军、司户、右军巡院、图志编修官兼六典检阅文字、秘书省校书郎、秘书郎等，著有《东观余论》《博古图说》十一卷及《文集》五十卷以及组合家具图册《燕几图》。南开大学图书馆所藏《法帖刊误二卷》清抄本曾经清代著名校刊学家卢文弨（抱经）手校，原为明代结一庐朱氏故物，后先后归独山莫氏、江都秦更年收藏。封面题名为"法帖刊误抱经斠本"，并有秦更年题记一篇，"郎园昔尝语余：名人手写手校本视宋刊尤可贵。余称服其言，蒐求弥力，抱经先生手校本余仅得二种，宝刻类编及此书是也。皆结一庐旧物。婴闇记"。卷前扉页上钤有"独山莫氏铜井寄庐书记"朱文长方印，目录、卷端等各页分别钤有"秦更年印"白文方印、"秦曼青"白文方印、"独山莫氏铜井文房所藏书记"朱文长方印、"武林卢文弨手校"朱文长方印、"结一庐藏书印"朱文方印、"婴闇"朱文方印、"文弨"朱文方印、"莫棠楚生父印"朱文长方印、"砾渔"白文方印、"抱经堂写校本"朱文长方印、"曾在秦婴闇处"朱文长方印等。卷末有卢文弨清乾隆年间题识，逐页有其朱笔校字批点，弥足珍贵。

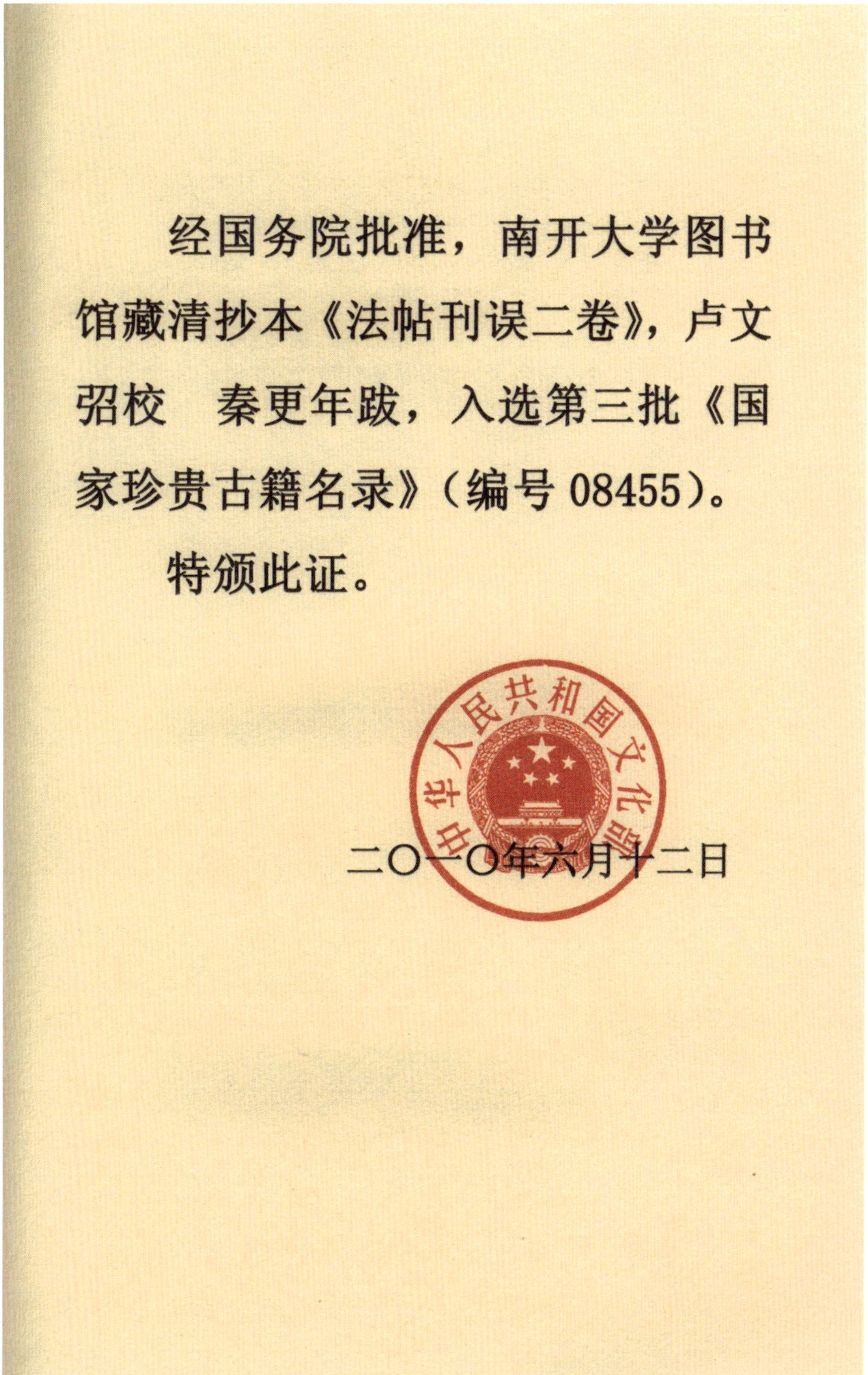
经国务院批准，南开大学图书馆藏清抄本《法帖刊误二卷》，卢文弨校　秦更年跋，入选第三批《国家珍贵古籍名录》（编号 08455）。

特颁此证。

中华人民共和国文化部

二〇一〇年六月十二日

图 126　《法帖刊误二卷》入选《国家珍贵古籍名录》证书

《法帖刊误二卷》
(宋)黄伯思撰
清抄本，1777年卢文弨校，秦更年跋(年月不详)
半页十一行二十一字，白口，边栏四周双边，单鱼耳
开本 17.5cm×28.5cm，版框 13.5cm×19.5cm
1函1册
入选第三批《国家珍贵古籍名录》，编号 08455
《国家珍贵古籍名录》证书颁发时间：2010年6月
南开大学图书馆索书号：善 794.9/171

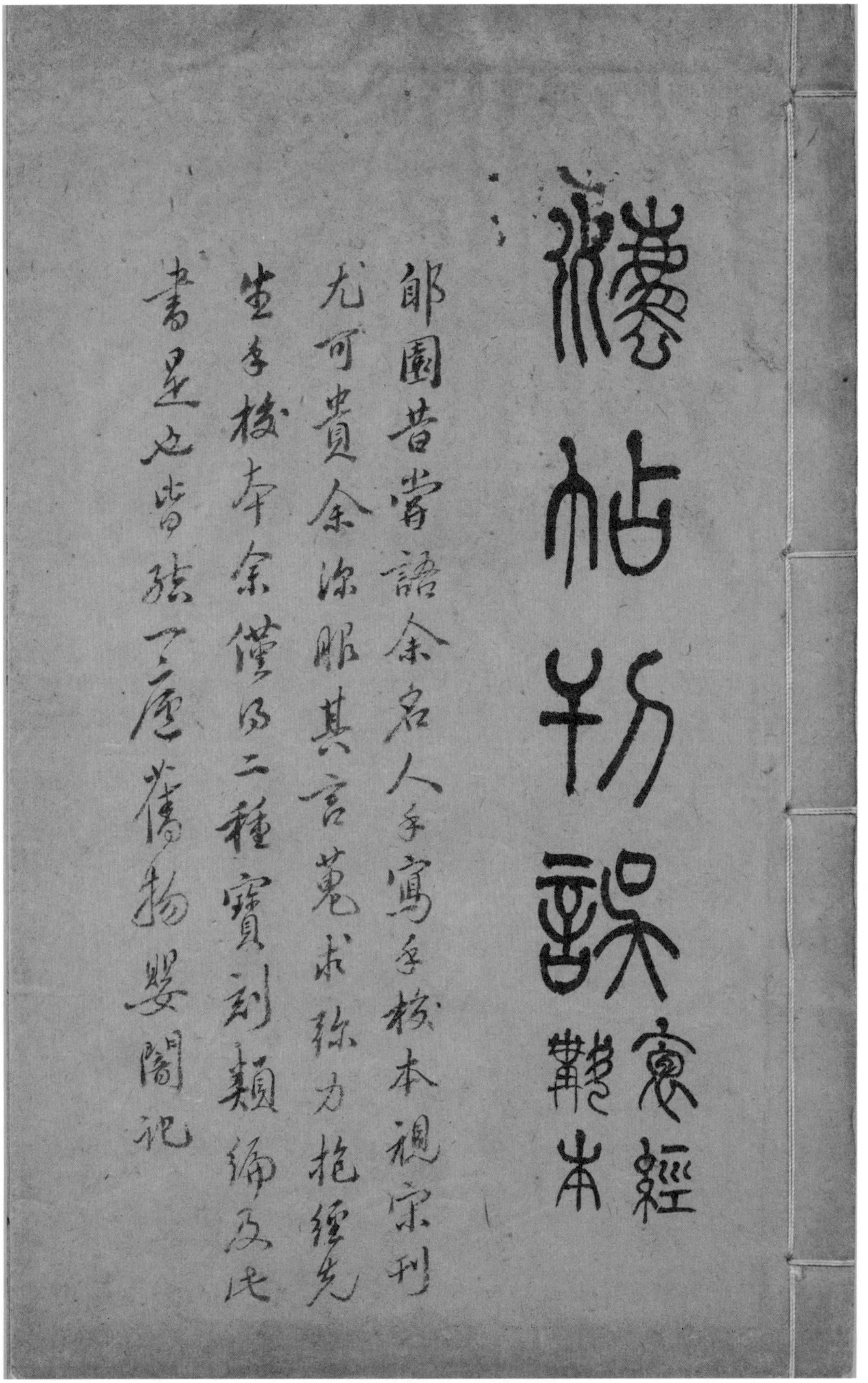

图 127 《法帖刊误二卷》书影之一

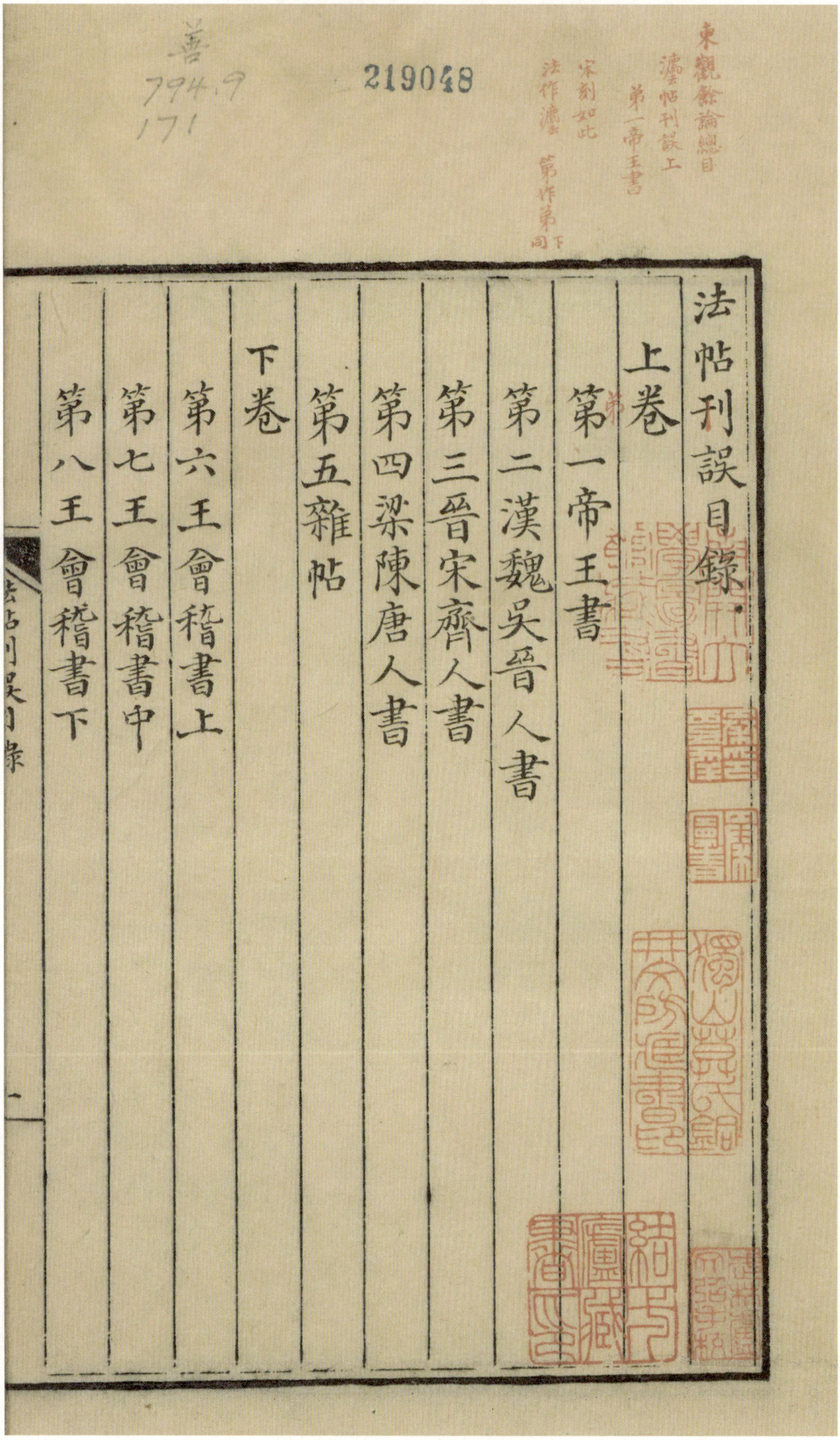

東觀餘論總目
灋帖刊誤上
第一帝王書

宋刻如此
法作灋 第作第 下同

法帖刊誤目錄

上卷

第一帝王書

第二漢魏吴晉人書

第三晉宋齊人書

第四梁陳唐人書

第五雜帖

下卷

第六王會稽書上

第七王會稽書中

第八王會稽書下

图 128 《法帖刊误二卷》书影之二

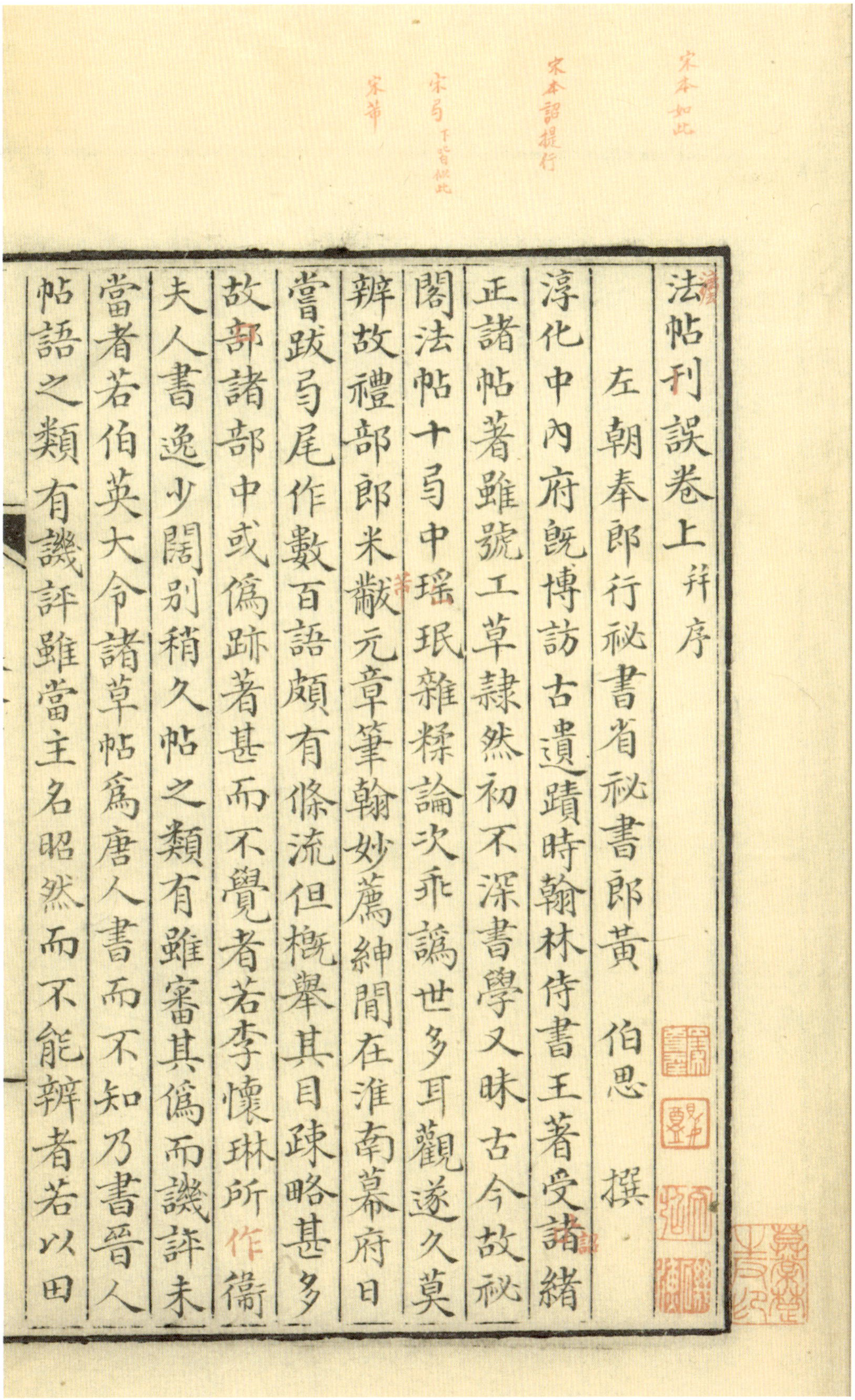
宋本如此
宋本詔提行
宋弓 下皆仿此
宋芾
法帖刊誤卷上 并序
左朝奉郎行秘書省秘書郎黃 伯思 撰
淳化中內府旣博訪古遺蹟時翰林侍書王著受詔緒
正諸帖著雖號工草隸然初不深書學又昧古今故祕
閣法帖十弓中瑶珉雜糅論次乖譌世多耳觀遂久莫
辨故禮部郎米黻元章筆翰妙薦紳閒在淮南幕府日
嘗跋弓尾作數百語頗有條流但槩舉其目疎略甚多
故部諸部中或僞跡著甚而不覺者若李懷琳所作備
夫人書逸少闊别稍久帖之類有雖審其僞而譏詐未
當者若伯英大令諸草帖爲唐人書而不知乃書晉人
帖語之類有譏評雖當主名昭然而不能辨者若以田

图 129 《法帖刊误二卷》书影之三

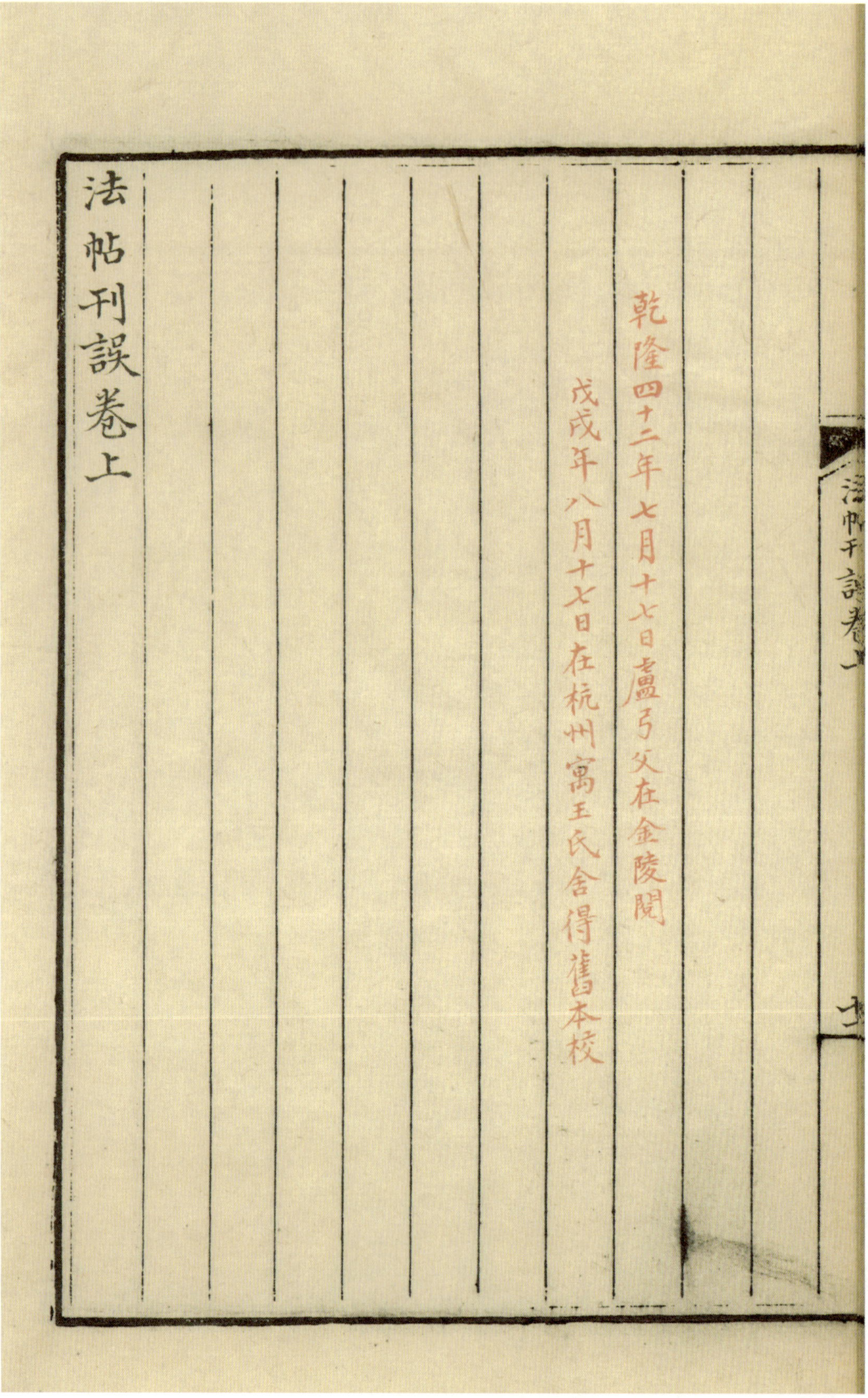
法帖刊誤卷上

乾隆四十二年七月十七日盧弓父在金陵閱

戊戌年八月十七日在杭州寓王氏舍得舊本校

图 130 《法帖刊误二卷》书影之四

《震泽长语二卷》

提　要

撰者王鏊（1450—1524），字济之，号守溪，晚号拙叟，世称震泽先生，江苏吴县（今江苏苏州）人，明代名臣、文学家，明成化十一年（1475年）进士第一。历任翰林编修、侍讲学士、日讲官、吏部右侍郎、吏部左侍郎、户部尚书、文渊阁大学士、少傅兼太子太傅、武英殿大学士等，以逆宦官刘瑾享誉当时，《明史》有传。著有《震泽编》《震泽集》《震泽长语》《震泽纪闻》《姑苏志》等。据《四库全书提要》记载，《震泽长语》"乃其退休归里时随笔录记之书，分经传、国猷、官制、食货、象纬；卷下含文章、音律、音韵、字学、杂论、姓氏、仙释、梦兆十三类"。明万历年间王鏊之玄孙王永熙梓行《震泽先生别集》，此书即其中一种。南开大学图书馆所藏《震泽长语二卷》系王鏊十二世孙王仁俊于光绪年间的批点本，卷前有贺灿然、张金粟所撰序，张序页钤有"耄"白文方印和"周"朱文方印。随后为抄录之《钦定四库全书·震泽长语·提要》和张凤翼、支可大、王鏊五世孙王学伊等人序，并有十二世孙王仁俊手书题识及目录，抄录与手书部分均使用红格双边栏宣纸，版心印有"籀鄦誃扜郑簺述类藳"字样。钞录提要之首页钤有"王仁俊校勘经籍记"朱文长方印，卷端钤"清荫堂"椭圆朱印。正文部分版心有字数，各页多有墨笔眉端批注及附粘朱笔批注签条，卷内多处字体有朱笔校改及句读。逐册首页钤及卷内多处有"弢斋藏书章"朱文长方印，据此推断是书曾为民国徐世昌旧藏。卷末之后亦以红格双边栏宣纸手抄《茶香室丛抄》中涉及震泽长语内容的片段二则，并有清光绪二十一年（1895年）王仁俊亲笔所撰"书后""又跋"等。

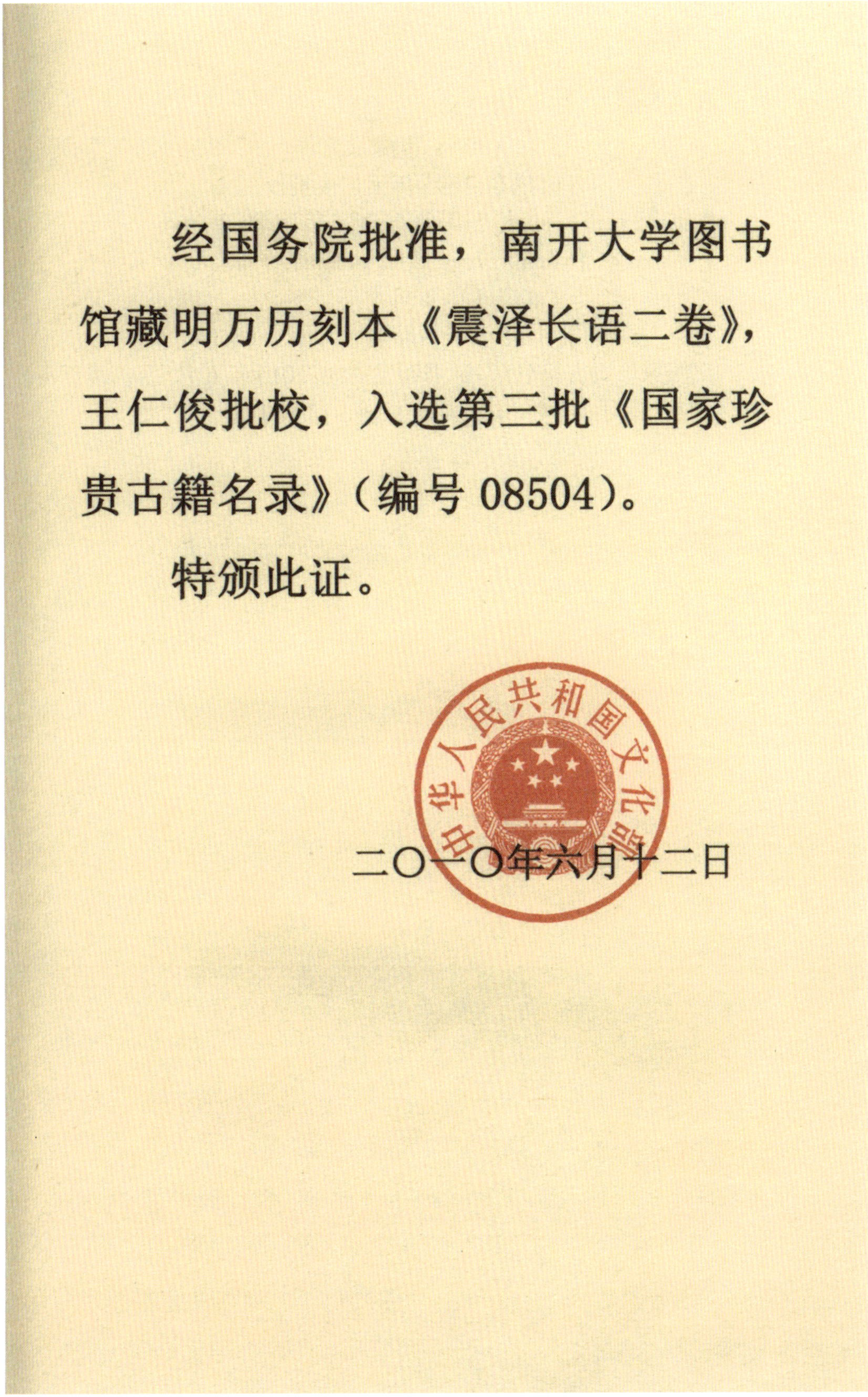

经国务院批准，南开大学图书馆藏明万历刻本《震泽长语二卷》，王仁俊批校，入选第三批《国家珍贵古籍名录》（编号08504）。

特颁此证。

中华人民共和国文化部

二〇一〇年六月十二日

图131 《震泽长语二卷》入选《国家珍贵古籍名录》证书

《震泽长语二卷》
(明)王鏊撰
明万历刻本,1895年王仁俊批校
半页十行,白口,边栏四周单边,版心有字数,单鱼耳
开本 16.5cm×27cm,版框 14cm×22.5cm
1函4册
入选第三批《国家珍贵古籍名录》,编号 08504
《国家珍贵古籍名录》证书颁发时间:2010年6月
南开大学图书馆索书号:善 072.66/112

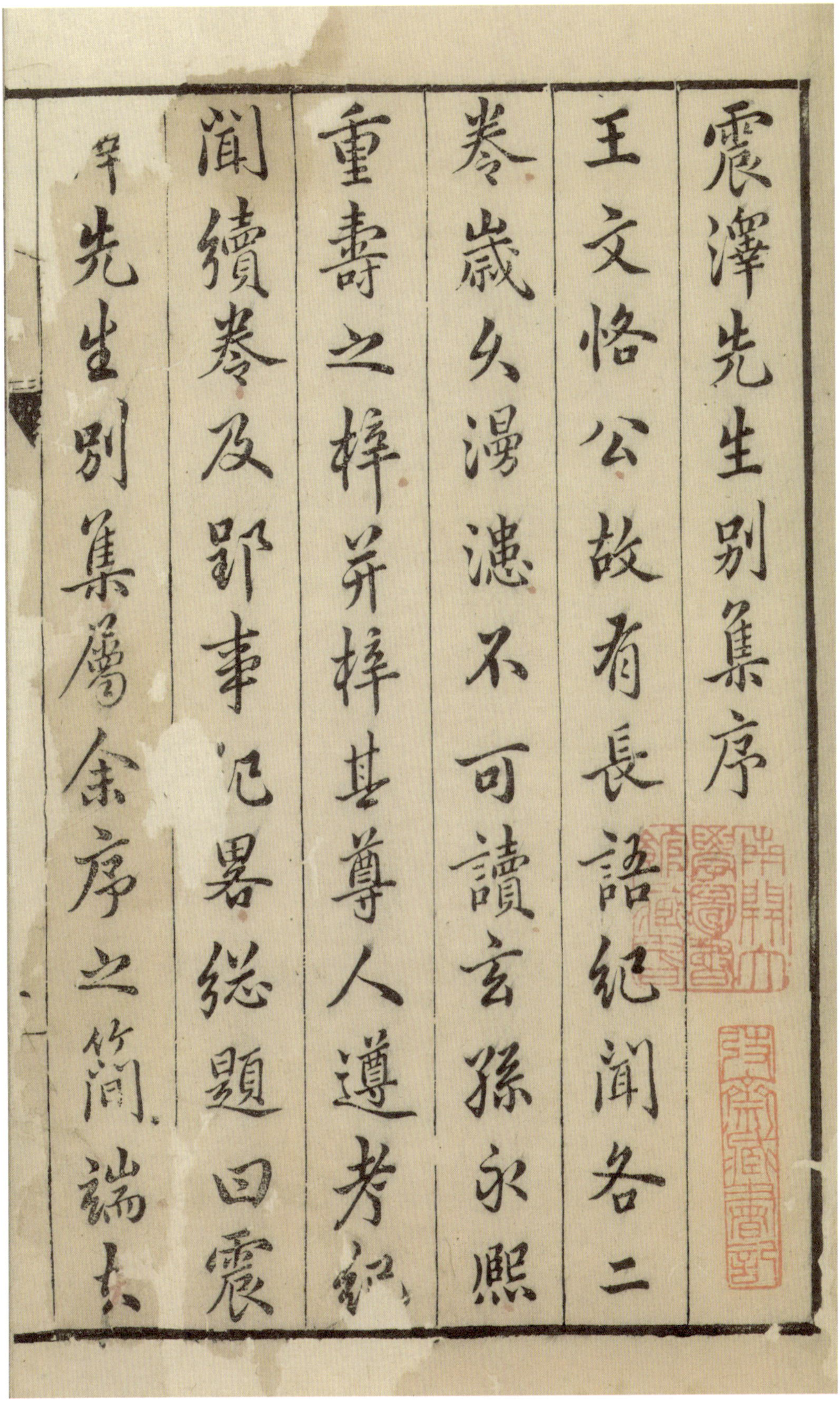
震澤先生別集序
王文恪公故有長語紀聞各二
卷歲久漫漶不可讀玄孫永熙
重壽之梓并梓其尊人遵考紀
聞續卷及郢事記畧総題曰震
澤先生別集屬余序之簡端夫

图 132 《震泽长语二卷》书影之一

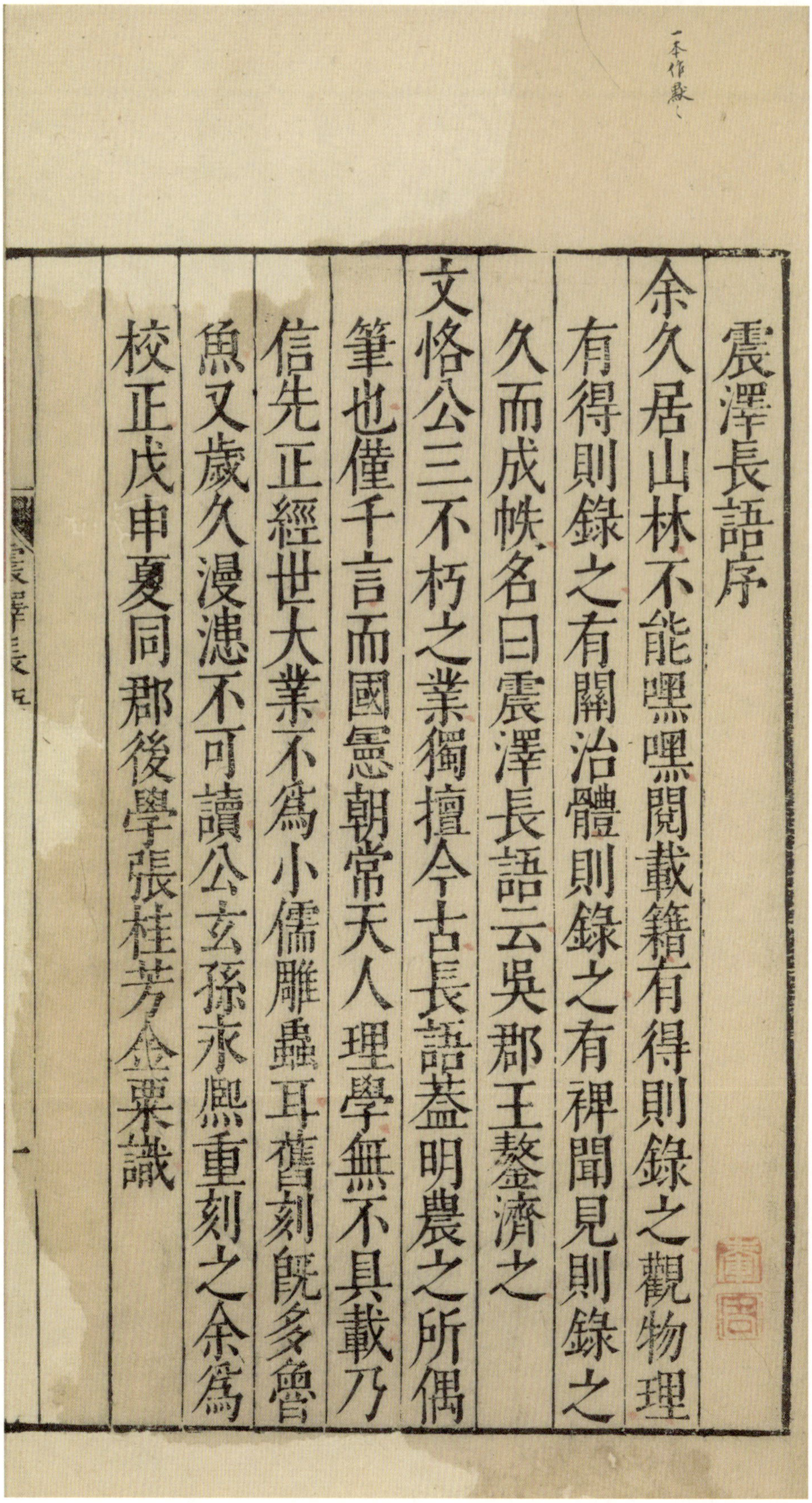
一本作默〻

震澤長語序

余久居山林不能嘿嘿閱載籍有得則錄之觀物理有得則錄之有關治體則錄之有裨聞見則錄之久而成帙名曰震澤長語云吳郡王鏊濟之

文恪公三不朽之業獨擅今古長語蓋明農之所偶筆也僅千言而國憲朝常天人理學無不具載乃信先正經世大業不為小儒雕蟲耳舊刻既多魯魚又歲久漫漶不可讀公玄孫永熙重刻之余為校正戊申夏同郡後學張桂芳金粟識

震澤長語序 一

图 133 《震泽长语二卷》书影之二

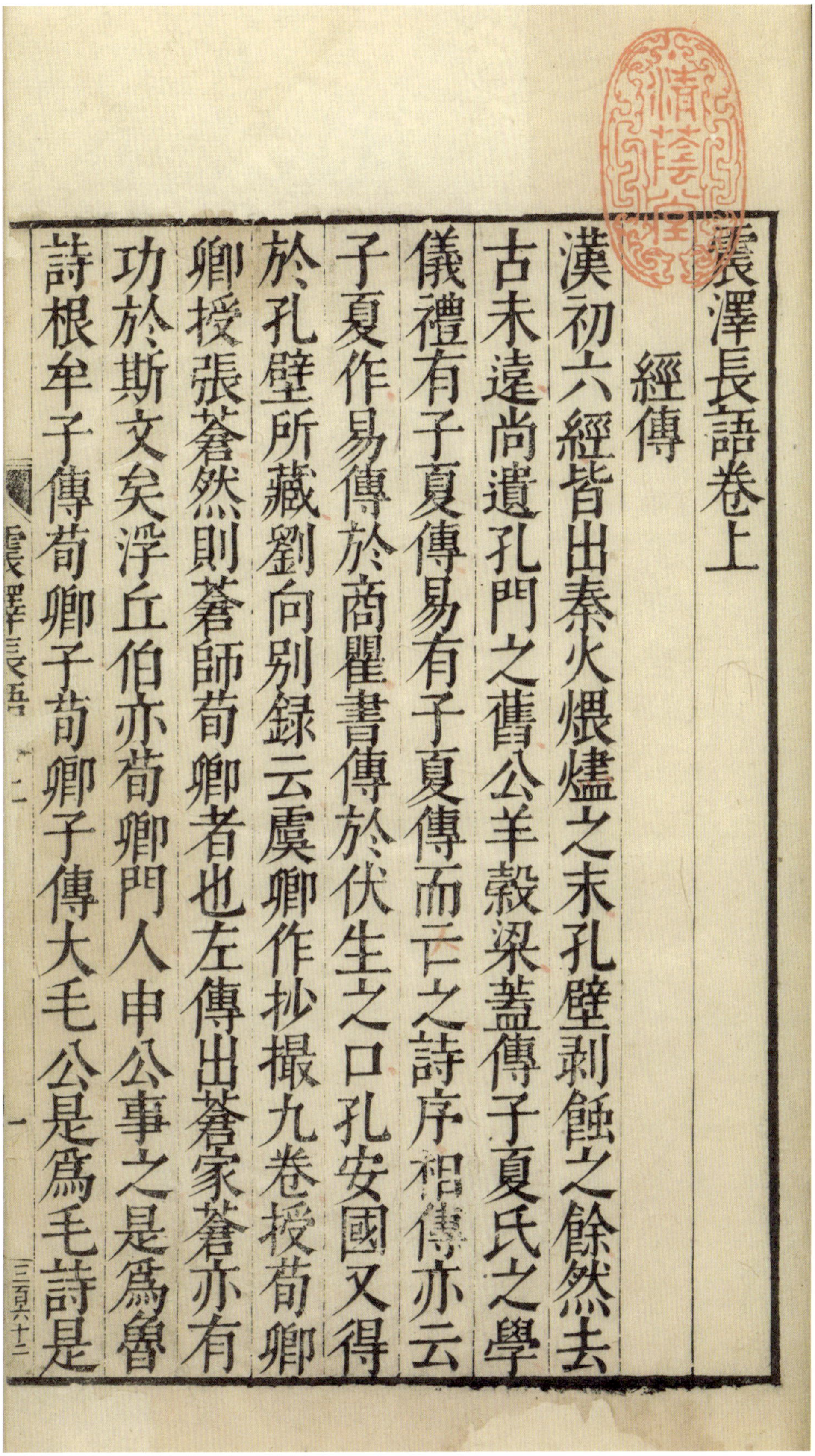

震澤長語卷上

經傳

漢初六經皆出秦火煨燼之末孔壁剥蝕之餘然去古未遠尚遺孔門之舊公羊穀梁盖傳子夏氏之學儀禮有子夏傳易有子夏傳而三百之詩序相傳亦云子夏作易傳於商瞿書傳於伏生之口孔安國又得於孔壁所藏劉向別録云虞卿作抄撮九卷授荀卿卿授張蒼然則蒼師荀卿者也左傳出蒼家蒼亦有功於斯文矣浮丘伯亦荀卿門人申公事之是爲魯詩根牟子傳荀卿子荀卿子傳大毛公是爲毛詩是

震澤長語 上 一 三百六十二

图 134 《震泽长语二卷》书影之三

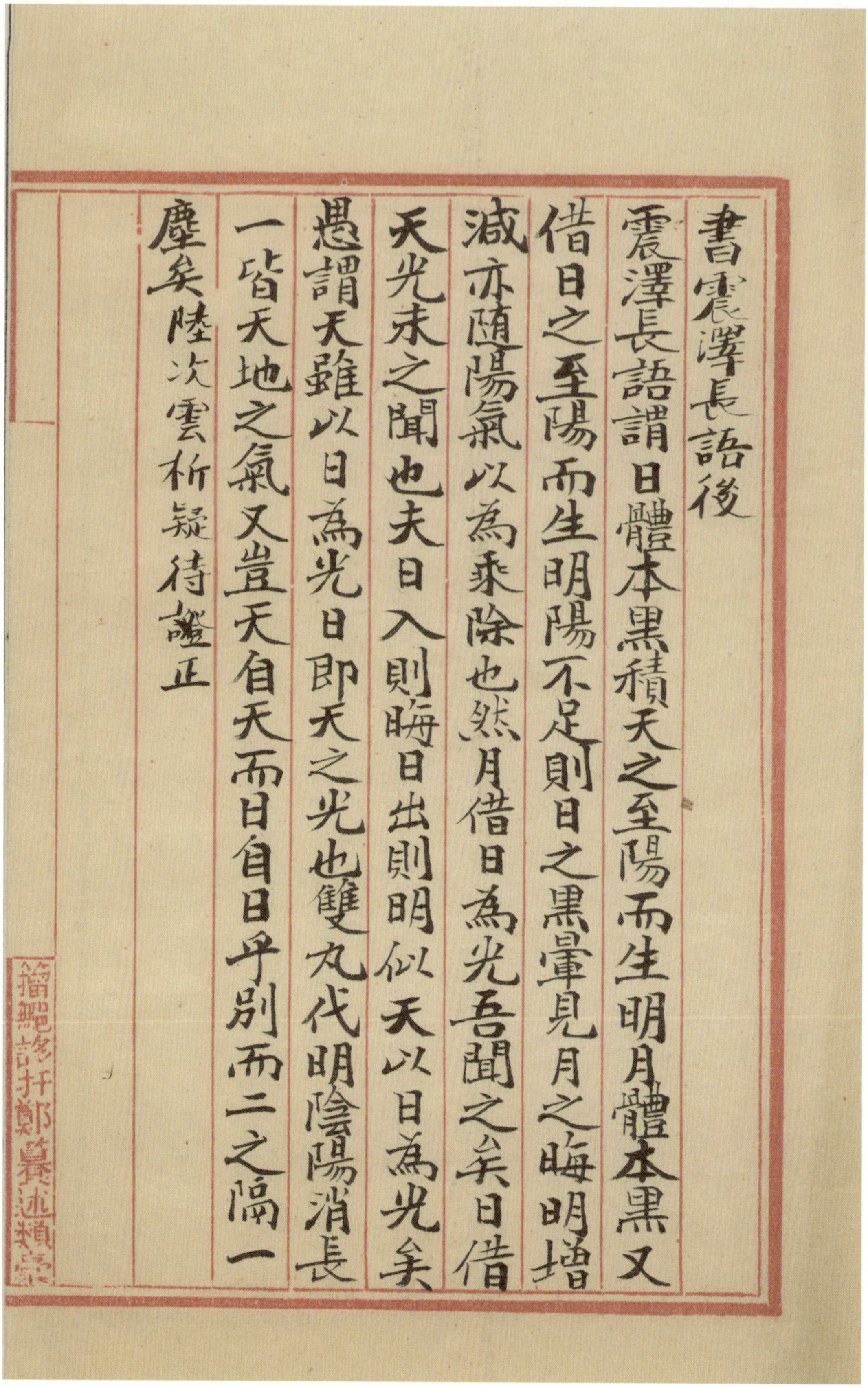
書震澤長語後
震澤長語謂日體本黑積天之至陽而生明月體本黑又
借日之至陽而生明陽不足則日之黑暈見月之晦明增
減亦隨陽氣以為乘除也然月借日為光吾聞之矣日借
天光求之間也夫日入則晦日出則明似天以日為光矣
愚謂天雖以日為光日即天之光也雙丸代明陰陽消長
一皆天地之氣又豈天自天而日自日乎別而二之隔一
塵矣陸次雲析疑待鑑正

图 135 《震泽长语二卷》书影之四

《谈资四卷》

提　要

撰者秦鸣雷(1518—1593),字子豫,号华峰,浙江临海县人。明嘉靖二十三年(1544年)进士第一,历任翰林院修撰、侍读学士、南京国子监祭酒、太常寺卿、礼部右侍郎、吏部左侍郎兼翰林学士、教习庶吉士、南京礼部尚书等职,著有《倚云楼稿》《谈资》及传奇《清风亭》等。《谈资》乃其"札记古人芳躅隽语"之作,自明以来有多种版本行世。南开大学图书馆所藏《谈资四卷》为世间流传较罕的明刻本,卷前部分及卷端均缺佚,首二页有残缺。卷一、卷二有无名氏朱笔句读,卷三眉端及行间偶见无名氏墨笔句读和点校批注。

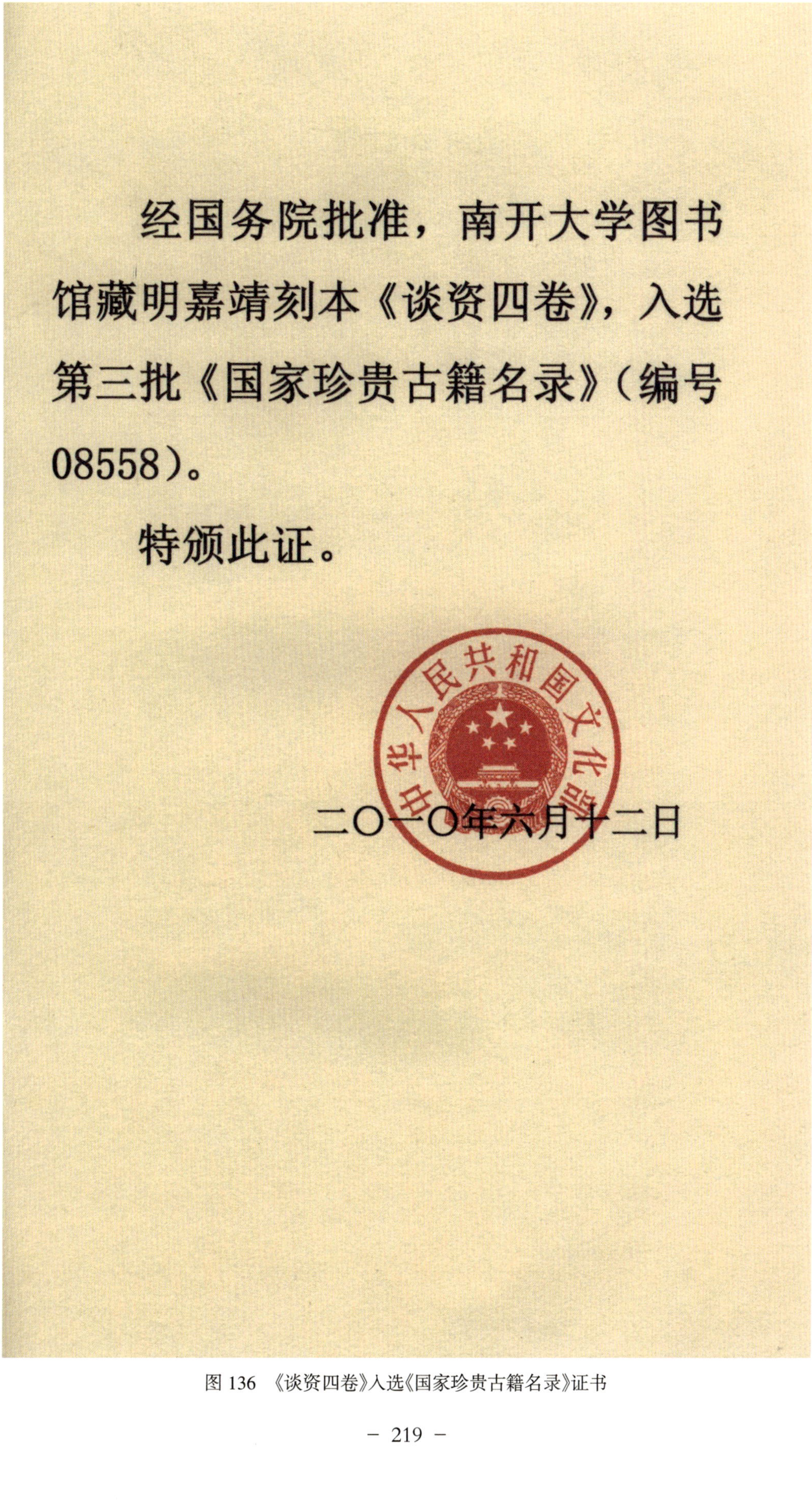

经国务院批准，南开大学图书馆藏明嘉靖刻本《谈资四卷》，入选第三批《国家珍贵古籍名录》（编号08558）。

特颁此证。

中华人民共和国文化部

二〇一〇年六月十二日

图 136 《谈资四卷》入选《国家珍贵古籍名录》证书

《谈资四卷》
(明)秦鸣雷撰
明嘉靖刻本
半页九行十八字,白口,左右双边
开本 25.5cm×16.5cm,版框 19cm×13.5cm
1 函 4 册
入选第三批《国家珍贵古籍名录》,编号 08558
《国家珍贵古籍名录》证书颁发时间:2010 年 6 月
南开大学图书馆索书号:善 072.6/102

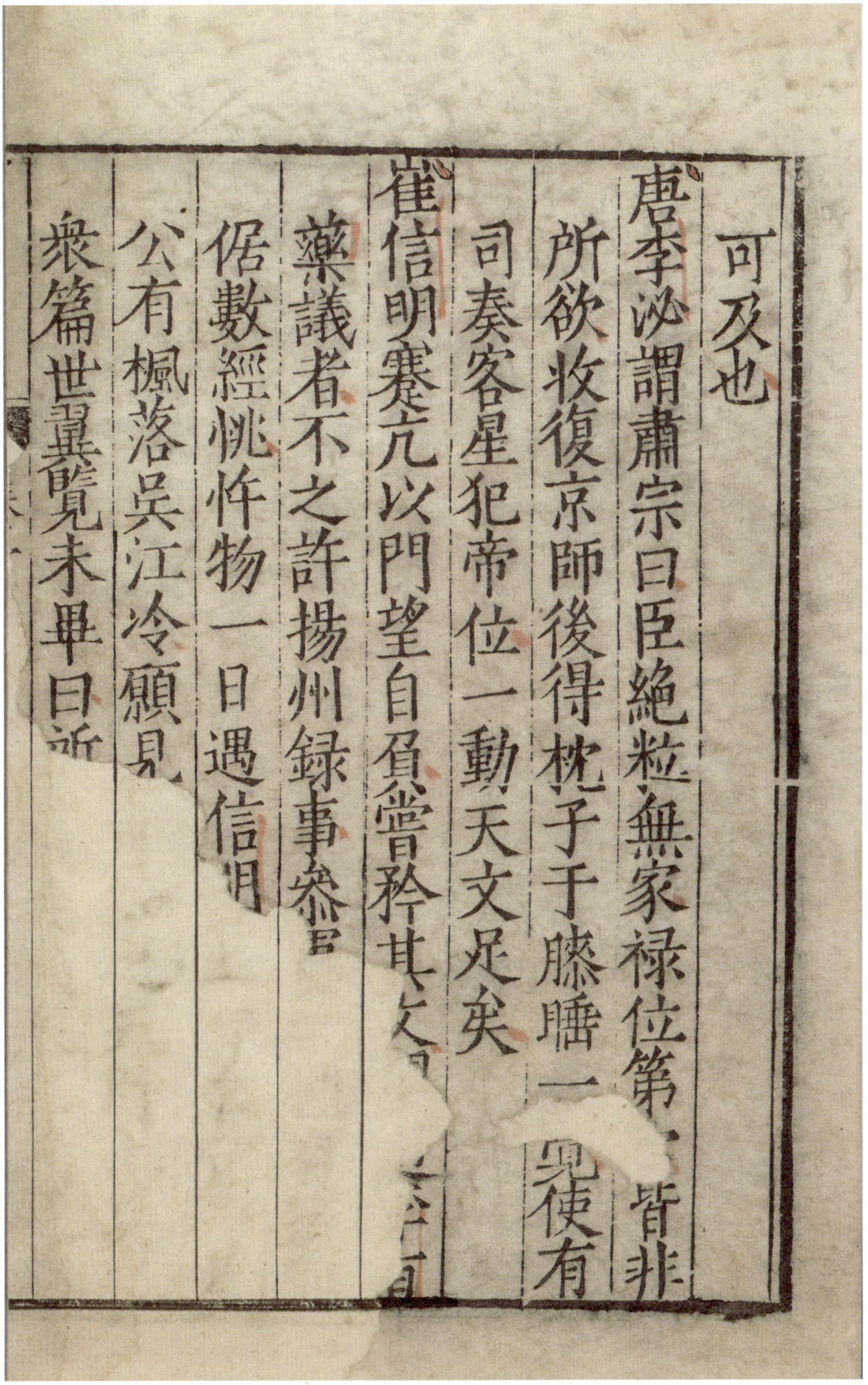

可及也
唐李泌謂肅宗曰臣絕粒無家祿位第一皆非
所欲收復京師後得枕子于膝膳一覺使有
司奏客星犯帝位一動天文足矣
崔信明蹇亢以門望自負嘗矜其文
藥議者不之許揚州録事參
倨數經忤物一日遇信明
公有楓落吳江冷頗見
衆篇世翼覽未畢曰

图 137 《谈资四卷》书影之一

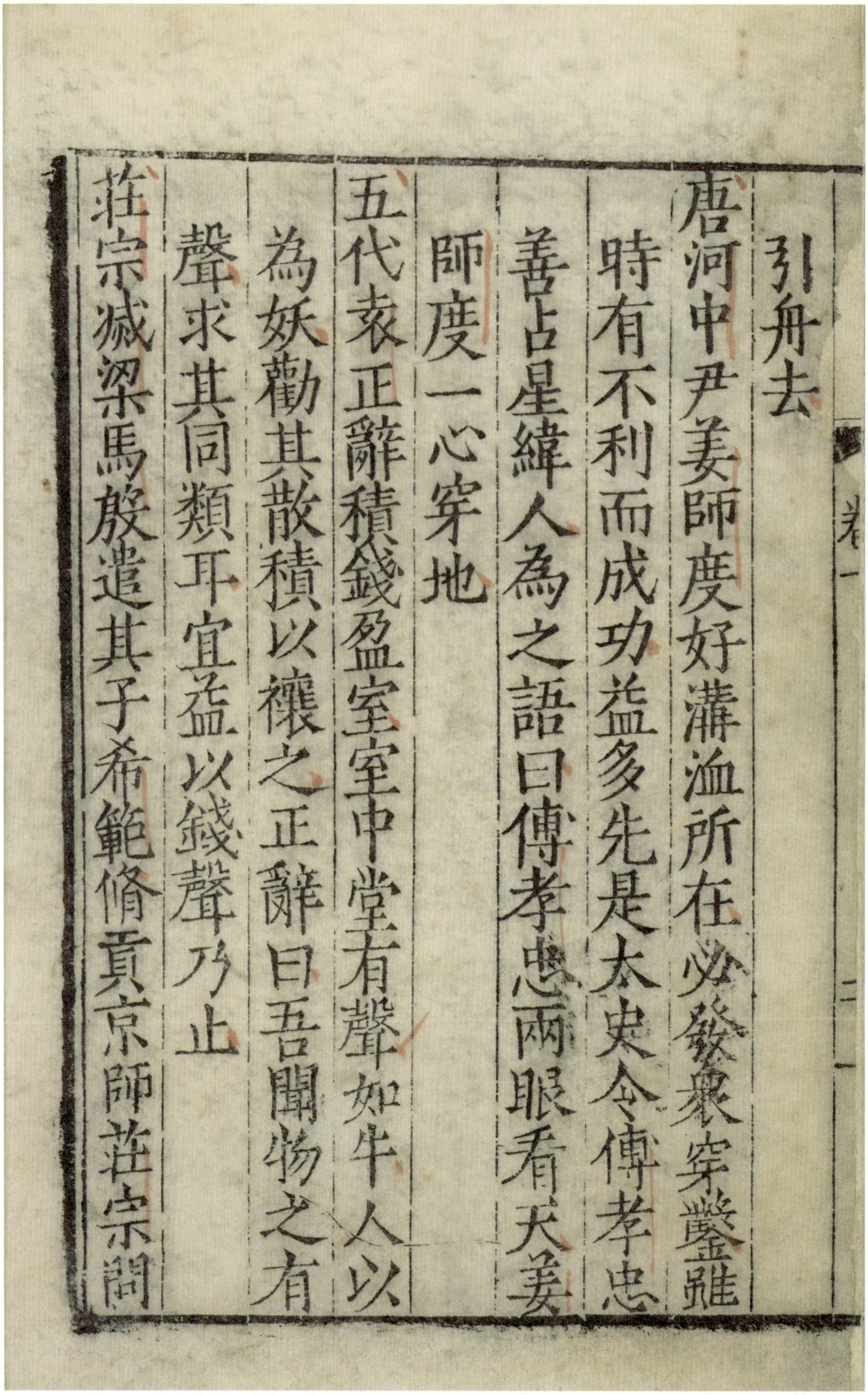

引舟去
唐河中尹姜師度好溝洫所在必發衆穿鑿雖
時有不利而成功益多先是太史令傅孝忠
善占星緯人為之語曰傅孝忠兩眼看天姜
師度一心穿地
五代袁正辭積錢盈室室中堂有聲如牛人以
為妖勸其散積以禳之正辭曰吾聞物之有
聲求其同類耳宜益以錢聲乃止
莊宗滅梁馬殷遣其子希範脩貢京師莊宗問

图 138 《谈资四卷》书影之二

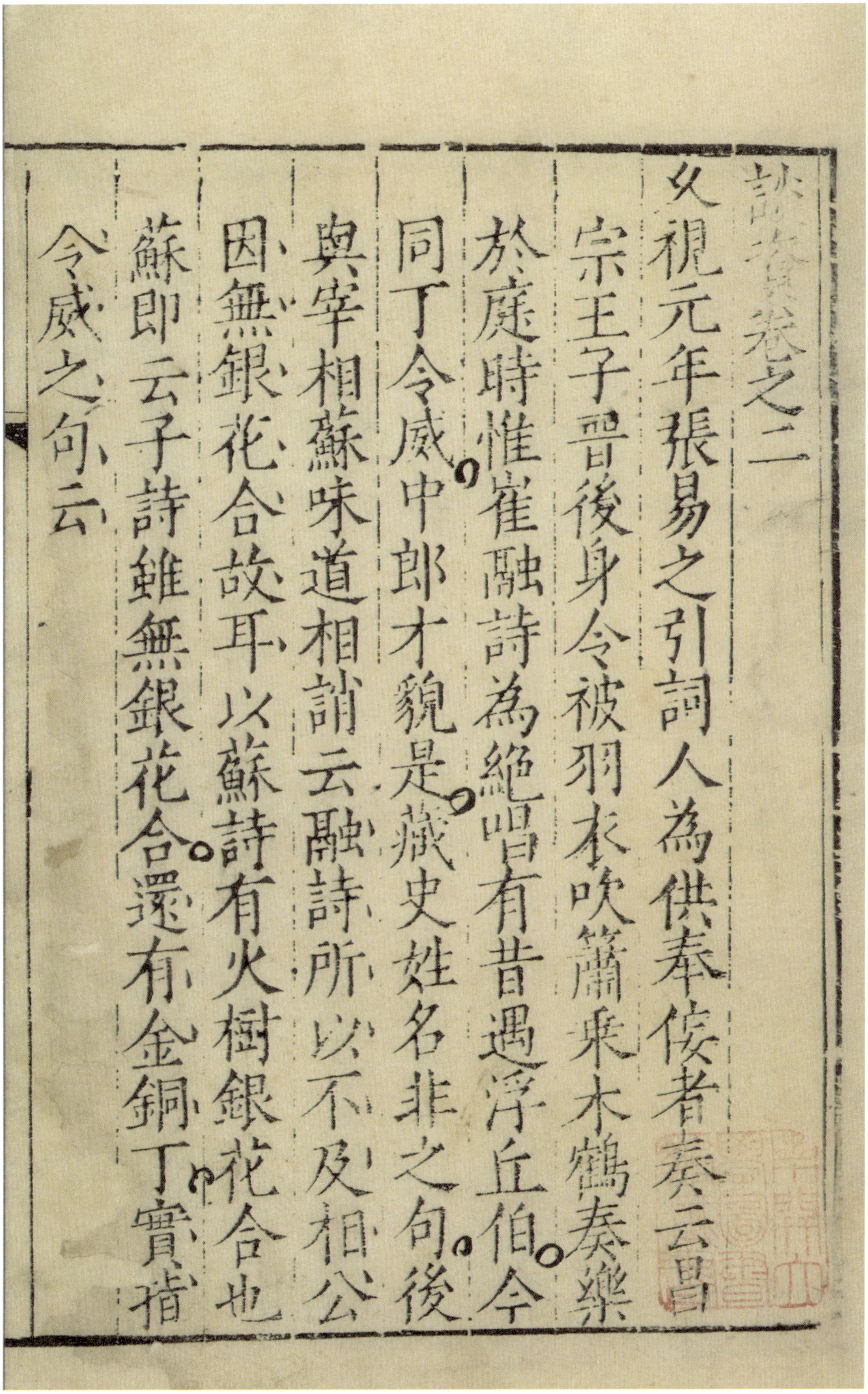

談資卷之二

久視元年張易之引詞人為供奉佞者奏云昌宗王子晉後身令被羽衣吹簫乘木鶴奏樂於庭時推崔融詩為絕唱有昔遇浮丘伯。今同丁令威。中郎才貌是。藏史姓名非之句。後與宰相蘇味道相謂云融詩所以不及相公因無銀花合故耳以蘇詩有火樹銀花合也蘇即云子詩雖無銀花合。還有金銅丁實揹令威之句云

图 139 《谈资四卷》书影之三

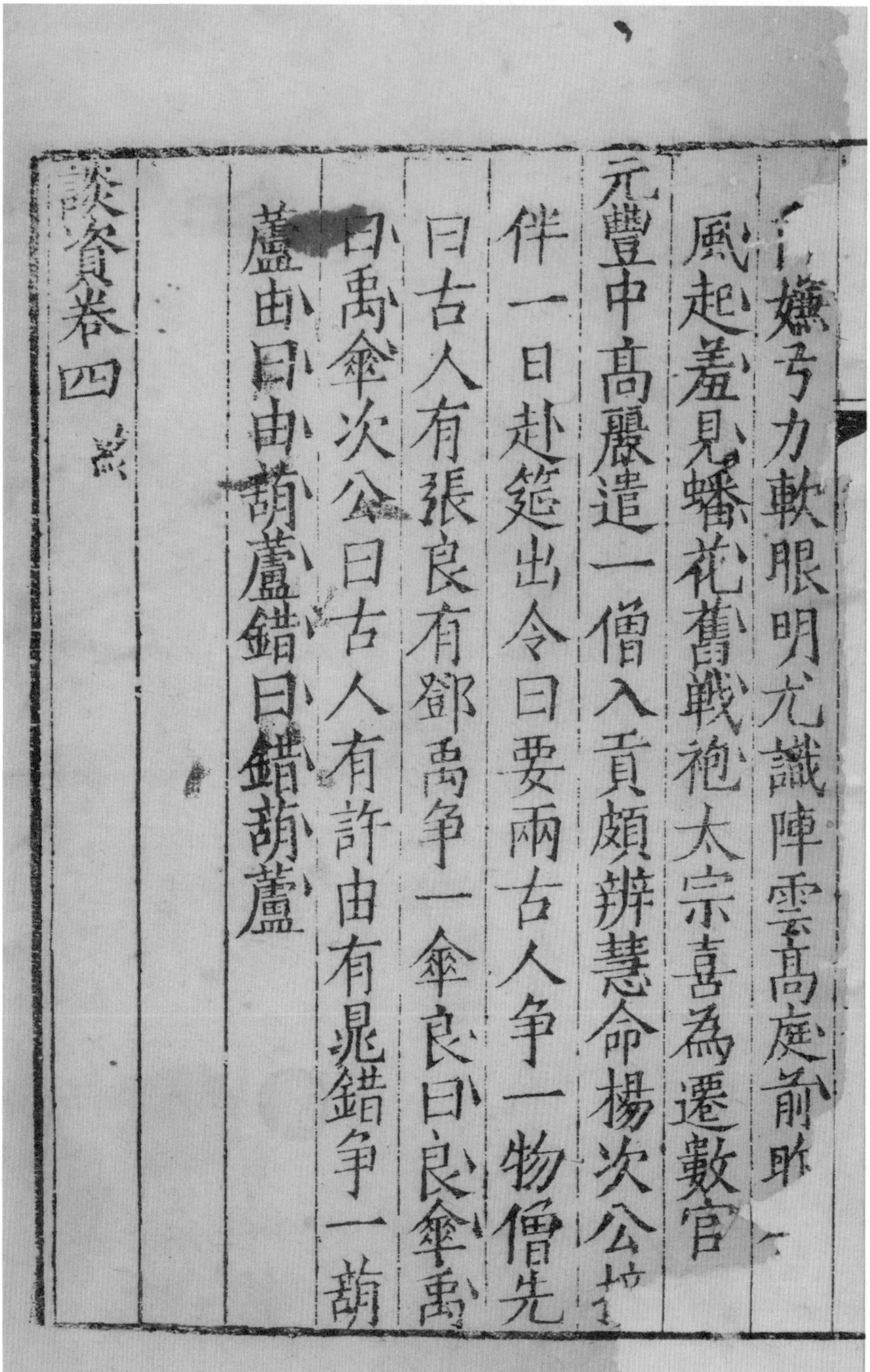

[illegible]嫵弓力軟眼明尤識陣雲高庭前昨
風起羞見蟠花舊戰袍太宗喜爲遷數官
元豐中高麗遣一僧入貢頗辨慧命楊次公接
伴一日赴筵出令曰要兩古人爭一物僧先
曰古人有張良有鄧禹爭一傘良曰良傘禹
曰禹傘次公曰古人有許由有鼂錯爭一葫
蘆由曰由葫蘆錯曰錯葫蘆

談資卷四 終

图 140 《谈资四卷》书影之四

《楚辞集注八卷辨证二卷后语六卷》

提　要

《楚辞》为汉代刘向辑集屈原及宋玉等人相同形式诗作之书，对中国诗歌乃至整个中国文化系统都具重要影响，历来评家甚多，版本繁富。《楚辞集注》为南宋著名的理学家、诗人朱熹所撰，其问世使楚辞研究出现了全新的格局，汉学向宋学之由此转变完成。南开大学图书馆所藏《楚辞集注八卷辩证二卷后语六卷》为明嘉靖十四年（1535 年）袁褧刊刻，卷一和卷末分别有秦更年的题识一则，书中多处有其朱笔校字。秦跋言“盖于明本中求此书，究以此刻为最善也。偶取黎庶昌覆元本与此对读一遍，互有是非亦有可以互相订正之处。因竭旬日之力，悉其异同，疏记眉端”。各卷不同页面分别钤有“城南草堂鉴藏图书记”朱文方印、“秦更年”白文方印、“曼青”朱文方印、“江都秦更年曼青之印”朱文方印、“更年长寿”白文方印等。卷末秦更年跋钤有另一方“秦更年”篆文白文方印。

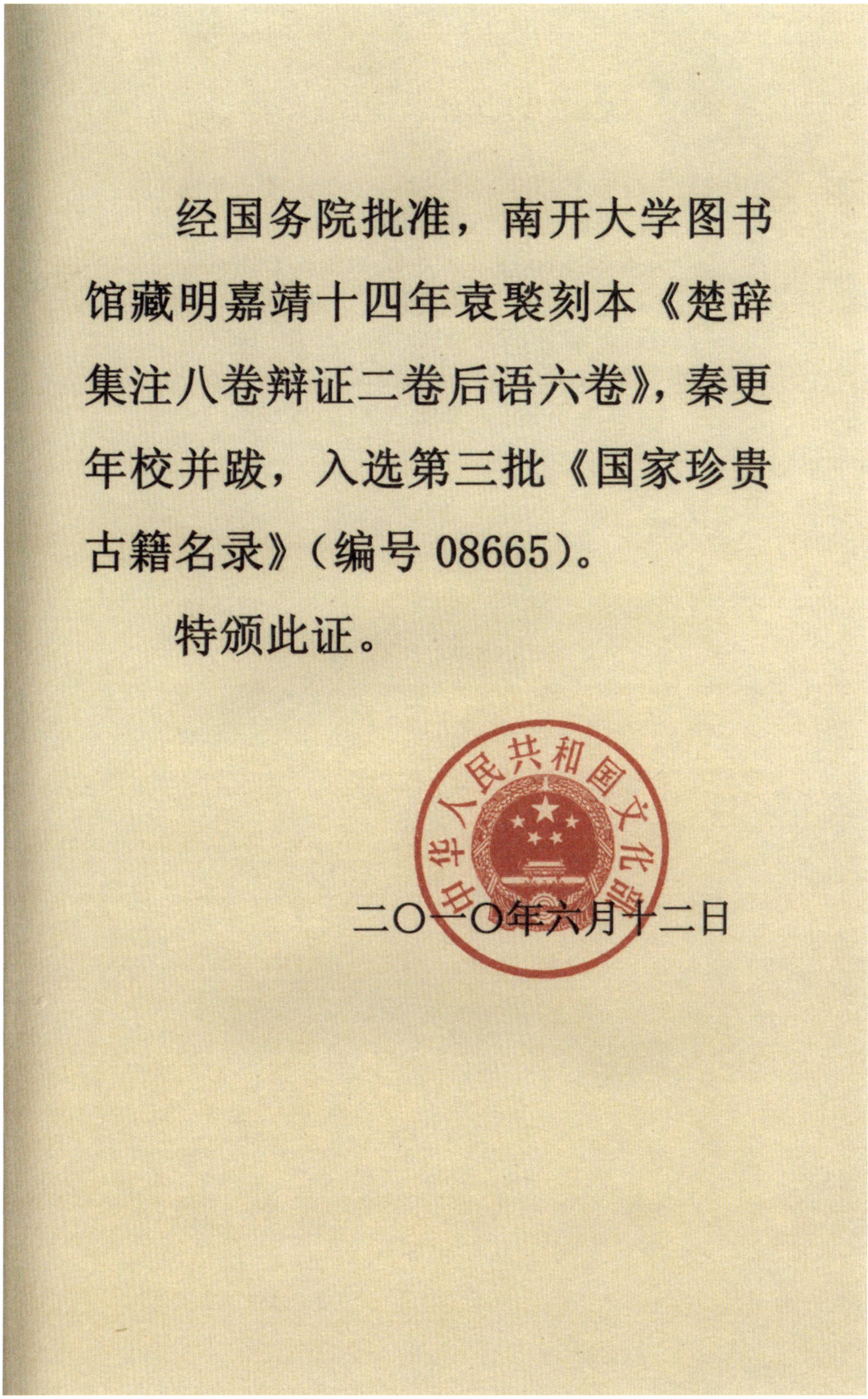

经国务院批准，南开大学图书馆藏明嘉靖十四年袁褧刻本《楚辞集注八卷辩证二卷后语六卷》，秦更年校并跋，入选第三批《国家珍贵古籍名录》（编号 08665）。

特颁此证。

中华人民共和国文化部

二〇一〇年六月十二日

图 141 《楚辞集注八卷辩证二卷后语六卷》入选《国家珍贵古籍名录》证书

《楚辞集注八卷辩证二卷后语六卷》
(宋)朱熹撰
明嘉靖十四年(1535年)袁褧刻本，1920年秦更年校并跋
半页十行十八字,白口,左右双边
开本 26.2cm×18.2cm,版框 19.3cm×15.3cm
1函4册
入选第三批《国家珍贵古籍名录》,编号 08665
《国家珍贵古籍名录》证书颁发时间:2010年6月
南开大学图书馆索书号:善 832.125/827-13

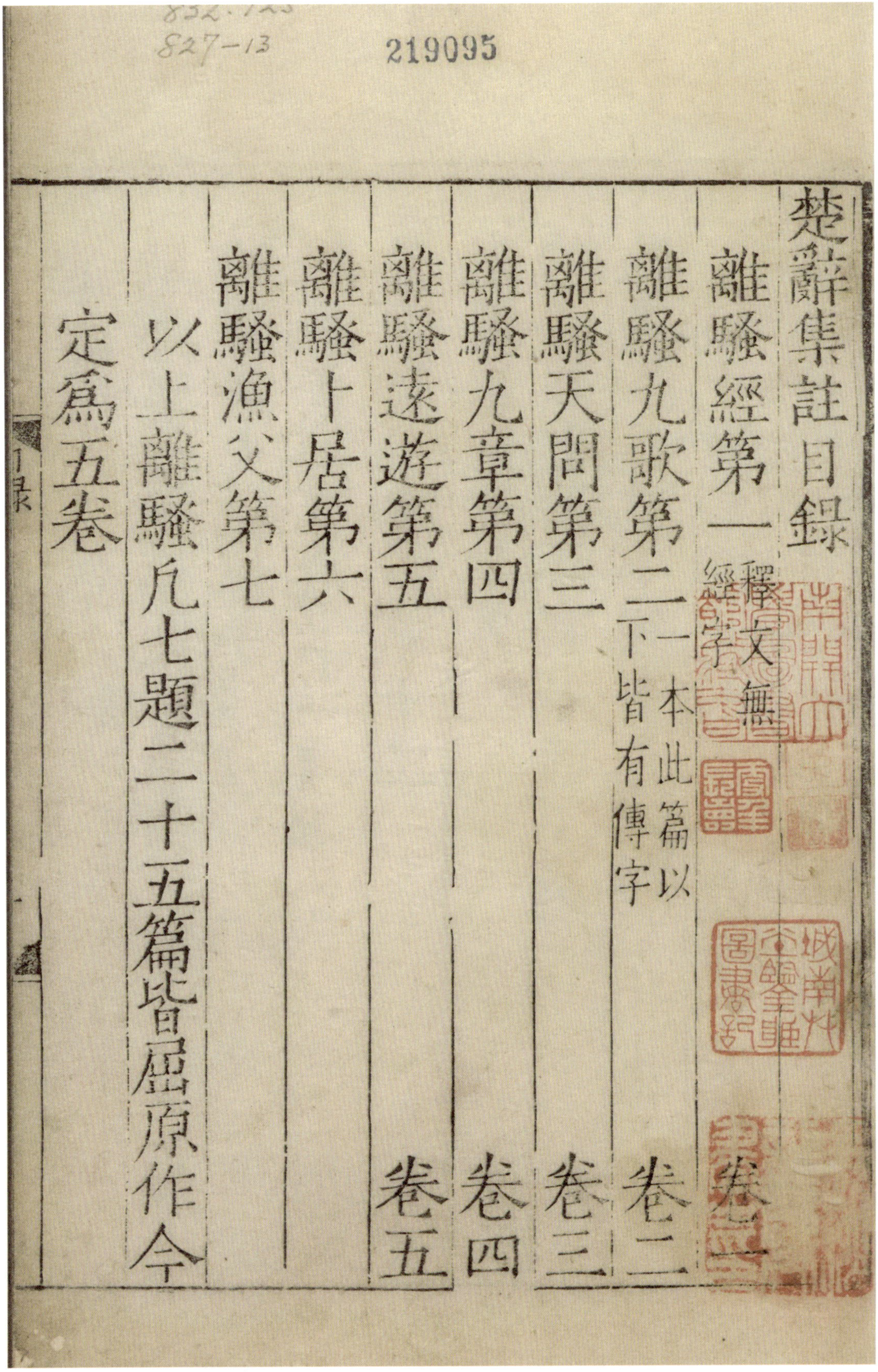

楚辭集註目錄

離騷經第一 釋文無經字 卷一

離騷九歌第二 一本此篇以下皆有傳字 卷二

離騷天問第三 卷三

離騷九章第四 卷四

離騷遠遊第五 卷五

離騷卜居第六

離騷漁父第七

以上離騷凡七題二十五篇皆屈原作今

定爲五卷

图 142 《楚辞集注八卷辩证二卷后语六卷》书影之一

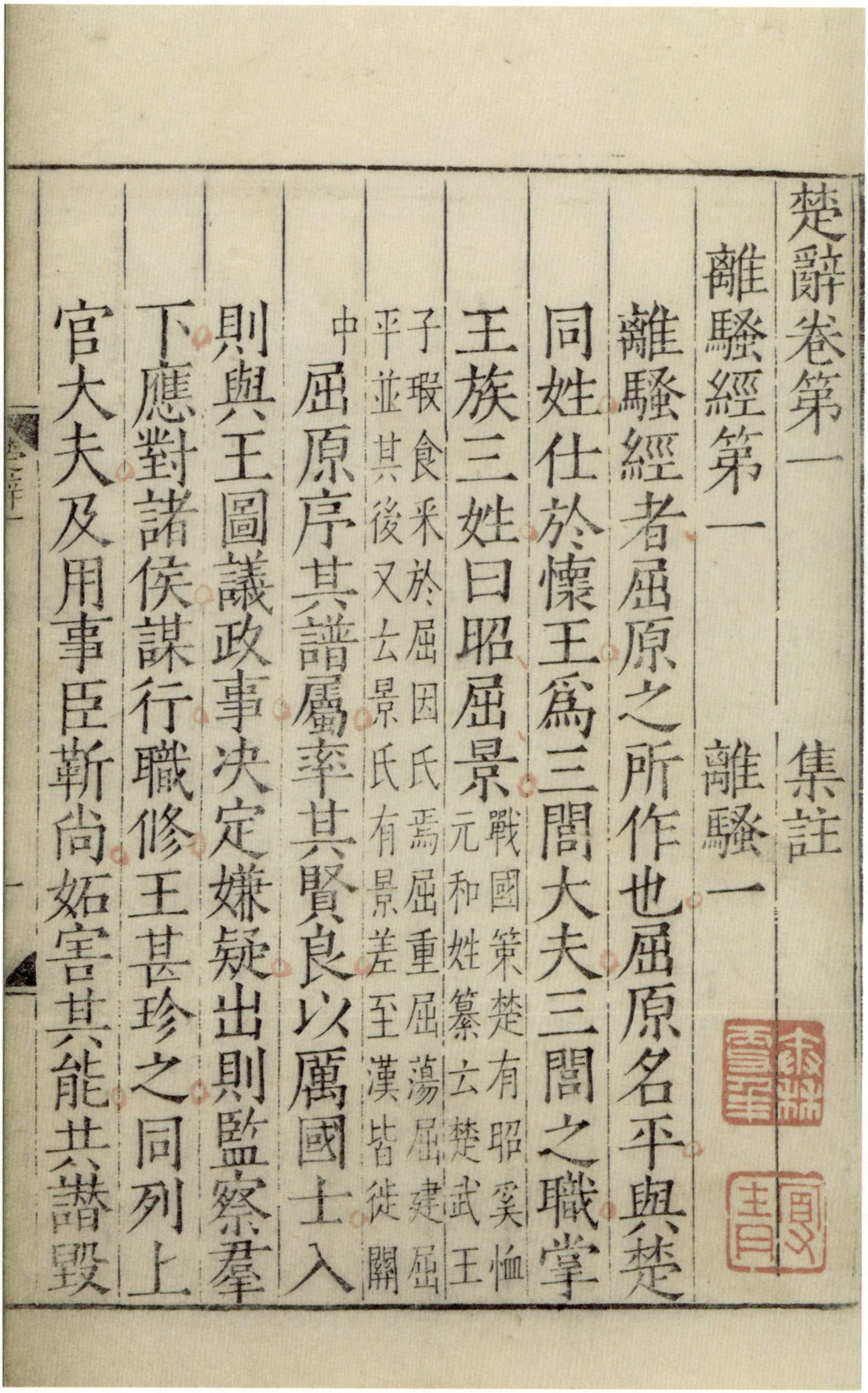

楚辭卷第一　集註

離騷經第一　離騷一

離騷經者屈原之所作也屈原名平與楚同姓仕於懷王爲三閭大夫三閭之職掌王族三姓曰昭屈景戰國策楚有昭奚恤元和姓纂云楚武王子瑕食采於屈因氏焉屈重屈蕩屈建屈平並其後又云景氏有景差至漢皆徙關中屈原序其譜屬率其賢良以厲國士入則與王圖議政事決定嫌疑出則監察羣下應對諸侯謀行職修王甚珍之同列上官大夫及用事臣靳尚妬害其能共譖毀

图 143　《楚辞集注八卷辩证二卷后语六卷》书影之二

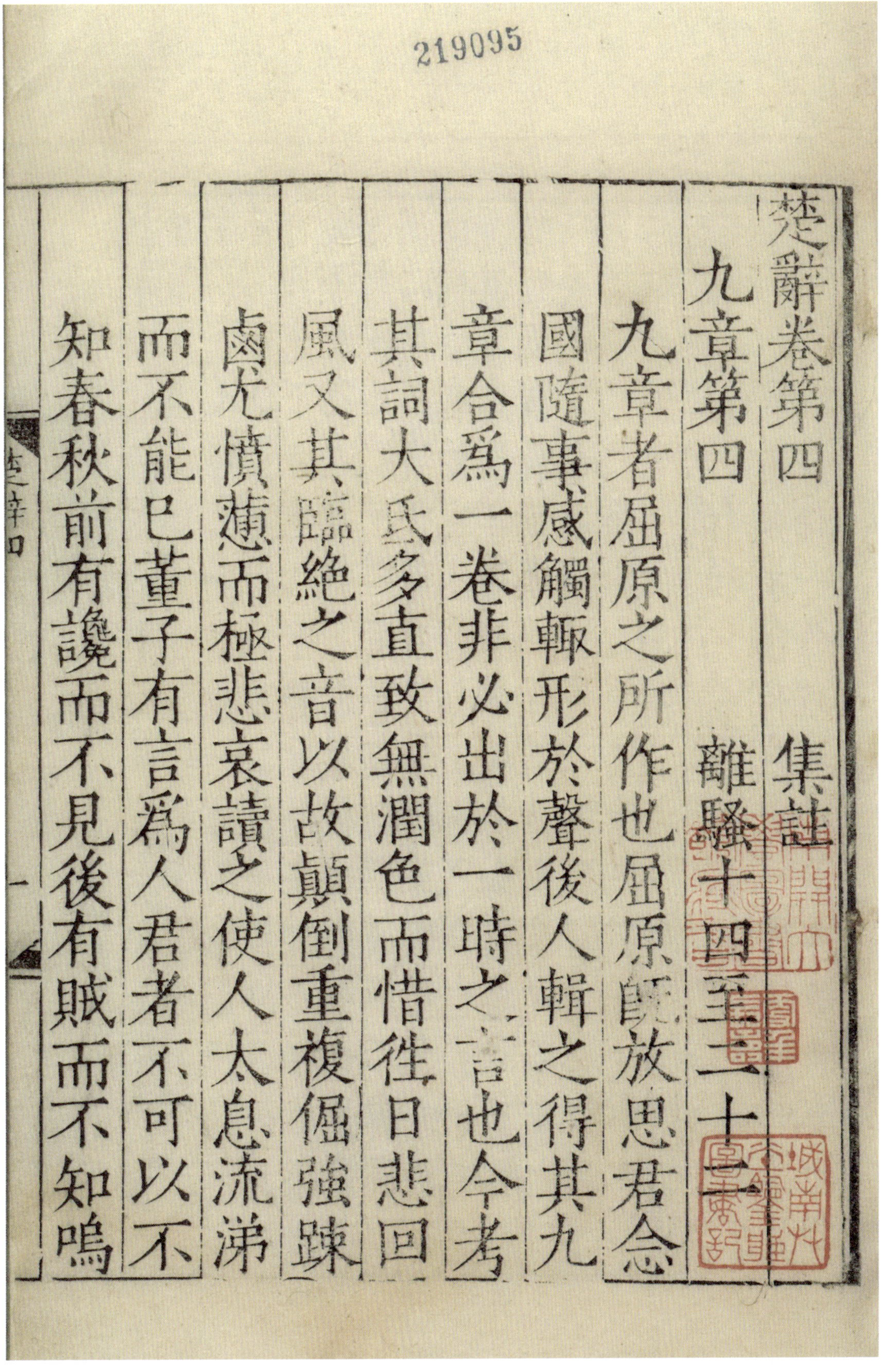

楚辭卷第四　集註
九章第四　離騷十四至二十二
九章者屈原之所作也屈原既放思君念
國隨事感觸輒形於聲後人輯之得其九
章合爲一卷非必出於一時之言也今考
其詞大氐多直致無潤色而惜往日悲回
風又其臨絶之音以故顚倒重複倔強踈
鹵尤憤懣而極悲哀讀之使人太息流涕
而不能已董子有言爲人君者不可以不
知春秋前有讒而不見後有賊而不知嗚

图 144　《楚辞集注八卷辩证二卷后语六卷》书影之三

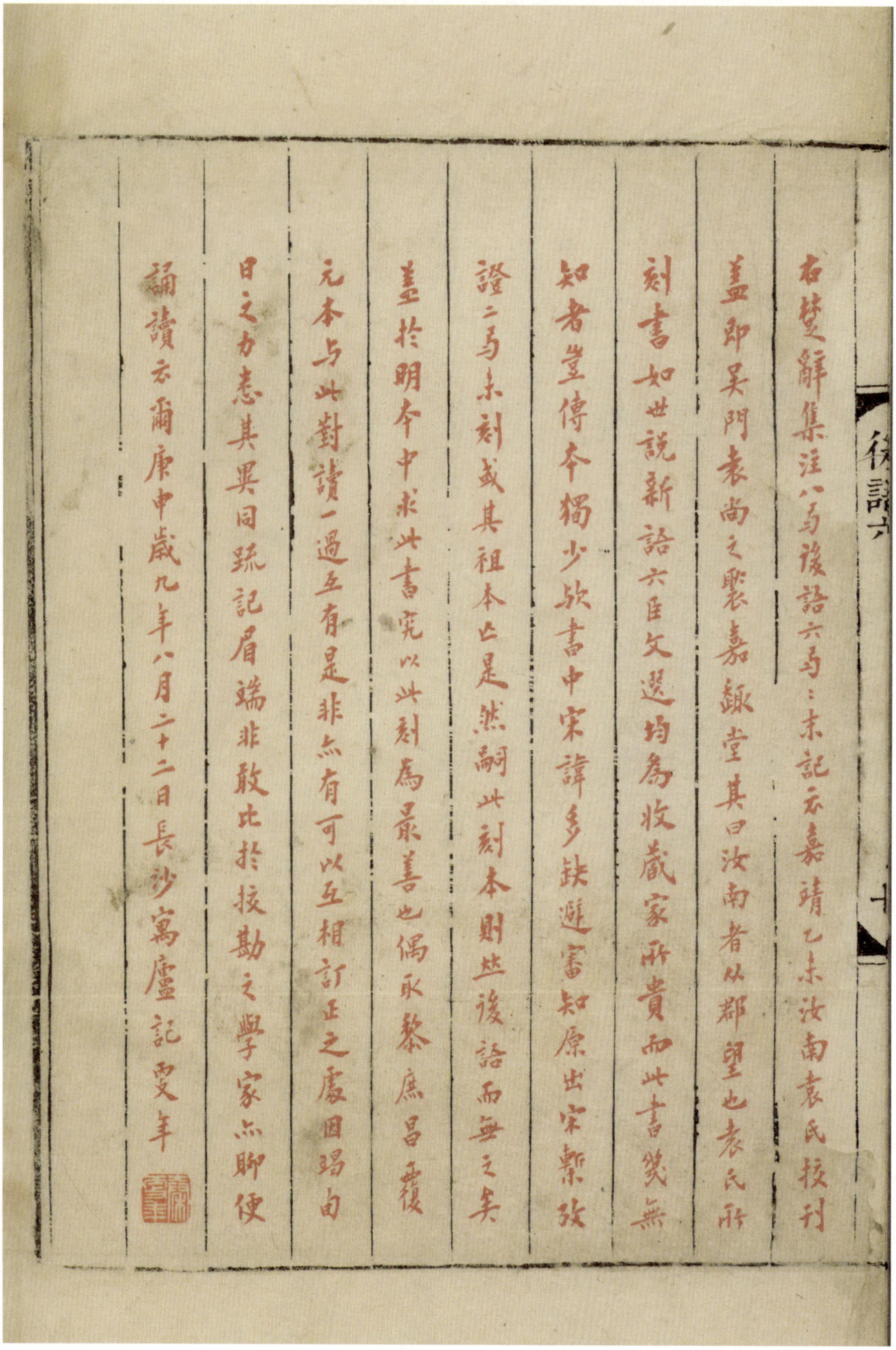
右楚辭集注八卷後語六卷卷末記云嘉靖乙未汝南袁氏校刊
蓋即吳門袁尚之褧嘉趣堂其曰汝南者以郡望也袁氏所
刻書如世說新語六臣文選均為收藏家所貴而此書幾無
知者豈傳本獨少歟書中宋諱多缺避審知原出宋槧攷
證二卷亦刻或其祖本亡是然翻此刻本則并後語而無之矣
蓋於明本中求此書究以此刻為最善也偶取黎庶昌覆
元本與此對讀一過互有是非亦有可以互相訂正之處因竭兩
日之力志其異同疏記眉端非敢比於校勘之學家亦聊便
誦讀云爾庚申歲九年八月二十二日長沙寓廬記叟年

图 145　《楚辞集注八卷辩证二卷后语六卷》书影之四

《御制文集四集三十卷》

提　要

撰者朱元璋(1328—1398)为明朝开国皇帝,著有《大明太祖高皇帝御注道德真经》《御制皇陵碑》《周颠仙人传》《与田兴书》等。南开大学图书馆所藏《御制文集四集三十卷》集录明太祖朱元璋所作各类文字,具有明初刻书的风格,开本较大,印制和装帧均较为考究,显示较高品相,但未注明纂辑人姓名,亦未见各家著录。然据《四库提要》载,黄虞稷《千顷堂书目》著录有《太祖文集》三十卷,并注明"甲集二卷,乙集三卷,丙集文十四卷、诗一卷,丁集十卷",与馆藏是书卷次一致。书后刘基所撰"御制文集后序"曰:"御制文集五卷,论、记、诏、序、诗、文凡若干篇,翰林学士臣乐韶凤、宋濂等之所编录。"是书部分版心下端有字数和刻工姓名,可辨识之刻工姓名有芦庄、延年、章、林祥、叶、林寿、王、曹文暹、季、孙福、孙畐、朱信、张让、赵良、景云、沈畐、亯、亨、杨茂、朱安、炳、宗太、陈济、杨胜、吴、恭、王安、朱禛、赵丙、崔克名、许、彝、彩文、彩、陈义、徐刊、范子英、娄、孪、叶刊、张德名、吴英、芦、登、吴宗、茅、彭、魏,等等。不同页面分别钤有"研理楼刘氏藏"白文长方印、"宝静簃王静宜所得秘籍记"朱文方印、"刘明阳王静宜夫妇读书之印"白文方印、"有书自富贵无病即神仙"白文方印和"研理楼刘氏倭劫余藏"白文长方印等。卷首御制文首页贴有天津藏书家刘明阳丁亥年(1947年)六月所撰题记签条一纸,并钤有"静远读书记"白文方印。是书装具为木匣,盖板上刻写题名为"明太祖御制文存　淮安朱氏藏",各册封面及卷端题名为"御制文集",第四册卷末为明洪武七年十二月刘基、郭传所撰"后序"二篇。

全书共三十卷,目录如下:

甲集卷第一:文、记;卷第二:诏、赐书、论、序、祭文、赞;

乙集卷第一:乐章、祝文;卷第二:诏、书敕、诰;卷第三:论、辩、赞、祭文;

丙集(文)卷第一:文;卷第二:诏;卷第三:诏;卷第四:敕;卷第五:诰命;卷第六:诰命;卷第七:敕命;卷第八:祭文;卷第九:碑、论、杂著;卷第十:记、辩、赞;卷第十一:说;卷第十二:策问、题跋;卷第十三:敕、策问、论、赞、说、记、序、祭文、诗;卷第十四:敕、敕命、赞、说、祭文、诗;

丙集(诗)卷第一:古诗;

丁集卷第一:文;卷第二:诏、制、诰、策问;卷第三:敕;卷第四:敕;卷第五:敕;卷第六:敕;卷第七:记、序、传、论;卷第八:说、赋、辞、赞;卷第九:祭文、志;卷第十:杂著。

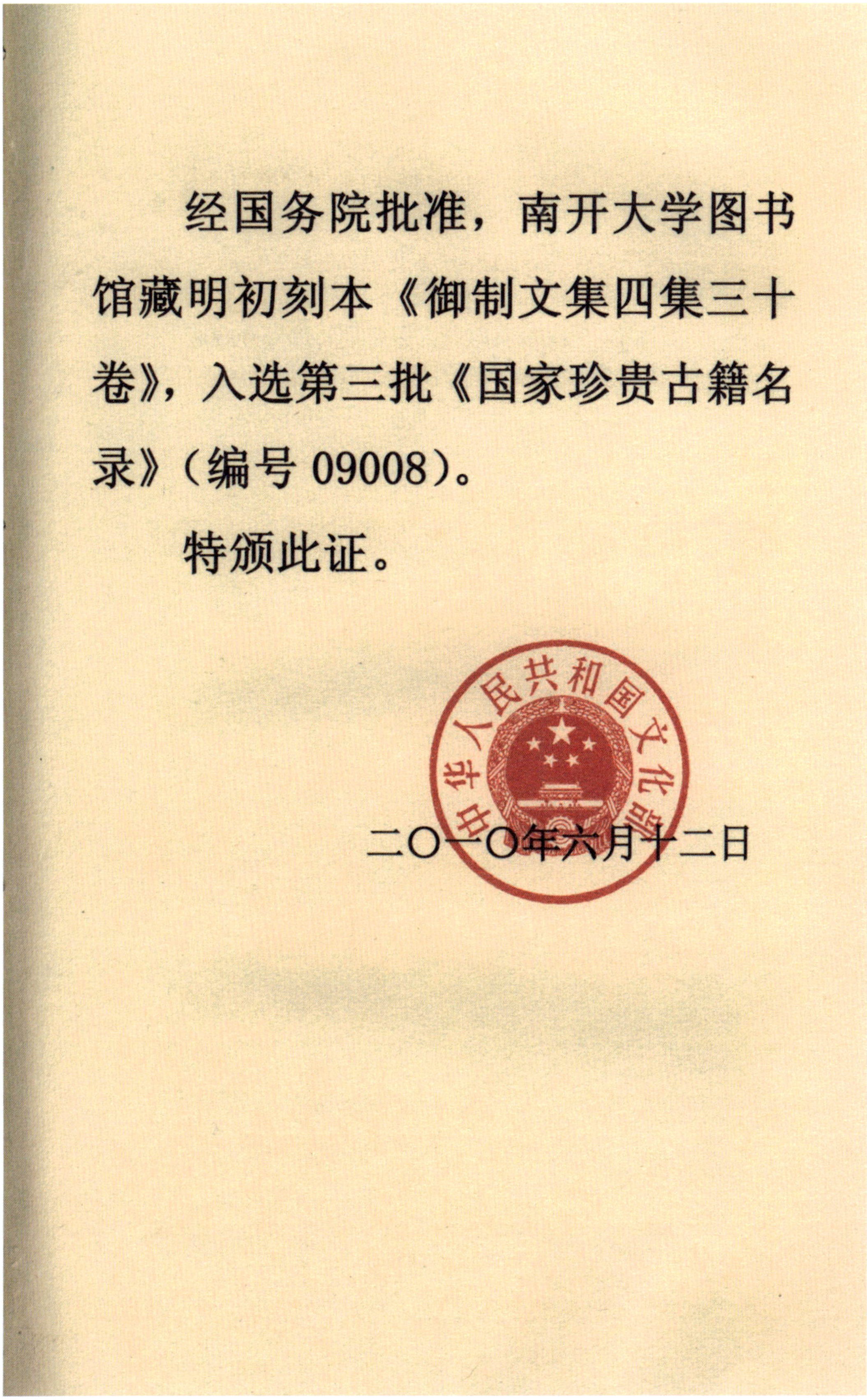

经国务院批准，南开大学图书馆藏明初刻本《御制文集四集三十卷》，入选第三批《国家珍贵古籍名录》（编号 09008）。

特颁此证。

中华人民共和国文化部

二〇一〇年六月十二日

图 146　《御制文集四集三十卷》入选《国家珍贵古籍名录》证书

《御制文集四集三十卷》
(明)太祖朱元璋撰
明初刻本
半页十行二十字,黑口,四周双边
开本 37cm×20.5cm,版框 27cm×17.5cm
1 木匣 4 册
入选第三批《国家珍贵古籍名录》,编号 09008
《国家珍贵古籍名录》证书颁发时间:2010 年 6 月
南开大学图书馆索书号:善 846.1/463

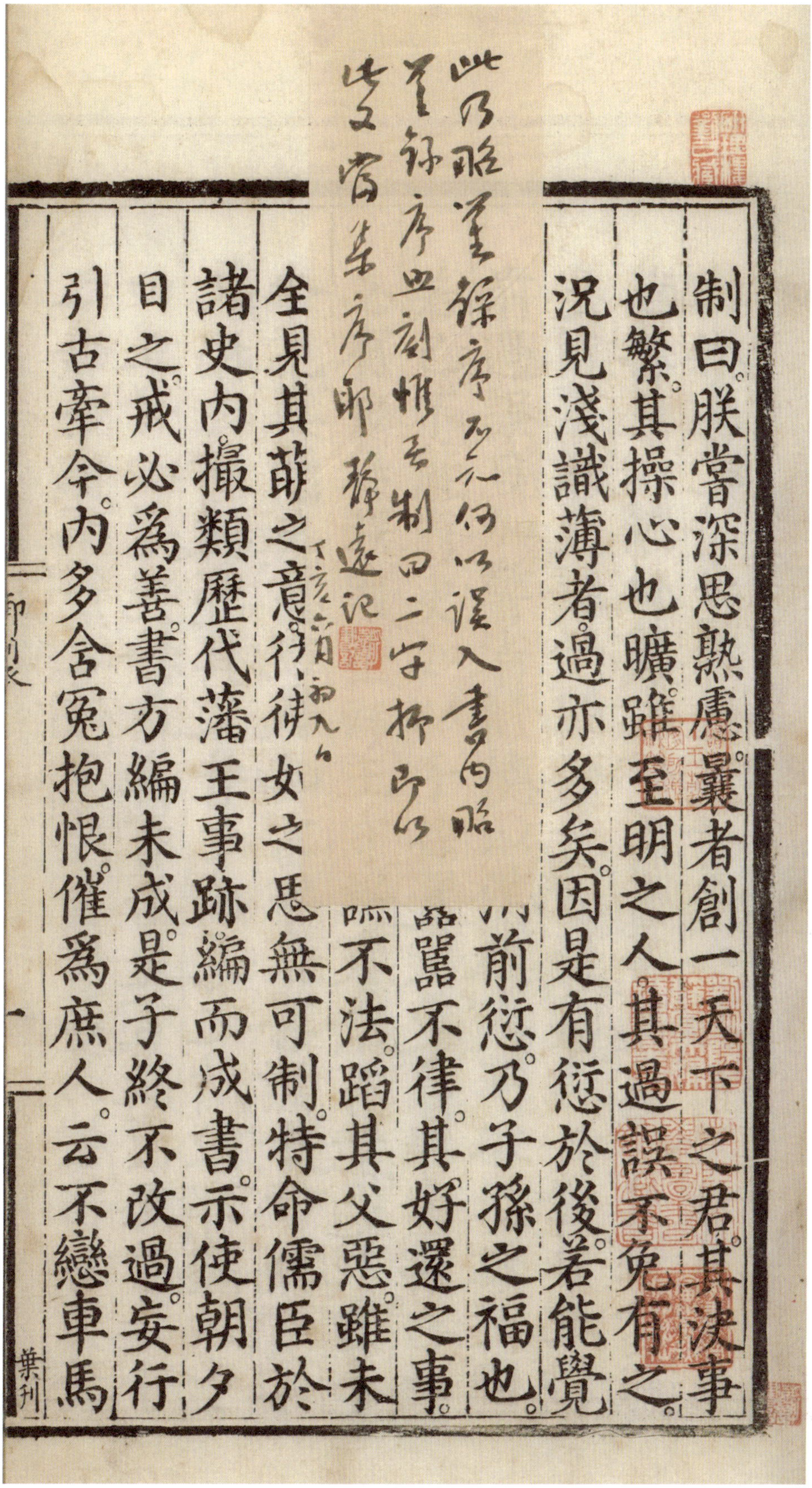
制曰朕嘗深思熟慮曩者創一天下之君其決事
也繁其操心也曠雖至明之人其過誤不免有之
況見淺識薄者過亦多矣因是有懲於後若能覺
前懲乃子孫之福也
囂囂不律其好還之事
臨不法蹈其父惡雖未
全見其萌之意徘徊如之思無可制特命儒臣於
諸史內撮類歷代藩王事跡編而成書示使朝夕
目之戒必為善書方編未成是子終不改過妄行
引古牽令內多含冤抱恨僅為庶人云不戀車馬

图 147 《御制文集四集三十卷》书影之一

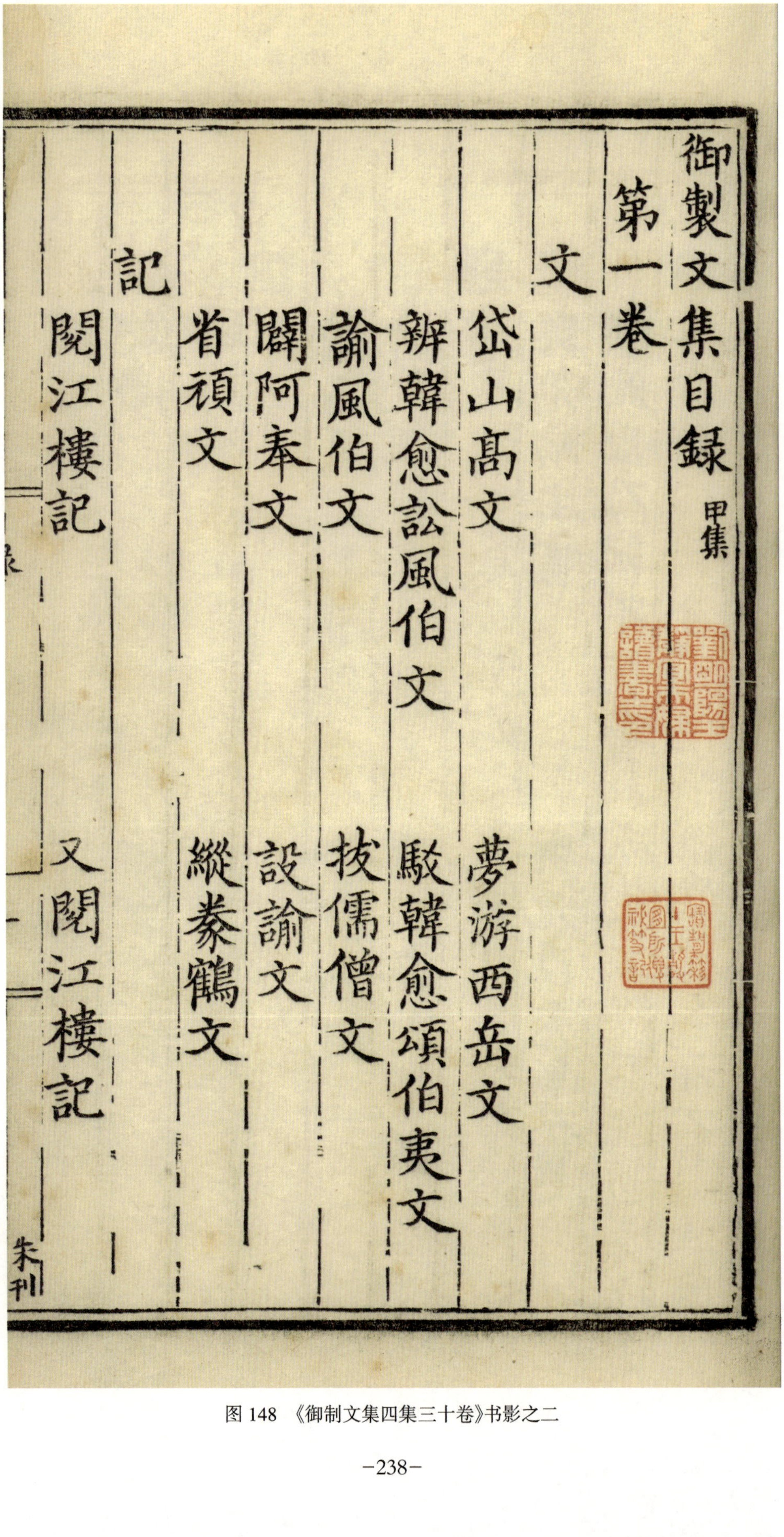

御製文集目録 甲集

第一卷

文

岱山高文　夢游西岳文

辨韓愈訟風伯文　駁韓愈頌伯夷文

諭風伯文　拔儒僧文

闢阿奉文　設諭文

省頑文　縱豢鶴文

記

閲江樓記　又閲江樓記

朱刊

图 148 《御制文集四集三十卷》书影之二

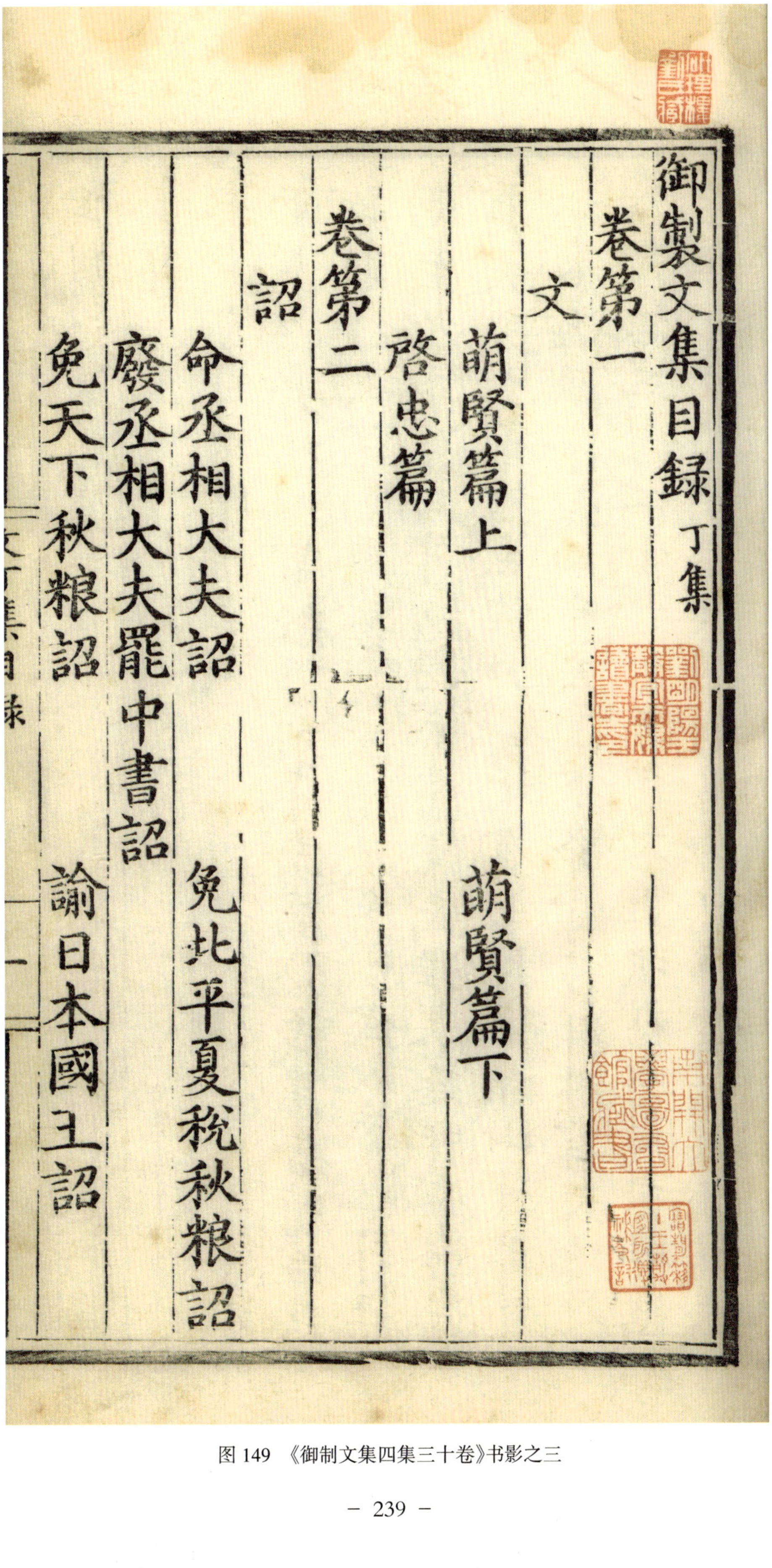
御製文集目録 丁集

卷第一

文

蓢賢篇上　蓢賢篇下

啓忠篇

卷第二

詔

命丞相大夫詔　免北平夏税秋粮詔

廢丞相大夫罷中書詔

免天下秋粮詔　諭日本國王詔

文丁集目録　一

图 149 《御制文集四集三十卷》书影之三

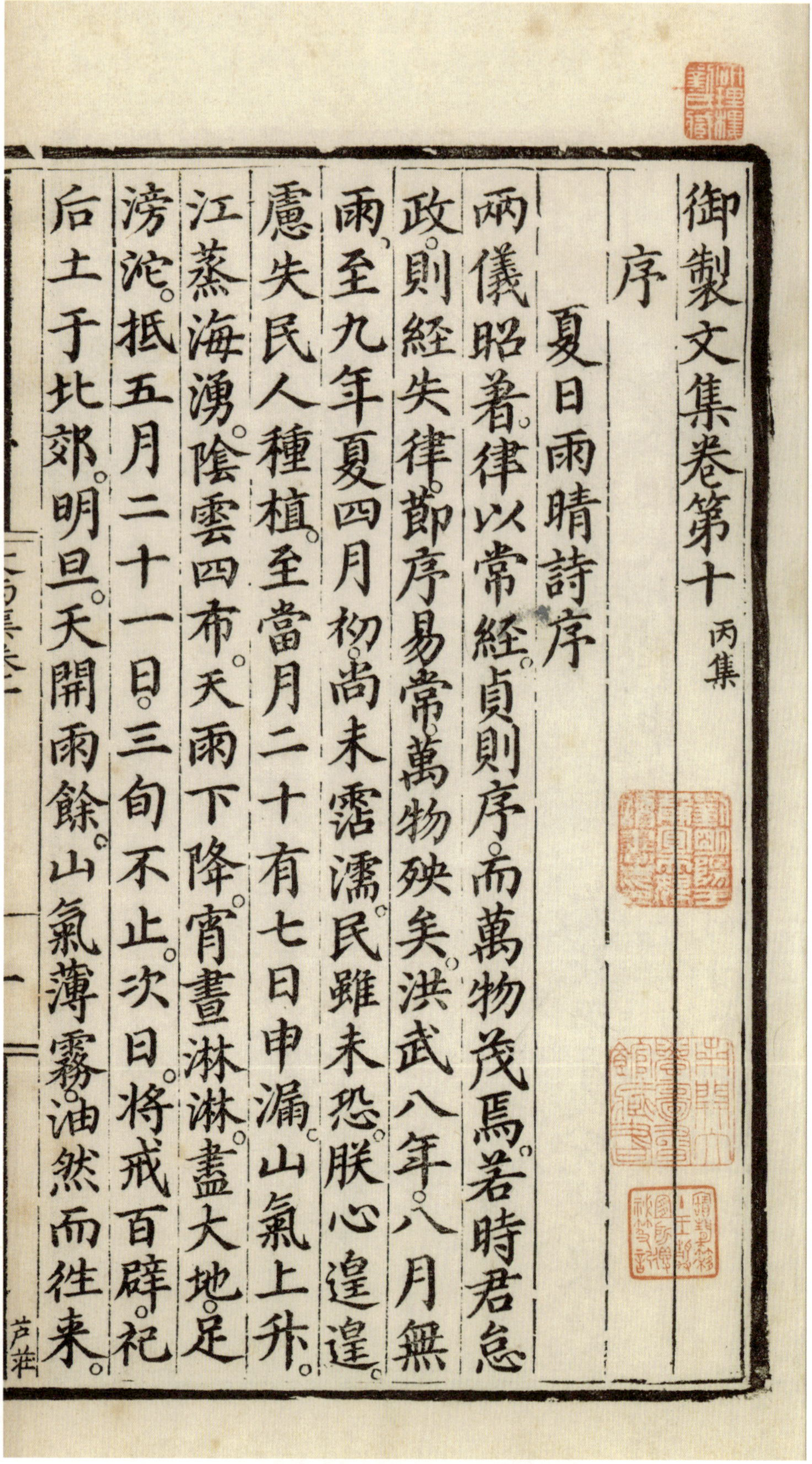
御製文集卷第十 丙集

序

夏日雨晴詩序

兩儀昭著律以常經貞則序而萬物茂焉若時君怠政則經失律節序易常萬物殃矣洪武八年八月無雨至九年夏四月初尚未霑濡民雖未恐朕心遑遑慮失民人種植至當月二十有七日申漏山氣上升江蒸海湧陰雲四布天雨下降宵晝淋淋盡大地足滂沱抵五月二十一日三旬不止次日將戒百辟祀后土于北郊明旦天開雨餘山氣薄霧油然而徃來

图 150 《御制文集四集三十卷》书影之四

第四批《国家珍贵古籍名录》

（入选 6 部）

《鲍氏国策十卷》

提　要

《战国策》又称《国策》，为一部国别体历史学著作，内容以策士的游说活动为中心，记载了战国初年至秦灭六国共约有240年间东周、西周及秦、齐、楚、赵、魏、韩、燕、宋、卫、中山等诸国史事及战国时期纵横家的政治主张和言行策略，反映出这一时期各国政治与外交情状，分为12策、33卷，共497篇，是研究战国历史的重要典籍。全书没有系统完整的体例，都是相互独立的单篇，成书时间与书中文章作者均无确属，西汉时刘向将其编定为33篇，书名亦为刘向所拟定，宋时曾巩对该书出现的缺失作了订补。东汉时高诱曾作注，但今已残缺。南宋鲍彪作新注，并改变原书次序。鲍彪，生卒年无考，字文虎，又号潜翁，龙泉（今属浙江）人（一说为缙云壶镇人）。南宋高宗建炎二年（1128年）进士甲科，历任文林郎、判官、州学教授、左宣教郎、太常博士及司封员外郎等。据文献记载，鲍彪潜心于学，著作甚富，被誉为宋代著名学者，但除《宋史·艺文志》有鲍彪注《国策》十卷外，未见其他著作著录。南开大学图书馆所藏《鲍氏国策十卷》为明嘉靖刻本，旧为清乾隆年间刑部尚书、军机大臣汪由敦所藏。扉页有秦更年题记，“战国策鲍氏注十卷，明嘉靖间仿宋刊本，旧为汪文端公所披阅。细书评校，朱墨灿然。首册记云‘乾隆丁卯七月廿五日’，末册记云‘八月十一日阅竟’。案：丁卯为乾隆十二年，时公已官至刑部尚书，充军机大臣，而从政之暇，犹劬学泽古，不异儒素，且自始澈终才十六、七日，而详整无一懈笔。古人之不易，几及即此一端可见矣。公讳由敦，字师苕，号谨堂，每册首‘堇堂藏书’一印，即公所钤也。庚申孟春收于长沙，越秋装成，因记。江都秦更年”，并钤“秦更年”白文方印和“曼青”朱文方印。其后护页内夹秦氏题记一纸曰：“倾见一本卷末有王觉跋，跋后有篆书一行，云嘉靖戊子龚雷重刊，行款式样与此无异，而字体逊其矜庄，似据此本重刊者。”卷前序首页钤有“堇堂藏书”朱文方印，除鲍彪序之外，其后尚有曾巩序和刘向序，卷端钤有“婴闇秦氏藏书”朱文方印，其他各册首页均钤有“堇堂藏书”朱文方印，各册眉栏、地脚及行间有多处朱笔或墨笔批校点评及句读。

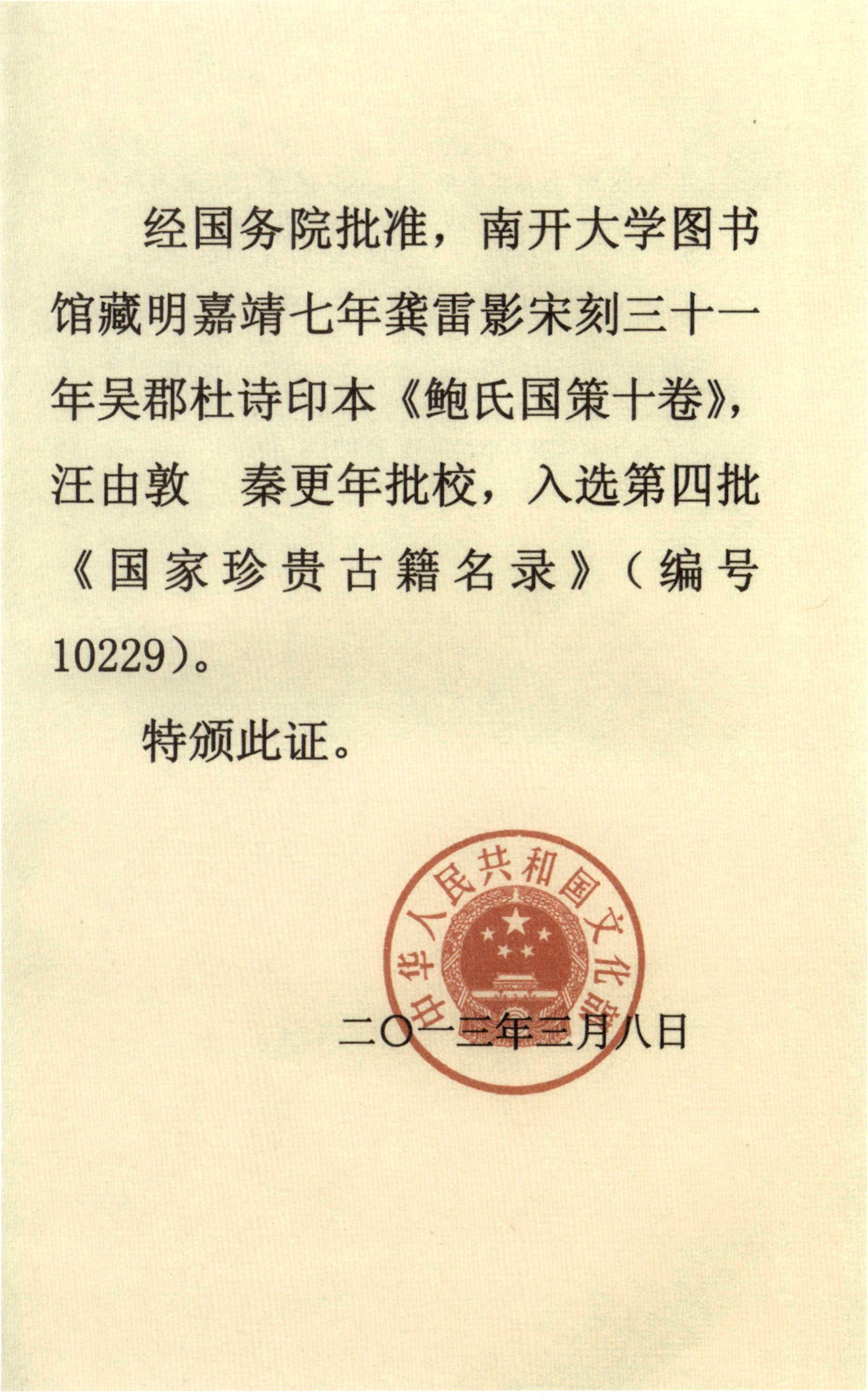

经国务院批准，南开大学图书馆藏明嘉靖七年龚雷影宋刻三十一年吴郡杜诗印本《鲍氏国策十卷》，汪由敦　秦更年批校，入选第四批《国家珍贵古籍名录》（编号10229）。

特颁此证。

中华人民共和国文化部

二〇一三年三月八日

图 151　《鲍氏国策十卷》入选《国家珍贵古籍名录》证书

《鲍氏国策十卷》
(宋)鲍彪校注
明嘉靖七年(1528年)龚雷影宋刻三十一年(1552年)吴郡杜诗印本
1747年汪由敦校跋,1920年秦更年批校
半页十一行二十字,白口,边栏左右双边,单鱼尾
开本26.5cm×17cm,版框21.8cm×15.2cm
1函8册
入选第四批《国家珍贵古籍名录》,编号10229
《国家珍贵古籍名录》证书颁发时间:2013年3月
南开大学图书馆索书号:善621.81/850-1

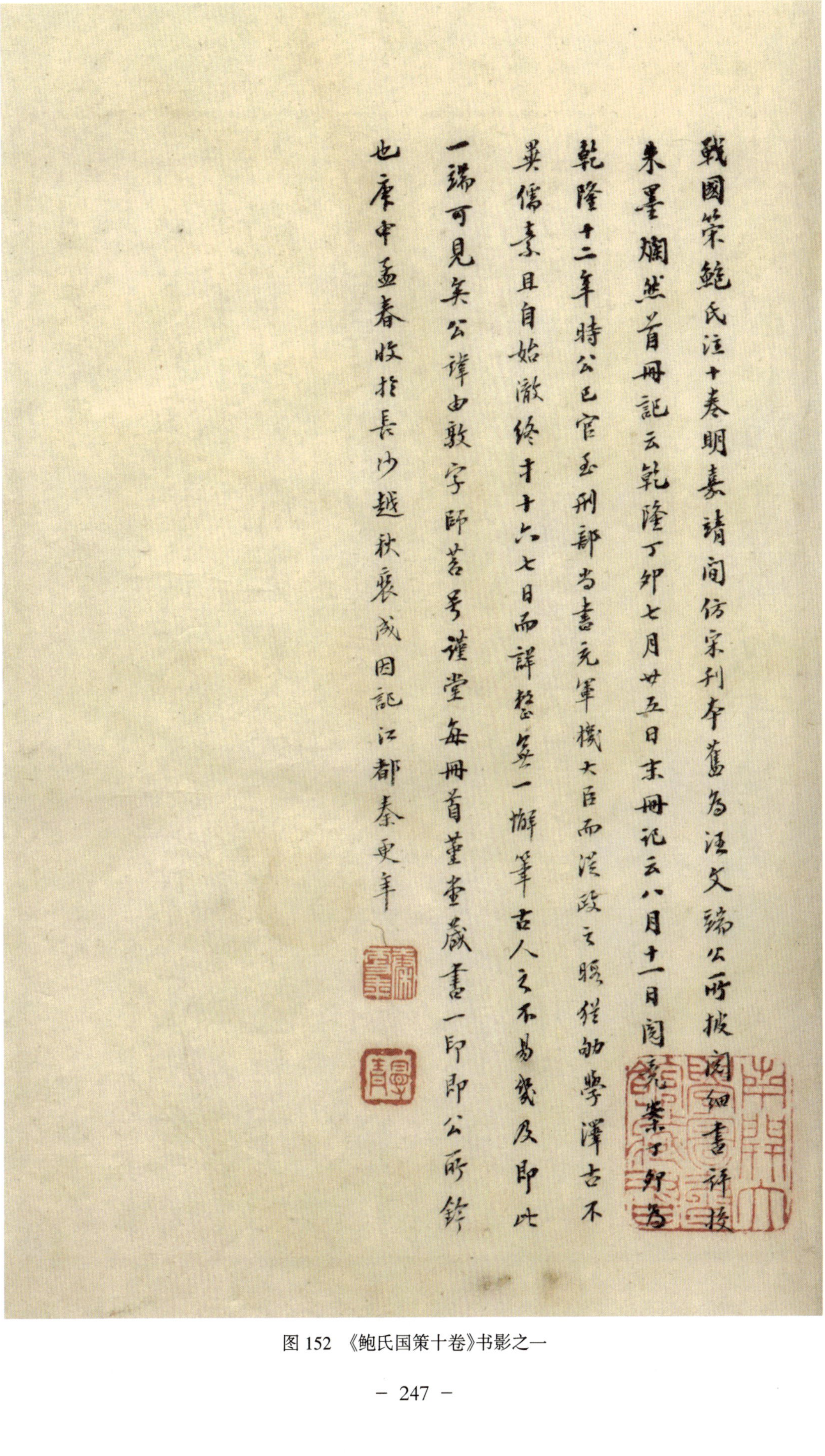

戰國策鮑氏注十卷明嘉靖間仿宋刊本舊為汪文端公所披閱細書評按
朱墨爛然首冊記云乾隆丁卯七月廿五日末冊記云八月十一日閱竟丁卯為
乾隆十二年時公已官至刑部尚書充軍機大臣而從政之暇猶勤學澤古不
異儒素且自始徹終才十六七日而詳悉無一懈筆古人之不易幾及即此
一端可見矣公諱由敦字師苫號謹堂每冊首葉查藏書一印即公所鈐
也庚申孟春收於長沙越秋裝成因記江都秦更年

图 152 《鲍氏国策十卷》书影之一

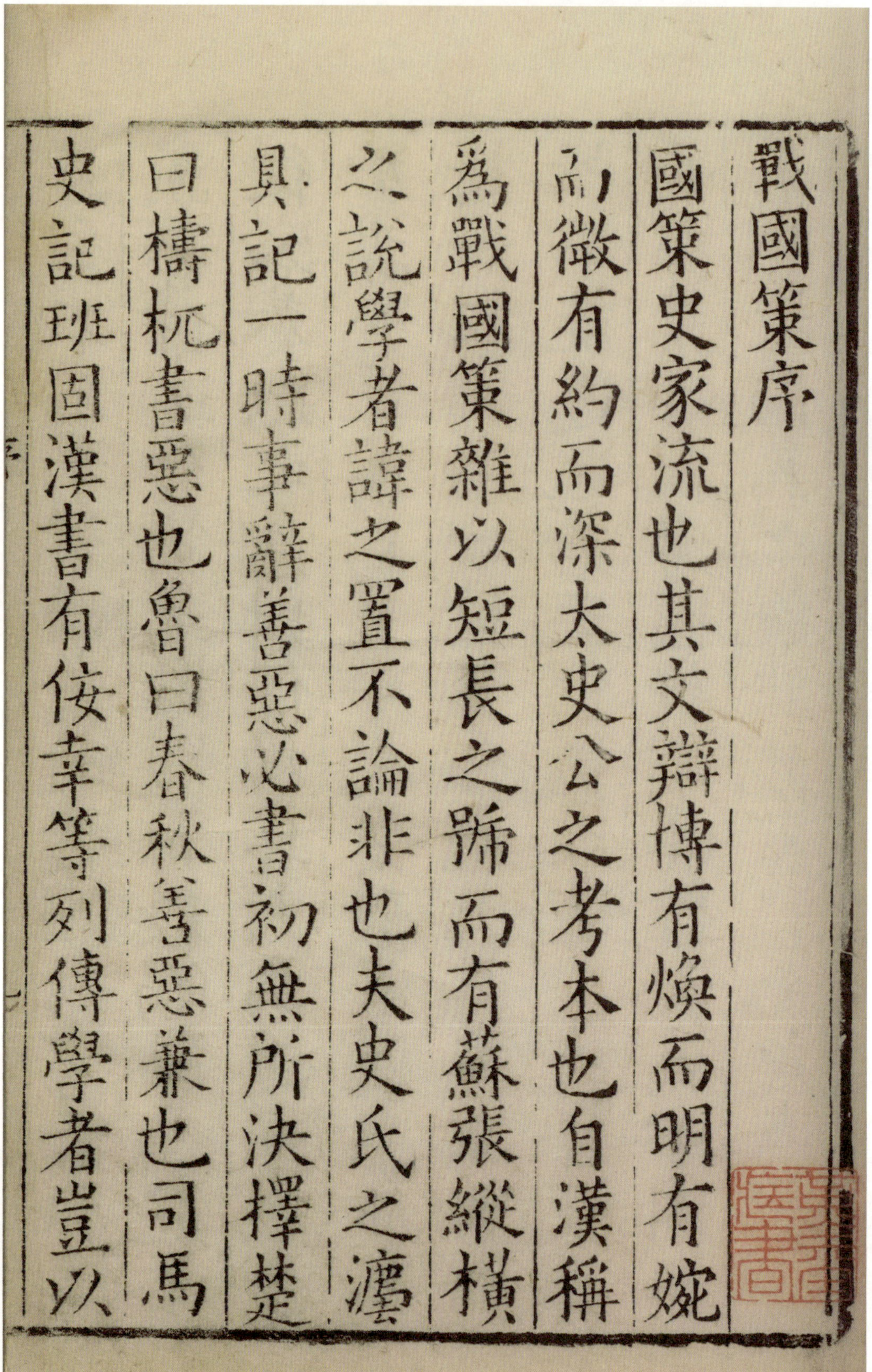
戰國策序

國策史家流也其文辯博有煥而明有婉而微有約而深太史公之考本也自漢稱爲戰國策雜以短長之號而有蘇張縱橫之說學者諱之置不論非也夫史氏之灋具記一時事辭善惡必書初無所決擇楚曰檮杌書惡也魯曰春秋善惡兼也司馬史記班固漢書有佞幸等列傳學者豈以

图 153 《鲍氏国策十卷》书影之二

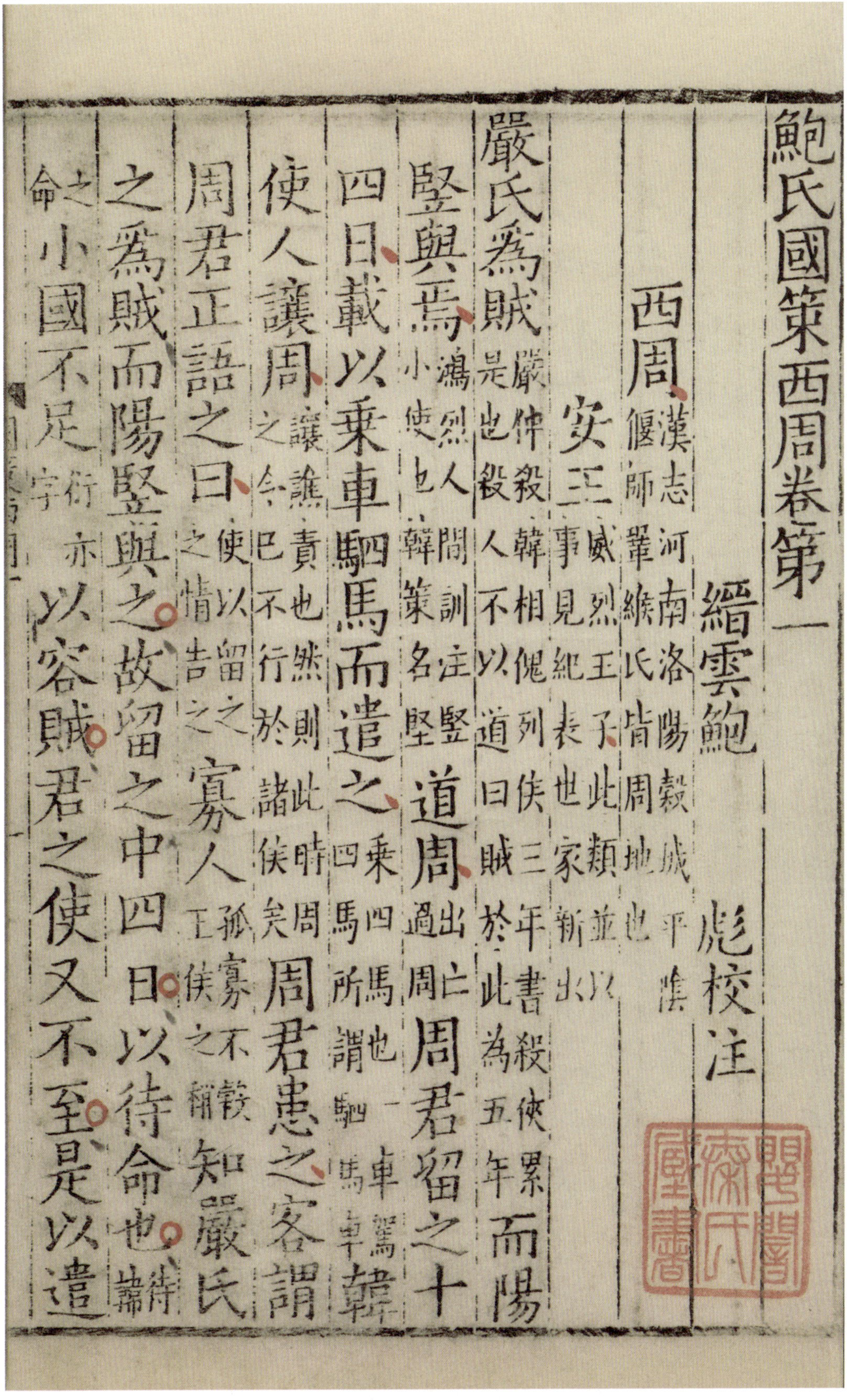

鮑氏國策西周卷第一

縉雲鮑　彪校注

西周漢志河南洛陽穀成平陰偃師鞏緱氏皆周地也

安王威烈王子此類並以事見紀表世家新出

嚴氏爲賊嚴仲殺韓相傀列侯三年書殺俠累是也殺人不以道曰賊於此爲五年而陽竪與焉鴻烈人間訓注竪小使也韓策名竪道周出亡過周周君留之十四日載以乘車駟馬而遣之乘四馬也一車駕四馬所謂駟馬車韓使人讓周讓譙責也然則此時周之令已不行於諸侯矣周君患之客謂周君正語之曰使以留之之情告之寡人孤寡不穀王侯之稱知嚴氏之爲賊而陽竪與之故留之十四日以待命也待韓之命小國不足衍字亦以容賊君之使又不至是以遣

图 154　《鲍氏国策十卷》书影之三

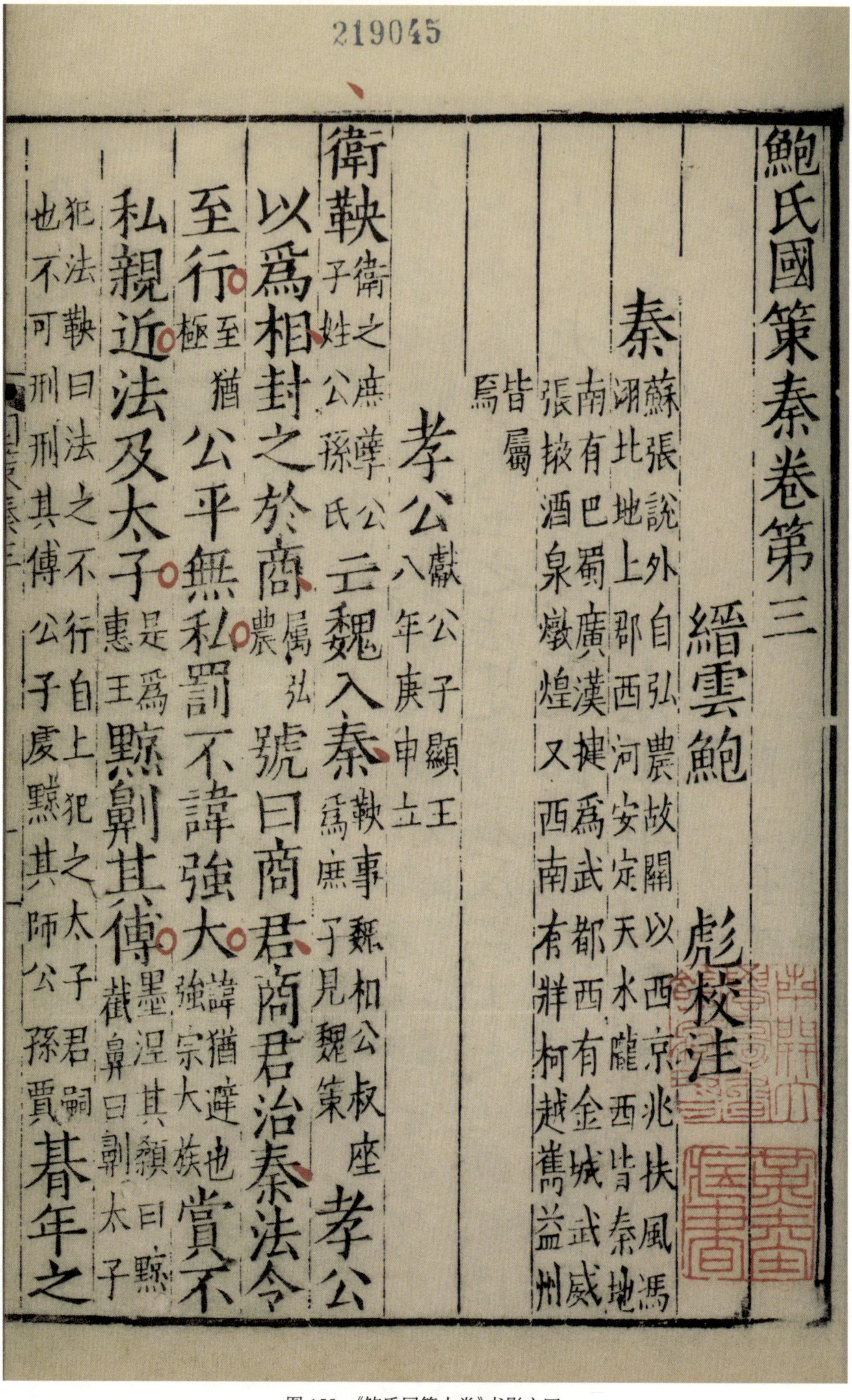
219045

鮑氏國策秦卷第三

縉雲鮑彪校注

秦蘇張說外自弘農故關以西京兆扶風馮翊北地上郡西河安定天水隴西皆秦地南有巴蜀廣漢犍爲武都西有金城武威張掖酒泉燉煌又西南有牂柯越嶲益州皆屬焉

孝公獻公子顯王八年庚申立

衛鞅衛之庶孽公子姓公孫氏亡魏入秦鞅事魏相公叔座爲庶子見魏策孝公以爲相封之於商商屬弘農號曰商君商君治秦法令至行至猶極公平無私罰不諱強大諱猶避也強大強宗大族賞不私親近法及太子是爲惠王黥劓其傅墨涅其額曰黥截鼻曰劓太子犯法鞅曰法之不行自上犯之太子君嗣也不可刑刑其傅公子虔黥其師公孫賈朞年之

图 155 《鲍氏国策十卷》书影之四

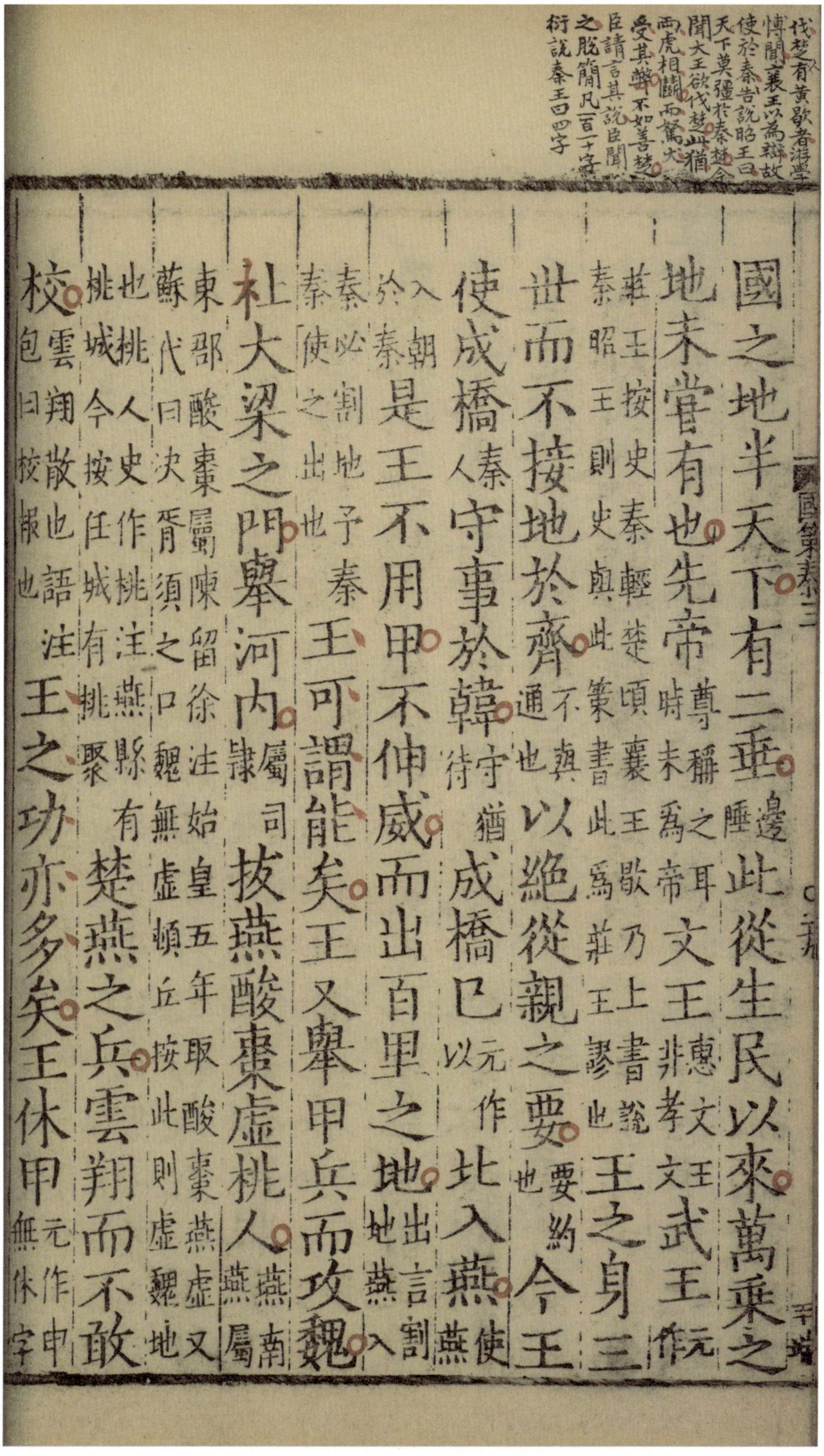

伐楚有黃歇者游學博聞襄王以爲辯故使於秦告說昭王曰天下莫彊於秦楚今聞大王欲伐楚此猶兩虎相鬭而駑犬受其弊不如善楚臣請言其說臣聞之脫簡凡百一十字衍說秦王曰四字

國策秦三

國之地半天下有二垂邊陲此從生民以來萬乘之地未嘗有也先帝尊稱之耳時未爲帝文王惠文王非孝文武王元作莊王按史秦輕楚頃襄王歇乃上書說秦昭王則史與此策書此爲莊王謬也王之身三世而不接地於齊不與通也以絕從親之要要約也令王使成橋秦人守事於韓守猶待成橋已元作以北入燕使燕入於秦朝秦是王不用甲不伸威而出百里之地出言割地燕入秦必割地予秦秦使之出也王可謂能矣王又舉甲兵而攻魏杜大梁之門舉河內屬司隸拔燕酸棗虛桃人燕南燕屬東郡酸棗屬陳留徐注始皇五年取酸棗燕虛又蘇代曰決宿胥之口魏無虛頓丘按此則虛魏地也桃人史作桃注燕縣有桃城今按任城有桃聚楚燕之兵雲翔而不敢校雲翔散也語注包曰校報也王之功亦多矣王休甲元作中無休字

图 156 《鲍氏国策十卷》书影之五

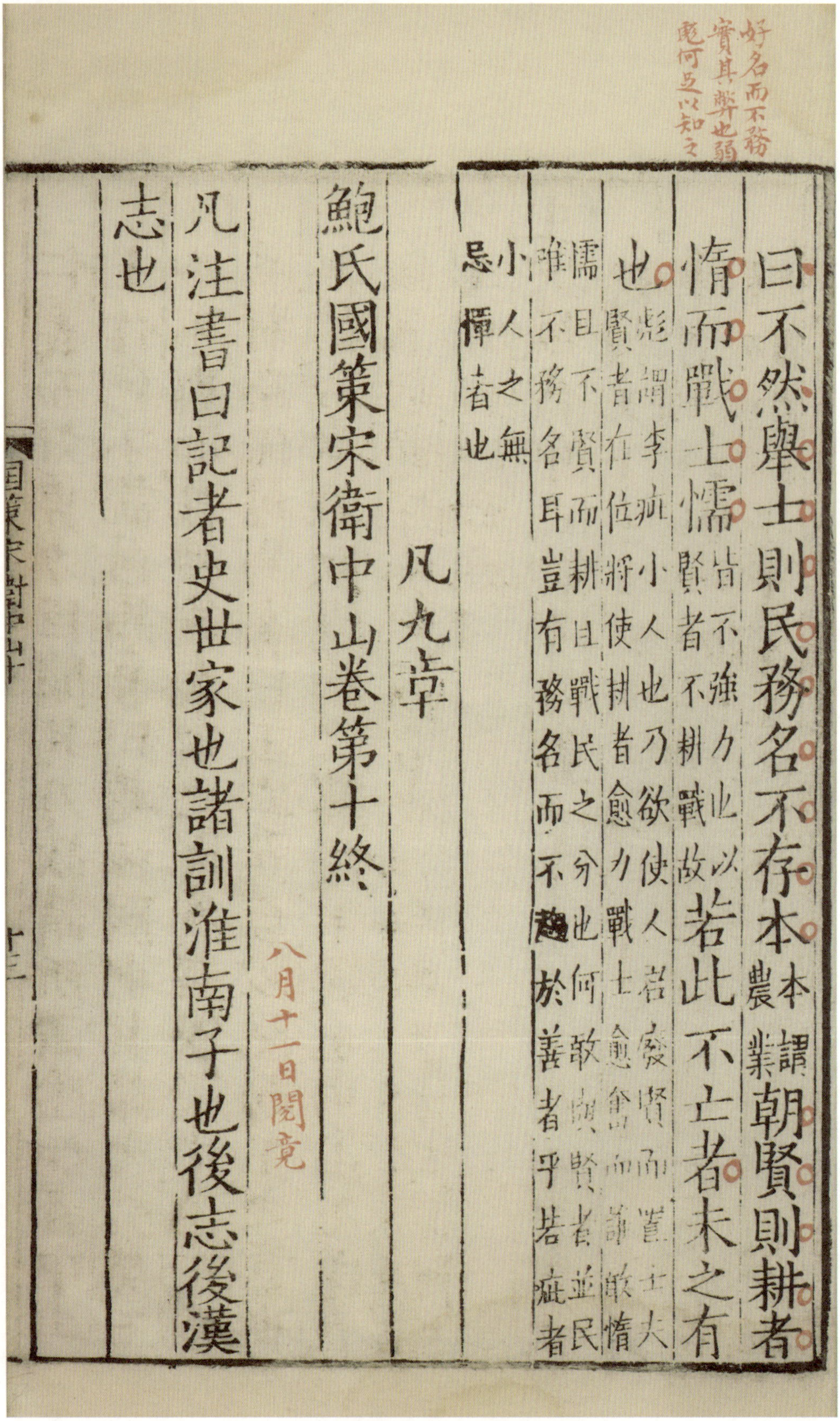
好名而不務實其弊也弱彪何足以知之

曰不然舉士則民務名不存本本謂農業朝賢則耕者惰而戰士懦皆不強力也以賢者不耕戰故若此不亡者未之有也彪謂李疵小人也乃欲使人君廢賢而置士大賢者在位將使耕者愈力戰士愈奮而誰敢惰儒且不賢而耕且戰民之分也何敢與賢者並民唯不務名耳豈有務名而不趨於善者乎若疵者小人之無忌憚者也

鮑氏國策宋衛中山卷第十終

凡九章

凡注書曰記者史世家也諸訓淮南子也後志後漢志也

八月十一日閱竟

國策宋衛中山十　十三

图 157　《鲍氏国策十卷》书影之六

《中说十卷》

提　要

该书内容说述者王通(580—617),字仲淹,隋河东郡龙门县通化镇(今山西省万荣县通化镇)人,出身于官宦兼儒学世家,隋代大儒,曾任隋蜀郡司户书佐,大业末弃官以著书讲学为业。死后,门人弟子私谥为“文中子”。主要著作有《十二策》和《续六经》,但均已佚失。《中说》又名《文中子说》,乃其众弟子仿孔子门徒作《论语》而辑,记录了王通授课时的讲述内容及其与众弟子、学友、时人的对话,共为 10 个部分,主要包括王道篇、天地篇、事君篇、周公篇、问易篇、礼乐篇、述史篇、魏相篇、立命篇和关朗篇等,是后人研究王通思想以及隋唐之际儒学思想发展的主要依据和参考文献,其中以北宋阮逸所注释与刊印的今本《中说》最为重要。阮逸,字天隐,建州建阳(今属福建)人。北宋音乐家,精通经学,擅长词赋。北宋天圣五年(1027 年)进士,历任推官、知府、户部员外郎等职,主要著作有《易筌》六卷、《文中子注》十卷、《乐论》与《王制井田图》各若干卷、《钟律仪并图》三卷,并与胡瑗合著有《皇祐新乐图记》三卷。南开大学图书馆所藏《中说十卷》为清代学者戴望藏明刻本,原封面题签为“中说阮逸注十卷 似宋麻沙刊本 戴望题记”,并钤“子高”朱文方印。序首页钤有“毗陵莊祖基守斋氏藏書印”朱文椭圆印、“石泉”白文方印和“秀水庄氏兰味轩收藏印”朱文方印。“卷第一”首页钤有“戴望之印”朱文方印和“子高”朱文方印,“卷第二”至“卷之十”首页均钤有“子高”朱文方印,各卷页面有多处朱笔文字校改补写,“卷第二”内夹签条一纸,上有墨笔题记曰:“爱日精庐藏书志载‘中说十卷’,元刊本,前有文中子纂事,阮逸序。”“卷第二”末页及“卷之十”末页均佚缺,致使原篇文字不全,故戴氏将缺失部分以朱笔抄录补全,后一补抄并钤“子高”朱文方印。书中亦有朱笔补写及校改多处,应亦系戴氏所为。

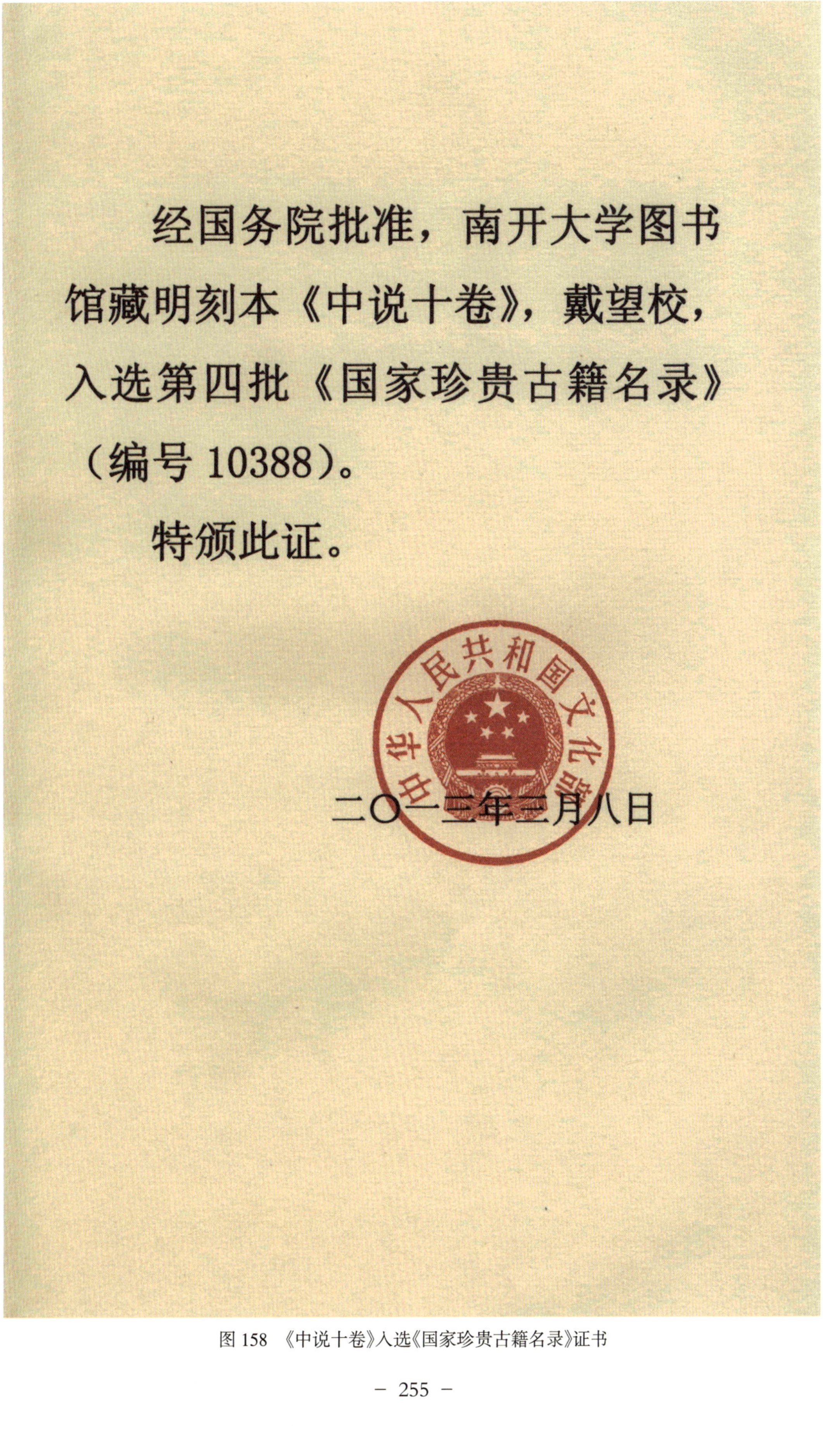

经国务院批准，南开大学图书馆藏明刻本《中说十卷》，戴望校，入选第四批《国家珍贵古籍名录》（编号 10388）。

特颁此证。

中华人民共和国文化部

二〇一三年三月八日

图 158 《中说十卷》入选《国家珍贵古籍名录》证书

《中说十卷》
(隋)王通述,(宋)阮逸注
明刻本,清戴望校(年月不详)
半页十二行二十六字,双行小字五十二字,黑口,边栏四周双边,双鱼尾
开本 23cm×13cm,版框 20.7cm×13.2cm
1函1册
入选第四批《国家珍贵古籍名录》,编号 10388
《国家珍贵古籍名录》证书颁发时间:2013年3月
南开大学图书馆索书号:善 123.91/114-2

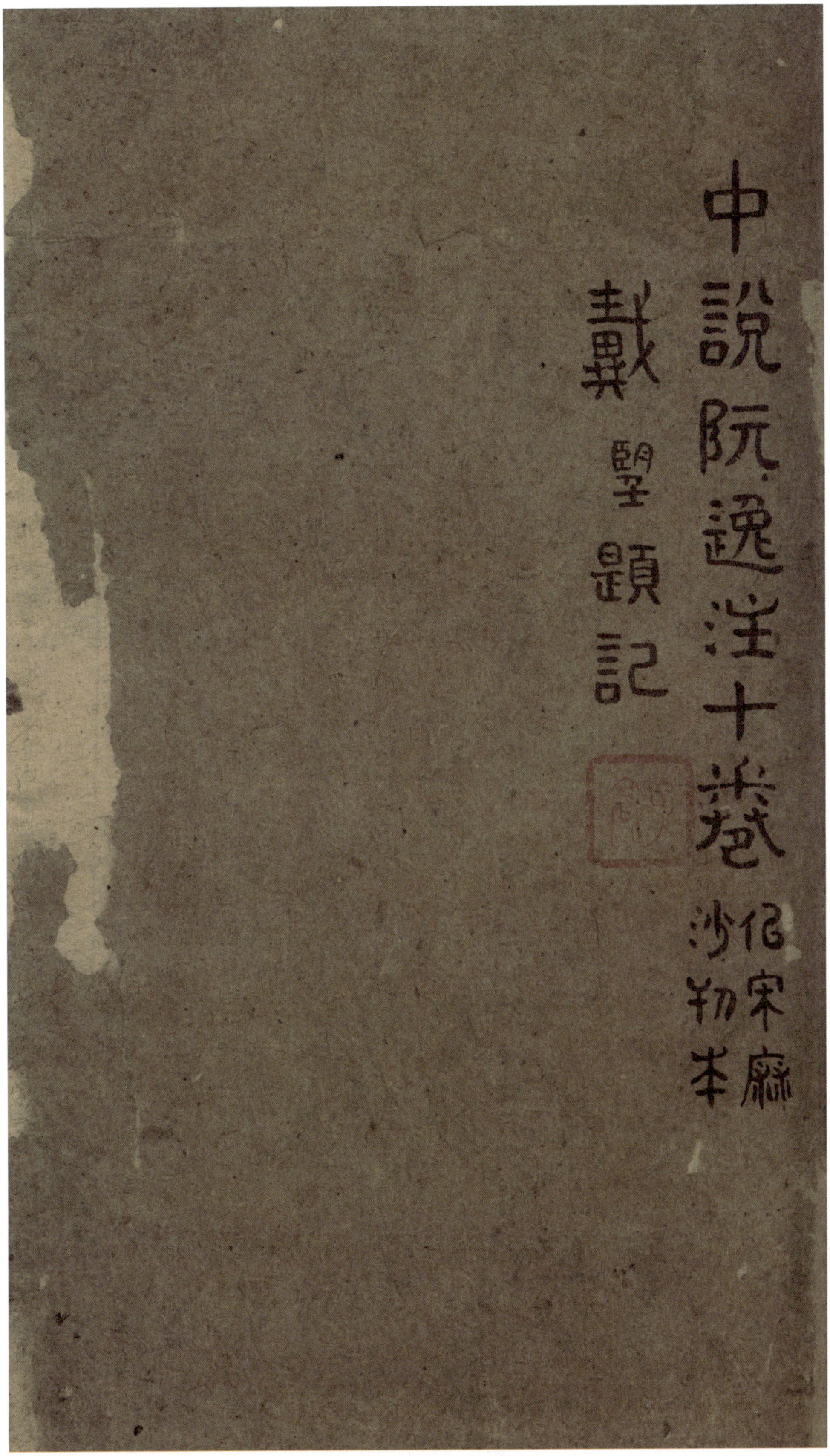

图 159 《中说十卷》书影之一

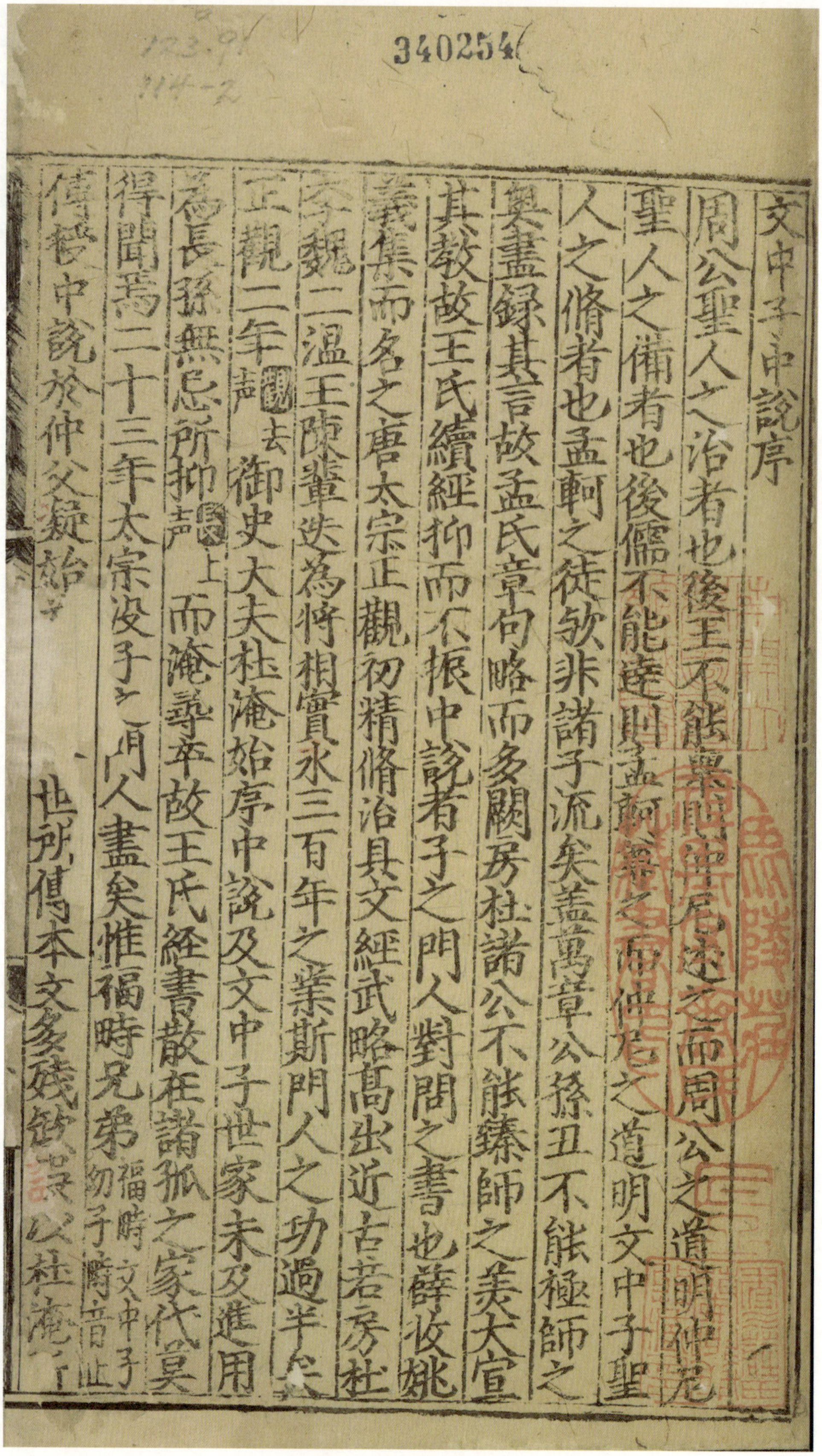

文中子中說序

周公聖人之治者也後王不能舉則仲尼述之而周公之道明仲尼聖人之備者也後儒不能達則孟軻釋之而仲尼之道明文中子聖人之脩者也孟軻之徒歟非諸子流矣蓋萬章公孫丑不能極師之奧盡録其言故孟氏章句略而多闕房杜諸公不能臻師之美大宣其教故王氏續經抑而不振中說者子之門人對問之書也薛收姚義集而名之唐太宗正觀初精脩治具文經武略高出近古若房杜李魏二溫王陳輩迭為將相實永三百年之業斯門人之功過半矣正觀二年（觀去声）御史大夫杜淹始序中說及文中子世家未及進用為長孫無忌所抑（長上声）而淹尋卒故王氏經書散在諸孤之家代莫得聞焉二十三年太宗没子之門人盡矣惟福畤兄弟（福畤文中子幼子畤音止）傳授中說於仲父凝始……也所傳本文多殘缺……以杜淹……

图 160 《中说十卷》书影之二

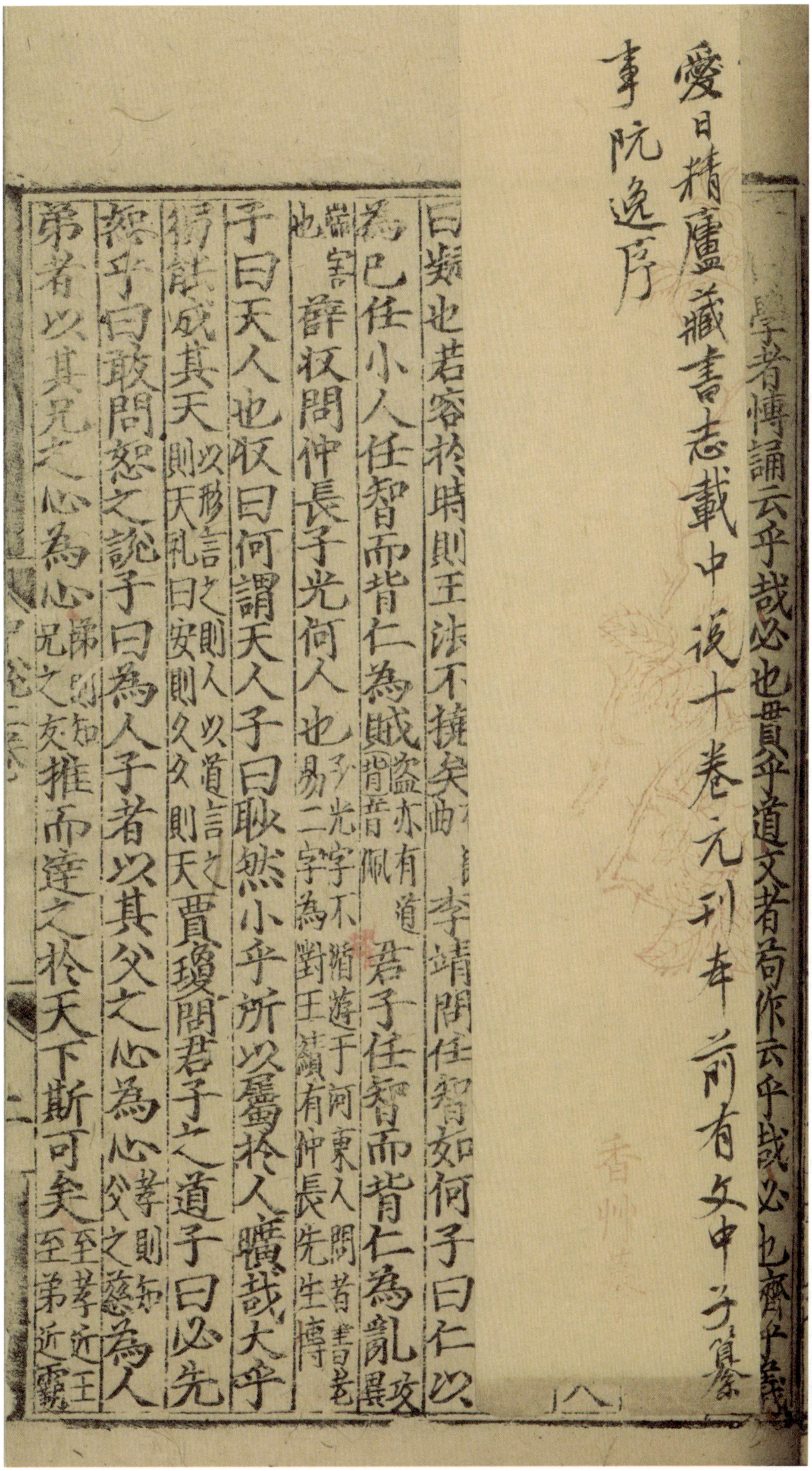

图 161 《中说十卷》书影之三

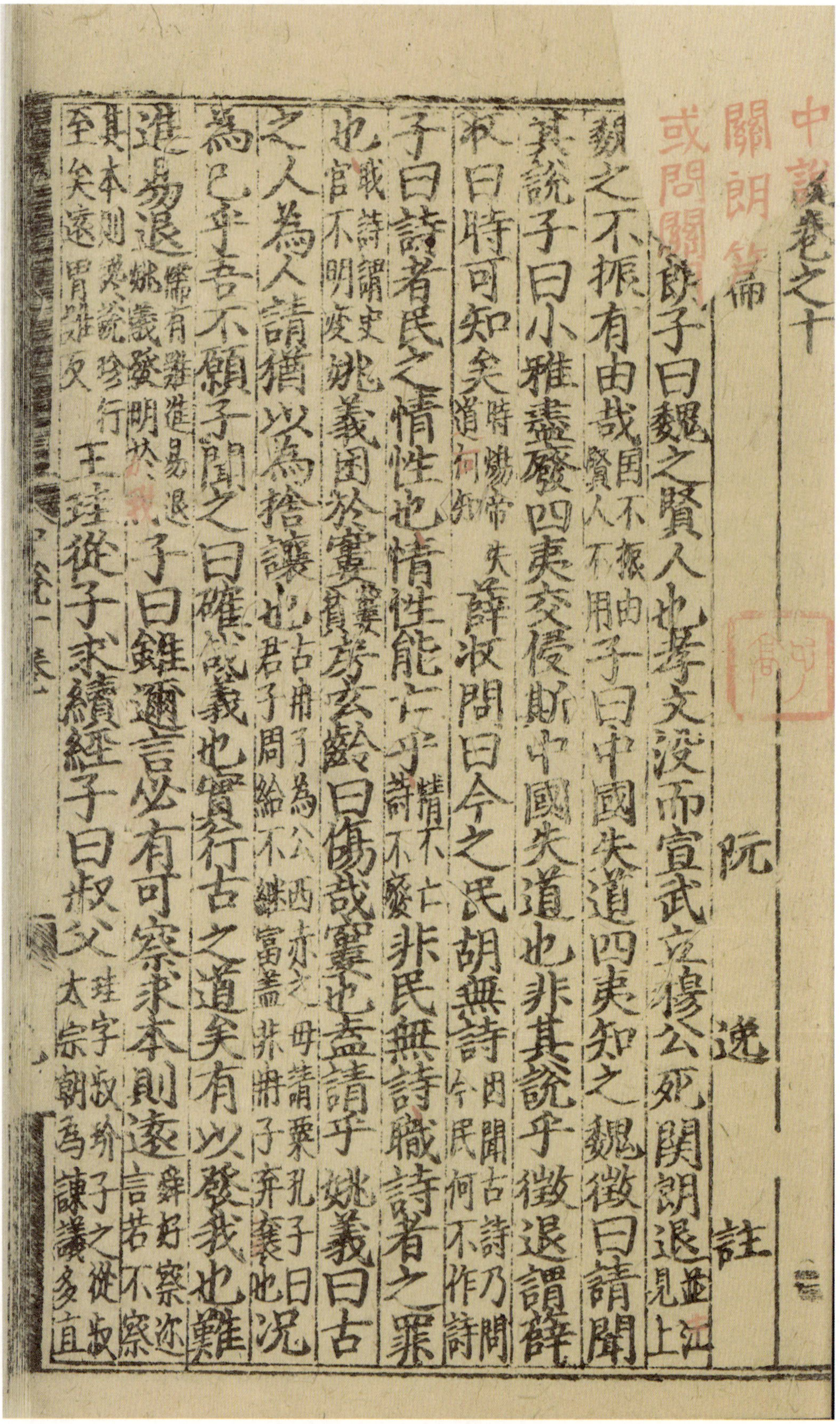
中說卷之十

關朗篇　阮逸註

關子曰魏之賢人也孝文沒而宣武立穆公死關朗退並注見上魏之不振有由哉因不振由賢人不用子曰中國失道四夷知之魏徵曰請聞其說子曰小雅盡廢四夷交侵斯中國失道也非其說乎徵退謂薛收曰時可知矣時煬帝失道何知薛收問曰今之民胡無詩因聞古詩乃問今民何不作詩子曰詩者民之情性也情性能亡乎情不亡詩不廢非民無詩職詩者之罪也職詩謂史官不明變姚義困於窶窶貧房玄齡曰傷哉窶也盍請乎姚義曰古之人為人請猶以為捨讓也古冉子為公西赤之母請粟孔子曰君子周給不繼富蓋非冉子弃讓也況為己乎吾不願子聞之曰確哉義也實行古之道矣有以發我也難進易退將有難進易退姚義發明於我子曰雖邇言必有可察求本則遠舜好察邇言若不察其本則發說珍行至矣遠罔雖反王珪從子求續經子曰叔父珪字叔玠子之從叔太宗朝為諫議多直

图 162　《中说十卷》书影之四

《张恭懿松窗梦语八卷》

提　要

撰者张瀚(1510—1593),字子文,浙江仁和(今杭州)人。明嘉靖十四年(1535 年)进士,历任工部主事、知府、左布政使、右副御史、巡抚、工部尚书、吏部尚书等职,卒勋太子少保,谥恭懿,《明史》有传。其所著《松窗梦语》共八卷三十三纪,内容为记述明代经济、社会、文化、民情风俗等方面资料,对于研究明代社会风情、经济、商贸、文化等有重要参考价值。南开大学图书馆所藏《张恭懿松窗梦语八卷》为清抄本,卷前有张瀚所撰"松窗梦语引",卷端钤有"九峰旧庐藏书记"朱文方印和"绶珊六十以后所得书画"朱文方印,各卷内有多处朱笔或墨笔校改批注,卷之三、卷之五、卷之七首页钤有"杭州王氏九峰旧庐藏书之章"朱文方印,卷末为"松窗梦语跋",其后有谢国桢 1954 年所撰长篇题记一则,称是书系"杭州王绶珊氏所藏传抄本",后"由上海修文堂书店寄来,我以为藏诸私人,不如归诸公家,就请冯文潜先生替南开大学图书馆买下来,供诸阅览"。题记首页钤有"傭书堂"朱文长方印和"文字之福"白文方印,末页钤"国桢私印"白文方印和"谢氏伯子"朱文方印。王绶珊(1873—1938),名体仁,字绶珊,浙江绍兴人,清末民国间藏书家。谢国桢(1901—1982),字刚主,河南省安阳人,史学家,民国时考取清华学校研究院随梁启超学习和研究国学与历史,毕业后先后于国立北平图书馆、国立中央大学、云南大学、南开大学、中国科学院哲学社会科学部(后改为中国社会科学院)历史研究所任职、任教和从事研究工作。

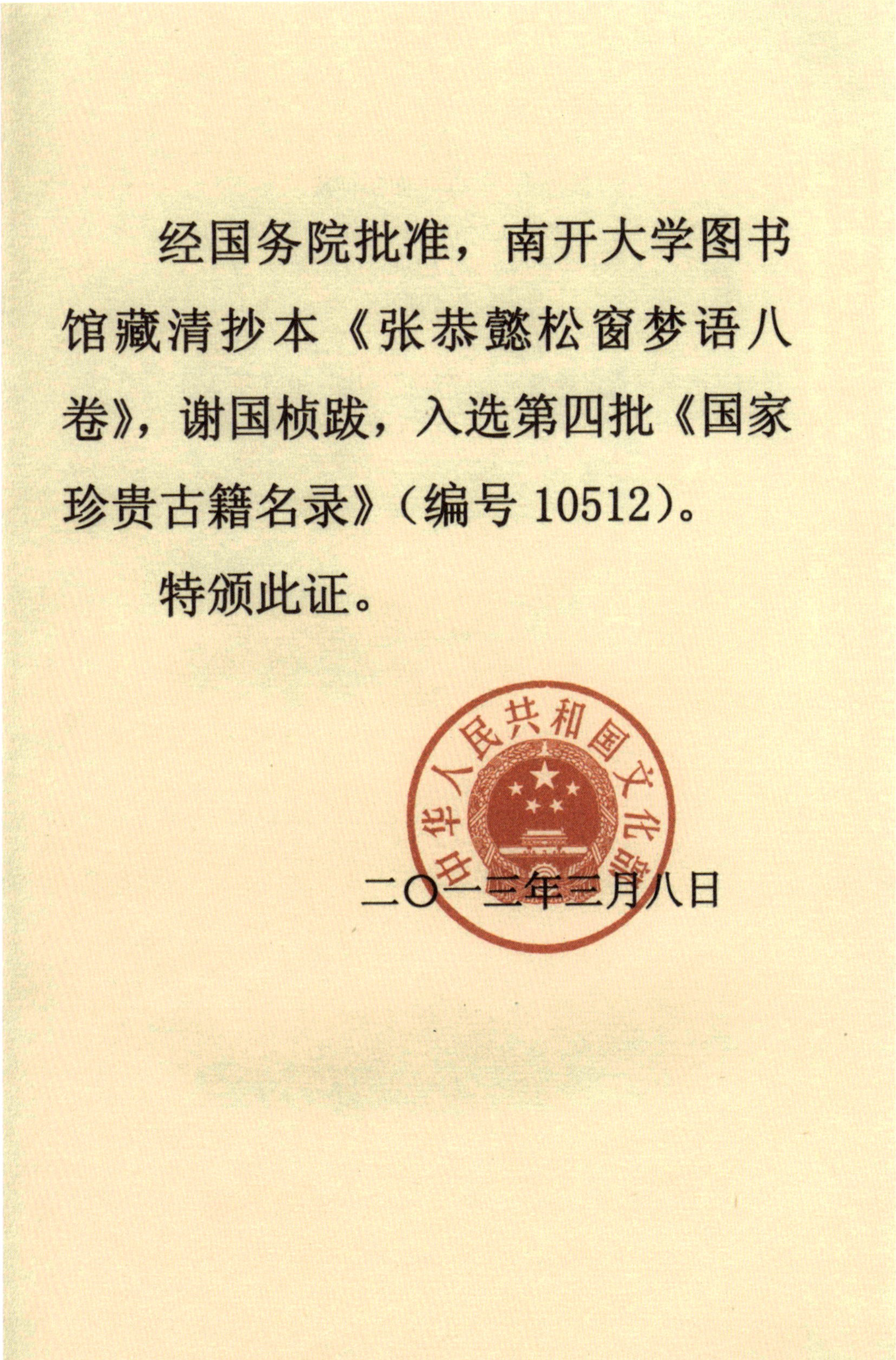

经国务院批准，南开大学图书馆藏清抄本《张恭懿松窗梦语八卷》，谢国桢跋，入选第四批《国家珍贵古籍名录》（编号 10512）。

特颁此证。

中华人民共和国文化部

二〇一三年三月八日

图 163 《张恭懿松窗梦语八卷》入选《国家珍贵古籍名录》证书

《张恭懿松窗梦语八卷》
（明）张瀚撰
清抄本，1954年谢国桢跋
半叶十一行二十一字
开本29.8cm×17.1cm，版框无
1函4册
入选第四批《国家珍贵古籍名录》，编号10512
《国家珍贵古籍名录》证书颁发时间：2013年3月
南开大学图书馆索书号：善857.166/311

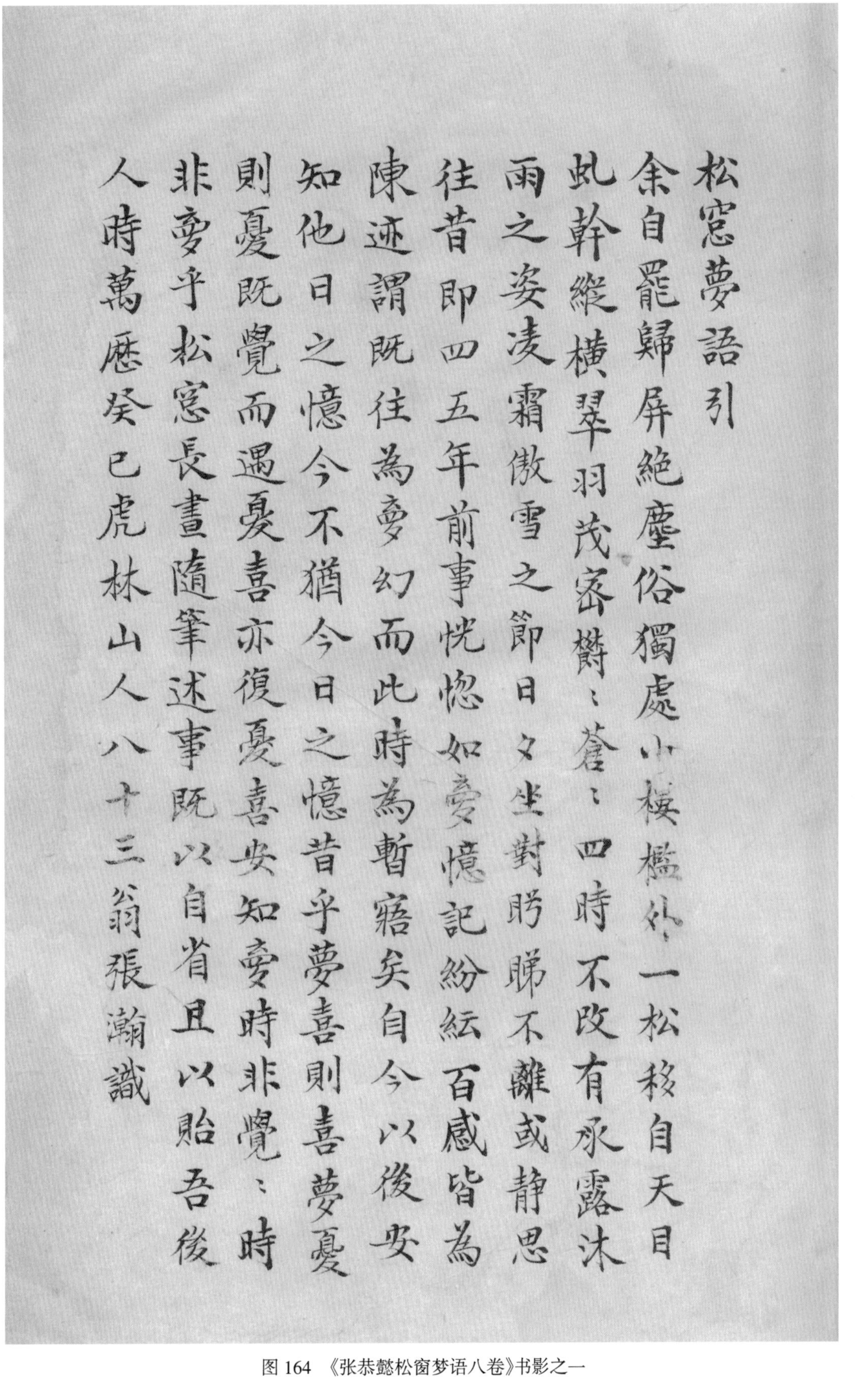
松窓夢語引
余自罷歸屏絶塵俗獨處小樓檻外一松移自天目
虬幹縱横翠羽茂密欝〻蒼〻四時不改有承露沐
雨之姿凌霜傲雪之節日〻坐對盼睇不離或静思
往昔即四五年前事恍惚如夢憶記紛紜百感皆為
陳迹謂既往為夢幻而此時為暫寤矣自今以後安
知他日之憶今不猶今日之憶昔乎夢喜則喜夢憂
則憂既覺而遇憂喜亦復憂喜安知夢時非覺〻時
非夢乎松窓長晝隨筆述事既以自省且以貽吾後
人時萬歷癸巳虎林山人八十三翁張瀚識

图 164 《张恭懿松窗梦语八卷》书影之一

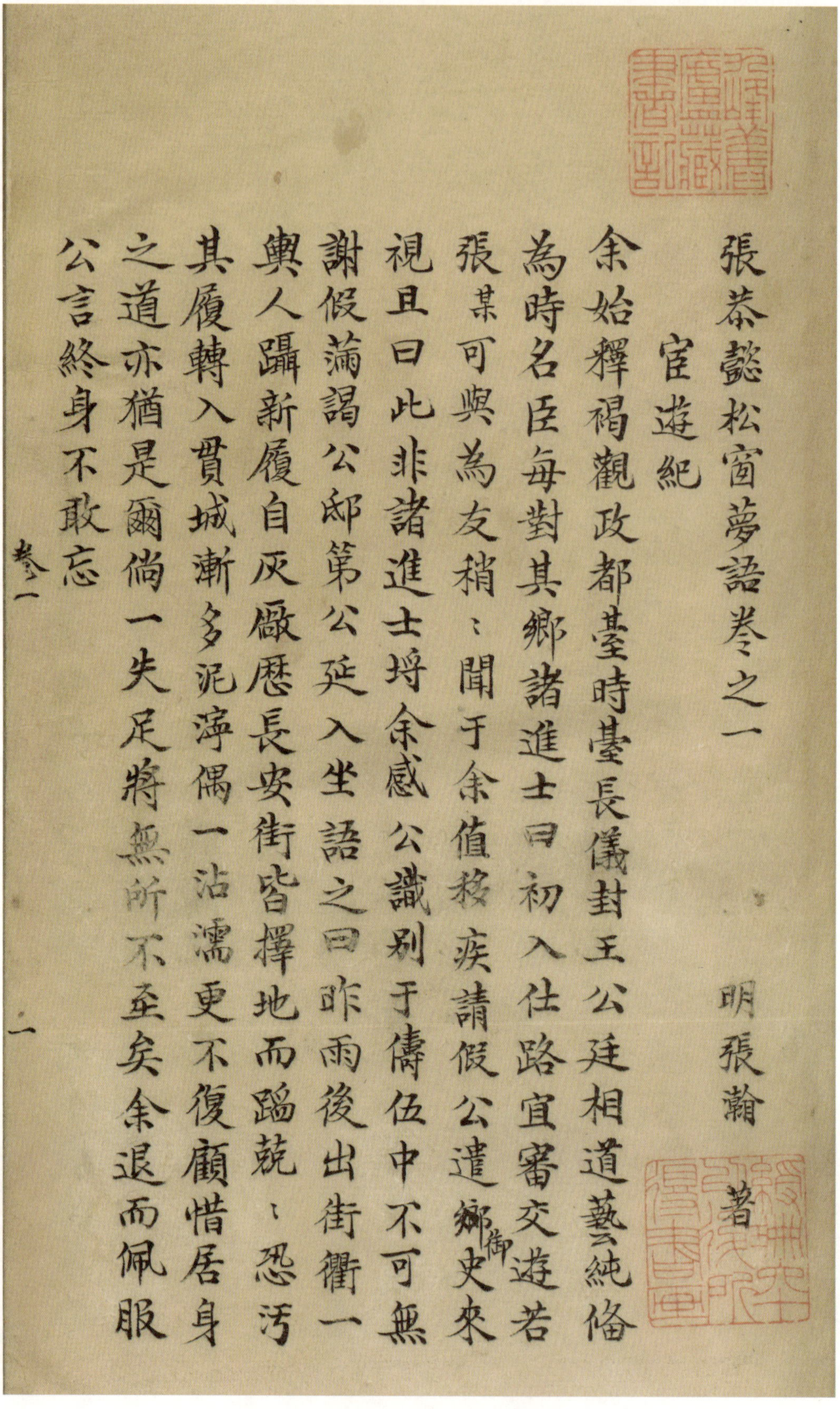

張恭懿松窗夢語卷之一

宦遊紀　明張瀚著

余始釋褐觀政都臺時臺長儀封王公廷相道藝純偹為時名臣每對其鄉諸進士曰初入仕路宜審交遊若張某可與為友稍稍聞于余值移疾請假公遣鄉御史來視且曰此非諸進士埒余感公識别于儕伍中不可無謝假滿謁公邸第公延入坐語之曰昨雨後出街衢一輿人躡新履自灰廠歷長安街皆擇地而蹈兢兢恐污其履轉入貫城漸多泥濘偶一沾濡更不復顧惜居身之道亦猶是爾倘一失足將無所不至矣余退而佩服公言終身不敢忘

卷一　一

图 165 《张恭懿松窗梦语八卷》书影之二

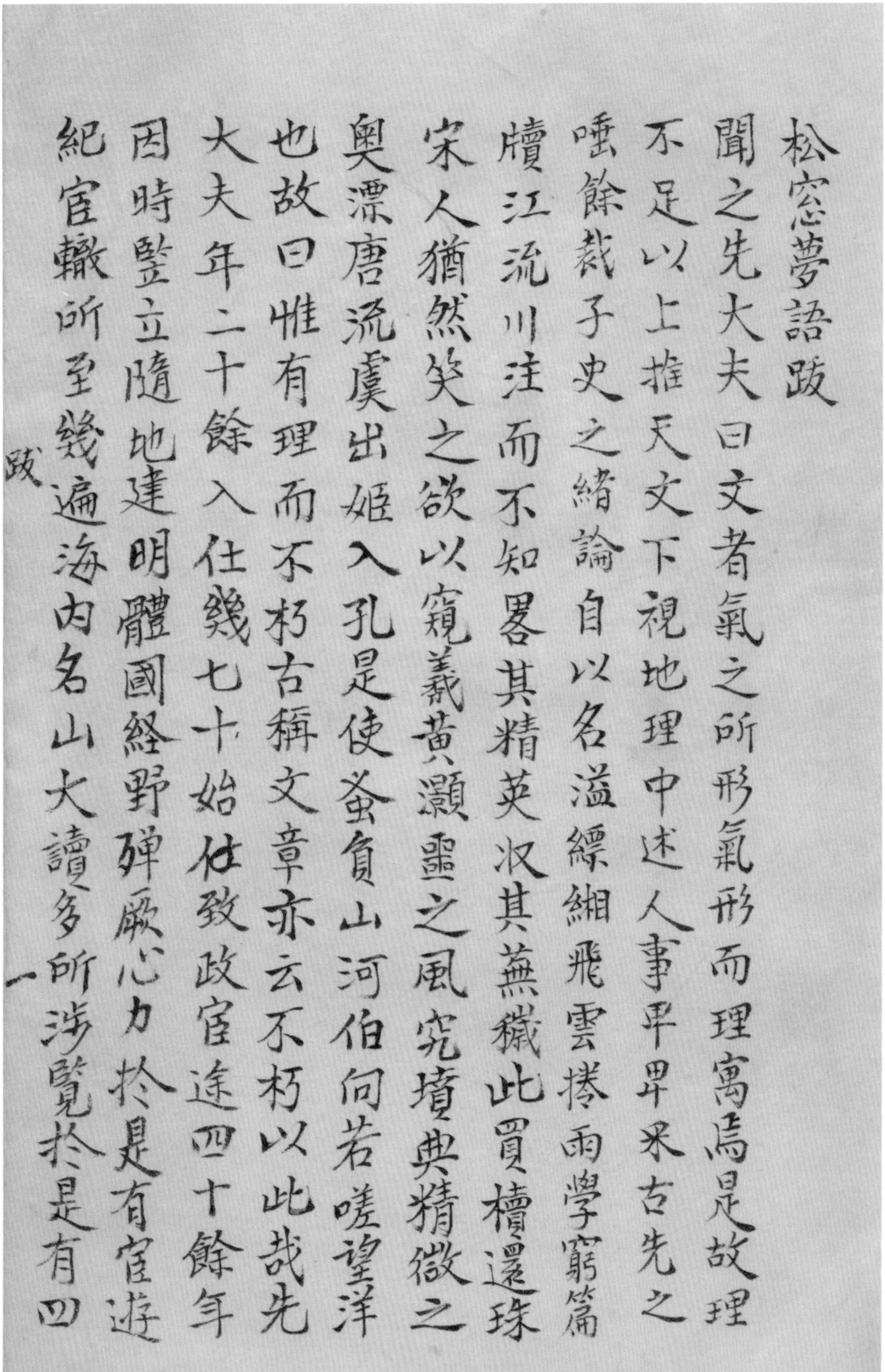
松窗夢語跋
聞之先大夫曰文者氣之所形氣形而理寓焉是故理
不足以上推天文下視地理中述人事畢畢采古先之
唾餘裁子史之緒論自以名溢縹緗飛雲捲雨學窮篇
牘江流川注而不知畧其精英汲其蕪穢此買櫝還珠
宋人猶然笑之欲以窺羲黄灝噩之風究墳典精微之
奧漂唐流虞出姬入孔是使螽負山河伯向若嗟望洋
也故曰惟有理而不朽古稱文章亦云不朽以此哉先
大夫年二十餘入仕幾七十始仕致政宦途四十餘年
因時豎立隨地建明體國經野殫厥心力於是有宦遊
紀宦轍所至幾遍海内名山大讀多所涉覽於是有四
跋 一

图 166 《张恭懿松窗梦语八卷》书影之三

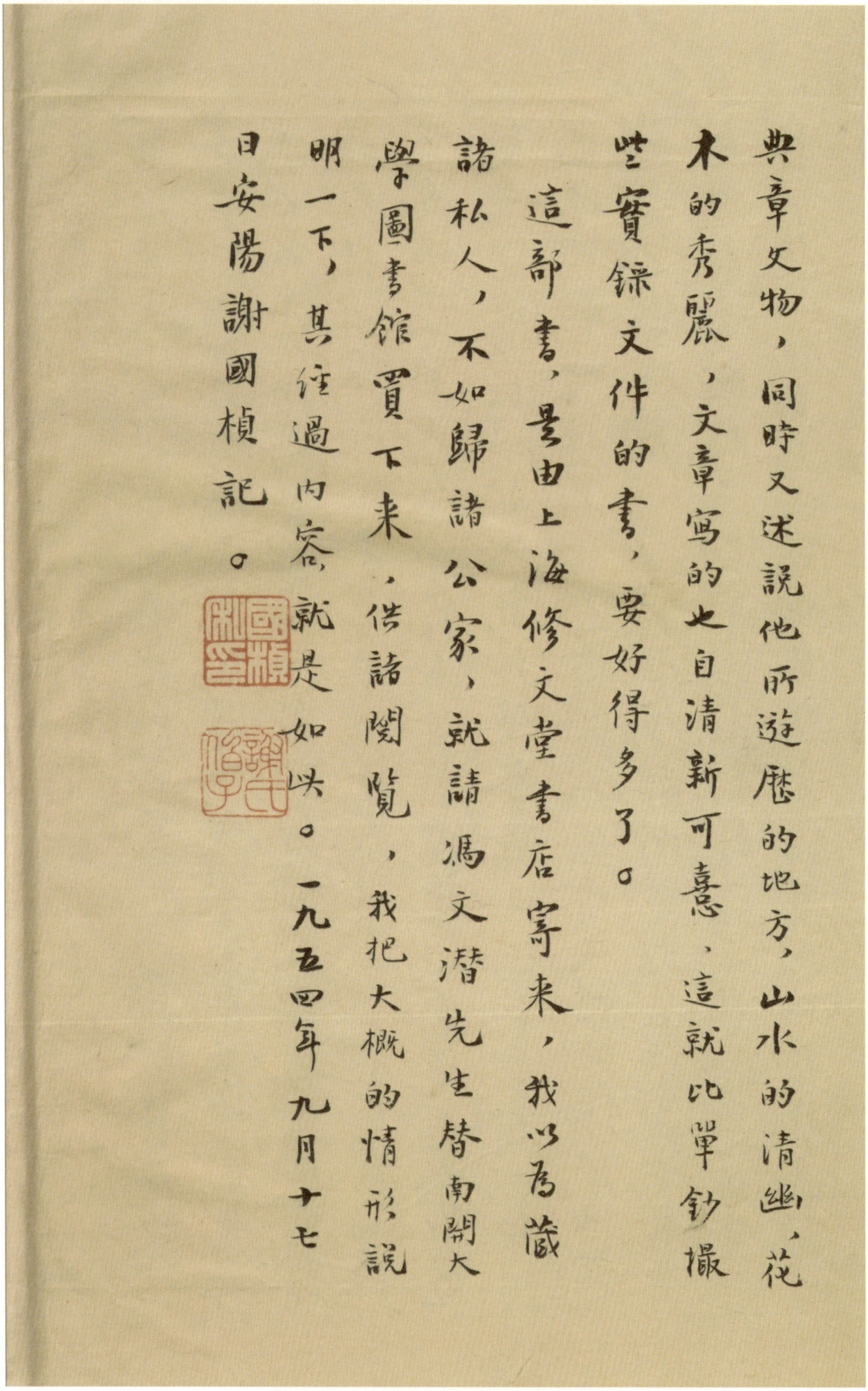

典章文物，同時又述說他所遊歷的地方，山水的清幽，花木的秀麗，文章寫的也自清新可喜，這就比單鈔撮些實錄文件的書，要好得多了。

這部書，是由上海修文堂書店寄來，我以為藏諸私人，不如歸諸公家，就請馮文潛先生替南開大學圖書館買下來，借諸閱覽，我把大概的情形說明一下，其經過內容，就是如此。一九五四年九月十七日安陽謝國楨記。

图 167 《张恭懿松窗梦语八卷》书影之四

《玉川子诗集二卷集外诗一卷》

提　要

卢仝(约795—835),自号玉川子,祖籍范阳(今河北涿州),生于中州济源(今河南济源),唐代诗人,汉族,名列“初唐四杰”的卢照邻之嫡系子孙。博览经史而工诗精文,诗句奇警,独具风格,唯不愿仕进,乃韩孟诗派重要代表人物之一,在唐代诗坛占有重要地位。卢仝的诗集在北宋时已有一卷本和二卷本流传,后韩盈以集外诗一卷编于二卷本后,是为三卷本。至清康熙年间有孙之騄注本,收卢仝诗最多,且分为五卷,从而使此本成为最为完备的卢仝诗集。目前存世的明清版本卢仝诗集约十余种,南开大学图书馆所藏《玉川子诗集二卷集外诗一卷》乃清康熙年间性喜抄书的藏书家顾夏珍抄本,曾经贵州独山莫棠和江苏江都秦更年递藏。封面后扉页有秦更年题记曰:“玉川子诗集二卷、集外诗一卷,有庆历八年中冬望日昌黎韩盈谦甫集外诗序,后有跋。云取家藏宋本寿之梓,无年月姓名。莫氏《郘亭知见传本书目》云:时代姓名自是元明间人,《陆氏藏书志》载钞本正同,而未言有韩序,但云陆焴跋。则余本之跋当即其人而去其名也。又眉批云收旧钞本二卷,集外诗一卷,有昌黎韩盈序,集外诗首与书录解题合,眉批出自郘亭,犹子楚生棠之手。陆氏藏书志为郘亭所不及见,似亦楚生所增。此本有楚生印记,盖即指此而言。溯其渊源,实出宋椠,韩盈一序陆本失之,尤足贵焉。又卷末有名云者手跋二则,不详为何人。楚生亦于此无说。按跋中言,壬辰冬日从夏珍甥处见之,因从假归,不惮收录一册。考《东湖丛记》载宋蔚如宾王周益公集跋有曰:吾娄顾子夏珍手录益公集十本,又曰康熙壬寅春校讫。吴都文粹请政武陵,武陵喜,因授予益公集。越十有一日,武陵暴卒。又武陵存日不独收藏甚伙,而手钞秘本充盈箧笥,尤喜人借钞云云。此本所云夏珍甥,疑即顾氏,若然则壬辰为康熙五十一年,其人当与宋顾辈为乡里,殆即黄荛翁所称太仓派是也。其可推知者止此要之其人必风雅好事之流,书法朴厚,略无舛误,固非寻常胥钞本所可比拟也。己巳夏五廿又一日婴闇居士记于海上寓居之睡足轩,是日余生朝也。”目次首页钤有“婴闇秦氏藏书”朱文方印、“独山莫氏铜井文房藏书印”朱文长方印和“瑞轩”朱文方印。卷端钤有“莫棠楚生父印”朱文方印、“秦更年印”白文方印、“秦曼青”白文方印和“瑞轩”朱文方印。各页行间偶有朱笔圈点和批注。卷末有该钞本所据刻本之刊者题记及署名“云”的钞者题记二则。

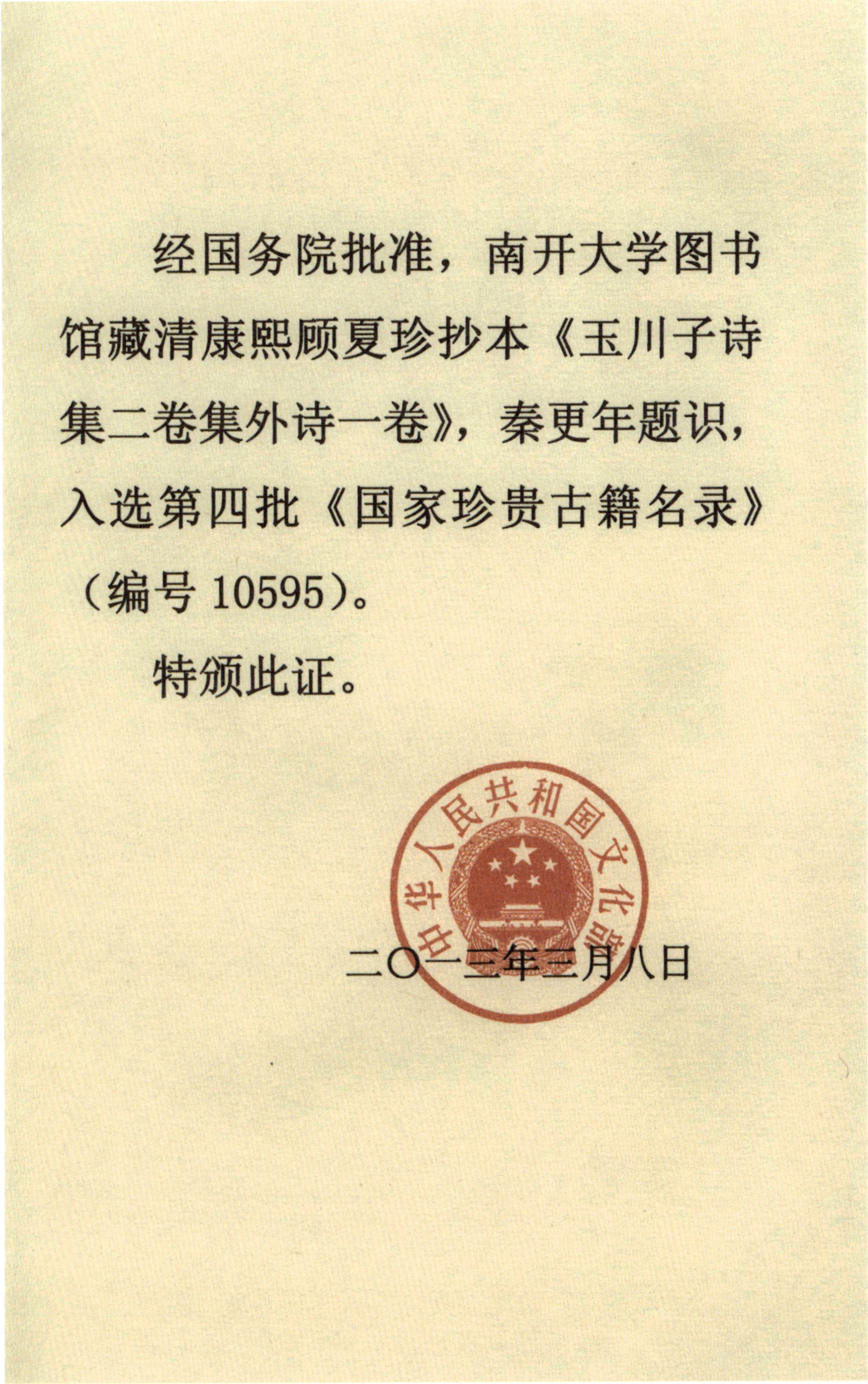

经国务院批准，南开大学图书馆藏清康熙顾夏珍抄本《玉川子诗集二卷集外诗一卷》，秦更年题识，入选第四批《国家珍贵古籍名录》（编号 10595）。

特颁此证。

中华人民共和国文化部

二〇一三年三月八日

图 168　《玉川子诗集二卷集外诗一卷》入选《国家珍贵古籍名录》证书

《玉川子诗集二卷集外诗一卷》
(唐)卢仝撰
清康熙顾夏珍抄本,秦更年题识(年月不详)
半页十行二十字,黑口,四周双边
开本 25.9cm×16.6cm,版框 20.7cm×13.2cm
1 函 1 册
入选第四批《国家珍贵古籍名录》,编号 10595
《国家珍贵古籍名录》证书颁发时间:2013 年 3 月
南开大学图书馆索书号:善 844.17/492

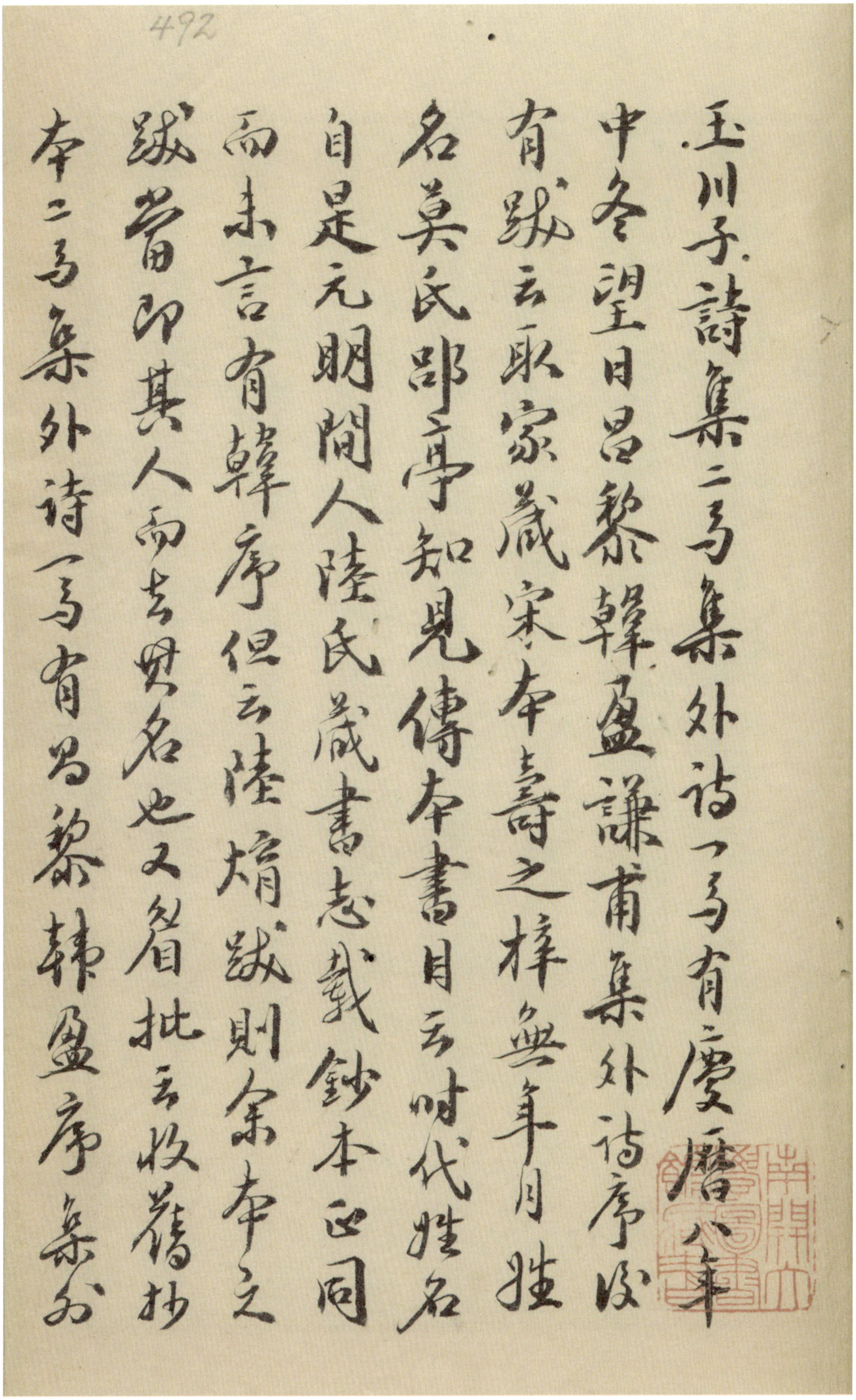
492
玉川子詩集二卷集外詩一卷有慶曆八年
中冬望日昌黎韓盈謙甫集外詩序及
有跋云取家藏宋本壽之梓無年月姓
名莫氏郘亭知見傳本書目云時代姓名
自是元明間人陸氏藏書志載鈔本正同
而未言有韓序但云陸焴跋則余本之
跋當即其人而去其名也又眉批云收舊抄
本二卷集外詩一卷有昌黎韓盈序集分

图 169 《玉川子诗集二卷集外诗一卷》书影之一

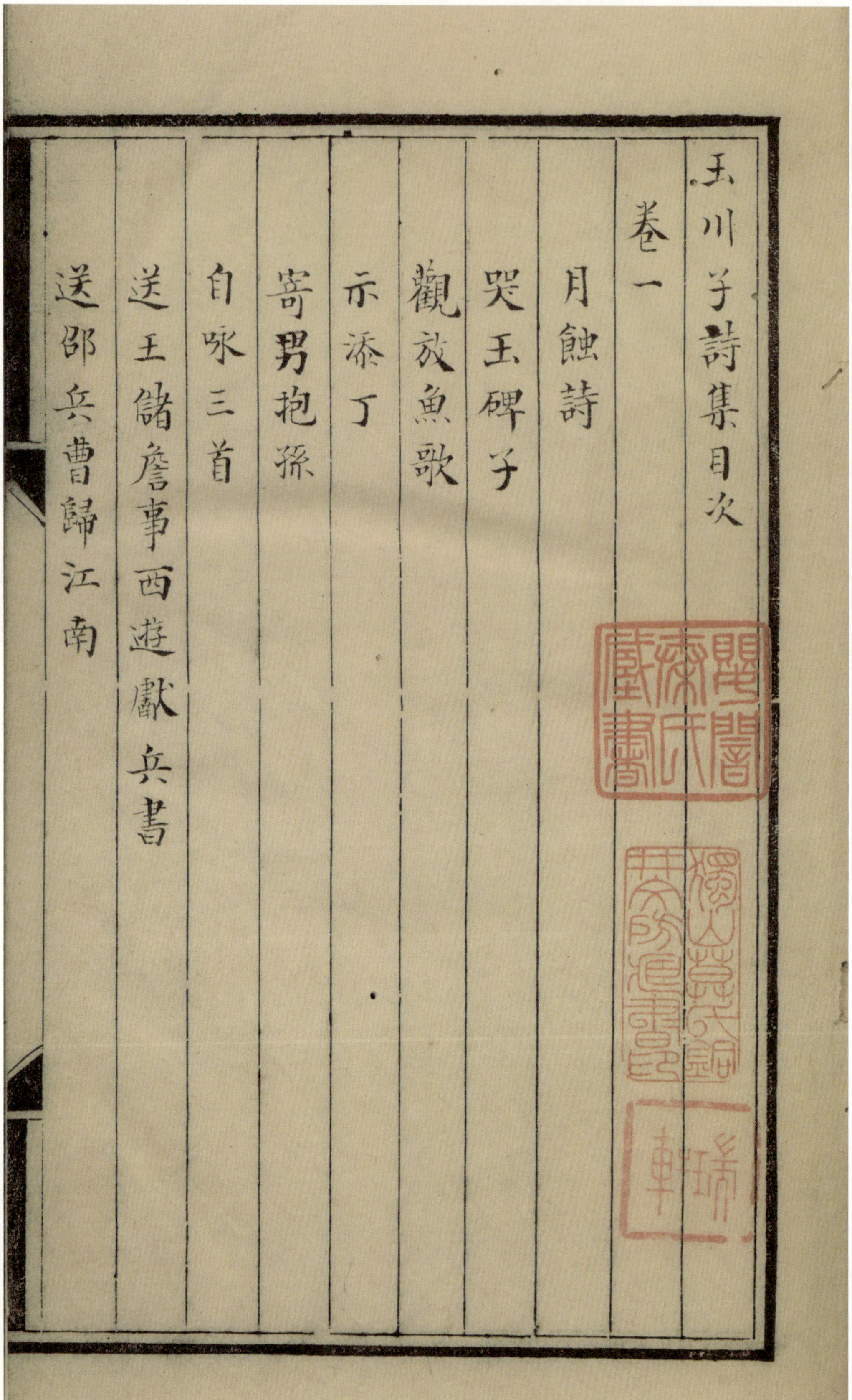

玉川子詩集目次

卷一

月蝕詩

哭玉碑子

觀放魚歌

示添丁

寄男抱孫

自咏三首

送王儲詹事西遊獻兵書

送邵兵曹歸江南

图 170 《玉川子诗集二卷集外诗一卷》书影之二

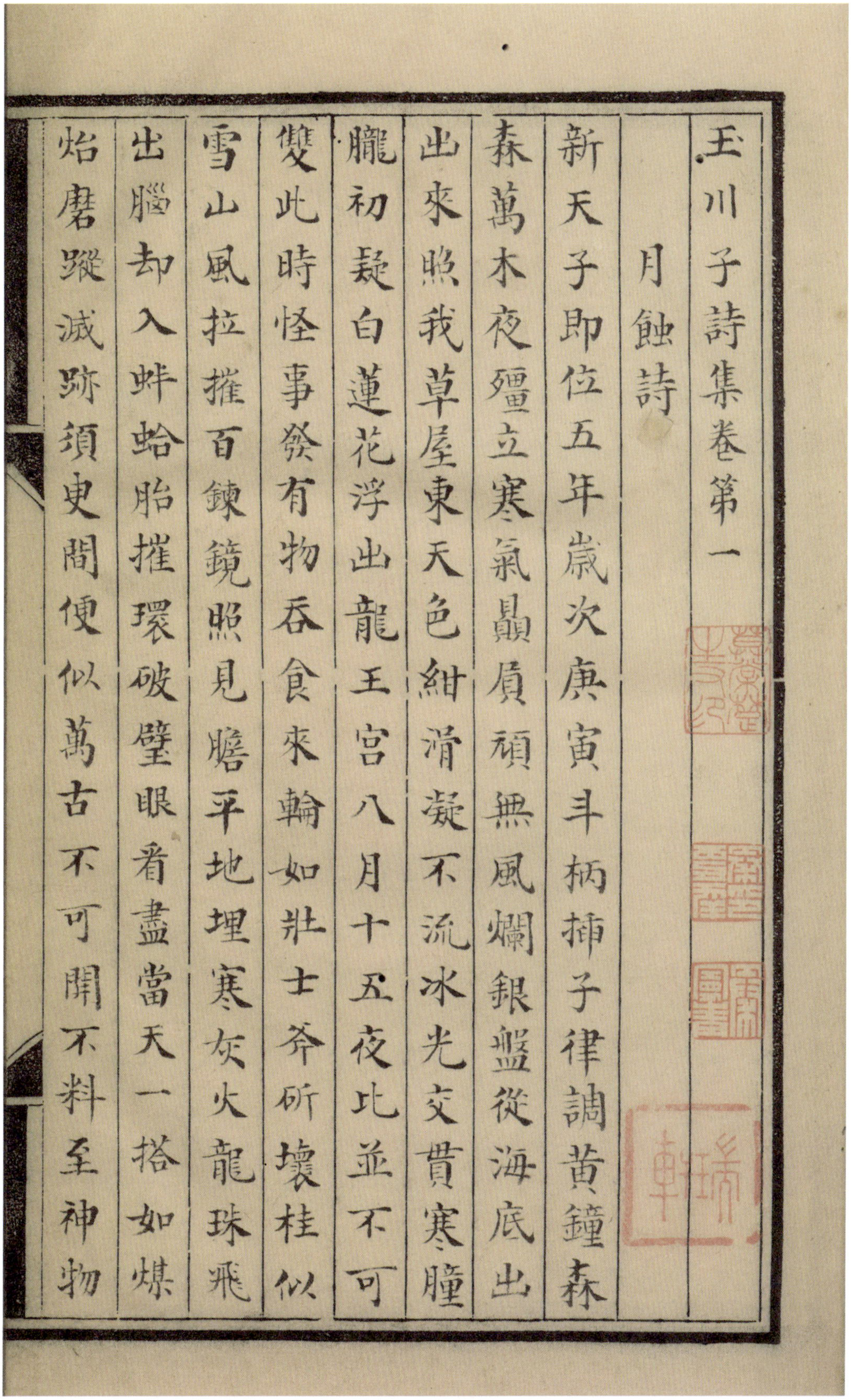
玉川子詩集卷第一

月蝕詩

新天子即位五年歲次庚寅斗柄挿子律調黃鍾森
森萬木夜殭立寒氣贔屓頑無風爛銀盤從海底出
出來照我草屋東天色紺滑凝不流冰光交貫寒曈
朧初疑白蓮花浮出龍王宮八月十五夜比並不可
雙此時怪事發有物吞食來輪如壯士斧斫壞桂似
雪山風拉摧百鍊鏡照見膽平地埋寒灰火龍珠飛
出腦却入蚌蛤胎摧環破璧眼看盡當天一搭如煤
炲磨蹤滅跡須臾間便似萬古不可開不料至神物

图 171 《玉川子诗集二卷集外诗一卷》书影之三

過珪璧棄置還爲一片石

有所思

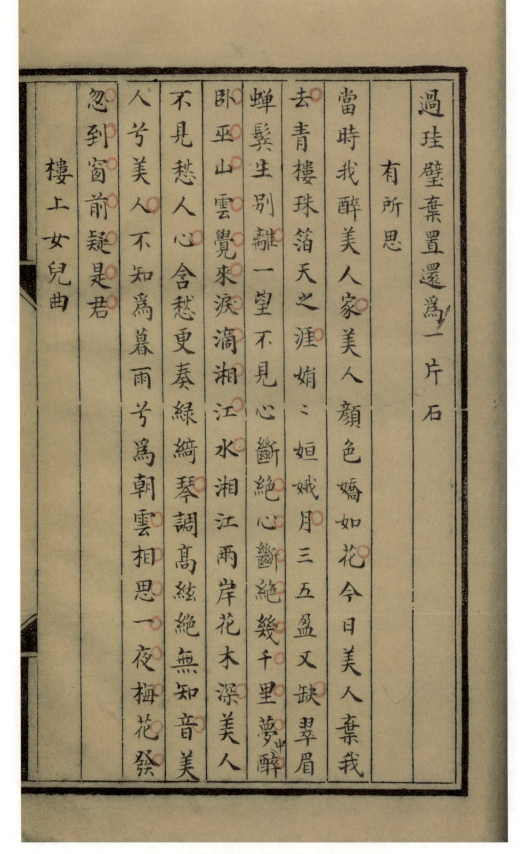

當時我醉美人家美人顏色嬌如花今日美人棄我去青樓珠箔天之涯娟娟姮娥月三五盈又缺翠眉蟬鬢生別離一望不見心斷絶心斷絶幾千里夢中醉臥巫山雲覺來淚滴湘江水湘江兩岸花木深美人不見愁人心含愁更奏綠綺琴調高絃絶無知音美人兮美人不知爲暮雨兮爲朝雲相思一夜梅花發忽到窗前疑是君

樓上女兒曲

图 172 《玉川子诗集二卷集外诗一卷》书影之四

《闲闲老人滏水文集二十卷附录一卷》

提 要

撰者赵秉文(1159—1232),字周臣,自号闲闲道人,晚号闲闲老人。磁州滏阳(今河北磁县)人,金代著名学者、书法家,金大定二十五年进士,历官主簿、刺史、礼部尚书、翰林侍读学士、资善大夫、上护军、天水郡侯,历仕五朝,《金史》有传。能诗文,兼善书画,工草书,诗歌多写自然景物,著有《易丛说》《中庸说》《扬子发微》《太玄笺赞》《文中子类说》《南华略释》《列子补注》《道德真经集解》《闲闲老人滏水文集》等。《闲闲老人滏水文集》或简称《闲闲老人集》《滏水文集》,收秉文所作诗赋、策诰、碑铭、记、论、引,颂、箴赞、祭文、题跋等,共二十卷,其中诗九卷、文十一卷。该书在清以前并无刻本,各家所藏率皆抄帙。南开大学图书馆所藏为清抄本,第一册封面两种笔体分别题签为"滏水集 一之四"和"滏水集 第一、二",扉页贴吴重熹题记数则,其一为"《滏水集》稿本八册二十卷。此九金人集中之《滏水集》原稿本,据各种旧抄本经过数人校阅。内分蓝、赭、墨、赤四色,其赭、墨为中丞公自校者,宜珍藏之。海丰吴拙菴记",并钤"石莲"朱文椭圆印,目录前为金元光二年十一月杨云翼所撰之引,引之首页钤"石莲盦藏"朱文方印。第二册封面题签为"滏水集 第三、四",封页内面有朱笔校对说明一则。第三册封面题签亦为两种笔体,分别为"滏水集 五之八"和"滏水集 第五、六",其后贴书于红格批注一纸。第四册封面题签为"滏水集 第七、八",卷末题有"光绪十三年十月吴豳手录"字样。第五册封面题签亦为两种笔体,分别为"滏水集 九之十三"和"滏水集 第九、十",其后粘有批注签条三纸,卷内夹有红色签条一纸。第六册封面题签为"滏水集 第十一、十二、十三",另夹有书于赭色人物信笺上的批注一纸,信笺上题"阜长写"三字,并钤有"任薰"白文方印和"松茂室"朱文方印。卷末钤"曾为雁塔寻碑客"白文长方印。第七册封面题签亦为两种笔体,分别为"滏水集 十四之二十"和"十四、十五、十六、十七",并书题记二则,一为"吴尺凫藏曹秋岳家钞本丁亥九月王莲笙编修转假之,盛柏羲祭酒由都寄陈授珽姪暨崟、崐、豳三儿币月迺钞竣。长至日志",二为"戊子三月陈州科试,扃门稍静迺校一过"。第八册封面题签为"滏水集 第十八、十九、二十",卷末有补遗附录,另有跋及赵秉文题记数则书于红格宣纸之上。各册目录和正文天头地脚有诸多墨、赭、蓝、住笔迹批注和文字校改,并夹有或贴有诸多写有不同颜色笔迹的批注。

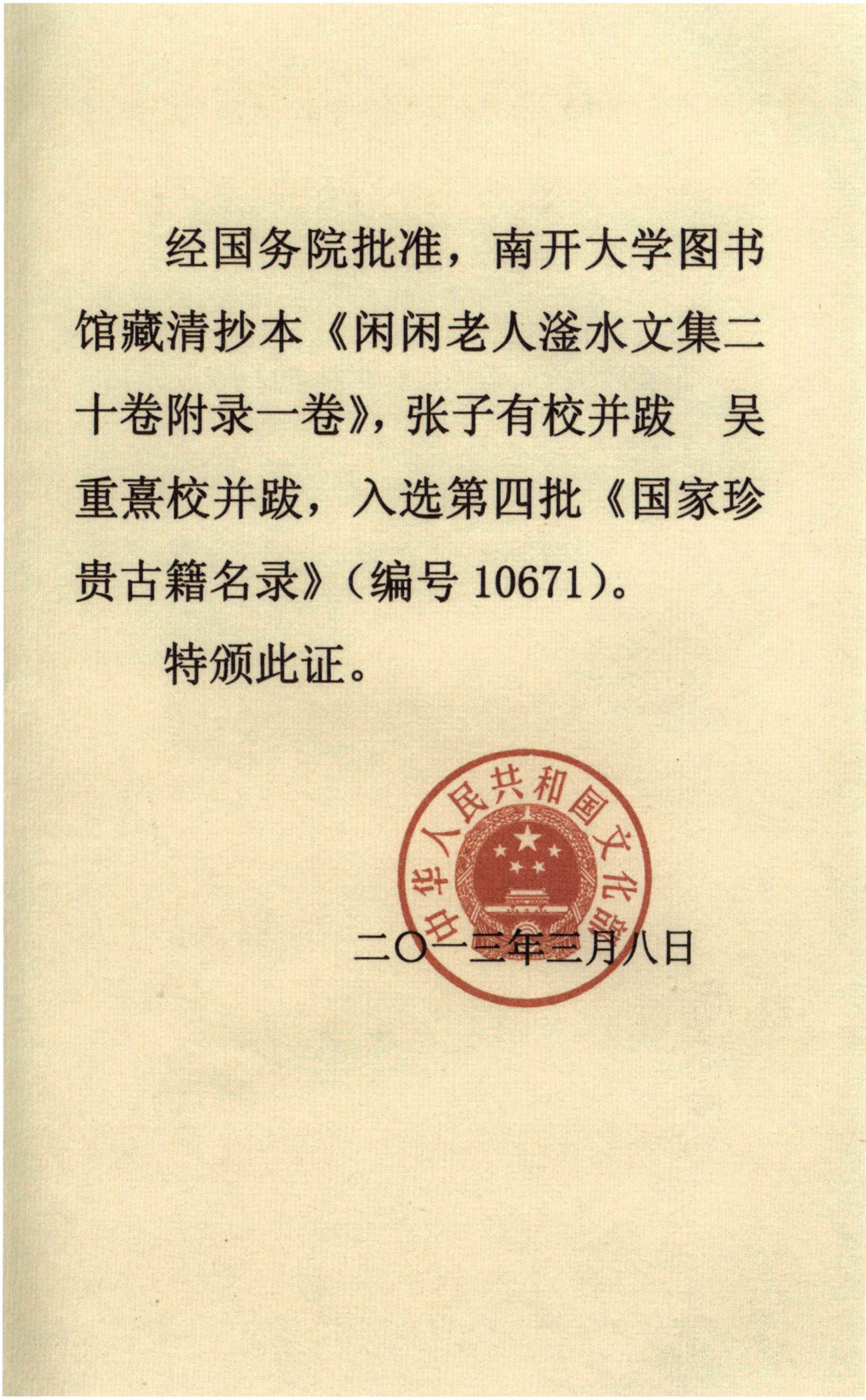

经国务院批准，南开大学图书馆藏清抄本《闲闲老人滏水文集二十卷附录一卷》，张子有校并跋　吴重熹校并跋，入选第四批《国家珍贵古籍名录》（编号 10671）。

特颁此证。

中华人民共和国文化部

二〇一三年三月八日

图 173　《闲闲老人滏水文集二十卷附录一卷》入选《国家珍贵古籍名录》证书

《闲闲老人滏水文集二十卷附录一卷》
(金)赵秉文撰
清抄本,清张子有校并跋(年月不详), 吴重熹校并跋(年月不详)
半页九行十七字
开本 27cm×18.5cm,版框无
1 函 8 册
入选第四批《国家珍贵古籍名录》,编号 10671
《国家珍贵古籍名录》证书颁发时间:2013 年 3 月
南开大学图书馆索书号:善 845.6/203-71

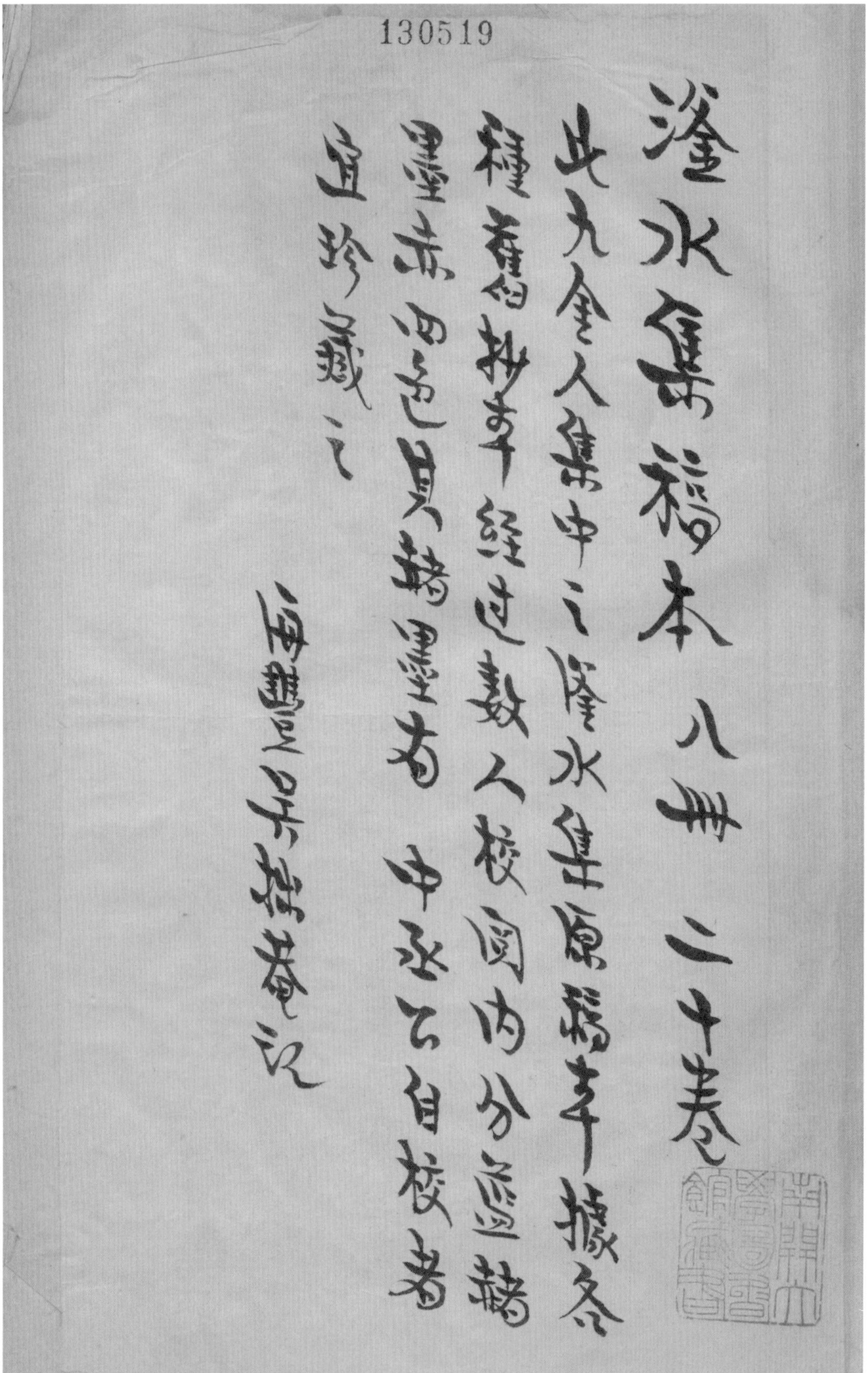

湓水集稿本八冊二十卷

此九金人集中之湓水集原稿本據各種舊抄本經過數人校閱內分藍綠墨赤四色其綠墨者中丞所自校者宜珍藏之

海豐吳石蓮庵記

图 174 《闲闲老人滏水文集二十卷附录一卷》书影之一

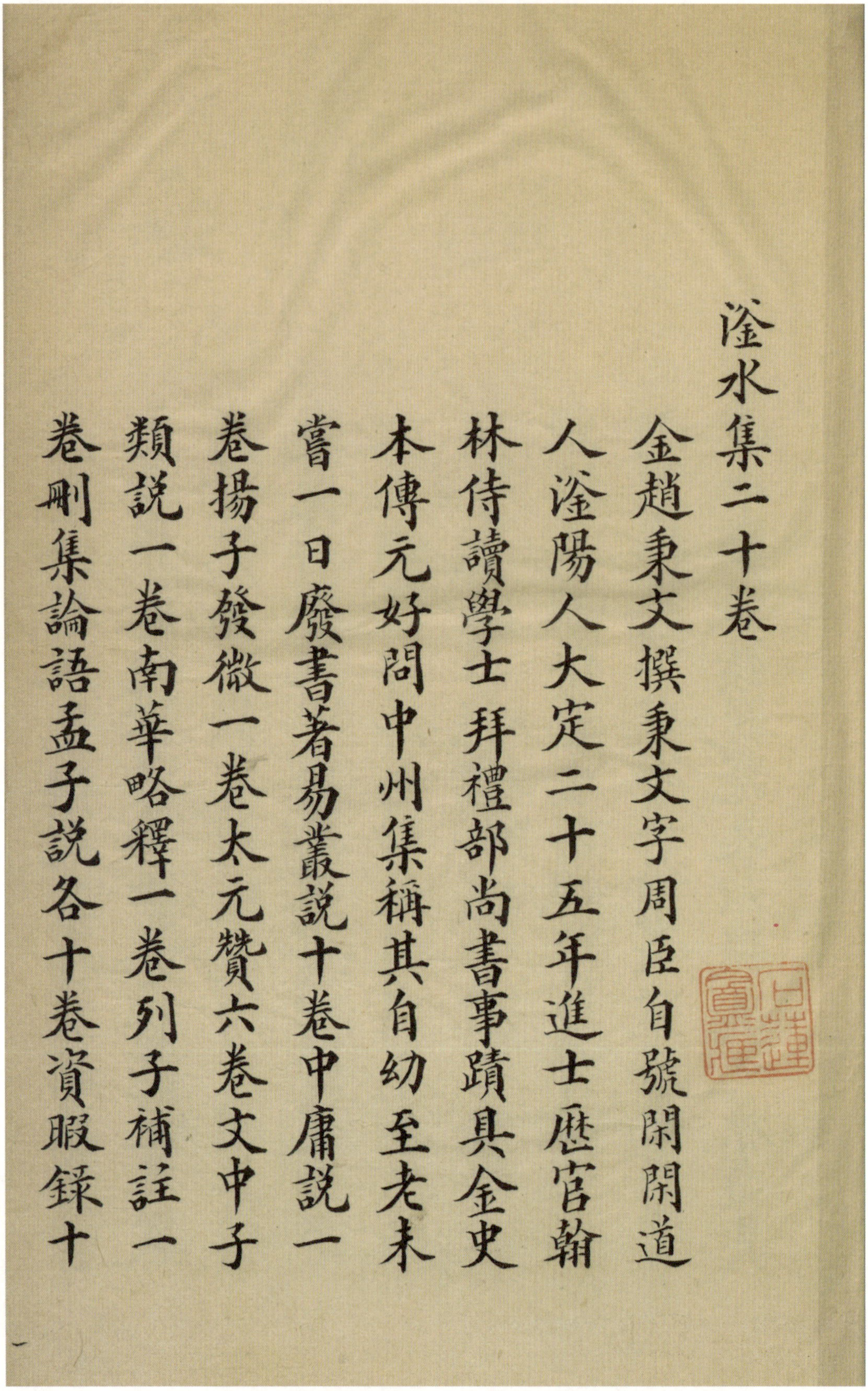
滏水集二十卷
金趙秉文撰秉文字周臣自號閑閑道
人滏陽人大定二十五年進士歷官翰
林侍讀學士 拜禮部尚書事蹟具金史
本傳元好問中州集稱其自幼至老未
嘗一日廢書著易叢說十卷中庸說一
卷揚子發微一卷太元贊六卷文中子
類說一卷南華略釋一卷列子補註一
卷刪集論語孟子說各十卷資暇錄十

图 175 《闲闲老人滏水文集二十卷附录一卷》书影之二

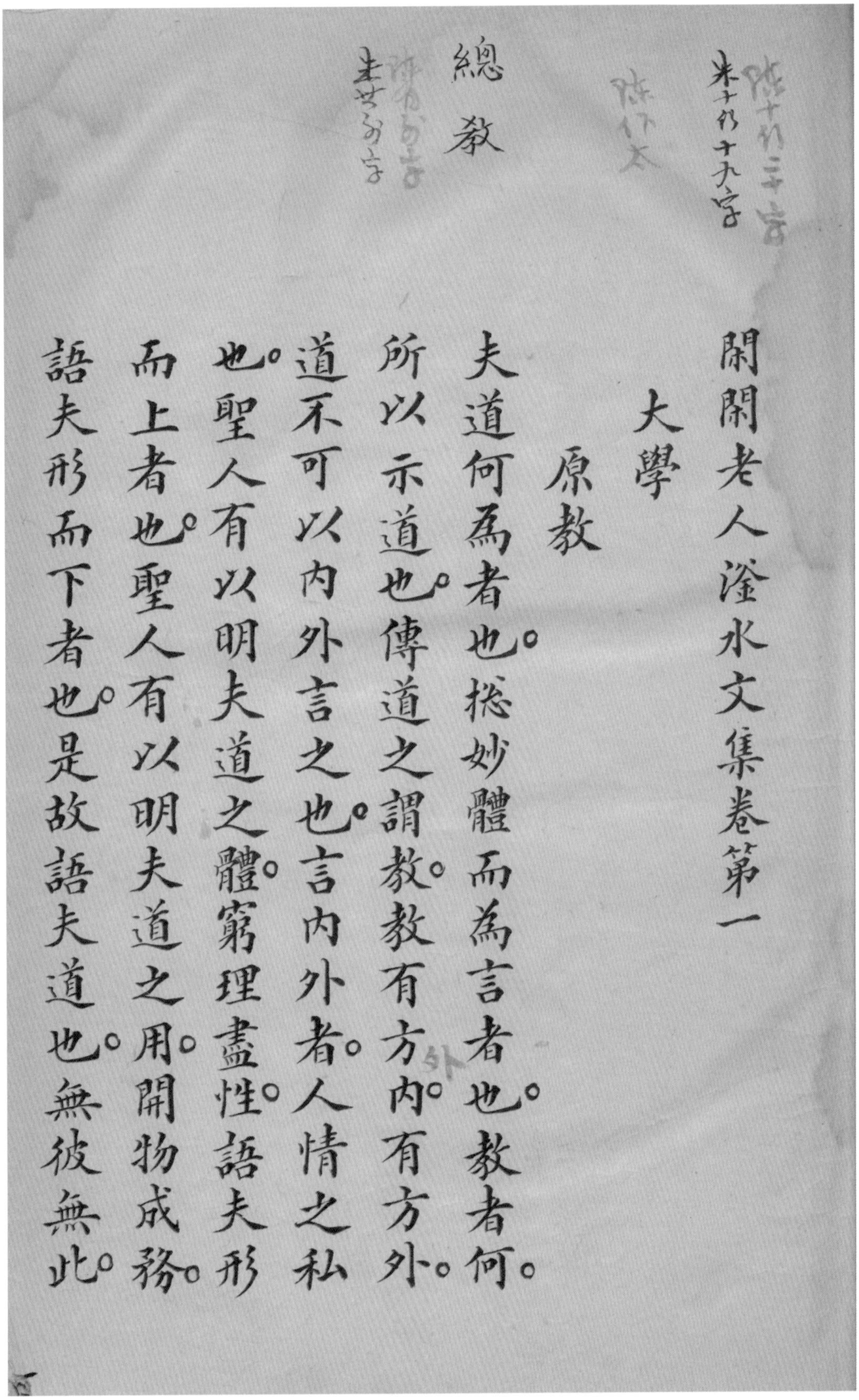

閑閑老人滏水文集卷第一

大學

原教

夫道何爲者也。揔妙體而爲言者也。教者何。所以示道也。傳道之謂教。教有方内。有方外。道不可以内外言之也。言内外者。人情之私也。聖人有以明夫道之體。窮理盡性。語夫形而上者也。聖人有以明夫道之用。開物成務。語夫形而下者也。是故語夫道也。無彼無此。

總教

图 176 《闲闲老人滏水文集二十卷附录一卷》书影之三

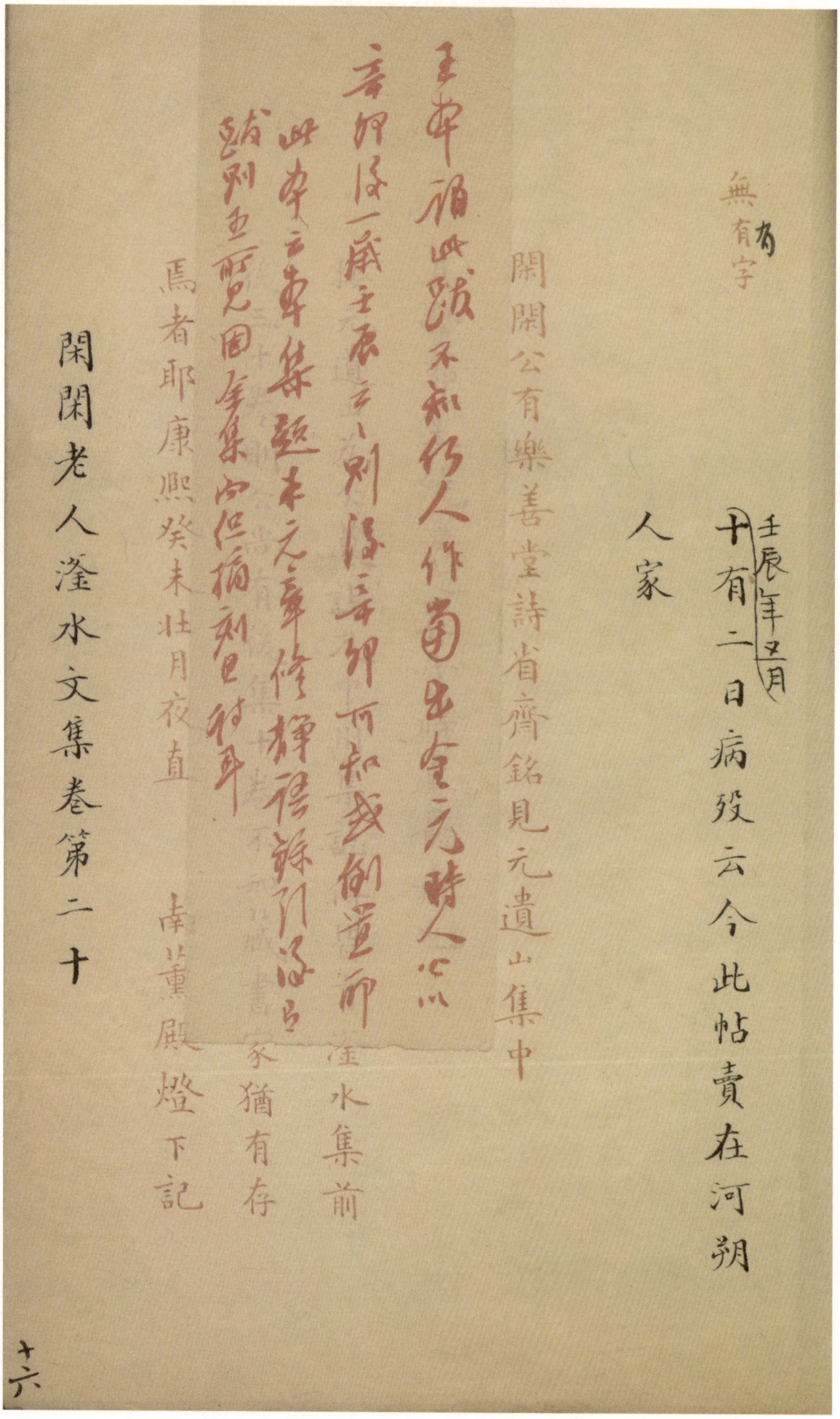

無有字

十有二日病歿云今此帖責在河朔

壬辰年五月

人家

閑閑公有樂善堂詩省齋銘見元遺山集中

壬申得此跋不知何人作當出金元時人必以

辛卯後一歲壬辰云云則後辛卯何知我倒置耶

此本云東集題本元年修輝程錄門後出

跋則五硬見国年集內但摘刻目科耳

滏水集前

家猶有存

焉者耶康熙癸未壯月夜直

南薰殿燈下記

閑閑老人滏水文集卷第二十

十六

图 177 《闲闲老人滏水文集二十卷附录一卷》书影之四

《沤波舫近文不分卷》

提　要

撰者王芑孙(1755—1817)字念丰,号愓甫,又号铁夫、楞伽山人,晚年号樗隐老人、老铁等,江苏长洲(今苏州)人。清乾隆五十三年(1788年)召试举人,官华亭教谕、候补国子监典簿、知府。交游甚广,其时学人文士之知名者,皆其友也。尤工五言古体,著有《渊雅堂编年诗稿》二十卷、《愓甫未定稿》二十六卷、《古赋识小录》八卷、《瑶想词》一卷、《碑版广例》十卷及《渊雅堂集》等。《沤波舫近文》为其以前诗文集刊刻成书之后所撰序跋、引赞、传记及墓志铭等文字和诗赋之集汇,虽各类书目少见著录,但其中不乏佳作。清嘉庆三年(1798年),官有政声且以诗名世的何道生得芑孙所寄《沤波舫近文》,曾赋诗大加赞赏曰:“天马行空不受鞿,方今文笔似君稀。就中信史堪千古,两故将军两布衣。”,认为书中之《明二杨将军传》和《华亭二布衣传》尤为杰作。

南开大学图书馆所藏《沤波舫近文不分卷》为底稿钞集,当为南开大学图书馆独藏之籍。该手稿本曾经高吹万、周大烈等人递藏。上册各页眉框或行间多处有墨笔或朱笔句读和校改批注,个别页面有用签条贴改文字处,眉框有数处墨笔或朱笔眉批,抄写用的绿方格纸中缝印有“沤波舫近藁”字样。书衣后护页上题:“中多未刻之藁,虽不必补刻,亦姑留之。嘉庆壬申四月重捡记。”并钤“老铁晚年书”白文方印。其后为王芑孙自书序文曰:“嘉庆癸亥九月诗集刊成便当续刊文集,以斧资不继,暂且停工。其癸亥九月以前之文均已类次成编付匠写校,不须重录。其自九月以后随时有作,皆录于此,计文集刻工需明年四、五月之间方能竣事,其未竣以前有作,咸即依类编次并入前稿付刊,姑记于此,以俟刻工垂竣而斟酌刊存之。是岁十月望楞伽山人自记。”并钤有“高氏吹万楼所得善本书”白文方印、“沤波”朱文长方印、“葩庐劫馀长物”朱文方印、“金山高氏袖海堂藏书记”朱文长方印、“王芑孙”白文方印和“愓甫”朱文方印。目次首页钤有“吹万楼藏书印”朱文长方印、“沤波”朱文长方印、“王芑孙”白文方印、“愓甫”朱文方印、“小书种堂”朱文长方印和“偶归周大烈家”白文方印。卷端钤有“食古书库”朱文方印、“方山山长”白文方印和“华亭外史”朱文圆角方印。

下册卷首钤有“食古书库”朱文方印和“葩庐劫馀长物”朱文方印,各页多处有墨笔句读和校改批注,个别页面有用签条贴改文字处,眉框有数处墨笔或朱笔眉批,抄写用的绿方格纸中缝印有“沤波舫近藁”字样,个别页面钤有“沤波”朱文长方印、“王芑孙”白文方印和“愓甫”朱文方印以及“方山山长”白文方印和“华亭外史”朱文圆角印,卷末之后护页有题记曰“阏逢奄茂之岁四月维夏平湖葛昌楣疾读一过”,并钤“葛昌楣字荫梧号詠莪”朱文方印。

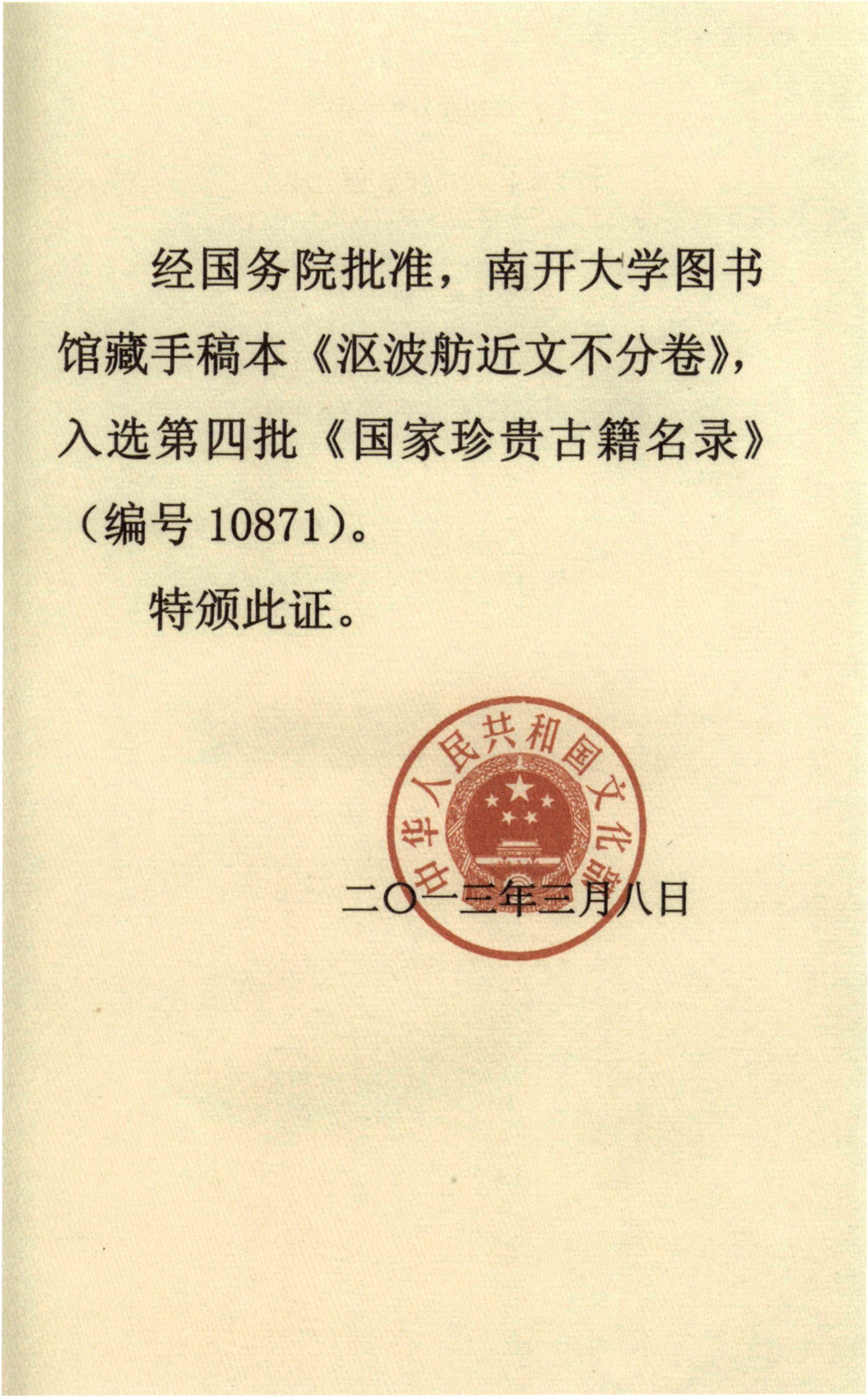

经国务院批准，南开大学图书馆藏手稿本《沤波舫近文不分卷》，入选第四批《国家珍贵古籍名录》（编号 10871）。

特颁此证。

中华人民共和国文化部

二〇一三年三月八日

图 178　《沤波舫近文不分卷》入选《国家珍贵古籍名录》证书

《沤波舫近文不分卷》

（清）王芑孙撰

清手稿本，1920年秦更年校跋

半页九行二十字，边栏左右双边，单鱼尾

开本 25.5cm×15cm，版框无

1夹2册

入选第四批《国家珍贵古籍名录》，编号10871

《国家珍贵古籍名录》证书颁发时间：2013年3月

南开大学图书馆索书号：善847.4/115-2

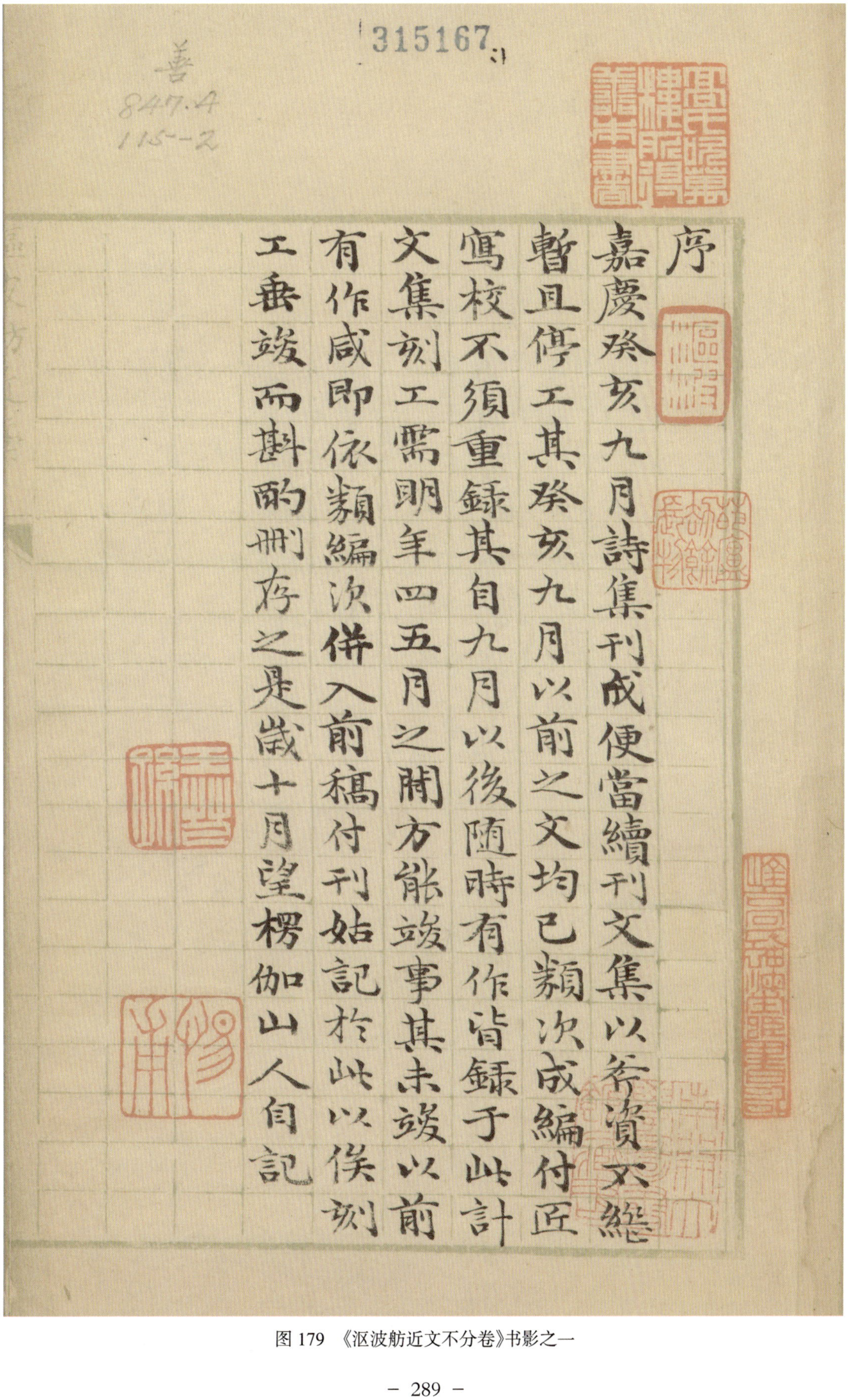
315167
善
847.4
115-2
序
嘉慶癸亥九月詩集刊成便當續刊文集以斧資不繼
暫且停工其癸亥九月以前之文均已類次成編付匠
寫校不須重録其自九月以後隨時有作皆録于此計
文集刻工需明年四五月之閒方能竣事其未竣以前
有作咸即依類編次併入前稿付刊姑記於此以俟刻
工垂竣而斟酌刪存之是歲十月望楞伽山人自記

图 179 《沤波舫近文不分卷》书影之一

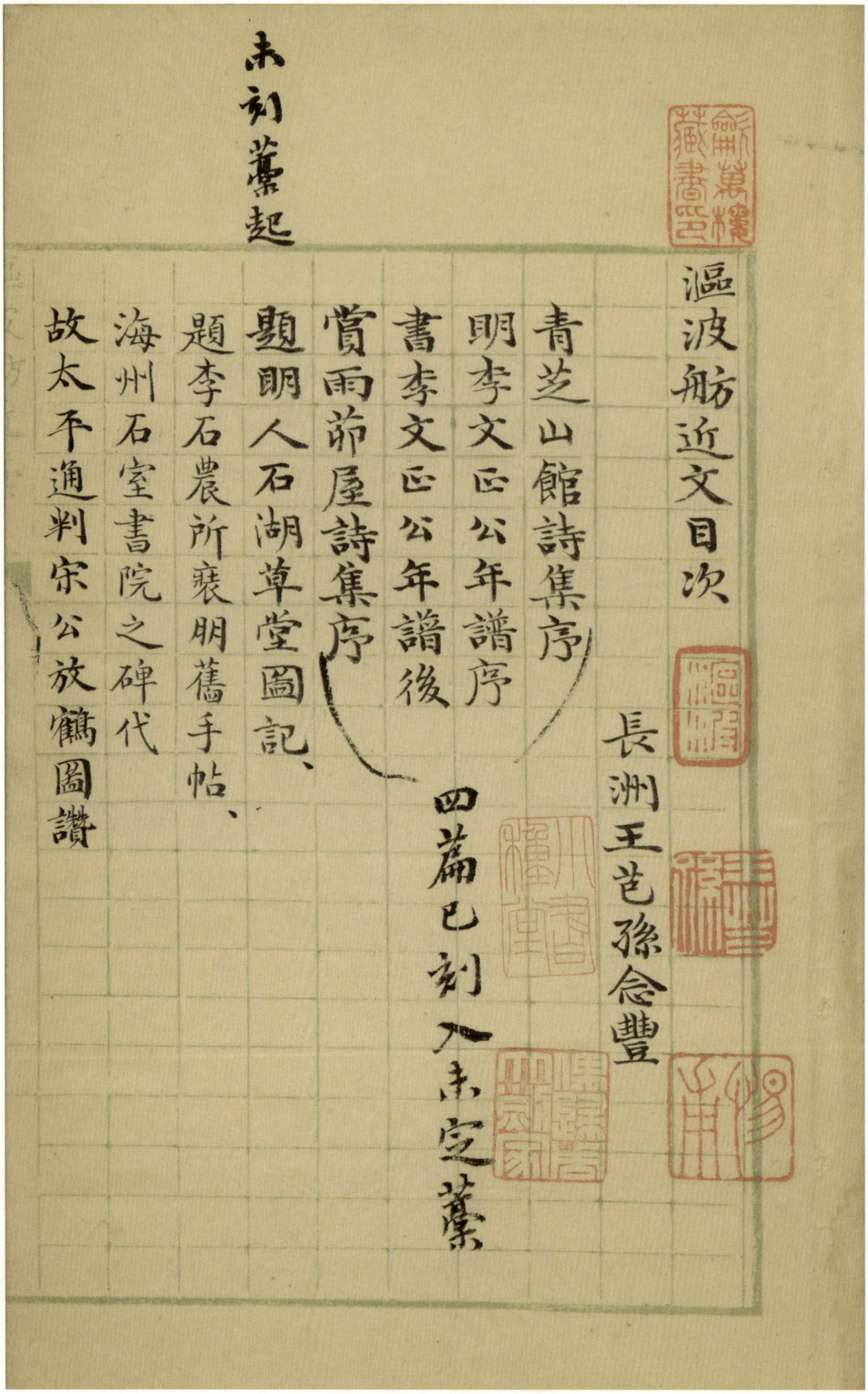
漚波舫近文目次
長洲王芑孫念豐
四篇已刻入未定藁
青芝山館詩集序
明李文正公年譜序
書李文正公年譜後
賞雨茆屋詩集序
題明人石湖草堂圖記、
題李石農所褒明舊手帖、
海州石室書院之碑代
故太平通判宋公放鶴圖讚
未刻藁起

图 180 《漚波舫近文不分卷》书影之二

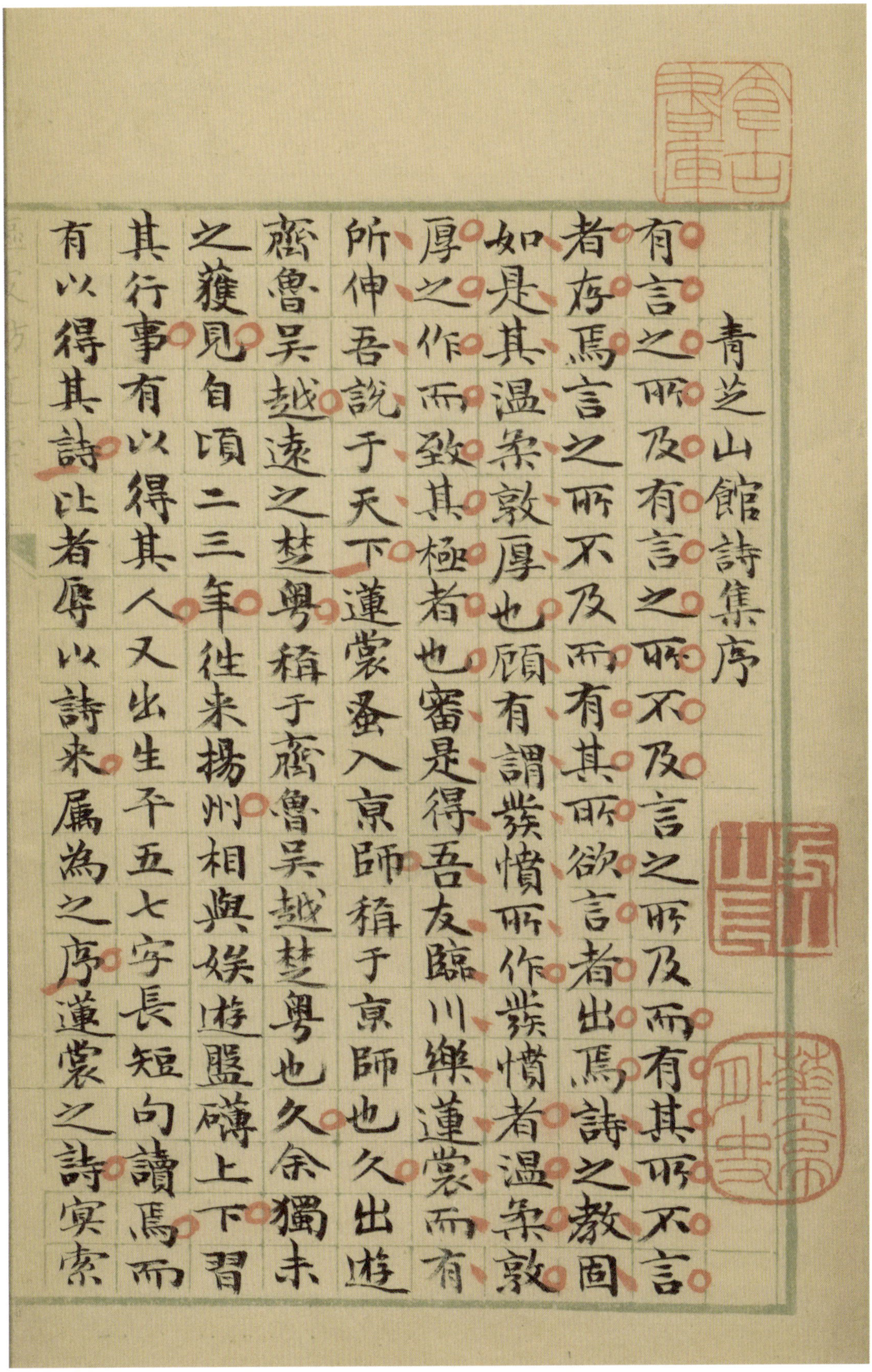

青芝山館詩集序

有言之所及有言之所不及言之所及而有其所不言者存焉言之所不及而有其所欲言者出焉詩之教固如是其温柔敦厚也顧有謂發憤所作發憤者温柔敦厚之作而致其極者也審是得吾友臨川樂蓮裳而有所伸吾說于天下蓮裳蚤入京師稱于京師也久出遊齊魯吴越遠之楚粤稱于齊魯吴越楚粤也久余獨未之獲見自頃二三年往来揚州相與娛遊盤礴上下習其行事有以得其人又出生平五七字長短句讀焉而有以得其詩比者屬以詩來屬為之序蓮裳之詩實索

图 181 《沤波舫近文不分卷》书影之三

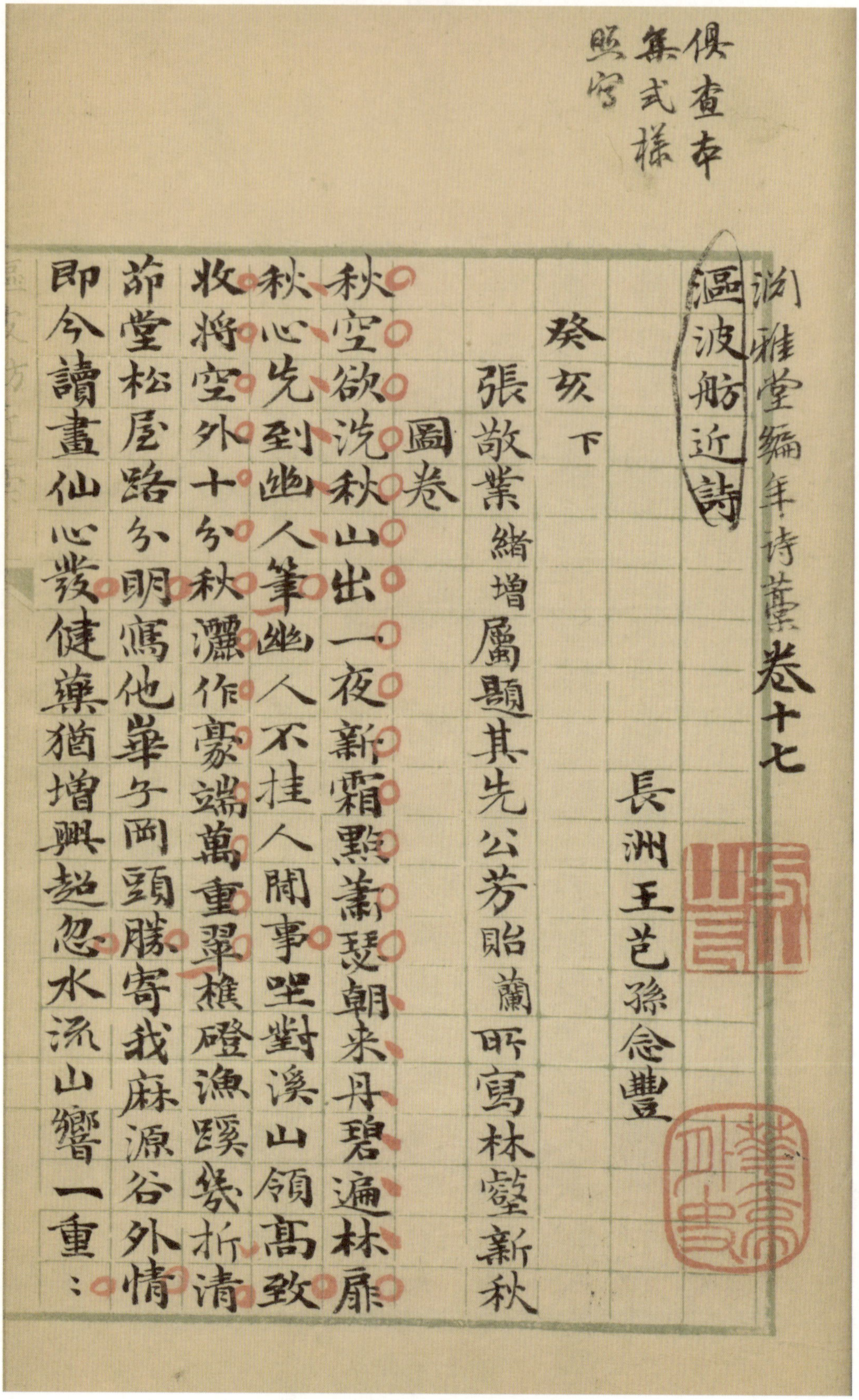

俱查本集式樣照寫

淵雅堂編年詩藁卷十七

漚波舫近詩

長洲王芑孫念豐

癸亥　下

張敬業緒增屬題其先公芳貽蘭所寫林壑新秋圖卷

秋空欲洗秋山出一夜新霜點蕭瑟朝來丹碧遍林扉秋心先到幽人筆幽人不挂人間事坐對溪山領高致收將空外十分秋灑作豪端萬重翠樵磴漁蹊幾折清節堂松屋路分明寫他華子岡頭勝寄我麻源谷外情即今讀畫仙心發健藥猶增興趣忽水流山響一重ゝ

图 182　《沤波舫近文不分卷》书影之四